教育部高等学校电子商务专业教学指导委员会指导
新一代高等学校电子商务实践与创新系列规划教材

阿里巴巴商学院 组织编写

网络贸易
理论与实务

李 琪 主编
李洪心 章剑林 张仙锋 副主编

清华大学出版社
北京

内 容 简 介

本书全面系统地反映了网络贸易的有关内容,分理论、实务和案例三大部分。理论篇重点阐述了国际贸易、网络贸易理论以及有关网络贸易商务链知识;实务篇主要讨论了网络贸易采购、网络贸易销售与营销、网络贸易客户管理等内容;案例篇则详细分析了基于卖家的贸易模式、基于买家的贸易模式以及基于第三方平台的贸易模式等三种模式的典型案例。全书内容新颖,重点突出,详略得当,理论联系实际,注重挖掘企业网络贸易背景和学生实践能力的培养。

本书适用于高等院校开展面向网络环境的企业贸易教学,可以作为电子商务、市场营销、国际贸易等相关经管类专业的专业学习书籍,也可作为企事业单位和政府部门相应层次的电子商务培训用书。

本书封面贴有清华大学出版社防伪标签,无标签者不得销售。
版权所有,侵权必究。举报:010-62782989,beiqinquan@tup.tsinghua.edu.cn。

图书在版编目(CIP)数据

网络贸易理论与实务/李琪主编. —北京:清华大学出版社,2010.11(2024.7重印)
(新一代高等学校电子商务实践与创新系列规划教材)
ISBN 978-7-302-23685-6

Ⅰ. ①网… Ⅱ. ①李… Ⅲ. ①电子商务－高等学校－教材 Ⅳ. ①F713.36

中国版本图书馆 CIP 数据核字(2010)第 165257 号、

责任编辑:袁勤勇　薛　阳
责任校对:焦丽丽
责任印制:宋　林

出版发行:清华大学出版社
　　网　　址:https://www.tup.com.cn,https://www.wqxuetang.com
　　地　　址:北京清华大学学研大厦 A 座　　邮　编:100084
　　社 总 机:010-83470000　　邮　购:010-62786544
　　投稿与读者服务:010-62776969,c-service@tup.tsinghua.edu.cn
　　质 量 反 馈:010-62772015,zhiliang@tup.tsinghua.edu.cn
印 装 者:北京鑫海金澳胶印有限公司
经　　销:全国新华书店
开　　本:185mm×260mm　　印　张:19　　字　数:444 千字
版　　次:2010 年 11 月第 1 版　　印　次:2024 年 7 月第 11 次印刷
定　　价:58.00 元

产品编号:039419-04

新一代高等学校电子商务实践与创新系列规划教材
编写委员会

指　　导：教育部高等学校电子商务专业教学指导委员会
顾　　问：潘云鹤　　中国工程院　　　　　　　　　　　常务副院长
　　　　　宋　玲　　中国电子商务协会　　　　　　　　理事长
　　　　　吴　燕　　教育部高等教育司财经政法处　　　处长
　　　　　马　云　　阿里巴巴集团　　　　　　　　　　董事局主席
　　　　　李　琪　　西安交通大学　　　　　　　　　　教授
　　　　　陈德人　　浙江大学　　　　　　　　　　　　教授
　　　　　吕廷杰　　北京邮电大学　　　　　　　　　　教授
　　　　　陈　进　　对外经贸大学　　　　　　　　　　教授

主　　任：梁春晓　　阿里巴巴集团高级研究员、副总裁，阿里巴巴商学院副院长
副 主 任：张　佐　　杭州师范大学　　　　　　　　　　阿里巴巴商学院书记
　　　　　章剑林　　杭州师范大学　　　　　　　　　　教授
委　　员：（按姓氏笔画为序）
　　　　　王学东　　华中师范大学　　　　　　　　　　教授
　　　　　邓顺国　　华南师范大学　　　　　　　　　　教授
　　　　　兰宜生　　上海财经大学　　　　　　　　　　教授
　　　　　刘　军　　北京交通大学　　　　　　　　　　教授
　　　　　刘　博　　淘宝网淘宝大学　　　　　　　　　校长
　　　　　刘业政　　合肥工业大学　　　　　　　　　　教授
　　　　　刘震宇　　厦门大学　　　　　　　　　　　　教授
　　　　　孙宝文　　中央财经大学　　　　　　　　　　教授
　　　　　汤兵勇　　东华大学　　　　　　　　　　　　教授
　　　　　宋远方　　中国人民大学　　　　　　　　　　教授
　　　　　张　宁　　北京大学　　　　　　　　　　　　教授
　　　　　张李义　　武汉大学　　　　　　　　　　　　教授

张宽海	西南财经大学	教授
李洪心	东北财经大学	教授
杨坚争	上海理工大学	教授
邵兵家	重庆大学	教授
孟卫东	重庆大学	教授
徐　青	杭州师范大学	教授
盛晓白	南京审计学院	教授
彭丽芳	厦门大学	教授
潘洪刚	杭州师范大学	博士

丛书序

十多年来,我国电子商务的各个领域发生了巨大变化,从形式到内涵的各个方面都更加丰富和完善,在国民经济中的作用显著增强,对电子商务人才的需求愈来愈大,也对高等学校电子商务人才培养工作提出更高的要求。因此,如何面向日新月异的电子商务发展,开展各具特色的电子商务专业人才培养工作,打造新型的电子商务教材体系和系列教材,显得十分必要。

杭州师范大学阿里巴巴商学院是一所产学研相结合,充满创新创业激情的新型校企合作商学院。这次由教育部高等学校电子商务专业教学指导委员会指导,该商学院组织开展的高等学校本科教学电子商务实践与创新系列教材建设工作,是一次针对产业界需求、校企合作开展电子商务人才培养工作改革的有益实践,对探索我国现代服务业和工程创新人才的培养具有积极的意义。

电子商务实践与创新系列教材建设目标是打造一套结合电子商务产业和经济社会发展需要,面向电子商务实践,体现校企合作和创新创业人才培养特点的新一代电子商务本科教学系列教材,旨在为电子商务人才培养工作服务。系列教材建设工作,前期已经过半年多时间的调查和研究,形成了面向电子商务发展的新一代教材体系基本框架。该系列教材针对电子商务中的零售、贸易、服务、金融和移动商务等深浅不同的领域,对学生进行实践与创新的培训,不但吻合电子商务业界的发展现状和趋势,也属校企合作教学改革的一次实践与创新。

二〇一〇年七月十九日

序言

一直觉得，自己人生中最快乐的日子，是站在讲台上当老师的那段时光。看着学生不断成长，真的是一件很有意义的事。

很多人说，良好的教育可以改变人的一生，教育对人的创新能力的培养非常重要。我们国家每年有几百万名大学生毕业，但很多人走出校园却找不到工作；另一方面又有很多中小企业的老板对我说，自己的企业招聘不到合适的人才。这种反差说明我们的教育发生了偏离。现在学校里灌输得更多的是知识，而不是思考方式，这不是一种文化的传递。

现在很多大学开设了电子商务专业，这对于阿里巴巴这样的电子商务公司来说是件好事。阿里巴巴已成立十年多时间，这十年的时间，我们证明了一件事情，就是互联网和电子商务在中国能成功。同时我们相信互联网和电子商务的发展将彻底改变未来，彻底影响我们的生活。我相信电子商务未来会成为国与国之间的竞争力，而不仅仅是企业的竞争力。但我觉得很多大学在培养电子商务专业人才时可能需要更加脚踏实地、更加务实，因为理论上可行的东西在实践上不一定能做到。我在阿里巴巴商学院成立仪式上说过，这是阿里巴巴在电子商务教育上的一个摸索，商学院要加强对学生创业方面的指导、培训，中国中小企业发展需要创业者，他们更需要商学院的培训和教育。

这个世界在呼唤一个新的商业文明，我们认为新商业文明的到来、展开与完善，有赖于每一个公司、每一个人的创新实践。未来的商业人才须具备四个特质：拥有开放的心态、学会分享、具有全球化的视野、有责任感。过去十年以来，我们看到越来越多的年轻人加入网商行列，他们是改革开放以来最具创造能力的新一代，他们更有知识，更懂得诚信，更懂得开放。

分享和协作是互联网的价值源泉。作为一家生于杭州，长于杭州的企业，阿里巴巴乐意为电子商务未来的发展做贡献。阿里巴巴创业团队自1995年开始创业到现在，积累了许多经验和大量案例，阿里巴巴希望将这些案例与中国的中小企业人、创业者及学子们分享，形成教育、企业、产业及社会通力发展的模式。

阿里巴巴商学院组织编写的电子商务实践与创新系列教材正是基于这一点进行策划酝酿的。这套教材融合了数以千万计网商的电子商务实践，从理论层次进行了总结升华,同时,教材编写团队中不仅有电子商务理论界的著名教授和学者,也有电子商务企业界专家,相信这套教材对高等学校电子商务教学改革将是一次很好的探索和实践。

感谢教育部高等学校电子商务专业教学指导委员会给予的指导,感谢所有参加系列教材编写工作的专家、学者,以及系列教材组织编写委员会的顾问、领导和专家。我相信,这次合作不仅是一次教材编写的合作,同时也是新一代电子商务实践与创新系列教材建设工程的开篇,更是一次全国电子商务界精英的大联盟,衷心期待我们的老师、同学们能够从教材中吸取知识加速成长。

阿里巴巴集团
2010 年 8 月 10 日

前言

在网络和信息化技术快速发展的今天,基于网络的商务活动迅速普及。商务活动的信息化、电子化和国际化,即网络贸易,已成为全球商务发展的一大热点。一方面,网络贸易将商品和资金的流动整合到网络这个环境内完成,几乎包括了贸易的全部环节和功能,将复杂的交易环节、众多当事人都集中到一起,使得贸易结算处理分散化的弊端得以解决,从而大大简化单据交流等程序,缩短了单据处理周期,节约了管理成本。另一方面,网络贸易将市场的空间形态、时间形态和虚拟形态结合起来,将物质流、资金流、信息流汇集成开放的、良性循环的环路,使参与者以市场为纽带,在市场上发挥最佳的作用,得到最大的效益。

本书编写的初衷在于适应网络贸易快速发展对网络贸易创新型人才的需要,通过较为全面地介绍网络贸易发展状况、最新网络贸易理论和相关技能,结合网络贸易平台的特点,深入分析网络贸易的典型案例和热点问题,突出网络贸易人才分析问题、解决问题和应用创新能力的提升,将相关理论知识应用于企业实际贸易工作,不断创新网络贸易模式,为网络贸易人才和电子商务精英培养奠定坚实的基础。

本书在体现系列教材应用性、创新性、科学性和系统性的基础上,结合编者在网络贸易方面的研究成果以及网络贸易的最新发展情况,将网络贸易内容从理论、实务及典型应用的三个层面进行了系统展示,便于读者能系统、全面、便捷地学习网络贸易知识和运作技能。

本书由李琪教授担任主编负责总体结构设计、编写人员遴选和最终定稿以及有关方面的联系协调等工作,李洪心教授、章剑林教授和张仙锋副教授作为副主编协助主编工作并且分别各担任3章的资料收集、筛选把关等工作,章剑林教授作为组织秘书长还承担了大量学术事务工作。具体各章编写作者为:第1~3章由西安交通大学张仙锋编写,第4~6章由东北财经大学李洪心编写,第7章由杭州师范大学李菁苗编写,第8章由杭州师范大学沈千里编写,第9章由杭州师范大学章剑林编写。西安交通大学的张楠、杜娟、薛振一还参与了前3章的材料收集、整理工作;东北财经大学的张春艳、薄欣、郝朔、张因因和杜闯参与了第4~6章的材料收集和整理工作。

本书的编写工作得到了政产学各界领导、专家、学者的关心、支持和帮助。商务部的石伟光处长、朱炼处长给予了高度关注和大力支持,浙江大学的陈德人教授,阿里巴巴集团的梁春晓高级研究员、贾炯高级总监、宋斐研究员,网盛生意宝的孙德良董事长、朱小军总经理、曹磊主任、张周平分析师,郑州市经委的杨继武处长,中华粮网的吴虹倩,提供了大量帮助和具体指导,对他们深表感谢;同时还要感谢阿里巴巴商学院及其他提供材料帮助的兄弟院校的各位专家、学者和各相关网站。

由于编者水平所限,时间仓促,书中难免有不当之处,敬请读者指正。

李 琪

2010 年 6 月

目录

第 1 章 贸易基本理论与实务 ····· 1

开篇案例 ····· 1
1.1 国际贸易理论 ····· 2
    1.1.1 国际贸易的基本概念 ····· 2
    1.1.2 国际贸易基本理论 ····· 5
    1.1.3 近代国际贸易理论 ····· 9
    1.1.4 当代国际贸易新理论 ····· 11
1.2 国际服务贸易 ····· 13
    1.2.1 国际服务贸易概述 ····· 13
    1.2.2 国际服务贸易的发展 ····· 14
    1.2.3 我国国际服务贸易的发展 ····· 15
1.3 国际贸易措施与政策 ····· 16
    1.3.1 关税 ····· 16
    1.3.2 非关税壁垒 ····· 19
    1.3.3 鼓励出口与出口管制 ····· 21
    1.3.4 GATT 与 WTO ····· 23
1.4 国际贸易实务 ····· 27
    1.4.1 国际贸易术语 ····· 27
    1.4.2 国际贸易合同的商定 ····· 29
    1.4.3 国际贸易合同的基本条款 ····· 32
    1.4.4 国际贸易的结算 ····· 36
1.5 流通与国内贸易 ····· 41
    1.5.1 流通的基本概念 ····· 41
    1.5.2 批发业 ····· 42
    1.5.3 批发市场 ····· 45
    1.5.4 商品交易所 ····· 46
1.6 实践训练 ····· 48
本章小结 ····· 48
思考题 ····· 48

作业 …………………………………………………………………………… 48

　　参考文献 ………………………………………………………………………… 49

第 2 章　网络贸易概述 ……………………………………………………………… 50

　　开篇案例 ………………………………………………………………………… 50

　　2.1　网络贸易 …………………………………………………………………… 51

　　　　2.1.1　网络贸易的内涵 ……………………………………………………… 51

　　　　2.1.2　网络贸易的特征 ……………………………………………………… 52

　　　　2.1.3　网络贸易与传统贸易的比较 ………………………………………… 53

　　2.2　网络贸易的发展概况 ……………………………………………………… 54

　　　　2.2.1　EDI 的发展 …………………………………………………………… 54

　　　　2.2.2　EOS 的发展 …………………………………………………………… 56

　　　　2.2.3　世界网络贸易发展的现状 …………………………………………… 58

　　　　2.2.4　中国网络贸易发展的现状 …………………………………………… 59

　　2.3　网络贸易环境 ……………………………………………………………… 61

　　　　2.3.1　网络贸易的经济环境 ………………………………………………… 61

　　　　2.3.2　网络贸易的技术环境 ………………………………………………… 63

　　　　2.3.3　网络贸易的社会环境 ………………………………………………… 64

　　　　2.3.4　网络贸易的法律环境 ………………………………………………… 65

　　2.4　网络贸易模式 ……………………………………………………………… 66

　　　　2.4.1　网络贸易的分类 ……………………………………………………… 66

　　　　2.4.2　基于卖家的贸易模式 ………………………………………………… 68

　　　　2.4.3　基于买家的贸易模式 ………………………………………………… 70

　　　　2.4.4　基于第三方的贸易模式 ……………………………………………… 73

　　2.5　实践训练 …………………………………………………………………… 76

　　本章小结 ………………………………………………………………………… 76

　　思考题 …………………………………………………………………………… 77

　　作业 ……………………………………………………………………………… 77

　　参考文献 ………………………………………………………………………… 77

第 3 章　基于商务链的网络贸易分析 …………………………………………… 79

　　开篇案例 ………………………………………………………………………… 79

　　3.1　商务链概述 ………………………………………………………………… 80

　　　　3.1.1　商务与交易 …………………………………………………………… 80

　　　　3.1.2　商务链综合框架 ……………………………………………………… 81

　　　　3.1.3　电子商务链环节说明 ………………………………………………… 82

　　3.2　网络贸易中的五流 ………………………………………………………… 85

　　　　3.2.1　信息流 ………………………………………………………………… 85

   3.2.2 商流 ··· 87
   3.2.3 资金流 ··· 88
   3.2.4 物流 ··· 90
   3.2.5 人员流 ··· 92
  3.3 网络贸易的商务链说明 ··· 93
   3.3.1 基于卖家贸易的商务链说明 ·· 94
   3.3.2 基于买家的商务链说明 ··· 95
   3.3.3 基于第三方平台的商务链说明 ···································· 96
  3.4 实践训练 ·· 97
  本章小结 ··· 97
  思考题 ··· 98
  作业 ·· 98
  参考文献 ··· 98

第4章 网络贸易采购 ··· 99

  开篇案例 ··· 99
  4.1 网络贸易采购基础 ··· 100
   4.1.1 网络贸易采购基本概念 ··· 100
   4.1.2 网络贸易采购特征 ··· 103
  4.2 网络贸易采购方式及流程 ··· 109
   4.2.1 网络采办模式 ··· 109
   4.2.2 电子数据交换 ··· 111
   4.2.3 电子目录 ··· 114
   4.2.4 电子拍卖和反向拍卖 ··· 116
  4.3 网络贸易采购技巧 ··· 118
   4.3.1 采购招投标技巧 ··· 118
   4.3.2 采购谈判技巧 ··· 120
   4.3.3 供应商管理技巧 ··· 121
  4.4 实践训练 ·· 124
  本章小结 ··· 124
  思考题 ··· 125
  作业 ·· 125
  参考文献 ··· 125

第5章 网络贸易销售与营销 ······································ 126

  开篇案例 ··· 126
  5.1 网络贸易业务管理 ··· 128
   5.1.1 电子合同管理 ··· 128

　　　　5.1.2　电子支付管理 ·· 132
　　　　5.1.3　物流与售后管理 ·· 135
　　5.2　网络贸易的组织管理 ··· 138
　　　　5.2.1　业务流程管理 ·· 138
　　　　5.2.2　网络贸易与营销组织管理 ···································· 140
　　　　5.2.3　营销业务流程与人员管理 ···································· 141
　　5.3　传统营销策略调整 ··· 142
　　　　5.3.1　产品策略调整 ·· 142
　　　　5.3.2　定价策略调整 ·· 145
　　　　5.3.3　渠道策略调整 ·· 148
　　5.4　网络营销技术应用 ··· 150
　　　　5.4.1　搜索引擎营销策略 ·· 150
　　　　5.4.2　E-mail 营销 ··· 152
　　　　5.4.3　博客营销 ·· 155
　　　　5.4.4　病毒性营销 ·· 156
　　5.5　实践训练 ··· 158
　　本章小结 ·· 158
　　思考题 ·· 159
　　作业 ·· 159
　　参考文献 ·· 159

第 6 章　网络贸易客户管理 ··· 160

　　开篇案例 ·· 160
　　6.1　网络贸易客户 ··· 161
　　　　6.1.1　潜在客户 ·· 161
　　　　6.1.2　潜在客户的转化 ·· 163
　　6.2　网络贸易客户关系维护 ··· 167
　　　　6.2.1　客户全生命周期价值管理 ···································· 167
　　　　6.2.2　客户需求快速响应实现 ······································ 170
　　　　6.2.3　智能 CRM 技术 ··· 173
　　　　6.2.4　客户互动：客户协作 ·· 178
　　6.3　网络贸易顾客价值评价 ··· 181
　　　　6.3.1　顾客价值的驱动因素 ·· 181
　　　　6.3.2　顾客价值分析与度量 ·· 182
　　　　6.3.3　提升顾客价值的途径 ·· 184
　　6.4　实践训练 ··· 185
　　本章小结 ·· 185
　　思考题 ·· 185

作业 185
　　参考文献 186

第7章　基于卖家的B2B贸易模式 187

　　开篇导读 187
　　7.1　东方钢铁在线——宝钢网络贸易平台 188
　　　　7.1.1　东方钢铁在线基本情况介绍 188
　　　　7.1.2　东方钢铁在线交易模式 189
　　　　7.1.3　公司业务流程操作 192
　　　　7.1.4　业务成效 195
　　　　7.1.5　面临的挑战及展望 196
　　7.2　中国石化化工销售网——中石化网络销售平台 196
　　　　7.2.1　中国石化集团公司简介 196
　　　　7.2.2　中国石化化工销售分公司 197
　　　　7.2.3　销售客户管理平台业务流程 198
　　　　7.2.4　销售平台成效 204
　　　　7.2.5　未来展望 204
　　7.3　中远集运——物流服务系统 204
　　　　7.3.1　公司简介 204
　　　　7.3.2　中远集运开展电子商务介绍 205
　　　　7.3.3　业务流程 207
　　　　7.3.4　中远集运开展电子商务的成效 209
　　　　7.3.5　未来展望 209
　　7.4　阿里巴巴B2B卖家情况统计分析 210
　　　　7.4.1　简介 210
　　　　7.4.2　阿里巴巴B2B平台上的中小企业 210
　　　　7.4.3　中小企业电子商务效益分析 212
　　　　7.4.4　中小企业使用电子商务的宏观效益 214
　　7.5　实践训练 215
　　本章小结 215
　　思考题 215
　　作业 216
　　参考文献 216

第8章　基于买家的B2B贸易模式 217

　　开篇导读 217
　　8.1　海尔集团 217
　　　　8.1.1　公司简介 217

8.1.2　公司战略 ·· 218
　　　8.1.3　商业模式 ·· 219
　　　8.1.4　信息化与电子商务 ·· 220
　　　8.1.5　网上电子采购平台 ·· 221
　8.2　新飞电器 ·· 225
　　　8.2.1　企业简介 ·· 225
　　　8.2.2　信息化与电子商务 ·· 226
　　　8.2.3　效益分析 ·· 228
　　　8.2.4　网上电子招标采购平台 ·· 229
　　　8.2.5　基本操作流程 ·· 232
　8.3　韩国政府的电子采购 ·· 235
　　　8.3.1　韩国政府采购简介 ·· 235
　　　8.3.2　韩国政府电子采购发展历程 ·· 235
　　　8.3.3　韩国政府电子采购的模式 ··· 237
　　　8.3.4　韩国政府电子采购的绩效 ··· 240
　　　8.3.5　关键成功因素 ·· 241
　8.4　实践训练 ·· 244
　本章小结 ·· 244
　思考题 ·· 245
　作业 ··· 245
　参考文献 ·· 245

第9章　基于第三方平台的B2B贸易模式 ·· 246
　开篇导读 ·· 246
　9.1　综合B2B模式的阿里巴巴 ··· 247
　　　9.1.1　公司基本情况 ·· 247
　　　9.1.2　商务模式 ·· 248
　　　9.1.3　公司经济效益和社会效益 ··· 249
　　　9.1.4　发展特点 ·· 251
　　　9.1.5　公司业务流程操作 ·· 252
　9.2　"小门户＋联盟"模式的网盛生意宝 ··· 257
　　　9.2.1　公司简介 ·· 257
　　　9.2.2　公司行业地位与贡献 ··· 258
　　　9.2.3　公司战略转型与升级 ··· 258
　　　9.2.4　公司业绩情况 ·· 260
　　　9.2.5　公司上下游产业扩展情况 ··· 261
　　　9.2.6　关于"联盟网站——生意宝" ·· 262
　　　9.2.7　关于"中国服装网" ·· 264

  9.2.8 公司业务流程操作 ·· 266
9.3 行业 B2B 模式的中华粮网 ··· 271
  9.3.1 公司简介 ·· 271
  9.3.2 粮食产业的特点 ·· 272
  9.3.3 电子商务系统简介 ··· 273
  9.3.4 公司主要业务模式 ··· 274
  9.3.5 公司业绩 ·· 276
  9.3.6 公司的优势和挑战 ··· 276
  9.3.7 公司业务流程操作 ··· 277
9.4 实践训练 ··· 283
本章小结 ·· 283
思考题 ··· 283
作业 ·· 283
参考文献 ·· 283

第1章 贸易基本理论与实务

学习目标

（1）熟悉和掌握国际贸易的基本概念。
（2）了解各个时期的国际贸易理论的产生背景和主要内容。
（3）认识关税壁垒、非关税壁垒、鼓励出口与出口管制等国际贸易措施。
（4）了解国际服务贸易与国际货物贸易的差异，认识我国国际服务贸易发展的现状。
（5）掌握和熟悉WTO的基本原则和相关知识，了解我国加入WTO之后的权利与义务。
（6）熟悉和掌握国际贸易实务。
（7）了解流通和国内贸易，熟悉批发业相关知识。

开篇案例

加入世界贸易组织的变化

经过长达15年的艰苦努力，我国最终在2001年12月11日正式成为世界贸易组织第143位成员，标志着中国对外开放进入到一个新阶段。

回顾中国在"入世"过渡期的5年里所取得的成就和对世界经济所产生的重要影响，可以用一句话概括，即中国和世界贸易组织的其他成员取得了双赢的结果。中国加入世界贸易组织后，认真履行入世承诺，并根据世界贸易组织的规则积极调整自己的对外贸易政策。在短短5年时间里，中国平均关税大幅降低，服务贸易领域的开放程度接近发达国家水平。中国加入世界贸易组织不仅使自己从中得益，而且也为世界经济贸易的发展做出了自己的贡献。中国加入世界贸易组织的过渡期即将结束，面对新的挑战，中国将继续坚定不移地坚持对外开放，在开放中发展，在开放中与世界各国实现互利共赢。

从以下数据可以看出加入世界贸易组织对我国贸易发展的巨大推动作用。2001—2005年，我国进出口总额达4.56万亿美元，这一数值比我国入世前的1981—2000年20年的进出口总值3.67万亿美元还高出了24.25%。其中，2001—2005年出口2.36万亿美元，比入世前的1981—2000年的1.84万亿美元增长28.26%；2001—2005年进口2.17万亿美元比入世前的1981—2000年的1.41万亿美元增长53.90%。

从我国加入世界贸易组织的5年贸易发展中可以看出我国的对外贸易在入世的巨大推动下加速增长的迅猛态势。2001—2006年，进出口总额以25.56%的平均增幅高速增长。其中，出口的平均增幅达30.2%；进口的平均增幅达28.65%。从金额看，2001—2006年，进出口总额净增约 1.09 万亿美元,增幅达 214%。

在入世后的过渡期,我国与各主要贸易伙伴的双边贸易额均呈大幅增长的态势。与此同时,各贸易伙伴在我国进出口贸易中所占比重也发生着变化。2005 年与 2001 年相比,我国与美国、日本和中国香港的双边贸易在贸易总额中所占比重有所下降,而与欧盟、东盟、韩国、拉美和非洲国家的双边贸易则呈上升态势。

从我国入世以来的进出口产品构成看,我国附加值高的高新技术产品和机电产品的进出口占比双双攀升。2005 年与 2001 年相比,高新技术产品出口占比从 17.5% 上升至 28.6%,机电产品从 44.6% 上升至 56%;高新技术产品进口占比从 26.3% 上升至 30%,机电产品从 49.5% 上升至 53.1%。

在这 5 年中,我国市场面向外国产品和企业的大门进一步开放,外国企业在我国建立独资及合资企业的数量和规模大幅增长。2005 年与 2001 年相比,三资企业无论是进口,还是出口在我国进出口总额中所占比重均大幅提高。三资企业在我国市场的大量涌现,对我国贸易特别是高新技术产品和机电产品贸易的贡献度很大。截至 2005 年,三资企业在我国进出口贸易中已经占据半壁江山,占比分别达 58.7% 和 58.3%。

案例思考:世界贸易组织是什么?中国为什么要加入世界贸易组织呢?我国的对外贸易发展迅速,那么关于对外贸易我们又需要知道些什么呢?国际贸易有哪些理论和政策?国际贸易的实务操作有哪些规则?

1.1 国际贸易理论

1.1.1 国际贸易的基本概念

1. 国际贸易和对外贸易

国际贸易(International Trade)是指各个国家或地区之间商品及劳务的交换活动,是各个国家或地区在国际分工的基础上相互联系的主要形式,是一种世界性的商品交换活动。国际贸易是由各国的对外贸易所构成的,它是世界各国对外贸易的总和。因此,国际贸易通常也被称做世界贸易。

在日常生活中,我们所接触的与国际贸易相近的概念是对外贸易。对外贸易(Foreign Trade)是指一国或地区与其他国家或地区之间所进行的商品与劳务的交换活动。因为这是从一个国家或者地区的角度来看待的贸易活动,所以称其为对外贸易。有些海岛国家如英国、日本等也常将对外贸易称为海外贸易。

可以看出,国际贸易与对外贸易属于同一类活动,但两者的区别在于,国际贸易是站在全球的立场上,它不仅包括本国与他国之间的贸易活动,也包括其他国家之间的贸易活动;而对外贸易是站在一国的立场上来观察这种交换活动的,仅指本国与外国的贸易。

2. 国际贸易的分类

1) 按商品的移动方向划分

(1) 出口贸易

出口贸易(Export Trade),又称输出贸易,是指一国的商人将本国生产或加工的商品或劳务输往国外市场进行销售。从国外输入的商品（或劳务），未在本国消费，又未经过本国加工而再次输出国外，称为复出口或再输出(Reexport Trade)。

(2) 进口贸易

进口贸易(Import Trade)，又称输入贸易，是指一国的商人将外国生产或加工的商品或劳务输入本国市场进行销售。输往国外的商品未经消费和加工又输入本国，称为复进口或再输入(Reimport Trade)。

(3) 转口贸易

转口贸易是指商品生产国与商品消费国不直接买卖商品，而是通过第三国参与进行的商品买卖。第三国对此类商品的买卖，是专门为销往商品消费国的。第三国参与了这笔买卖的商品价值转移活动，但不一定参与商品的实体运动。

(4) 过境贸易

过境贸易(Transit Trade)，又称通过贸易，是指商品生产国与商品消费国之间进行的商品买卖活动，其实物运输过程必须穿过第三国的国境。第三国要对此批货物进行海关监管，并把此批货物作为过境贸易额加以统计。这种贸易对第三国来说，既不是进口，也不是出口，仅仅是商品过境而已。

2) 按交易对象的性质划分

(1) 有形贸易

有形贸易(Visible Trade)也叫货物贸易，是指传统的实物商品的进出口活动。这种贸易的标的物具有可触摸、可看见、外在的物理特征。《联合国国际贸易标准分类》把国际货物贸易分为以下10大类。0类：食品及主要供食用的鲜活动物；1类：饮料及烟草；2类：燃料以外的非食用原料；3类：矿物燃料、润滑油及有关物质；4类：动植物油、油脂和腊；5类：未列名的化学品及有关产品；6类：主要按原料分类的制成品；7类：机械及运输设备；8类：杂项制品；9类：没有分类的其他商品。

(2) 无形贸易

无形贸易(Invisible Trade)是指不具有物质形态的商品贸易，如运输、保险、金融、旅游、文化娱乐、法律服务、咨询等的提供和接受。

无形贸易可分为服务贸易和技术贸易。服务贸易是指提供活劳动（非物化劳动）以满足服务接受者的需要并获取报酬的活动。技术贸易是指技术供应方通过签订技术合同或协定，将技术有偿转让给技术接受方使用。

3) 按国境与关境划分

(1) 总贸易

总贸易(General Trade)是以国境为标准划分和统计的进出口贸易。凡进入国境的商品一律列为总进口，凡离开国境的商品一律列为总出口。总进口额加总出口额为一国的总贸易额。日本、英国、加拿大等国采用这种划分标准进行统计。

(2) 专门贸易

专门贸易(Special Trade)是以关境为标准划分和统计的进出口贸易。当外国商品进入国境后，暂时存入保税仓库，不进入关境，一律不列入进口。只有从外国进入关境的商品以及从保税仓库提出进入关境的商品，才列为进口，称为专门进口。过境贸易不属于专门贸易。对于从国内运出关境的本国产品以及进口后未经加工又运出关境的商品,则列为出口,称为专门出口。美国、德国、意大利、瑞士等国采用这种划分标准进行统计。

4) 按参与贸易活动的国家多少划分

(1) 双边贸易

双边贸易(Bilateral Trade)是指在两国政府之间商定的贸易规则和调节机制下的贸易。两国政府往往通过签订贸易条约或协定来规定贸易规则和调节机制,要求两国在开展贸易时必须遵守贸易条约或协定中的规定。

(2) 多边贸易

多边贸易(Multilateral Trade)是指在多个国家政府之间商定的贸易规则和调节机制下的贸易。同样,多个国家政府之间也需要通过签订贸易条约或协定来规定贸易规则和调节机制,而且这些贸易规则和调节机制也不适用于任何一个签约国与其他非签约国之间的贸易。

5) 按清偿方式不同来划分

(1) 现汇贸易

自由结汇贸易(Free-Liquidation Trade)又称现汇贸易,是用国际货币进行商品或劳务价款结算的一种贸易方式。买卖双方按国际市场价格水平议价,按国际贸易惯例议定具体交易条件。交货完毕以后,买方按双方商定的国际货币付款。在当今的国际贸易中,能作为清偿工具的货币主要有美元、日元、欧元、英镑等。

(2) 协定贸易

协定贸易(Agreement Trade)是指两个国家(或地区)签订贸易协定,通过记账方式交易,而不是直接动用外汇,在一定时期内(通常是一年)进行结算。贸易差额结转到下一年的账户。

(3) 易货贸易

易货贸易(Barter Trade)是指经过计价以货物作为清偿工具的贸易。这种贸易方式的特点是进口与出口相结合,贸易双方均有进有出,这样既可以节省外汇,又可以保持双方的贸易平衡。

除了上述分类以外,还有许多其他分类方法,如按运输方式分类、按贸易政策分类、按经济发展水平分类、按生产国和消费国在贸易中的关系分类等。

3. 国际贸易的有关统计指标

1) 贸易额和贸易量

贸易额(Value of Trade)是用货币表示的贸易的金额,是反映一国或地区贸易规模的重要经济指标。各国一般都用本国货币表示。由于美元长期以来都是国际主要货币,为了便于贸易额的国际比较,多数国家同时通用美元计量的办法。贸易额可分为对外贸易额与国际贸易额,前者是一个国家在一定时期内的出口额与进口额之和,后者是各国出口额的总和。

贸易量(Quantum of Trade)是指以不变价格的计算反映一国或地区贸易规模的指标。由于国际金融市场上货币价值常处于波动之中,各国的物价也不稳定,因此单纯用货币价值表示的国际贸易额并不能确切地反映出贸易的实际规模。因而在实际工作中,往往要用以固定年份为基期而确定的进出口价格指数去除报告期的进出口额的办法,得出相当于按不变价格计算的贸易额,这样可以剔除价格变动的影响。其计算公式为：

$$进(出)口贸易量＝进(出)口额÷进出口价格指数×100$$

2) 贸易差额

贸易差额(Balance of Trade)是衡量一国对外贸易状况乃至国家经济状况、国际收支状况好坏的重要指标。它是指一国在一定时期内进口值与出口值相比较的差额。如果出口值大于进口值叫出超,也叫贸易顺差;如果进口值大于出口值则叫入超,也叫贸易逆差;如果进出口值相等,则称为贸易平衡。

3) 贸易条件

贸易条件(Terms of Trade)是指出口一单位商品可以换回多少单位的外国商品。换回的外国商品越多,称为贸易条件好转;换回的外国商品越少,称为贸易条件恶化。在以货币为媒介、以价格表示交换价值的条件下,贸易条件系数一般以一定时期出口价格指数和进口价格指数之比来表示。如果该系数大于1,则说明贸易条件改善;如果该系数小于1,则说明贸易条件恶化。

4) 对外贸易依存度

对外贸易依存度(Foreign Dependence Degree)是指一国进出口总额与其国内生产总值或国民生产总值之比对,代表一国国民经济对对外贸易的依赖程度。它反映一国对外开放的程度、一国对外贸易在其国民经济中所处的地位以及该国经济对世界市场的依赖程度。对外贸易依存度还可以分解为出口依存度和进口依存度。其数学公式为：

$$对外贸易依存度＝(出口额＋进口额)÷国内生产总值(或国民生产总值)$$

除了上述指标以外,还有贸易的商品结构、贸易的地理方向等相关的统计指标。

1.1.2 国际贸易基本理论

1. 重商主义学说

从15世纪初到18世纪中叶,在国际贸易和国际收支理论方面占据主导地位的是重商主义。这一时期正是资本主义国家处于资本原始积累的时期。在15世纪,随着西欧各国生产力的发展,商品经济也得到极大的发展,交换的目的已从以互通有无为主变成了以积累货币财富为主。当时积累财富的主要手段是获取黄金,而当时西欧本身黄金的开采和储备已很有限,迫切需要通过国际贸易和对外掠夺来满足当时在西欧国家中出现的"黄金渴望"。这一时期的地理新发现则给了西欧人通过扩大国际贸易和掠夺海外殖民地来积累资本的机会。重商主义正是在这样一个时代背景下产生和发展的。

重商主义的发展分为两个阶段。从15世纪到16世纪中叶为早期重商主义,16世纪下半期到18世纪为晚期重商主义。无论早期还是晚期重商主义,都把货币看做是财富的唯一形态,都把货币的多寡作为衡量一国财富的标准。建立在这种财富观念之上的贸易观是一种典型的"零和"理论,他们认为在国际贸易中,你之所得就是我之所失,因此各国在贸易中的利弊得失是完全相反的。国内贸易的结果只是社会财富在国内不同集团之间的再分配,整个社会财富的总量并没有增加,而对外贸易可以改变一国的货币总量。重商主义认为一国可以通过出口本国产品从国外获取货币从而使国家变富,但同时也会由于进口外国产品造成货币输出从而使国家丧失财富。因此,重商主义对贸易的研究主要集中在如何进行贸易上,具体来说,即怎样通过鼓励商品输出、限制商品进口以增加货币的流入从而增加社会财富。重商主义者的这些思想实际上只是反映了商人的目标,或者说只是从商人的眼光来看待国际贸易的利益,因此,这种经济思想被称为"重商主义"。

早期重商主义强调绝对的贸易顺差,即出口大于进口,他们主张多卖少买或不买,并主张采取行政手段控制商品进口,禁止货币输出以积累货币财富。这种思想被称为货币平衡论。晚期重商主义重视的是长期的贸易顺差和总体的贸易顺差。从长远的观点看,认为在一定时期内的外贸逆差是允许的,只要最终的贸易结果能保证顺差,保证货币最终流回国内就可以。因此,晚期重商主义的思想被称为贸易平衡论。

2. 古典国际贸易理论

1) 古典理论产生的历史背景

19世纪中叶,英国在世界上确立了"世界工厂"的地位。随着英国资本主义的迅速发展,新兴资产阶级要求扩大对外贸易,扩大海外市场和原料来源,而重商主义的贸易理论和政策限制了新兴资产阶级的利益,所以英国新兴资产阶级迫切要求废除重商主义的贸易保护政策,实行自由贸易。于是一些资产阶级思想家开始探寻对外贸易与经济发展的内在联系,试图从理论上说明自由贸易对经济发展的好处,由此自由贸易理论便产生了。自由贸易理论的代表人物是英国古典经济学家亚当·斯密和大卫·李嘉图。其代表学说分别是"绝对利益学说"和"比较利益学说"。

2) 亚当·斯密的绝对利益学说

亚当·斯密(Adam Smith,1723—1790)是英国著名经济学家,也是资产阶级经济学古典学派的主要奠基人之一。在其代表作《国民财富的性质和原因的研究》(简称《国富论》)一书中对重商主义理论进行了批判,提出了"绝对利益学说"。其主要内容是:

(1) 国际分工是建立在一个国家所拥有的自然优势和获得这种优势的基础上的。

所谓优势是指绝对优势或绝对利益。斯密认为各国因地域和自然条件不同而形成的商品成本的绝对差异是国际贸易发生的原因。一国出口那些在本国进行生产有效率的商品,进口那些在国外进行生产有效率的商品,该国就会取得贸易利益。

(2) 主张自由贸易。

亚当·斯密认为:既然贸易双方都具有绝对优势,那么通过自由贸易,双方都能取得贸易利益。因为自由贸易会使贸易双方的资本和劳动力从生产能力低的行业转移到生产能力高的出口行业中去,实现资源的有效配置,提高劳动生产率。生产的数量增加了,通过贸易,双方的消费量也增加了,对双方都有好处。

为了进一步说明这一理论,斯密举了英国、葡萄牙两国的贸易实例来说明,在这个贸易中,假定有英国、葡萄牙两个国家,两国都生产葡萄酒和毛呢两种产品,生产情况如表1-1(a)所示。在这种生产模式下,可以进行国际分工、国际交换,对两国都有利,分工后的生产情况如表1-1(b)所示。分工后,两国均以各自的绝对优势产品进行交换,即英国用毛呢与葡萄牙的葡萄酒以1∶1的比例相交换,交换后两国拥有产品的情况如表1-1(c)所示。

表 1-1 斯密理论的实例数据

(a) 分工前两国的生产情况

国家	葡萄酒产量（单位）	所需劳动人数（人/年）	毛呢产量（单位）	所需劳动人数（人/年）
英国	1	120	1	70
葡萄牙	1	80	1	110

(b) 分工后两国的生产情况

国家	葡萄酒产量（单位）	所需劳动人数（人/年）	毛呢产量（单位）	所需劳动人数（人/年）
英国	—	—	2.7	190
葡萄牙	2.375	190	—	—

(c) 交换后拥有产品的情况

国家	葡萄酒产量（单位）	毛呢产量（单位）
英国	1	1.7
葡萄牙	1.375	1

3) 大卫·李嘉图的比较利益学说

大卫·李嘉图(David Ricardo,1772—1823)是英国著名的经济学家,也是资产阶级经济学古典学派的主要奠基人之一。他在《论谷物低价对资本利润的影响》一文中,主张实行谷物自由贸易,从而提出了比较利益学说。

按照斯密的观点,国际分工应按地域、自然条件及绝对的成本差异进行,即一个国家输出的商品一定是生产上具有绝对优势、生产成本绝对低于他国的商品。李嘉图进一步发展了这一观点,他认为每个国家不一定生产各种商品,而应集中生产那些利益较大或不利较小的商品,然后通过国际贸易,在资本和劳动力不变的情况下,生产总量将增加,如此形成的国际分工对贸易各国都有利。

从表 1-2(a)中可看出,葡萄牙生产酒和毛呢,所需劳动人数均少于英国,从而英国在这两种产品的生产上都处于不利地位,按绝对优势理论,两国之间不会进行国际分工,而李嘉图认为,葡萄牙生产酒所需劳动人数比英国少 40 人,生产毛呢少 10 人,即分别少 1/3 和 1/10,显然,葡萄牙在酒的生产上优势更大一些,虽然它在毛呢生产上也具有优势;英国在两种产品上都处于劣势,但在毛呢生产上劣势较小一些。按照李嘉图的"两利取重,两害取轻"的原则,英国虽然都处于绝对不利地位,但应取其不利较小的毛呢生产;葡萄牙虽然都处于绝对有利地位,但应取有利较大的酒的生产。按照这种原则进行国际分工,两国产量都会增加,进行国际贸易,两国都会得利。从表 1-2(b)中可以看出,分工后投入的劳动人数虽然没有变化,但酒的产量却从 2 个单位增加到 2.125 个单位,毛呢从 2 个单位增加到 2.2 个单位。如果英国以 1 个单位毛呢交换葡萄牙 1 个单位酒,那么两国都从这种国际贸易中得利。因此,这种国际分工对两国都是有利的。

表 1-2　李嘉图理论的实例数据

(a) 分工前两国的生产情况

国家	葡萄酒产量（单位）	所需劳动人数（人/年）	毛呢产量（单位）	所需劳动人数（人/年）
英国	1	120	1	100
葡萄牙	1	80	1	90

(b) 分工后两国的生产情况

国家	葡萄酒产量（单位）	所需劳动人数（人/年）	毛呢产量（单位）	所需劳动人数（人/年）
英国	—	—	2.2(220/100)	220
葡萄牙	2.125(170/80)	170	—	—

(c) 交换后两国的消费情况

国家	葡萄酒产量（单位）	毛呢产量（单位）
英国	1	1.2
葡萄牙	1.125	1

比较利益学说的提出为当时英国新兴资产阶级的自由贸易主张提供了理论支持，促进了英国生产力的发展。同时也为世界各国参与国际分工发展对外贸易提供了理论依据。但是，比较利益学说是建立在诸多假定条件基础上的，与现实有一定差别，对当代国际贸易的许多现象不能做出解释。

3. 李斯特的贸易保护学说

李斯特（F. List，1789—1846）是德国著名经济学家，历史学派的先驱者。早年倡导自由主义，后来转为贸易保护主义。他于1841年出版了《政治经济学的国民体系》，系统地提出了保护贸易学说。

李斯特认为古典学派的"比较成本说"的观点存在错误，因为按比较成本原理购买国外的廉价产品，表面上看起来有利可图，但实际上却影响了本国该产业的发展，从而会长期处于落后和从属于外国的地步。而如果放弃这种短期利益，对这种幼稚工业实行保护政策，虽然一开始该产品的价格会上升，但经过一段时间，不但本国的产业可以得到充分发展，而且生产力提高后，商品的价格也会下跌，甚至会低于外国的进口价格。在李斯特的影响下，通过保护政策的扶植，德国经济在短期内有了迅速的发展。

在幼稚工业保护论中，李斯特将经济的发展分为5个阶段，即原始未开化时期、畜牧时期、农业时期、农工业时期和农工商时期。各国经济发展的阶段不同，采取的贸易政策也应不同。农业阶段的国家应实行自由贸易政策，以促进农业发展，培植工业基础；处于农工业阶段的国家，由于本国工业还未发展到与国外产品相竞争的地步，故必须实行保护关税制度。李斯特认为，各个国家在不同的历史时期，应该采取不同的外贸政策，在工业化的中期阶段，实施保护贸易可以迅速发展本国的民族工业，但在民族工业具有一定的国际竞争力时，必须果断放弃保护。

李斯特的保护幼稚工业理论具有十分重要的意义。这一理论的提出,确立了保护贸易理论在国际贸易理论体系中的地位,标志着从重商主义分离出来的西方国际贸易理论两大学派——自由贸易学派和保护贸易学派的完全形成。李斯特的保护幼稚工业理论为发展中国家民族工业的发展提供了借鉴,有利于促进发展中国家民族工业的发展。

1.1.3 近代国际贸易理论

1. 凯恩斯主义超保护贸易学说

凯恩斯(John Maynard Keynes,1883—1946)是英国资产阶级经济学家,凯恩斯主义经济学的创始人。其代表作是1936年出版的《就业、利息和货币通论》。

超保护贸易主义在第一次世界大战与第二次世界大战之间盛行。在这个阶段,资本主义经济具有以下特点:①垄断代替了自由竞争;②国际经济制度发生了巨大变化;③1929—1933年经济大危机。之后,各国相继放弃了自由贸易政策,改变为奉行保护政策,强化了国家政权对经济的干预作用。在这种情况下,凯恩斯改变了立场,进而赞同超保护贸易政策,并积极为其提供理论依据。

超保护贸易理论的主要论点有以下几点:

1)对古典自由贸易理论的批评

古典自由贸易理论假定国内是充分就业的,国家间贸易以出口抵偿进口,进出口能够平衡。偶尔出现差额,也会由于黄金的移动和由此产生的物价变动而得到调整,最终实现进出口平衡。凯恩斯认为,古典学派的贸易理论已经过时了。首先,其前提条件即充分就业事实上并不存在,现实社会存在着大量的失业现象。其次,传统理论只用国际收支自动调节机制来证明贸易顺差、逆差的最终均衡过程,忽视了在调节过程中对一国国民收入和就业的影响。

2)认为贸易顺差有益,贸易逆差有害

凯恩斯主义认为,总投资包括国内投资和国外投资,国内投资额由"资本边际收益"和利息率决定,国外投资量则由贸易顺差大小决定,贸易顺差可为一国带来黄金,也可扩大支付手段,压低利息率,刺激物价上涨,扩大投资,这有利于国内危机的缓和与扩大就业率。贸易逆差会造成黄金外流,物价下降,招致国内经济趋于萧条和增加失业人数。

由此,凯恩斯主义的结论是贸易顺差能增加国民收入,扩大就业;贸易逆差则会减少国民收入,加大失业。

2. 赫克歇尔-俄林的生产要素禀赋理论

赫-俄理论是著名经济学家赫克歇尔(Eil Heckscher,1879—1952)和俄林(Bertil Cotthard Ohlin,1899—1979)创立的国际贸易理论。赫克歇尔于1919年发表了题为《对外贸易对收入分配的影响》的著名论文,提出了要素禀赋论的论点。俄林继承了他导师赫克歇尔的论点,于1933年出版了《域际贸易和国际贸易》一书,创立了要素禀赋理论,也叫赫-俄理论(H-O理论)。

赫-俄理论的要点可以概括为:

(1) 生产要素的禀赋差异是国际贸易发生的根本原因。各国生产要素的禀赋不同导致要素的相对价格不同,从而使得同一种商品在不同国家的价格不同,在国内同时又具有比较优势,商品就会从价格低的国家流向价格高的国家,导致国际贸易发生。

(2) 各国应该出口那些密集使用本国丰裕资源的商品,进口那些密集使用本国稀缺资源的商品。即劳动相对丰裕的国家应当出口劳动密集型的商品,进口资本密集型的商品。反之亦然。这种分工和贸易模式对贸易双方都有利。

(3) 自由贸易不仅会使本国商品价格趋于均等,而且要素价格也趋于均等。这是因为劳动资源丰富的国家出口劳动密集型产品,进口资本密集型产品;资本资源丰富的国家出口资本密集型产品,进口劳动密集型产品。贸易的结果是,在前一种国家,劳动价格上升而资本价格下降;在后一种国家,资本价格上升而劳动价格下降,最后,这两个国家劳动的价格与资本的价格趋于相等。这样也有利于各国国内的收入分配更为平等。

赫-俄理论最先从生产要素的角度分析了国际分工和国际贸易发生的原因,正确分析了生产要素在各国进出口中的作用。但该理论是建立在一系列假定条件基础上的,而这些假定条件都是静态的,忽视了它们的动态变化,忽视了科学技术在国际分工和国际贸易中的主要作用,因此有一些缺陷。

3. 里昂惕夫之谜

里昂惕夫(Vassily W. Leontif)是美国经济学家,投入产出经济学的创始人,诺贝尔经济学奖的获得者。其代表作有《投入-产出经济学》等。

赫-俄理论自创立后,立即被西方经济学界接受。人们的直觉肯定这个结论,认为只要知道一国的资源情况,就可推断出其对外贸易走向。如第二次世界大战后美国被认为是世界上资源最雄厚的国家,因此认为贸易走向应是出口机器、设备等资本密集型商品,进口劳动密集型商品。

里昂惕夫基于这种认识,利用他的投入产出方法对赫-俄理论进行检验。他使用了200个行业的投入产出表,前后两次分别采用1947年和1951年的统计资料,来比较生产100万美元价值的出口商品和进口替代商品所需要的资本和劳动的比率(K/L)。结果表明美国出口商品的K/L低于进口替代商品的K/L。如表1-3所示,平均每人-年的资本表示的进口替代商品的K/L和出口商品的K/L之比,1947年为1.30,1951年为1.06,即美国进口替代型部门每个工人所用的资本比出口部门每个工人所用的资本,1947年多出30%,1951年多出6%。这说明,美国出口的是相对劳动密集型产品,进口的则是相对资本密集型产品。结果显然与赫-俄理论的推断相矛盾。这便是著名的"里昂惕夫之谜"。

表1-3 里昂惕夫的计算(每100万美元进出口商品中,所需要素的情况)

项 目	1947年		1951年	
	出口商品	进口替代商品	出口商品	进口替代商品
资本(美元)	2 550 780	3 091 339	2 256 800	2 303 400
劳动(人-年)	181	170	174	168
资本量(美元/人-年)	14 015	18 184	12 977	13 726
进口资本量/出口资本量	1.30		1.06	

里昂惕夫之谜引起了西方经济学界的极大关注,解释里昂惕夫之谜的学说主要有以下几种:

1) 需求偏好差异说

该学说认为,赫-俄理论成立的一个前提假定是贸易国双方的需求偏好是无差异的,消费结构因此也是相同的,由此赫-俄理论便把需求偏好的差异对贸易方式的影响力给忽略了。实际上,贸易各国国民需求偏好是不相同的,而且这种偏好会强烈地影响国际贸易方式。里昂惕夫之谜之所以在美国发生,是因为美国人不喜好消费劳动密集型产品,而喜欢消费资本密集型产品,因此,消费偏好的力量使美国将劳动密集型产品出口国外,把资本密集型产品留在国内消费。

2) 人力资本说

该学说认为,里昂惕夫的统计检验存在着明显的缺陷,即它只考虑了物质资本,忽略了人力资本(即美国投入在劳动力上的智力开发、技术培训及素质提高等方面的资本)。美国在这方面的投入是超过其他国家的。如果将人力资本同物质资本结合起来,里昂惕夫之谜会得到解释。

3) 贸易保护说

该学说指出,赫-俄理论是假设以自由贸易、完全竞争为贸易政策取向的。但在现实中,保护贸易是最普遍的政策取向,美国也不例外。美国劳工代表在国会中有强大的影响力,从而会使美国政策倾向于保护与鼓励劳动密集型行业的生产与出口,限制外国同类产品的进口,从而使美国的贸易方式变为出口劳动密集型产品,进口资本密集型产品。

1.1.4 当代国际贸易新理论

1. 当代国际贸易新理论产生的历史背景

20世纪60年代以来,科技革命的迅速发展,使世界经济状况、国际分工和国际贸易都发生了巨大变化。传统的国际分工和国际贸易理论显得越来越脱离实际,暴露出明显的理论缺陷和矛盾,有的理论已经不适用。在这种情况下,一些西方经济学家便试图用新的学说来解释国际分工和国际贸易中出现的某些问题。于是各种新的国际贸易理论应运而生。

2. 当代国际贸易新理论的主要内容

1) 产品生命周期学说

产品生命周期学说是美国经济学家弗农提出来的。他认为产品具有不同的生命周期,在产品生命周期的不同阶段,一国出口和进口商品的结构是不同的。产品的生命周期经历以下3个阶段。

(1) 产品创新阶段

新产品最先在技术领先的国家开发出来,并在其国内投入生产。由于消费者对新产品的了解较少,所以其需求不高,主要来自国内及与该国收入水平相当的国家。这一阶段,需要投入的技术要素较高,产品要素的密集性表现为技术密集型。

(2) 产品成熟阶段

随着技术成熟、标准化生产实行,生产新产品的企业不断增加。与此同时,该产品获得越来越多的消费者的认可,产品占有率较高,但市场趋于饱和,产品销售增长率开始下降。

国外市场也不断扩大,随着技术的出口,国外出现了大量的仿制品,市场规模和生产迅速扩大。这一阶段,技术投入减少,资本和管理要素投入增加,需要大量的熟练劳动者。产品要素密集性表现为资本密集型。

(3) 产品标准化阶段

生产创新产品的企业越来越多,技术和产品逐渐标准化,而技术本身的重要性开始逐渐消失。原来创新国家的技术优势不复存在,对这一产品的需求开始下降,基本上转向从国外进口。这一阶段,新产品的技术完成了其生命周期,技术投入非常少,非熟练劳动大量增加,产品要素密集性表现为劳动密集型。

上述3个阶段,产品要素密集性不同,技术先进程度不同,产品所属类型不同,因而使得各种不同类型的国家在产品的不同阶段具有不同的比较利益,而且,这种比较利益将从创新产品生产国逐渐转移到发展中国家。

2) 需求偏好相似学说

需求偏好相似学说是瑞典经济学家林德提出来的。他用国家质检需求相似来解释工业制成品贸易发展。林德认为,赫-俄理论只适用于工业制成品和初级产品之间的贸易,而不适用于工业制成品之间的贸易。

林德认为,工业制成品的生产首先要满足国内需要,当国内市场扩大到一定程度时,产品才会推向国际市场。由于该产品是在本国的人均收入水平下,为了满足国内市场需求而生产的,所以该产品出口偏好和收入相似的国家会比较容易。这些国家的需求结构和需求偏好越相似,其贸易量就越大。

需求偏好相似理论有两个重要观点:

(1) 国内需求的大小决定了商品的出口。只有在国内已经存在大规模需求的产品,才会成为具有最大相对优势的产品,产品就会具备国际竞争力。而一国的人均收入水平直接影响消费偏好和需求结构。

(2) 两个国家的需求结构越相似,两国之间的贸易量越大。如果两国的偏好和需求特别相似,产品的适应性就特别强,两国之间的贸易量也就越大。如果两国需求结构完全一样,其可供进出口的物品也会完全相同。

3) 产业内贸易学说

产业内贸易是产业内国际贸易的简称,最先由美国经济学家格鲁贝尔提出,是指一个国家或地区,在一段时间内,同一产业部门产品既进口又出口的现象。比如日本向美国出口轿车,同时又从美国进口轿车的现象;中国向韩国出口某种品牌的衬衣,同时又从韩国进口某种T恤衫的贸易活动。

格鲁贝尔认为,同类产品或同一产业所生产的产品之间发生贸易关系的原因有以下两点:

(1) 产品的异质性是产业内贸易的重要基础

产品的异质性,是指产品相似但不完全相同,也不能完全替代。完全同质的产品没有必要去相互交换和贸易,所以如果不同国家相同产业部门的产品要进行相互贸易和交换,那么必然存在着一定的差异。所以,产品的异质性特征是产业内国际分工和产业内国际贸易的基础。

(2) 经济发展水平是产业内贸易形成的重要因素

经济发展水平越高,产业部门内部分工越发达,异质产品的生产规模就越大;同时,人均国民收入水平随着经济发展而提高,国民购买能力越来越强,对异质产品的需求也越来越大。这样,产品的供给和需求的市场规模都快速膨胀。不同国家,相同阶级的人们消费水平是相当的,所以当两国的收入水平趋于相等时,两国间的需求结构也趋于接近,最终导致产业内贸易的发生。

3. 对当代贸易新理论的总体评价

当代贸易新理论既没有全盘否定传统的贸易理论,也没有完全继承传统的贸易理论,而是根据当代国际分工和国际贸易的新变化,对传统的贸易理论进行修改、补充和发展。在研究模式上,传统的贸易理论研究模式是研究两个国家、两种商品、两种要素。而新的学说研究模式是研究多个国家、多种商品、多种要素。在研究方法上,传统的贸易理论主要是静态研究和定性分析,而新的理论则把静态分析和动态分析结合起来,把定性分析和定量分析结合起来,把理论分析和时间结合起来,相比之下更具有科学性。当然,当代贸易新理论也有一定缺陷,还需要结合传统贸易理论来研究。

1.2 国际服务贸易

1.2.1 国际服务贸易概述

传统上人们将贸易看做一种物品转移活动。长期以来服务业被认为只是经济发展的结果,服务部门不能带动经济增长。这个思想已经发生重大改变,人们越来越认为在经济发展过程中服务部门的产出是关键性的投入性要素之一。

1. 国际服务贸易的定义

狭义的国际服务贸易指发生在国家之间的服务输入和输出活动;广义的定义则包括有形的劳动力的输出、输入和无形的提供者与使用者在没有实体接触的情况下的交易活动。但是,在国内学术界对国际服务贸易(International Service Trade)这个概念的定义纷繁复杂,难以统一。目前,对于这个概念被普遍接受的,比较容易理解的是"国际服务贸易是指通过跨境交付(自己成员领土内向任何其他成员领土提供服务)、境外消费、商业存在(商法人或者商人)、自然人流动等形式跨越中华人民共和国国境提供服务的贸易"。

2. 国际服务贸易的分类

国际服务贸易种类繁多,并且随着社会进步不断出现一些新的服务贸易项目,根据不同的分类标准,可以把国际服务贸易进行不同的分类。

1) 按是否与有形商品贸易有关联划分

(1) 追加服务贸易。指随附实体商品出口而提供的补充服务。这种形式中的实物商品是核心,服务只是对实物商品的补充。在现实生活中,追加服务表现为:商品生产上游的可行性研究、产品设计、市场调研等;商品生产中游的质量控制、设备租赁、人事管理等;商品生产下游的广告宣传、存储运输、售后服务等。随着科技的发展,追加服务已经成为商品在国际市场上进行非价格竞争的重要因素。

(2) 核心服务贸易。指与商品的生产和交易无关的,消费者单独购买,能为消费者提供核心效用的服务。现实生活中,服务的形式种类繁多,由 WTO 统计和信息局提供的、经

WTO服务贸易理事会评审认可的《国际服务贸易分类表》,按照一般国家标准(GNS)将全世界的服务部门分为11大类143个服务项目,这11个服务部门分别是:商业服务、通信服务、建筑及有关工程服务、销售服务、教育服务、环境服务、金融服务、健康与社会服务、与旅游有关的服务、文化与体育服务以及运输服务。

2) 按服务贸易中是否包含生产要素划分

(1) 要素服务贸易。在国际服务贸易中专门指资本服务收益流量的跨国转移。一切与国际收支的资本项目直接相关的金融资产收益流量,无论其表现形式是利息、股息还是利润,在国际服务贸易统计分类的标准之下,都划归为国际服务贸易的要素服务贸易类型。

(2) 非要素服务贸易。指在国际收支平衡表中只同经常项目相关,而同国际间资本流动或金融资产流动无直接关联的国际服务贸易流量。与要素服务贸易相比,非要素服务贸易的内容要繁杂得多。

3. 国际服务贸易的特征

1) 服务产品进出口的非海关控制性

由于服务是无形的,一国对服务无法像对货物那样以海关作为进出口管理通道。海关无法管理与控制服务进出口,海关也无法统计服务的进出口。

2) 国际服务贸易保护方式更具有刚性和隐蔽性

由于服务贸易标的的特点,服务进出口不经过海关,各国政府对本国服务业的保护常常无法采取关税壁垒的形式,而只能采取在市场准入方面予以限制或进入市场后给予国民待遇等非关税壁垒的形式,这种保护常以国内立法的形式加以施行,使得国际服务贸易受到的限制和障碍往往更具有刚性和隐蔽性。

3) 服务贸易的惯例、约束具有相对的灵活性

GATS是WTO处理服务贸易的多边原则和规则的框架性文件,其约束是有一定弹性的,尤其是对发展中国家,不仅做出了一些保护和例外,还在国民待遇、最惠国待遇、透明度、市场准入以及对发展中国家服务业发展援助等方面赋予了一定的灵活性。

4) 国际服务贸易市场具有高度垄断性

由于国际服务贸易在发达国家和发展中国家的发展严重不平衡,加上服务市场的开放涉及一些诸如银行、通信工程、航空运输、教育、自然人跨国界流动等直接关系到输入国主权、安全、伦理道德等极其敏感的领域和问题,因此,国际服务贸易市场的垄断性很强。

5) 国际服务贸易的国家保护性

现在国际上各个国家之间服务贸易发展极不平衡,发达国家占据着绝对优势。发展中国家为了保护本国经济利益不受损失,一般对本国的服务贸易都实施保护,同时发达国家也对服务贸易实施了一定的保护。因此国际服务贸易的国家保护程度很高。

1.2.2 国际服务贸易的发展

自20世纪70年代以来国际服务贸易的规模迅速增长,具体表现为以下几个方面:

第一,从贸易额的绝对数来看,国际服务贸易的发展加快,规模日益扩大。第二次世界大战后,由于各国产业结构向服务业转移,服务业在各国经济中的重要性日益突出,世界服务出口迅速发展。根据世界贸易组织的年度报告,1981年国际商业服务贸易出口额为4130亿美

元,1990年达到8022亿美元,到2000年世界服务贸易进出口额达到14 350亿美元。

第二,从国际服务贸易增长速度看,除少数年份外,国际服务贸易发展速度一般都超过国际货物贸易的发展速度。20世纪80年代以来,服务贸易的年平均增长率为5%,快于货物贸易的2.5%;20世纪90年代以来,国际服务贸易继续保持了高速增长,根据世界贸易组织的统计,在1990—1997年期间,世界服务贸易的年平均增长达到8%的水平。

第三,从国际服务贸易发展的国别特点来看,发达国家在国际服务贸易中一直处于绝对优势地位,并远远超过了其在国际货物贸易中的地位。以世界贸易组织最新公布的世界服务贸易排名来看,占据服务贸易额前8名的全部是发达国家和地区。同时,发展中国家的服务贸易发展较快,在世界服务贸易中的地位不断上升。

第四,从国际服务贸易结构发展来看,其结构发生了较大的变化,尤其是20世纪80年代发达国家实现了经济结构的服务化后,国际服务贸易形成了新的竞争格局。主要特征表现为国际服务贸易已经从传统的劳动密集型、自然资源密集型向资本、技术、知识密集型转移,新型的以国际电信服务、国际银行与保险服务以及要素服务中的产权收益、股权收益等为代表的资本密集型、知识密集型服务贸易发展迅速,而传统的以国际运输、旅游服务以及劳务输出与输入的发展极不平衡。

1.2.3 我国国际服务贸易的发展

我国服务业发展起步晚、底子薄,整体发展水平不高。但自从加入世界贸易组织以来,我国服务贸易有了较大的发展。2002年,中国服务贸易出口额达到397.44亿美元,增长19.2%;进口额达465.28亿美元,增长18.5%,超过我国同期经济增长的速度。总体来看,我国国际服务贸易尚处于发展初期,主要特点是:

(1) 起步晚,增速快,在全球服务贸易总额中的比重不断上升。

中国服务贸易出口增速变化趋势与全球趋势基本保持一致,所不同的是中国的增长幅度更明显一些。1982—2005年,出口额增长近29倍,年均增长15.9%,是同期世界服务贸易平均出口增速的2倍。20世纪80年代和90年代中国服务贸易总额年均增长速度分别为10.8%和20.9%,服务贸易出口增速分别为11.1%和18%。2001—2005年,服务贸易出口年均增速为19.8%,而同期全球平均增速为10.1%,约为中国增速的一半。

另外,在1982—2005年这23年间,中国服务贸易出口额增长近33倍,占全球服务贸易出口总额的比重提高了2.7个百分点。据WTO在2006年4月11日发布的报告,中国服务贸易出口世界排名由1982年的第28位上升到2005年的第8位,进口世界排名由第40位上升到第7位。

(2) 服务技术层次低,出口结构不合理。

我国服务以消费服务为主,生产性服务不够发达,服务的科技含量低,服务业还主要集中于传统服务业,如旅游、工程承包、劳务出口等。2000年,中国服务贸易出口中,国际旅游收入162.3亿美元,占服务贸易出口总额的53%,国际运输收入36.7亿美元,占12%,两项合计共占65%。可见,中国服务贸易还主要集中在劳动密集型部门和资源禀赋优势部门等传统服务业上,而在全球贸易量最大的金融、保险、咨询等技术密集和知识密集服务行业,我国还处于初步发展阶段。

(3) 服务业从业人员素质低,技术创新不足。

就文化素质而言,在我国服务业从业人员中,具有高等教育文凭的人员相当有限,农村流动人口在传统服务业中所占的比重不断加大,服务业从业人员的专业素质和品格素质与国外同行相比差距很大。而服务业技术创新不足,是制约我国服务业发展的关键因素。长期以来,在这一问题上有一个认识误区,服务业一直被认为是劳动密集型产业,不像工业对技术的要求那么高。事实上,当今国际服务业的发展已与高新技术的发展密不可分,即使是传统的服务行业,也存在着市场营销策略和专业技术诀窍的差异问题。由于服务的生产过程与消费过程是同一过程,因此服务人员不仅需要掌握鲜见的专业技术和技能,而且需要科学的管理方法以及市场营销的技能和技巧。

综上所述,中国服务贸易发展速度很快,潜力大,但是与发达国家相比,还是有很多差距和不足,例如服务贸易管理相对比较落后,相关的宏观管理结构、部门协调机制、政策环境、法律体系、统计制度等均亟待建立健全。

1.3 国际贸易措施与政策

1.3.1 关税

1. 关税概述

1) 关税的含义

关税(Customs Duty,Tariff)是进出口货物经过一国关境时,由政府设置的海关向进出口商征收的一种税。关税是国际贸易政策中最常用,也是最有效的政策手段,它的征收是通过海关来执行的。

关境(Customs Territory)是海关征收关税的领域,也是对海关法令进行统一实施的领土。关境与国境的范围一般情况下是一致的,但是也有一些国家和地区两者的范围不一致。例如,关税同盟的国家对内取消一切限制,对外统一关税,这些国家的关境相当于几个国家的领土,关境大于国境。而有些国家国境内有自由港、出口加工区、保税区等经济特区,但它们却在关境之外。因此,设有经济特区的国家其关境小于国境。

2) 关税的性质、特点和作用

关税是税收的一种,是国家财政收入的重要来源,同时也和其他税收一样具有强制性、无偿性和固定性。关税又是一种间接税,税负由进出口商在通关时先垫付,然后将计征税款计入商品成本,最后再把税负转嫁到消费者身上。

关税是一国实施对外贸易政策的重要手段。具体来看,可以起到以下作用:

(1) 增加政府收入。海关代表国家征收关税,因此关税的收入就成了国家财政收入的主要来源。但是随着贸易自由化及经济全球化的推进,关税在财政收入中的比重和作用逐渐降低。

(2) 保护国内的产业和市场。对进口商品征收关税,增加了进口商品的成本,间接地提高了该种商品的价格,削弱了其在进口国国内市场的竞争力,起到了保护本国产品市场占有率的作用。

(3) 调节进出口贸易。关税税率的高低和减免直接影响着一国的对外贸易规模与结构。调低关税可以减少顺差，而调高关税可以减少逆差。进出口商品的种类和数量在关税的调解下可以有效地保持市场供求平衡，稳定国内市场价格，保持国际收支平衡。

2. 关税的种类

关税种类繁多，按照不同的标准主要可以分为以下几类：

1) 按照征税的目的分类

按照征税的目的分类，关税可分为财政关税、保护关税和调节关税。

(1) 财政关税。财政关税(Revenue Tariff)又称为收入关税，是指以增加国家财政收入为主要目的而征收的关税。其特点是税率适中，以保证收益的最大化。

(2) 保护关税。保护关税(Protective Tariff)是以保护本国生产和本国市场为主要目标而对外国竞争商品所征收的关税。其税率一般都较高，有时高达100%以上，等于禁止进口，这时保护关税实际成了禁止关税。

(3) 调节关税。调节关税(Adjusted Tariff)是以调整本国经济和产品结构为主要目的而征收的关税。对于国内需要扶植和发展的产业，通过调高同类商品的进口税率，可以削弱进口商品的竞争力，保护本国产业发展；对于国内失去优势，不具备发展前景的产业，通过降低同类商品的进口关税税率，可以引进竞争并促使国内产业更新，从而完成经济结构和产品结构的调整。

2) 按照征收对象或商品流向分类

按征收对象或商品流向的不同，关税可分为进口税、出口税和过境税。

(1) 进口税。进口税(Import Duty)是指在外国商品输入时，由进口国海关根据海关税对所进口商品征收的一种关税。征收进口税一般具备限制商品进口的保护作用，通常所称的关税壁垒，就是指高额进口关税。进口税按差别待遇或税费的高低不同，可分为普通税和最惠国税两种。普通税是对没有与本国签订任何关税互惠贸易协定的国家和地区的商品征收的关税，最惠国税是对和本国签有最惠国待遇条款的贸易协定国实行的税率。

(2) 出口税。出口税(Export Duty)是出口国家的海关在本国商品输往国外时，对本国出口商所征收的关税。

目前大多数国家对绝大多数的商品都不征出口税，因为征收出口税会提高本国出口商品的成本和国外销售价格，不利于扩大出口。但是，仍有一些国家针对部分出口商品征收出口税。其目的有四点：第一，增加国家财政收入；第二，保护国内的原材料资源，保障国内相关产业的发展；第三，调节国内供求，稳定物价水平；第四，控制和调节某些商品，保持出口的有序性，防止盲目出口，减少贸易摩擦，并保持其在国际市场上的有利价格。

(3) 过境税。过境税(Transit Duty)又称通过税，是一国海关对通过其关境再转运至第三国的外国商品所征收的关税。征收的目的是为了增加本国的财政收入。目前，友好国家之间一般不征收国境税务，且关贸总协定规定了"自由过境"原则，各国对通过其领土的外国货物一般只征收少量的签证费、印花费、统计费等。

3) 按照差别待遇和特定的实施情况分类

按照差别待遇和特定的实施情况，关税又可分为进口附加税、差价税、特惠税和普惠制。

（1）进口附加税。进口附加税（Import Surtax）是对于进口商品除征收一般进口税之外，还出于某种特定的目的而额外加征的关税。进口附加税是一种限制进口的临时性措施，其目的主要有：应付国际收支危机、维持进出口平衡、防止外国产品低价倾销或对某个国家实行歧视或报复等。

在进口附加税中，一种是对所有进口商品征收，另一种是针对个别国家和个别商品征收进口附加税。后者主要有以下两种：一是反补贴税（Counter-Vailing Duty），又称抵消税或补偿税，是对在生产、加工及运输过程中直接或间接接受出口国政府、同业工会或垄断组织所提供的任何补贴或津贴的进口商品所征收的一种进口附加税；二是反倾销税（Anti-Dumping Duty），是指对实行倾销的进口商品所征收的一种临时性的进口附加税，其目的在于抵制外国商品对本国的倾销，保护本国产业和市场，扶植本国新兴产业。

（2）差价税。差价税（Variable Levy）又叫差额税，是当本国生产的某种商品国内价格高于进口价格时，按国内价格与进口价格之间的差额征收的关税。征收差价税的目的是为了削弱进口商品的竞争力，保护本国生产和国内市场。

（3）特惠税。特惠税（Preferential Duty）又叫优惠税，是指对某个国家或地区进口的商品，不同程度地给予特别优惠的低关税或免关税待遇。使用特惠税的目的是为了增进与受惠国之间的友好贸易往来。特惠税有的是互惠的，有的是非互惠的。

（4）普惠制。普惠制（Generalized System of Preference，GSP）是普遍优惠制的简称，是指发达国家对发展中国家或地区的某些出口产品，特别是制成品和半制成品给予普遍优惠的一种减税制度。其具有普遍性、非歧视性和非互惠性3条主要原则。实施普惠制的目的在于增加发展中国家和地区的外汇收益，促进发展中国家的工业化，加速经济增长。

4）根据征收标准进行的分类

根据征收标准不同，关税可以分为从量税、从价税、复合税和选择税。

（1）从量税。从量税（Specific Duty）是以商品的重量、数量、容量、长度和面积等计量单位为标准计征的关税。其优点是：手续简便，无须审定货物的规格、品质、价格，便于计算；可以避免物价变动对税收的影响，保持税收的稳定性；有助于宏观部门利用税收杠杆调节资源环境和进出口。缺点是在物价上涨时期，税收不能和商品销售额同步增加。

（2）从价税。从价税（Ad Valorem Duty）是指以商品的价格为标准计征的关税。其优点是：税负合理；税率明确，便于各国比较；税负公平；征收方式简单，各种商品均可适用。缺点是：完税价格不易掌握，征税手续复杂，需消耗大量的人力和精力。

（3）复合税。复合税（Mixed Duty）又称混合税，是对商品同时征收从量税和从价税。其优点兼有从价税和从量税的优点，当物价上涨时，混合税所征税额比单一从量税多；在物价下跌时，又比单一从价税多。缺点是从价税额与从量税额的比例难以确定。

（4）选择税。选择税（Alternative Duty）是对于一种商品同时规定从量税和从价税，征收时由海关选择征收其中一种，作为该商品的应征关税。海关一般选择税额较高的一种征收。其具有灵活性的特点，缺点是征税标准经常变化，令出口国难以预料，容易引起争议。

1.3.2 非关税壁垒

1. 非关税壁垒概述

1) 非关税壁垒的含义

非关税壁垒(Non-Tariff Barriers, NTBs),是指除关税措施以外的一切限制进口的措施。20世纪60年代后期以来,在GATT的推动下,国际贸易关税总水平大幅下降,关税的保护作用越来越弱。到了20世纪70年代中期,由于贸易保护主义的再度兴起和世界经济的持续低迷,发达国家资本主义寻求其他的贸易保护措施,所以非关税壁垒的运用越来越广泛。

2) 非关税壁垒的特点

非关税壁垒与关税壁垒都有限制进口的作用,但是,与关税壁垒相比较,非关税壁垒具有以下特点:

(1) 灵活性和针对性。各国关税税率的制定与调整必须经过严格的法律程序,而这种法律程序往往比较迟缓,在需要紧急限制进口时经常难以适应。同时,关税税率的调整还要受到世界贸易组织及其他贸易协议的制约。非关税壁垒则出台迅速,程序简单,且能随时针对实际情况进行实施和变换,显示出更大的灵活性和针对性。

(2) 有效性和合理性。关税壁垒旨在通过征收高额关税,提高进口商品的成本,达到限制进口的目的,它对商品进口的限制是相对的。当出口国采取出口补贴或商品倾销等方法应对时,关税就很难起到限制商品进口的目的。但一些非关税壁垒如进口配额、进口许可证等对进口的限制则是绝对的。通过预先规定进口的数量和金额,超过限额就直接禁止进口,这样在限制进口方面更直接、更有效、更合理。

(3) 隐蔽性和歧视性。关税是经过法律程序确定的,并以法律形式公布于众,依法执行的。非关税壁垒则往往不公开,或者规定严格、繁琐和复杂的标准及手续,而且还会经常变化,让出口商难以对付和适应。此外,针对某个国家还可以采用特殊的非关税壁垒,大大加强了其差别性和歧视性。

2. 非关税壁垒的种类

1) 进口配额制

进口配额制(Import Quotas System)又称进口限额制,是一国政府在一定时期(如一季度、半年或一年)以内,对某些进口商品的进口数量或金额加以直接限制。在规定的期限内,配额以内的货物可以进口,超过配额的不准进口,或者征收较高的关税或罚款后才准予进口。进口配额分为绝对配额和关税配额两种方式。

2) "自动"出口配额制

"自动"出口配额制(Voluntary Export Quotas),又称"自动"限制出口,是指出口国家或地区在进口国的要求和压力下,"自动"规定某一时期内某些商品对该国的出口限额,在限定的配额内自行控制出口,超过配额即禁止出口。"自动"出口配额制主要有以下两种形式:一是非协定的"自动"出口配额制;二是协定的"自动"出口配额制。

3) 进口许可证制

进口许可证制(Import License System)是指进口国家规定某些商品必须事先领取许可

证才可进口,否则一律不准进口的制度。进口许可证在限制进口上具有运用灵活、便于区别对待和控制严格等特点。它既可以单独使用,又可以与配额结合使用,也可以与外汇管制结合使用。其有如下两种分类:一是按进口许可证与进口配额的关系,可分为有定额的进口许可证和无定额的进口许可证;二是按进口商品的许可程度,可分为公开一般许可证和特种进口许可证。

4) 外汇管制

外汇管制(Foreign Exchange Control)也称外汇管理,是指一国政府通过法令对国际结算和外汇买卖实行限制,以平衡国际收支和维持本国货币汇价的一种制度。在外汇管制下,出口商必须把他们出口所得到的外汇收入按官方汇率卖给外汇管制机关;进口商也必须在外汇管制机关按官方汇价申请购买外汇,携带本国货币出入国境也受到严格的限制等。这样,国家的有关政府机构就可以确定官方汇率、控制外汇供应数量,来达到限制进口商品品种、数量和进口国别的目的。外汇管理和对外贸易密切相关,因为出口必然要收汇,进口必须要付汇。因此,如果对外汇有效地进行干预,就可直接或间接地影响进出口。

5) 歧视性政府采购行为

歧视性政府采购政策(Government Procurement Polices of Discrimination)是指国家通过制定法令,规定"政府机构在购买商品时要优先购买本国产品",从而达到以限制进口商品销售为目的的一种歧视性政策。有的国家虽没有明文规定,但优先采购本国产品已成为惯例,它是政府参与对外贸易的最典型形式,这种歧视使外国商品处于不公平的竞争地位,是一种非常有效的非关税措施。

6) 国内税

国内税(Internal Taxes)是指一国政府对本国境内生产、销售、使用或消费的商品所征收的税收。任何国家除了对进口商品征收进口关税以外,还要另行征收各种国内税。这是一种比关税更灵活、更易于伪装的贸易政策手段。国内税通常是不受贸易条约或多边协定限制的。国内税的制定和执行是属于本国政府机构的权限,有时甚至是地方政权机构的权限。一些国家利用征收国内税,对内外产品实行不同的税率和征税方法来抵制国外商品。

7) 进口押金制

进口押金制(Advanced Deposit)又称进口存款制或进口担保金制,是指进口商在进口商品前,必须预先按进口金额的一定比率和规定的时间,在指定的银行无息存入一笔现金,才能进口。这种制度增加了进口商的资金负担,影响了资金的流转,从而起到了限制进口的作用。进口押金制实质是通过控制或减少进口者手中的可用外汇达到限制进口的目的。

8) 进出口的国家垄断

进出口的国家垄断(State Monopoly of Imports and Exports)是指在对外贸易中,某些商品的进出口由国家直接经营或把某些商品的进出口专营权给予某个垄断组织。各国垄断的进出口商品主要有4大类:第一类是烟酒。政府可以从烟酒的进出口垄断中取得巨大的财政收入。第二类是农产品。农产品的对外垄断销售,一般是发达国家国内农业政策措施的一部分。第三类是石油。石油关系到一国的经济命脉,因此,主要的石油进口国和出口国都设立国营石油公司,对石油贸易进行垄断经营。第四类是武器。武器不但关系到国家安全,而且关系到世界和平,因此武器贸易多数由国家垄断经营。

9) 海关估价制

海关估价制(Customs Valuation)本来是指海关为了征收关税而确定进口商品价格的制度。但在实践中,有些国家根据某些特殊的规定,提高进口商品的海关估价,从而增加进口商品的关税负担,阻碍商品的进口,这就使海关估价成为专断的海关估价制度。

10) 最低限价制和禁止进口

(1) 最低限价制

最低限价制(Minimum Price)是指一国政府规定某种进口商品的最低价格,凡进口商品低于规定的最低价格,则征收进口附加税或禁止进口,以达到限制低价商品进口的目的。这样,一国便可以有效地抵制低价商品进口或以此削弱进口商品的竞争力,保护本国市场。

(2) 禁止进口

禁止进口(Prohibition of Exports)是进口限制的极端措施。当一些国家认为实行进口数量限制已不能走出经济与贸易困境时,便直接颁布法令公开禁止某些商品的进口。但这种措施很容易引起对方国家的报复,引发贸易战,最终对双方都无好处。

11) 技术性贸易壁垒

技术性贸易壁垒(Technical Barriers to Trade)是指一国政府以维护生产、消费安全及人民健康为理由,制定一些复杂苛刻的技术标准、卫生检疫规定以及商品包装和标签规定,往往使外国产品难以适应,从而起到限制外国商品进口和销售的作用。这些规定在一定条件下成为进口国家限制进口的技术性贸易壁垒。

12) 绿色壁垒

绿色壁垒(Green Barriers)是指一国以保护有限资源、生态环境和人类健康为名,通过制定苛刻的环境保护标准,直接或间接采取的限制甚至禁止贸易的措施,从而达到限制国外产品进口的目的。其主要形式有:一是绿色关税和市场准入。它是指进口国对一些污染和影响生态环境的商品征收进口附加税或者禁止其进口。二是绿色技术标准。进口国凭借其技术优势,规定出口国难以达到的环境保护标准。三是绿色环境标志。它表明产品在生产、使用、消费和回收处理整个过程中符合生态环境保护要求的特殊标志。四是绿色包装。它是指用后易于回收再利用或易于自然分解,不污染环境的包装。五是绿色卫生检疫制度。规定了严格的卫生检疫标准。六是绿色补贴。出口国企业在进行污染治理时,提高了产品成本,政府就此给予一定数额的补贴。

1.3.3 鼓励出口与出口管制

1. 鼓励出口的措施

1) 出口信贷

出口信贷(Export Credit)是一个国家为了鼓励商品出口,加强国际竞争力,通过银行对本国出口厂商或进口厂商提供利率较低的贷款,以解决本国出口商资金周转困难或满足那些金额较大、期限较长的商品出口需求的一种重要融资手段。

出口信贷按其贷款形式分为买方信贷和卖方信贷两种形式。买方信贷是由出口商所在地银行向外国进口商或进口地银行提供贷款,给予融资便利,扩大本国设备的出口,又称约束性贷款。卖方信贷是由出口方银行直接向本国出口商提供的贷款。

2）出口补贴

出口补贴（Export Subsides）又称出口津贴，是一国政府为了加强商品在国外市场上的竞争能力，降低其出口价格，同时给予出口厂商的现金补贴或财政上的优惠待遇。

出口补贴的基本方式有两种：

（1）直接补贴（Direct Subsides）。指出口某种商品时，直接付给出口商的现金补贴。直接补贴的办法包括价格补贴和收入补贴。

（2）间接补贴（Indirect Subsides）。指政府对某些出口商品给予财政上的优惠，如采取退还或减免出口商品的国内税，对进口原料或半成品再加工出口给予暂免或退还已缴纳的进口关税，提供比在国内销售货物更优惠的运费等。

3）商品倾销

商品倾销（Dumping）是指商品以低于国内市场价格，甚至低于生产成本的价格，在国外市场上大量抛售，打击竞争对手，占领和垄断市场。按商品倾销的目的不同可以分为3种：

（1）偶然性倾销（Sporadic Dumping）。通常是指出口国生产商为避免存货的过量积压，于短期内向海外市场大量低价销售。由于这种倾销时间短、数量小，对进口国同类产业影响不大，国际社会通常较少采用反倾销措施。

（2）掠夺性倾销（Predatory Dumping）。指某一产品生产商为了获取市场的垄断地位，将商品以低于国内价格甚至低于成本的价格在国外市场销售的行为。这种倾销严重违背公平竞争原则，破坏国际贸易正常秩序，因而受到各个国家的严厉抵制。

（3）持续性倾销（Persistent Dumping）。指某一商品的生产商为了在实现其规模经济效益的同时，维持其国内价格的平衡，而将其中一部分商品持续以低于正常价值的价格向海外市场销售。这种倾销尽管不具占领或掠夺外国市场的目的，但由于它持续时间长、在客观上进行了不公正的国际贸易行为，损害了进口国生产商的利益，因此通常受到进口国反倾销法的追究。

4）外汇倾销

外汇倾销（Exchange Dumping）是出口企业利用本国货币对外贬值的机会，争夺国外市场的特殊手段。当一国货币贬值后，出口商品以外国货币表示的价格降低，提高了该商品的竞争能力，有利于扩大出口。同时由于本国货币贬值，进口商品的价格上涨，竞争力被削弱，从而达到了限制进口的作用。但是，外汇倾销需要一定的条件才能起到以上作用：第一，货币贬值的程度大于国内物价上涨的程度；第二，其他国家不同时实行同等程度的货币贬值和其他报复性措施。

2. 出口管制政策

出口管制（Export Control）是指一国政府通过建立一系列审查、限制和控制机制，以直接或间接的方式防止本国限定的商品或技术通过各种途径流通或扩散至目标国家，从而实现本国的安全、外交和经济利益的行为。出口管制不仅是国家管理对外贸易的一种经济手段，也是对外实行差别待遇和歧视政策的政治工具。

1）出口管制的目的

（1）政治与军事目的。通过限制或禁止某些可能增强其他国家军事实力的物资、特别是战略物资的对外出口,来维护本国或国家集团的政治利益与安全。同时,也通过禁止向某国或某国家集团出售产品与技术,作为推行外交政策的一种手段。

(2) 经济目的。出口管制可以保护国内稀缺资源或者不可再生资源,维护国内市场正常供应。同时,可以保持国际收支平衡,稳定国际市场上的商品价格,防止国内出现严重的通货膨胀等。

2) 出口管制的对象

出口管制的商品主要可分为以下几类:

(1) 战略物资及先进技术,如军事装备、高技术产品等。对其进行出口管制可以保证国家安全,同时可以保持本国科技领先地位和经济优势。

(2) 国内紧缺物资。包括国内市场紧缺的商品,及国内生产所需的原材料、半成品等。对其进行出口管制可以保证国内生产和生活需要,抑制国内该商品价格上涨,稳定国内市场。

(3) 珍贵历史文物、艺术品及黄金、白银等特殊商品。

(4) "自动"限制出口的商品。为了缓和、避免与进口国的贸易摩擦,或迫于进口国的压力,被迫管制具有竞争力的商品,如发展中国家的纺织品。

(5) 出口国或组织垄断的商品。这种出口管制,是为了稳定商品的国际市场价格,保证正常的经济收入。

3) 出口管制的形式

(1) 单边出口管制。单边出口管制是指一国根据本国的需要,制定出口管制方面的法案,设立专门的执行机构,对本国的某些商品出口进行审批和颁发出口许可证,实行出口管制。单边出口管制是由一国单方面自主决定的。

(2) 多边出口管制。即几个国家政府通过一定的方式建立国际性多边出口管制机构,商讨和编制多边出口管制货单和出口管制国别,规定出口管制的办法,以协调彼此的出口管制政策和措施,达到共同的政治和军事目的。

4) 出口管制的手段

出口管制的手段有出口许可证制度、国际垄断、征收出口税、实行出口配额制等,其中最主要的是出口许可证制度。

1.3.4　GATT 与 WTO

1. GATT

1929—1933 年,世界爆发经济危机,全球经济水平和贸易量大幅下降。第二次世界大战期间,世界各国家高筑关税,限制了贸易的发展。第二次世界大战后,战胜国和战败国都面临着缓和国际国内矛盾、发展经济的任务。1944 年 7 月,第二次世界大战还没有结束,美国就召集盟国代表在新罕布什尔州的布雷顿森林城举行了"布雷顿森林会议",会议协定建立旨在鼓励自由贸易和经济发展的 3 个国际性的机构,即国际货币基金组织(IMF)、世界银行(国际复兴开发银行,IBRD)和世界贸易与关税的组织。虽然 1947 年 10 月哈瓦那举行的联合国贸易与就业会议审议通过了"国际贸易组织宪章草案",但是这个草案没有被多数签字国政府批准,致使世界贸易组织流产。然而,却在此讨论过程中诞生了《关税与贸易总协定》(GATT),于1948年1月1日起生效。到2002年底,GATT的正式成员国由最初的23个已增加到134个,而GATT成员国的贸易总额占全世界贸易总额的90%以上。

关贸总协定的宗旨,在其前言中明确表明:"缔约各国政府认为,在处理它们的贸易和经济事务的关系方面,应以提高生活水平,保证充分就业,保证实际收入和有效需求的巨大持续增长,扩大世界资源的充分利用以及发展商品的生产与交换为目的。"为实现这一目的,必须实行无条件的最惠国待遇,通过关税谈判削减乃至取消关税和其他贸易壁垒等手段,促进贸易自由化。总协定文本包括序言、正文、附件和《临时适用议定书》。序言主要说明关贸总协定的宗旨和实现这一宗旨所采取的措施。正文分为4个部分,共计38条。

关贸总协定的形成促进了战后国际贸易的自由化,形成了一套有关国际贸易政策和措施的规章,缓解了各缔约方之间的贸易矛盾,推动了世界经贸信息的交流与经贸人才的培养,使发展中缔约方获得了某些优惠待遇。

2. WTO

世界贸易组织(World Trade Organization,WTO)的前身是GATT。由于GATT本身规则的不严密、缺乏法律约束以及其职能范围、管辖内容和运行机制等方面的局限性,使它越来越不适应国际贸易形势的发展。因此早在20世纪50年代后期,联合国经济和社会理事会曾提出了在联合国主持下建立国际贸易组织的构想。从1990年开始,意大利、加拿大、美国、瑞士等国家分别从各自不同的角度提出了建立多边贸易组织的提议。经过多次谈判,1991年12月20日在乌拉圭回合谈判中正式形成建立"多边贸易组织"的决定。1993年11月,乌拉圭回合谈判结束前,各方原则上形成了"建立多边贸易组织协定"。在美国代表的提议下,决定将"多边贸易组织"更名为"世界贸易组织"。1994年4月马拉喀什部长会议签署了乌拉圭回合"最后文件"和《建立世界贸易组织协定》。1995年1月1日该协议生效,世界贸易组织正式成立。

WTO的诞生旨在加强世界经济与贸易的联系与合作,以提高生活水平,保障充分就业,增加实际收入与有效需求,充分开发和利用世界资源,增加生产和货物与服务贸易;通过实施切实有效的计划,确保发展中国家在国际贸易增长中的份额,适应其经济发展的需要;通过互惠互利的安排,实质性地降低关税,减少其他贸易壁垒,并在国际贸易交往中消除歧视性待遇。

WTO取代GATT后,继承了GATT的基本原则,并在所管辖的服务贸易、与贸易有关的知识产权以及与贸易有关的投资措施等新的领域中予以适用和发展;强化了"多边主义"原则,要求缔约方必须无条件地以"一揽子"方式参加其管辖的《乌拉圭回合最后文件》;加强了对发展中国家的特殊优惠待遇原则,除原有的"非互惠原则"、"授权条款"外,还在时间、灵活性、技术援助等方面予以倾向。

3. 中国与WTO

1) "入关"与"复关"

中国是GATT的缔约国。1947年4月,当时的中国南京政府参加了在日内瓦举行的国际贸易与就业会议第二届筹备委员会,并于同年10月签署了《关税与贸易总协定》。1948年3月,中国签署了联合国世界贸易与就业会议的最后文件,成为国际贸易组织临时委员会成员。同年4月21日,中国政府签署关贸总协定《临时适用议定书》,并从1948年5月21日正式成为关贸总协定缔约方。

1949年新中国成立后,由于中国台湾当局占据着中国在GATT的位置,使得代表中国的唯一合法政府的中华人民共和国政府不能参加GATT活动。1950年3月6日,中国台湾当局由其"联合国常驻代表"以"中华民国"的名义照会联合国秘书长,决定退出关贸总协定。

1971年中国台湾当局的缔约国大会的观察员资格被取消。1982年11月,中国政府获得观察员身份并首次派团列席关贸总协定第36届缔约国大会。

随着中国经济在改革开放之后的迅速发展,中国与GATT及其他世界经济组织的关系越来越紧密。经过充分准备,1986年7月,中国驻日内瓦代表团大使钱嘉东代表中国政府正式提出申请,恢复中国在关贸总协定中的缔约方地位。此后,中国便开始了艰苦的"复关"谈判。

2) 中国申请"复关"的进程

中国"复关"谈判的进程可划分为3个阶段:

从1986年7月至1989年6月为第一阶段。这一阶段的谈判工作比较顺利,取得了一定成效。1987年3月GATT理事会主席3次主持非正式磋商,邀请主要缔约国和中国代表参加,正式宣布成立中国问题工作组。1987年10月22日,关贸总协定中国工作组第一次会议在日内瓦举行,确定工作日程。1989年5月24日至28日,中美第5轮复关问题双边磋商在北京举行,并取得实质性进展,复关谈判有望在1989年底结束。

从1989年6月至1992年9月为第二阶段。由于国内外频发政治风波,"复关"谈判工作停滞不前,中国"复关"进程不得不推后。

从1992年10月至1995年1月为第三阶段。这一阶段的谈判开始涉及权利与义务的确定和关税减让等实质性问题。1992年10月中美达成《市场准入备忘录》,美国承诺"坚定地支持中国取得GATT缔约方地位"。1994年4月,中国代表出席了在马拉喀什召开的GATT部长级会议,签署了《最后文件》。同年8月,中国提出了农产品、非农产品和服务贸易关税减让表,并与缔约方举行了谈判。同年11月,中国代表团就市场准入和议定书与缔约方举行谈判,但是由于少数缔约方漫天要价,无理阻挠,致使谈判未能达成协议。

3) 中国加入WTO

1995年1月1日WTO成立,中国"复关"的谈判转为"入世"谈判。

1995年3月,美国与我国达成8点协议,同意在灵活务实的基础上进行中国"入世"谈判。1995年6月3日,中国成为世界贸易组织观察员。1995年11月,中国复关工作组更名为中国"入世"工作组。从1997年开始,中国先后分别与新西兰、韩国等众多国家达成协议。1999年11月,中美就中国加入WTO问题达成协议。2000年5月,中国与欧盟就中国加入WTO问题达成协议。2001年9月,中国与墨西哥就中国加入WTO问题达成协议。至此,中国完成了与全部WTO成员的双边市场准入谈判。2001年11月10日,在多哈召开的世界贸易组织第4次部长级会议上,审议并通过了中国加入WTO,11日中国政府代表递交了江泽民签署的中国加入世界贸易组织批准书。

2001年12月11日,中国在经历了15年的谈判之后,终于获得了最后的胜利,正式成为WTO成员。

4) 权利与义务

我国加入 WTO 后,可以享受最惠国待遇,在一个多边、稳定的最惠国待遇原则下进行国际贸易;享受普惠制待遇,可获得发达国家对发展中国家出口的制成品和半制成品所给予的单方面减免关税的特殊优惠待遇;可利用争端解决机制解决贸易争端,求得公平解决,维护我国正当权益;能积极参与国际贸易政策的制定,充分表达中国的要求和关切。

同时,我国加入 WTO 后,还需要承担一定义务,主要是:关税减让,目前发达国家的加权平均进口税率为 3.7%,发展中国家为 11%,我国承诺从 2002 年 1 月 1 日起履行关税减让义务;逐步取消非关税壁垒,WTO 规定不得设立或维持配额、进口许可证或其他措施,为此,中国承诺"入世"后 2~3 年内,在大部分领域取消配额和数量限制,5 年内取消所有非关税措施和数量限制;取消出口补贴,WTO 规定各成员方应力求避免对产品的输出实行补贴,我国承诺"入世"后逐步取消对农产品的出口补贴;增加贸易的透明度,WTO 要求各成员方必须公布本国有关外贸政策的法规和条例,要求经常提供国内经济贸易情况的报告,并定期接受检查,中国政府正在按照 WTO 要求,认真清理现有的法律法规;开放服务贸易,WTO 规定各成员方对服务贸易实行同货物贸易相同的、无条件的最惠国待遇、国民待遇、透明度原则。因此,中国将逐步开放服务市场;扩大对知识产权的保护范围,WTO 与贸易有关的知识产权协议要求各成员方扩大对知识产权的保护范围,中国也将根据要求扩大对知识产权的保护范围;放宽对引进外资的限制,扩大外商的投资领域,我国正在不断修改和完善招商引资政策和外商来华投资政策。

4. GATS

1) GATS 的产生

各国对服务贸易的管制要比对商品贸易的管制广泛得多。由于服务贸易的特性,各国政府对本国服务业的保护无法采取关税壁垒的方式,只能采取在市场准入方面予以限制或进入市场后不给予国民待遇等非关税壁垒的方式。然而,无论是对主体资格的限制,还是对交易的限制壁垒,都在很大程度上限制了服务贸易自由化的发展,使国际服务贸易的市场被分割,降低了服务贸易的效率。

美国一直主张服务贸易自由化,1986 年 9 月,美国埃斯特角部长宣言将服务贸易作为三项新议题之一列入"乌拉圭回合"多边谈判。谈判内容涉及服务贸易的定义、范围及与服务贸易有关的国际规则和协议;GATT 的有关基本原则在服务贸易中的适用原则,如透明度、逐步自由化、最惠国待遇、国民待遇、市场准入等;开放和不开放服务部门的列表方式问题。经过谈判,终于在 1994 年 4 月 15 日于马拉喀什正式签署了《服务贸易总协定》(General Agreement on Trade in Services,GATS)。该协定作为"乌拉圭回合"一揽子协议的组成部分和世界贸易组织对国际贸易秩序的管辖依据之一,于 1995 年 1 月 1 日与世界贸易组织同时生效。

2) GATS 的内容与意义

GATS 文本由 3 方面内容组成:GATS 条款,GATS 附件,以及各成员方的具体承诺(市场准入减让表)。这些内容除序言外,由正文 6 个部分(共 29 条)、8 个附件和 9 个部长会议决定,以及各成员方的承诺表组成。

GATS 的制定是自关税总协定诞生以来在推动世界贸易自由化发展问题上的一个重

大突破,它将服务贸易纳入多边体制,标志着多边贸易体制渐趋完善。GATS对全球服务贸易发展的促进作用是毋庸置疑的。GATS的制定能促进国际服务贸易的自由化,为国际贸易自由化提供了体质上的安排和保障;能促进各国在服务贸易领域的合作与交流,GATS制定了处理服务贸易的多边原则和规则的框架,各个成员方可以在这个框架下,以其主张的谈判、对话方式,在服务领域加强信息交流,逐步开放服务市场;对不同国家的服务贸易产生不同的推动作用,占据国际服务业主导地位的发达国家可以通过GATS更方便地进行服务贸易的全球自由化,同时,GATS对发展中国家给予了适当的照顾,在许多条款中都对发展中国家做出了特殊规定。

1.4 国际贸易实务

1.4.1 国际贸易术语

1. 贸易术语的性质和作用

1) 国际贸易术语的性质

国际贸易的买卖双方,一般来说相距很远,货物自卖方所在地运往买方往往要经过长途运输,多次转运装卸和存储,期间必然会要涉及关于价格、支付、运输、保险等各方面的问题。为了解决以上问题,人们在长期的国际贸易实践中逐渐归纳出一些术语来表示商品的价格构成,说明交货地点,确定风险、责任、费用划分等问题,这些术语即国际贸易术语(Trade Terms of International Trade)。

2) 国际贸易术语的作用

(1) 简化交易手续,促进迅速成交

在国际贸易中,不同的贸易术语代表了不同的交货条件,而一些国际组织对各种贸易术语的解释也广为接受。因此只要买卖双方商定按何种贸易术语成交,就可明确彼此在交易过程中应承担的责任、费用和风险,从而简化了交易手续,有利于买卖双方节省磋商时间,迅速达成交易。

(2) 便于买卖双方核算成本和价格

由于贸易术语标示价格构成因素,采用不同的贸易术语,货价中所包含的从属费用也不相同,因此报价也就不一样。所以买卖双方在确定成交价格时,必然会考虑所采用的贸易术语中包含哪些从属费用,这就有利于买卖双方进行价格比较和加强成本核算。

2. 有关贸易术语的国际贸易惯例

1)《1932年华沙-牛津规则》

该惯例由国际法协会制定,主要说明CIF买卖合同的性质和特点,并具体规定了采用CIF术语买卖双方的权利和义务,在实际贸易中采用此规则比较少。

2)《1941年美国对外贸易定义修订本》

该惯例由美国的9个商业团体共同制定,对6种贸易术语,即Ex(point of origin)、FOB、FAS、C&F、CIF、Ex(named port of importation)进行了解释。

3)《2000年国际贸易术语解释通则》

简称《2000年通则》(INCOTERMS2000)。在《2000年通则》中，国际商会根据卖方承担义务的不同，将13种贸易术语分为了4组，即：

E组(EXW)，卖方在自己的所在地把货物交给买方。

F组(FCA、FAS和FOB)，卖方须将货物交至买方指定的承运人。

C组(CFR、CIF、CPT和CIP)，卖方必须签订运输合同，但装船和启运后货物灭失或损坏的风险或其他费用，卖方不承担责任。

D组(DAF、DES、DEQ、DDU和DDP)，卖方必须承担把货物运至目的地国家所需的全部费用和风险。(详细解释如表1-4所示。)

表1-4 INCOTERMS2000的贸易术语详细解释

	中文含义	交货地点	运输手续办理	保险手续办理	风险转移界限	出口报关责任、费用承担	进口报关责任、费用承担	使用的运输方式	交货性质
EXW	工厂交货	指定商品生产或存储地	无义务	无义务	在指定商品生产或存储地交给买方处置时起	买方	买方	任何运输方式	实际性交货
FCA	货交承运人	指定的交货地点	买方	无义务	在指定交货地点货交买方指定承运人或其他人起	卖方	买方	任何运输方式	象征性交货
FAS	装运港船边交货	买方指定装运港、指定装货地点、指定船边	买方	无义务	在买方指定装运港、指定装运地点，将货物交至买方指定船边时起	卖方	买方	海运及内河航运	实际性交货
FOB	装运港船上交货	指定装运港船上	买方	无义务	货物在指定装运港越过船舷时起	卖方	买方	海运及内河航运	象征性交货
CFR	成本加运费	指定装运港船上	卖方	无义务	货物在指定装运港越过船舷时起	卖方	买方	海运及内河航运	象征性交货
CIF	成本加运费、保险费	指定装运港船上	卖方	卖方	货物在指定装运港越过船舷时起	卖方	买方	海运及内河航运	象征性交货
CPT	运费付至目的地	指定的交货地点	卖方	无义务	在指定交货地点货交承运人处置时起	卖方	买方	任何运输方式	象征性交货
CIP	运费、保险费付至目的地	指定的交货地点	卖方	卖方	在指定交货地点货交承运人处置时起	卖方	买方	任何运输方式	象征性交货

续表

	中文含义	交货地点	运输手续办理	保险手续办理	风险转移界限	出口报关责任、费用承担	进口报关责任、费用承担	使用的运输方式	交货性质
DAF	边境交货	两国边境指定地点	卖方	无义务	在边境指定地点将货物交给买方处置时起	卖方	买方	任何运输方式	实际性交货
DES	目的港船上交货	指定目的港船上	卖方	无义务	在指定的目的港将货物于船上交给买方处置时起	卖方	买方	海运及内河航运	实际性交货
DEQ	目的港码头交货	指定目的港码头	卖方	无义务	在指定的目的港码头上将货物交给买方处置时起	卖方	买方	海运及内河航运	实际性交货
DDU	未完税交货	指定目的地	卖方	无义务	在指定的目的地货交买方或买方指定的其他人处置时起	卖方	买方	任何运输方式	实际性交货
DDP	完税后交货	指定目的地	卖方	无义务	在指定的目的地货交买方或买方指定的其他人处置时起	卖方	买方	任何运输方式	实际性交货

在这些贸易术语中，可以归纳出以下几个特点：

第一，在 13 种贸易术语中，EXW、FCA、CPT、CIP、DAF、DDU、DDP 适用于各种运输方式，包括多式联运；FAS、FOB、CFR、CIF、DES、DEQ 则只适用于内河和海上运输。

第二，卖方承担运输风险的只有 D 组，卖方有投保义务的术语是 CIF、CIP。

第三，清关责任和费用的承担者一般出口是卖方，进口是买方，例外是 EXW 出口清关责任和费用由买方承担、DDP 进口清关责任和费用由卖方承担。

1.4.2 国际贸易合同的商定

1. 合同的交易磋商

出口商与国外进口商订妥一般交易条件后，即可运用国际市场通常做法，与国外客户就所经营商品的各项贸易条件进行逐项磋商，通过发盘和接受必要程序达成协议，签订出口买卖合同以作为双方当事人履行各自权利义务和处理争议的法律依据。

国际销售合同的交易磋商程序大致可分为 4 个环节：询盘、发盘、还盘和接受。其中发盘和接受是必不可少的两个基本环节。

1) 询盘

询盘(Inquiry)也称询价，是指交易的一方欲出售或购买某种货物，向另一方发出的探询买卖该项货物有关交易条件的一种口头或书面的表示。在法律中被称为"要约邀请"。

询盘的内容可涉及：价格、规格、品质、数量、包装、装运以及索取样品等，而多数只是询问价格。由于发出人的地位不同，询盘可分为两种：买方发出询盘，也称"邀请发盘"；卖方发出询盘，也称"邀请递盘"。

在国际贸易业务中,询盘并不一定是为了达成交易,有时只是为了建立业务联系或探询某些商品的该国市场行情。

2) 发盘

发盘(Offer)又称发价,是指交易的一方向另一方提出一定交易条件,并愿意按照提出的交易条件达成买卖该项货物的交易,签订合同的一种口头或书面的表示。

(1) 发盘应具备的条件

根据《联合国国际货物销售合同公约》(以下简称为《公约》),一项发盘的构成必须具备下列4个条件:

① 发盘要有特定的受盘人。受盘人可以是一个或一个以上,可以是法人也可以是自然人,但必须是特定人。面向公众的商业广告,即使内容再明确完整,也不能构成发盘。

② 发盘的内容必须十分确定。所谓十分确定,是指必须符合《公约》所提出的最低限度的要求,即包含了以下3项内容:应当载明货物的名称;应明示或默示地规定货物的数量或规定如何确定数量的方法;应明示或默示地规定货物的价格或规定如何确定价格的方法。

③ 发盘人须有当其发盘被接受时而受约束的表示。发盘的目的是为了同对方订立合同。因此,发盘一旦被对方接受,合同即告成立,发盘人即须受到约束。如果发盘人在其发盘中附有某种保留条件,表明即使他的"发盘"被对方接受,他也不受任何约束,那么,这就不是一项真正的、法律意义上的发盘,而只是一种发盘的邀请。

④ 发盘在送达受盘人时生效。

(2) 发盘的撤回与撤销

发盘的撤回与撤销是两个不同的概念。

发盘的撤回是指发盘人在发盘之后,在其尚未到达受发盘人之前,即在发盘尚未生效之前,将该项发盘收回,使其不发生效力。

发盘的撤销则是指发盘人在其发盘已经到达受发盘人之后,即在其发盘已经生效之后,将该项发盘取消,从而使发盘失去效力。但同时,《公约》规定了两种例外情况下,发盘不得撤销,即"发盘写明接受发盘的期限或以其他方式表示发盘是不可撤销的"或"被发盘人有理由信赖该项发盘是不可撤销的,而且被发盘人已本着对该项发盘的信赖行事。"在这种情况下,发盘人如果撤销发盘,将会给受发盘人带来损失。

(3) 发盘的终止或失效

按照《公约》的规定,发盘在以下几种情况发生时失效:发盘因受盘人拒绝而终止;发盘因发盘人撤回或撤销而终止;发盘因所规定的接受届满或"合理期限"已过而自然终止;发盘人发盘之后,发生了不可抗力事件,发盘效力即告终止;发盘人或受盘人在发盘被接受前丧失行为能力,则该发盘可以终止。

3) 还盘

还盘(Counter Offer)是指受盘人收到发盘之后,对发盘的内容不同意或不完全接受,向发盘人提出修改建议或新的限制性条件的口头或书面表示。

在交易洽商中,还盘具有以下性质:还盘是对原发盘的拒绝,是一项新的发盘,原发盘即行失效;还盘是有约束力的新的发盘。

4) 接受

接受(Acceptance)是指受盘人在发盘有效期之内同意发盘的全部内容,并愿意签订合同的一种口头或书面的表示,在法律中被称为"承诺"。《公约》第18条第1款对接受的定义是:"受盘人声明或做出其他行为表示同意一项发盘,即为接受。缄默或不行动本身不等于接受。"

(1) 接受应具备的条件

作为一项有效的接受,必须具备以下条件:

① 接受必须是被受盘人做出。除此之外,任何第三人表示接受,均无法律效力。

② 接受的必须是发盘内容。原则上说,当接受中含有对发盘内容的增加、限制或修改,接受均不能成立。

③ 接受必须在一项发盘的有效期限之内或一段合理的时间内做出。

④ 接受必须由受盘人采用声明或做出实际行动来表示,并且在传达给发盘人时生效。

(2) 接受的撤回

《公约》规定,如果撤回通知于接受生效之前或同时送达发盘人,接受可以撤回。但是,接受不得撤销。接受通知一经到达发盘人合同即告成立,因此,此时撤销接受,无异于违反合同。

(3) 逾期接受

所谓逾期接受,是指接受通知超过发盘规定的有效期限或发盘尚未具体规定有效期限而超过合理时间才传达到发盘人。逾期接受在一般情况下,不能视做法律上有效的接受,而是一项新的发盘。

2. 合同的成立

1) 合同成立的时间

《公约》第23条规定:"合同于按照本公约规定对发盘的接受生效时订立。"在国际贸易业务中,有时双方当事人在洽商交易时约定:合同成立的时间以签约时合同上所写明的日期为准,或以收到对方确认的合同的日期为准。在这两种情况下,双方的合同关系即在签订正式书面合同时成立。此外,根据我国法律和行政法规规定,应当由国家批准的合同,在获得批准时,方为合同成立。

2) 合同的成立

在国际贸易中,订立合同的形式有下列3种:书面形式,口头形式,以实际行动表示。《公约》对合同形式没有限制,我国在参加《公约》时对这一条做出了保留,因为这一条与我国法律冲突。《涉外经济合同法》第7条规定:"当事人就合同条款以书面形式达成协议并签字,即为合同成立。"因此,我国的进出口销售合同必须采用书面形式。

3) 合同的内容

国际货物销售合同的内容通常包括约首、本文和约尾3部分。

(1) 约首(Head of Contract)是指合同的序言部分,一般包括合同名称、合同编号以及合同当事人双方的名称、地址、电报号码、传真号码等。

(2) 本文(Body of Contract)是合同的主体部分,要列明各项交易的条件或条款。这些条件或条款体现并规定了当事人双方的权利和义务。

这一部分将在下面的章节中详细讲述。

（3）约尾（End of Contract）一般包括订约日期、订约地点和合同双方当事人签字等内容。

1.4.3 国际贸易合同的基本条款

1. 商品的品名、品质、数量、包装

1）商品的品名

在国际贸易中，买卖双方商订合同时，必须列明品名，品名条款是买卖合同中不可缺少的一项主要交易条件。国际销售合同中的品名条款应尽可能使用国际上通用的名称，若使用地方性的名称，交易双方应事先就其含义取得共识。对于某些新商品的定名及其译名，应力求准确、易懂，并符合国际上的习惯称呼。

2）商品的品质

商品的品质是指商品的内在素质和外观形态的综合。前者包括商品的物理性能、机械性能、化学成分和生物的特性等自然属性；后者包括商品的外形、色泽、款式或透明度等。合同中的品质条款，是构成商品说明的重要组成部分。

国际贸易中的商品种类繁多，故表示品质的方法也多种多样，归纳起来，包括以下两大部分：

（1）样品表示方法

用样品表示商品品质的方法也称为凭样品买卖。凭样品买卖通常是由卖方提供样品，称为凭卖方样品买卖；但有时也可以由买方提供样品，称为凭买方样品买卖。

（2）文字说明表示方法

在出口贸易中，除部分商品采用凭样品买卖外，大部分是采用凭文字说明买卖的方法来表示买卖商品品质。具体可分为以下两种：凭规格、等级、标准买卖；凭商标或牌名买卖。

3）商品的数量

数量条款是国际货物买卖合同中的重要条款之一。《公约》规定，卖方交付的货物必须与合同所规定的数量相符，如果卖方支付的货物数量大于合同规定的数量，买方可以收取也可以拒绝收取多交部分的货物，如果买方收取多交货物的全部或一部分，则必须按合同价格付款。

（1）计量单位。

国际贸易中计量单位的采用，应根据货物性质而定，通常有以下几种方式：重量、数量、长度、面积、体积、容积。由于各国使用的度量衡制度不同，同一计量单位所代表的数量也各不相同。目前国际上常用的有：国际单位制、公制、英制和美制，我国采用国际单位制。

（2）计量重量的方法

在外贸业务中，按重量计量的商品很多，特别是一些大宗货物，通常采用以下几种方法。

① 毛重：是指货物本身的重量加皮重，即货物重量加包装材料重量。

② 净重：即货物实际重量，不包括皮重。

③ 公量：是指用科学方法抽掉货物中的水分后，再加上标准含水量，所求得的重量，适

用于水分不稳定的货物,如羊毛、生丝之类。

④ 理论重量:是指某些有固定和统一规格的货物,如马口铁、钢板等,有统一形状和尺寸,只要规格一致、尺寸符合、其重量大致相同,根据其件数即可计算出它的重量。

(3) 溢短装条款

在合同中规定卖方交货数量,可以按一定的机动幅度比合同规定数量多交或少交若干,这种规定通常称为"溢短装条款"。《跟单信用证统一惯例》第 39 条 b 款规定:"除非信用证规定货物指定数量不得增减,在支取金额不超过信用证金额的条件下,货物数量允许有 5%的伸缩。但信用证规定数量按包装单位或个数计数时,此项伸缩不适用。"对溢装或短装部分货物的计价有两种方法:一种是按合同价格计算;另一种是按装船时的市场价格计算。

4) 商品的包装

包装被称为商品质量的延伸,在当今激烈的国际商战中,改进包装更是成为各竞争方的得力武器。根据包装在流通过程中的作用不同,可分为运输包装和销售包装两种类型。

(1) 运输包装

国际贸易商品的运输包装比国内贸易商品的运输包装要求更高,它必须适应商品的特性和各种不同的运输方式,也要考虑到有关国家的法律规定和客户的要求,同时应便于各环节有关人员进行操作,并在保证包装牢固的前提下节省费用。运输包装的方式主要有两种:单件运输包装和集合运输包装。集合运输包装又称为成组合运输包装,它是指将一定数量的单件包装组合成一件大的包装或装入一个大的包装容器内。集合包装有集装箱、托盘和集装袋等。

(2) 销售包装

销售包装又称内包装,它是直接接触商品并随商品进入零售网点和消费者直接见面的包装。这类包装除必须具有保护商品的功能外,更应具有促销的功能。因此,对销售包装的造型结构、装潢画面和文字说明等方面,都有较高的要求。

2. 国际货物运输

1) 常用的国际货物运输方式

目前国际贸易货物运输方式有海洋运输、铁路运输、航空运输、邮政运输和联合运输等。这里重点介绍海洋运输和国际多式联运。

(1) 海洋运输

海洋运输是国际贸易中最主要的运输方式,国际贸易货物总量约 2/3 是采用海洋运输方式。它具有运量大、运费低和不受路线限制的优点。按照船舶的经营方式,海洋运输方式可分为班轮运输和租船运输。

① 班轮运输。班轮,是指按照固定的航行时间表,沿着固定的航线,停靠固定的港口,收取固定运费的运输船舶。班轮运输是国际航运中的一种主要运输方式,它具有如下一些特点:船舶行驶的路线和停靠的港口都是固定的;船舶按船期表航行,船舶开航和到港时间都较为固定;船方负责货物的装卸;船方按班轮运价表收取运费,运费率相对固定。

② 租船运输。租船运输通常是指包租整船,大宗货物一般都采用租船运输。租船方式主要包括定程租船和定期租船两种。

(2) 国际多式联运

国际多式联运,是指按照多式联运合同,须至少两种不同的运输方式,由多式联运经营人将货物从一国境内接管货物的地点运至另一国境内指定交付货物的地点的一种运输方式。根据《联合国国际货物多式联运公约》的解释,需具备以下几个条件:必须是两种或两种以上的不同运输方式的连贯运输;必须使用一份包括全程的多式联运单据;必须由一个联运经营人对全程运输负责;必须是一个多式联运合同,并采用全程单一的运费费率。

2) 装运条款

装运条款是指国际销售合同中的货物支付条件,一般包括装运期、装卸港、滞期、速遣分批装运和转运等条款。

(1) 装运期

装运期是指卖方在启运地装运货物的期限,它与交货期是含义不同的两个概念。在国际销售合同中,对装运期的规定方法一般有以下几种:

① 明确规定交货期:限于某月或某几个月内交货;限于某月某日或以前装运。

② 规定在收到信用证后若干天装运。

(2) 装运港与卸货港

在国际贸易实际业务中,装运港一般由卖方提出,而卸货港则由买方提出,然后经双方商定。其规定方法主要有以下几种:

① 在通常情况下,只规定一个装运港和一个卸货港。

② 在分批装运的大宗货物情况下,可适当规定两个或两个以上的港口。

③ 选择港口,在订立合同时无法确定装运港或在运送货物时,无法确定卸货港,则采用规定多个港口或某一航区的港口的办法,如波罗的海沿岸港口等。

(3) 滞期与速遣

只有在程租船方式下,才能出现滞期和速遣的情况。在使用程租船运输货物时,在规定的装卸期限内,如果租船人未能完成作业,为了补偿船方由此而造成船舶延期所产生的损失,由租船人向船方支付一定的罚金,此项罚金称为滞期费。如果租船人在程租船合同规定的时间内提前完成装卸,给船方节省了船期,船方为了鼓励租船人,而向租船人支付一定金额作为报酬,称为速遣费。

(4) 分批装运和转船

① 分批装运,是指一笔成交的货物分成若干批次装运。

② 转船,是指在海洋运输中,由于装运港至目的港的交通不便,因此货物装运后允许在中途港换装其他船舶转至目的港。

3) 提单

运输单据,是指代表运输中的货物或证明货物已经装运或已被承运人或其代理人接管的单据。在国际贸易中,按运输方式不同,运输单据有海运提单、铁路运单、航空货运单等。本书将仅对提单加以介绍。

(1) 提单的性质和作用

海运提单,简称提单,是货物的承运人或其代理人收到货物后,签发给托运人的一种证件。这个证件说明了货物运输有关当事人,如承运人、托运人和收货人之间的权利与义务。

提单的性质与作用,主要表现为下列3个方面:

① 是承运人或其代理人出具的货物收据,证实其已按提单的记载收到托运人的货物。
② 是货物所有权的凭证。提单的合法持有人拥有支配货物的权利。
③ 是承运人和托运人双方订立的运输契约的证明。

(2) 提单的内容

提单条款基本上是根据1924年制订的《统一提单的若干法律规则的国际公约》(简称《海牙规则》)制定的。提单条款正面对货物和运费等事项做了记载,在提单背面还有印就的运输条款。由于《海牙规则》明显地偏袒船方利益,因而受到代表货方利益的不发达国家的反对。为此,联合国于1978年3月在汉堡会议上通过了《1978年联合国海上货物运输公约》,简称《汉堡规则》,较大程度上保护了货方利益。

3. 国际货运保险

国际货运保险,是指保险人与被保险人订立保险合同,在被保险人交付约定的保险费后,保险人根据保险合同对货物发生承保责任范围内的损失和费用,给予经济补偿。

1) 海上风险、损失和费用

(1) 海上风险

海上风险,是指保险人承保的在海上和海与陆上、内河或与驳船相连接的地方所发生的风险。它可以分为一般海上风险和外来风险。

一般海上风险可分为自然灾害和意外事故。自然灾害,是指由于自然界变异引起破坏力量所造成的现象。意外事故,是指不属于意料中的原因或者说不可抗拒的原因造成的事故。

外来风险,是指偷窃、雨淋、短量、渗漏等一般外来风险和战争、罢工等特殊外来风险。

(2) 海上损失

海上损失,即海损,是指海运保险货物在海洋运输中由于海上风险所造成的损失和灭失。按照损失程度不同,可分为全部损失和部分损失;按照损失的性质,可分为共同海损和单独海损。

2) 海运货物保险险别

按照1981年1月1日修订的《中国人民保险公司海洋运输货物保险条款》,可分为3种基本险别:

① 平安险,采用列明保险范围的方式,共分为8节。
② 水渍险,除包括平安险的各项责任外,还负责被保险货物由于自然灾害所造成的部分损失。
③ 一切险,除包括平安险和水渍险的各项责任外,还负责被保险货物在运输途中由于外来原因所致的全部或部分损失。

此外,还有一般附加险,如偷窃提货不到险和特殊附加险,如战争险等。

4. 商检、索赔、不可抗力和仲裁

1) 检验条款

国际销售合同中的检验条款主要包括检验时间与地点、检验机构与检验证书。

(1) 检验时间与地点

关于买卖合同中的检验时间与地点,通常有下列各种不同的规定方法:在出口国产地检验、在装运港检验、目的港检验、装运港检验重量和目的港检验质量、装运地检验和目的港复验。

(2) 检验机构

检验机构的选定,关系到交易双方的利益,故交易双方应商定检验机构,并在合同中订明。我国的检验机构是进出口商品检验局。

(3) 检验证书

检验证书是检验机构签发的,证明检验结果的书面文件,在我国进出口业务中,常使用的检验证书主要有以下几种:品质检验证书,重量检验证书,数量检验证书,兽医检验证书。

2) 索赔

此处的索赔即贸易索赔,它是建立在双方已成立的贸易合同的基础上的,只有一方当事人发生违反合同的行为和事项,另一方当事人才能依据贸易合同和违约的事实提出索赔。在合同中订好异议索赔条款,对于确定索赔范围、程序和方法都是十分重要的。异议索赔条款是合同中十分重要的条款。

3) 不可抗力

不可抗力,是指在合同签订以后,不是由于任何一方当事人的过失,而是由于发生了当事人所不能预见、也无法事先采取预防措施的意外事件,以致不能履行或不能如期履行合同,遭受意外事件的一方可以免除履行合同的责任或延迟履行合同,另一方也无权要求其履行合同或赔偿损失。对于不可抗力,应在合同中明确规定,国际上对此有3种规定方法:概括规定,具体规定和综合规定。

4) 仲裁

仲裁,又称公断,是指买卖双方在争议发生之前或发生之后签订书面协议,自愿将争议提交双方所同意的第三者予以裁决以解决争议的一种方式。一般来说,国际贸易中发生争议后,买卖双方都愿意首先通过协商自行解决;如果当事人不能自行解决,可请第三人调节;若以上方式均无效,可进行仲裁。由于仲裁是依照法律所允许的仲裁程序裁定争端,因而仲裁裁决具有法律约束力,当事人双方必须遵照执行,否则胜诉一方可以请求法院强制执行。

仲裁具有程序简单,耗时短,气氛较好,费用较低等优点,而且仲裁裁决具有法律约束力,有利于双方未来交易的开展,因而在争议解决中应用最为普遍。

合同中的仲裁条款的规定,应当明确合理,不能过于简单,其具体内容一般应包括仲裁地点,仲裁机构,仲裁程序,仲裁裁决及其效力,仲裁费用的承担等。

1.4.4 国际贸易的结算

1. 国际贸易中常用的结算工具

在国际贸易业务中,一般不直接以现金结算贷款,而大多数通过票据进行结算。所谓票据是以无条件支付一定金额为目的的有价证券,是可以通过流通转让的债权凭证,也是目前国际上通行的结算工具和信用工具。目前在国际贸易结算中,常用的结算工具有以下几种:

1) 汇票

（1）汇票的含义和基本内容

汇票（Bill of Exchange, Draft）是由出票人向受票人签发的书面无条件支付命令，要求受票人于见票时或指定的某一时间或可以推定的将来某一时期，向某人或其指定人或持票人支付一定金额的货币。

我国《票据法》规定汇票必须记载下列事项：注明"汇票"字样，无条件的支付命令，金额，付款人名称，收款人名称，汇票的出票日期和地点，出票人签章。汇票未记载上述规定事项之一者，汇票无效。

（2）汇票的主要当事人

汇票的主要当事人是出票人、受票人和受款人。

出票人（Drawer）就是签发汇票的人，对受款人而言是债务人，对付款人而言是债权人，在进出口业务中，出票人通常就是出口人。

受票人（Drawee）就是汇票的付款人，在进出口业务中，通常是进口人或其指定银行。当即期汇票被提示时，汇票受票人一般应立即付款；当远期汇票被提示时，受票人一般先办理承兑手续，然后再于汇票到期日付款。

受款人（Payee）就是受领汇票所规定的金额的人，在进出口业务中，通常是出口商本人或其指定银行。受款人既可以保留汇票向受票人取款，也可以把汇票转让给他人。受款人有权控告已在远期汇票上承兑而又拒绝付款的受票人。

（3）汇票的种类

① 依据出票人的不同，汇票可分为银行汇票和商业汇票。

银行汇票（Bank's Draft）的出票人和受票人都是银行，通常用于汇款业务，即票汇。在国际结算中，汇票由银行签发后交给汇款人，由汇款人自行交付国外受款人，供其向指定付款行取款。银行汇票一般为光票，不随附货运单据。

商业汇票（Commercial Draft）的出票人是工商企业或个人，受票人可以是工商企业、个人和银行。在国际贸易中，通常由出口人开立，向国外进口人或银行收取货款时使用。商业汇票大多附有货运单据。

② 依据有无附属单据，汇票可分为光票汇票和跟单汇票。

光票汇票（Clean Bill or Clean Draft）是指汇票本身不附带代表货物所有权的任何单据。在国际贸易结算中，光票较少使用于整批货款的结算，而多用于货款尾数的结算或非贸易结算。银行汇票多为光票。

跟单汇票（Documentary Bill or Documentary Draft）是指附带有代表货物所有权的各种单据（如提单、仓单、保险单、装箱单、商业发票等）的汇票，一般以受票人对汇票的承兑或付款作为交付单据的条件。

③ 依据付款时间的不同，汇款可以分为即期汇票和远期汇票。

即期汇票（Sight Draft）是指汇票持票人向汇票付款人提示后，付款人应立即付款的汇票。

远期汇票（Time Draft）规定付款人应当于将来可以确定的某一特定时期（定日、出票后定期、检票后定期、提单日后定期）付款。实际工作中，远期汇票的付款日期多采用"见票后定期"的规定方法。

④ 依据汇票承兑人的不同，汇票可以分为商业承兑汇票和银行承兑汇票。

商业承兑汇票(Trade Acceptance Bill)是以企业或个人为汇票承兑人的、建立在商业信用基础之上的远期汇票。

银行承兑汇票(Bank's Acceptance Bill)是以银行为汇票承兑人的、建立在银行信用基础之上的远期汇票。

(4) 汇票的使用

① 出票(Issue or Draw)。是指出票人按照一定要求和格式签发汇票并将其交付他人的一种行为。

② 提示(Presentation)。指持票人向付款人提交汇票要求其承兑或付款的行为。提示可以分为付款提示和承兑提示。

③ 承兑(Acceptance)。是指付款人在远期汇票上写明"承兑"字样，注明承兑日期，再签字交还持票人的行为。付款人一旦对汇票做出付款承兑，即成为承兑人，承担于远期汇票到期时付款的责任。

④ 付款(Payment)。对于即期汇票，其付款人应于见票时即付款；对于远期汇票，其付款人会先行承兑，然后再于汇票到期日付款。

⑤ 背书(Endorsement)。是转让汇票的法定手续，是持票人以转让其权利为目的而在汇票背面签字的一种行为。它是一种从属票据行为。背书可以分为限制性背书、指示性背书和空白背书。

⑥ 拒付(Dishonour)。持票人在向付款人提示汇票要求承兑或付款时，付款人可能会出于多种原因而拒绝承兑或付款，这时汇票即遭拒付。付款人拒付后，持票人应及时将汇票遭拒付的事实通知其前手，前手再通知其前手，直至出票人，以便于持票人向他们追索。如持票人未能及时通知，则丧失追索权。

2) 本票

本票(Promissory)是出票人向持票人签发的，保证于见票时，或在指定的或将来可以推定的时间，无条件支付一定金额给持票人的票据。

本票又可分为商业本票和银行本票。商业本票是由工商企业或个人签发的本票，有即期和远期之分。商业本票一般不具备再贴现条件，特别是中小企业或个人开出的远期本票，因信用保证不高，因此很难流通。银行本票都是即期的，在国际结算中使用的本票大多是银行本票。

3) 支票

支票(Cheque or Check)是以银行为付款人的即期汇票。具体说就是出票人(银行存款人)对银行(受票人)签发的，要求银行见票时立即无条件支付一定金额的票据。出票人签发支票时，应在支付行存有不低于票面金额的存款。如果存款不足，持票人提示遭拒付，这种支票称为空头支票。开出空头支票的出票人要负法律责任。

2. 国际贸易中常用的结算方式

1) 汇付

汇付(Remittance)又称汇款，指债务人或汇款人主动通过银行将款项汇交受款人的结算方式。

采用汇付方式结算时,通常先由汇款人向汇出行填交汇款申请书,委托该行办理汇款业务;汇出行一旦接受委托,便有义务根据汇款申请书的指示向汇入行发出付款委托书;汇入行在收到汇出行的汇款委托书后,再根据汇款委托书的指示向收款人支付货款。

汇付方式可以分为信汇、电汇和票汇3种。电汇是指汇出行应汇款人的申请,通过拍发加押电报、电传或SWIFT(MT100)等电信方式,指示汇入行解付一定金额给受款人的汇款方式。信汇是指汇出行应汇款人的申请,用信函的方式指示汇入行解付一定金额给受款人的一种汇款方式。票汇是指汇出行应汇款人的申请,代汇款人开立以其分行或代理行为解付行的银行即期汇票。

2) 托收

(1) 托收的概念

托收(Collection)是债权人出具汇票委托银行向债务人代收款项的一种结算方式。在国际贸易中,债权人为出口商,债务人即为进口商。出口商根据贸易或商务合同发运货物,产生债权,进口商获得货物而发生债务。为了结清这种债权债务,出口商出具以进口商为付款人的汇票并通常随发票及货运单据(物权凭证),委托银行收款。托收是基于买卖双方信用,也就是通常所说的商业信用,银行虽居于其间,但只是处于受委托代理的地位,不做任何关于付款的承诺,只根据委托人或付款人的指示办事。

(2) 托收的主要当事人

托收业务通常涉及4个当事人,即委托人(出口商)、托收行、代收行和付款人。

① 委托人(Principal),即出口商,是指委托银行办理托收业务的客户。作为出口商,应履行贸易或商务合同的责任;作为委托人,又应履行与托收银行的委托代理合同的责任。

② 托收行(Remitting Bank),指受委托人的委托,办理托收业务的银行。在托收业务中,托收行处于代理人的地位,重要的责任就是依据委托人的指示办理,在向代收行发出业务委托时,其内容要与委托人的委托书一致。

③ 代收行(Collecting Bank),是指除托收行以外,参与办理托收指示的任何银行,它通常是与进口商同在一地的某家银行。在托收业务中,代收行也处于代理地位,它受托收行委托办事。因此,其基本的责任义务与托收行类似。

④ 付款人(Payer),是进口商,其基本和主要的义务就是按贸易或商务合同规定付款,以最终结清债权债务。

(3) 托收的种类及其使用

① 光票托收(Clean Collection),指以汇票、本票、支票而不随附其他单据的托收,故也不涉及交单的方式问题。

② 跟单托收(Documentary Collection),指汇票随附其他单据的托收,也是贸易中常用的结算方式。跟单托收按其交单方式又分为付款交单和承兑交单。

付款交单(Documents against Payment,D/P)就是付款才能放单给付款人,付款人只有在交付货款后才能取得单据凭以提货。承兑交单(Documents against Acceptance,D/A)即为汇票付款人承诺到期付款后,代收行可放单给付款人。不难看出,承兑交单有两个特点,一是付款是远期的,二是有远期汇票,无汇票则无法发生承兑的行为。

(4) 托收的特点及其利弊

托收的最主要特点是基于商业信用,换句话说就是基于买卖双方的信任。托收过程中虽有银行介入,但银行只是居中代理各种委托事项,并不承担必定付款的义务。此外,托收较之信用证,手续简便一些,银行费用也低一些。买卖双方应根据销售目的,合作伙伴的情况,商品市场情况等,综合考虑采用哪种方式,以达到扩大销售、扩大市场的目的。但托收风险较大,一旦进口商破产或丧失清偿债务的能力,出口人则可能收不回或晚收到货款。在进口人拒不付款赎单后,除非事先约定,银行没有义务代为保管货物,还会发生在进口地办理提货、交纳进口关税、存仓、保险、转售以致被低价拍卖或被运回国内的损失。承兑交单比付款交单的风险更大。

3) 信用证

(1) 信用证的概念

根据国际商会《跟单信用证统一惯例》第 2 条规定,"信用证是指一项约定,不论其名称或描述如何,即由一家银行(开证行)依照客户(申请人)的要求和指示或以自身的名义,在符合信用证条款的条件下,凭规定单据向第三者(受益人)或其指定人付款,或承兑并支付受益人出具的汇票;或授权另一家银行进行该项付款,或承兑并支付该汇票;或授权另一家银行议付。"简单地说,信用证(Letter of Credit,L/C)就是一家银行对信用证受益人有条件的付款承诺,这个条件就是受益人提交完全符合信用证所规定的单据。

(2) 信用证的主要特点

① 信用证支付方式是一种银行信用,由开证行以自己的信用做出付款的保证。

② 开证行的第一付款责任。在信用证业务中,只要受益人提交了合格单据,无论是议付行拒绝议付或付款行拒绝付款,还是开证申请人破产倒闭,开证行的付款义务都是确实和不可推卸的。

③ 信用证是一种单据的买卖。

④ 信用证是一种相对独立的文件。信用证与可能作为其依据的销售合同或其他合同是相互独立的交易,即使信用证中含有此类合同的任何援引,银行也与该合同毫不相关,并不受其约束。

(3) 信用证主要当事人及其权利义务

① 开证申请人(Applicant)。一般来说,信用证的申请人为贸易或商务合同的买方。申请人与开证行之间以开证申请书作为合同;申请人与受益人(即出口商)之间受贸易或商务合同制约。

② 开证行(Opening Bank or Issuing Bank)。是指接受开证申请人的委托,开立信用证的银行,通常与开证申请人同处一地。开证行在信用证业务中承担第一付款义务,其付款是终局性的,一经付出便无追索权。

③ 通知行(Advising Bank or Notifying Bank)。是指接受开证行的委托,将信用证转交出口人的银行。它只证明信用证的真实性并通知受益人。

④ 受益人(Beneficiary)。是指信用证上所指定的有权使用该证的人,即出口人或实际供货人。受益人应注意认真履行合同义务;如果议付行向受益人垫付了货款而又未能得到开证行的偿付,议付行可向受益人索回有关款项,受益人必须退回。

⑤ 议付行(Negotiating Bank)。是指愿意买入受益人交来跟单汇票的银行。议付必须具有垫付货款的行为。

⑥ 付款行(Paying Bank or Drawee Bank)。是指信用证上指定的付款银行，它代行付款后对受益人或其前手无追索权，但它有权不付款。

(4) 信用证的基本内容

信用证的基本内容可依据性质分为5个主要部分，具体如下：

① 有关主要当事人部分。包括开证行名称，开证申请人名称，受益人名称。这3个是最基本的当事人。此外，信用证中要列明通知人，指定银行(根据信用证付款方式而定)，如有需要，还有可能列明偿付行，保兑行等。

② 基本条款部分。信用证基本条款是指每一信用证不可或缺，不可简化的内容，主要有：信用证号码，开证日期，信用证金额，信用证有效期，信用证生效地点，启运地和目的地，可否分批装运、转船。

③ 单据部分。单据是体现信用证各项规定得到履行和满足的证明。通常要求的单据主要有：商业发票，保险单据，运输单据。这3种是最基本的和重要的单据。此外，通常还有装箱单、产地证、品质证书等。

④ 货物描述部分。货物描述通常有：货物名称，货物规格，货物价格及成交价格条件，货物包装要求，信用证项下有关合同号码。

⑤ 银行承诺与银行间安排部分。银行承诺一般为"我行兹向出票人或善意持票人保证，凡符合本信用证各项条款之提交或议付的汇票，本行将按时付款或于到期日照付已承兑的该类汇票"。

银行间安排一般包括：偿付规定，寄单方式，其他特别要求。

1.5 流通与国内贸易

国内贸易就是一个国家内部的贸易，根据不同的分类标准国内贸易可以有不同的分类。无论何种分类，国内贸易总会包括国内各个区域内部的贸易和区域之间的贸易。流通是社会产品从生产领域进入消费领域所经过的全部过程。国内贸易的流通其实就是社会产品在国内各个区域内部或区域之间从生产领域进入消费领域所经过的全部过程。

1.5.1 流通的基本概念

1. 流通

所谓流通，就是连续不断的商品交换过程和商品交换活动，其实质就是社会的商品交换系统。流通这一概念反映了商品运行的过程是商品多次不断的运行，体现了交换在社会再生产中的中介沟通地位，同时也反映出流通的复杂性。

2. 流通机构

流通机构有广义与狭义之分。狭义的流通机构是指专门从事商品流通活动的组织机构，也叫专业化流通机构，主要包括批发商、零售商、物流服务商及消费合作社等；广义的流通机构是指所有参与商品流通活动的组织机构，也叫流通主体。本书所指的流通机构是狭义的流通机构。

1）批发商

批发商是指从生产者或其他经营者那里购进商品,然后转售给其他批发商、零售商、产业用户和事业用户的专业流通组织。批发商是商品流通过程的中间环节,其上游联系商品的生产者,而下游则与商品的再销售者(下游批发商和零售商)、各种产业用户和事业用户相联系,批发商的商品流通活动完成后,商品一般不进入最终消费领域。

2）零售商

零售商是将商品直接销售给个人或家庭消费者的专业流通机构,它是连接生产者与消费者,或批发商与消费者的重要中间机构,通过零售商的经营活动,商品才真正进入最终消费领域,从而完成商品流通过程。

3）物流服务商

在商品流通过程中,物流活动可以由生产者、中间商和消费者按照一定的分工来自行完成,也可以由专门的物流服务机构来完成。物流服务商是专门从事物流活动的专业化流通机构,他们接受生产者和中间商的委托,完成全部或部分物流活动。由专业物流服务商来完成物流活动能够获得分工与专业化带来的益处,从而有利于降低全社会流通活动的成本和提高流通活动的效率。

4）消费者合作社

当分散的个人消费者通过某种形式组织起来,并为了满足其自身的生活消费需求而参与流动活动时,其所承担的流通功能,以及他们在参与交易时的影响力都会得到提升。这种组织就是消费者合作社,是一种以满足消费者消费需求为目的的专业化流通机构。作为一种合作经济形式,消费者合作社具有明晰的产权,其本质是消费者的联合组织,经营目的是提高消费者的经济福利。

1.5.2 批发业

1. 批发

1）批发的概念

批发业是商品流通过程中重要的一环,也是企业产品分销渠道中的主要成员。批发是和有形的产品紧密联系在一起的,批发的过程是一种通过提供销售渠道使产品增值的过程,是连接产品制造与产品消费的中间环节。

按美国普查局的定义,批发是指那些将产品卖给零售商和其他商人或行业机构、商业机构,但不向最终消费者出售商品的人或企业的相关活动。根据我国批发业发展的特点,我们认为,批发(Wholesale)是商品流通的重要环节,它是指把商品和服务销售给以转销为目的的商业机构或产业用户的流通活动。

2）批发的特点

(1) 批发交易与批量作价。

这是批发的应有之义,也是最根本最重要的特点。批发交易一般要达到一定的交易规模才进行。通常有最低交易量的规定,即批发起点。这种交易批量规定的意义在于:一个是在交易量上与零售的区别;另一个是批量交易的价格往往与交易量呈反比。

(2) 批发交易的主要对象是企业和个体工商户。

批发交易一般不与消费者个人（家庭）发生直接关系，但随着市场经济的发展和人民生活水平的提高，消费者个人（家庭）向批发商通过批发交易购买家庭消费品的情况越来越多，特别是东南沿海地区（即经济比较发达、居民生活水平较高）。

(3) 批发的区域范围较广。

日本等国的综合商社，不仅服务于整个国内市场，还经营进出口业务，其交易范围远远超过国内，而以国际为其范围。为此，批发企业应加强市场分析，根据不同特点，选择合适的批发产品、适当的营销方式，以满足不同的交易范围的需要。

(4) 批发的购销双方关系易于稳定。

批发交易的对象是专门的经营者和使用者，他们购进的品种和数量一般较稳定，购进行为随机性小，因此，批发交易中很容易使双方的关系稳定下来。为此，批发企业应加强与其交易的感情联络，经常沟通，有条件的批发企业对其大的客户还应派专人负责。

3) 批发的功能

由于批发在商品流通过程中扮演着制造商和用户之间的中间人角色，从而决定了它在商品流通过程中具有如下功能。

(1) 集散商品。这是批发业务的重要功能。通过批发商从各生产部门采购数量多，品种、规格与花色齐全的商品，经过编配，再分别批发给零售商或其他业务单位。这样既满足了生产部门单一品种大批量生产、大批量销售的需要，又满足了零售多品种、小批量购进、勤进、快销以及生产消费企业按生产需求进货的需要。同时，又使生产部门可以集中精力搞好生产，解决了销售渠道不畅的问题，满足社会分工专业化的需求。

(2) 调节供求。批发需要解决供和求的矛盾，批发商一方面要及时向生产部门提供市场需求信息引导生产；另一方面要指导消费，提供资源方面的信息，以及新产品的功能、特点等情况。同时，批发企业必须经常保持一定量的储备，一般地讲，正常的供过于求，只要产品适销对路，就应该增加储备量；供不应求时，就应减少储备量，从而调节社会生产和消费，保证供应，稳定物价，发挥"蓄水池"作用。

(3) 节约成本。从全社会来说，流通成本是指花费在商品流通过程中的各种费用，包括商流费用和物流费用。批发商的存在，不仅可以节约商流费用，因为批发商的存在可以节约商品交易的次数，而且还可以节约物流费用，因为批发商的存在可以节约储存保管费用，从而发挥着节约流通成本的功能。

(4) 信息传递。批发商能够担负起信息传递职能是由其在商品流通过程中的地位决定的。批发商在集散商品过程中，既可以获得来自制造商（商品供给者）的信息，也可以获得来自零售商（商品需求者）的信息，从而可以进行供求信息的比较分析，并将分析、加工后的信息分别传递给制造商和零售商，进而有利于制造商或零售商制定科学的生产经营决策。

(5) 流通加工。随着社会专业化的发展，分工越来越细，规模效应也越来越明显。生产企业一般是批量生产，单一供求，而零售企业则要求品种齐全，生产消费企业要求配套供应。为此，批发过程需对商品进行重新包装、组合、分等、定级、理货、配货、加工以及配套送货等活动，以满足零售和生产性批量消费的需求，达到流通社会化和物流现代化的目的。

2. 批发经营

1）批发经营的一般特点

与零售经营相比，批发经营具有以下明显的特点：

（1）交易批量大。一般来说，批发的交易批量无论在数量还是金额上都会远远大于零售的交易批量。当然，这里所说的交易批量是指在一定时点上完成的，而不是一定时期内的交易总量。

（2）交易更加理性。相比零售的销售对象，批发的销售对象具有明显的组织化特征，组织购买都由采购部门来完成，经过科学的决策程序，具有一定的规律性，属于专家购买类型，更加具有理性化特征。

（3）商圈更大。由于批发的销售对象是再销售者、产业和事业用户，这些组织购买者的活动能力、交易范围远比零售服务的家庭消费者大。而且批发的经营也不像零售那样明显地受到商圈的限制。

（4）交易关系稳定。批发用户为了保证生产经营或者事业的持续性，必须按照生产经营的需要持续、稳定地进行重复购买。这种购买不仅在时间和频率上相对稳定，其品种和数量也是相对稳定的。

2）批发经营方式：批发业态

批发经营方式是指批发商的销售方式或批发业态。具体分为下列4种：

（1）经销。经销（Distribution）是指批发商从制造商或供应商处购进商品，然后再向其用户进行转售的行为，批发商对所购商品拥有所有权。在经销方式下，批发商的经营过程表现为购买、存储、运输和销售，与进货方或用户之间的关系是一般的买卖关系。因此，经销也叫买断式销售。

对批发商来说，经销的有利之处在于：首先，能够通过大批量购买，降低进货成本；其次，只要能够组织到适销对路的商品，就能够利用其自身的销售优势获得丰厚的收益。不利之处在于：承担的市场风险较大，若经营不利，会出现滞销，从而加重批发商的负担。

（2）代理。代理（Agency）是把特定活动委托给代理人来办理，代理人在代理权限内以被代理人或委托人的名义进行民事活动，由此产生的权利和义务直接对被代理人发生效力。代理方式是批发商通过合同形式与制造商订立代理协议以取得商品销售权，来衔接产需，组织商品流通。在代理方式下，批发商与制造商之间不存在实质性的买卖关系，而是一种委托代理关系。

代理方式的主要优点是：有利于制造商开拓新市场，降低流通费用，减少商业风险，巩固、提高市场占有率等。

（3）经纪。经纪（Commission）是一种典型的中介行为，是在市场上为了交易双方沟通信息、促成交易、提供相关服务的行为。经纪活动是商品生产与商品交换的共生物，买卖双方进行的商品交换，通常是在信息不对称的情况下进行的，从而难免会发生意见分歧，甚至有时会因分歧较大而不能达成交易。为了适应协调买卖、方便交易、降低交易成本等诸方面的需求，就产生了经纪行为和经纪活动。因此，经纪是社会经济发展的产物，也是社会化大分工的必然结果。

（4）拍卖。拍卖（Auction）一般是指由拍卖人在一定的时间和地点，按照一定的章程和规则,对拍卖物公开叫价,应买人公开竞价,由拍卖人按照最高竞价(或最低竞价)当场拍定成交的一种商品销售方式。从本质上讲,拍卖也是一种商品流通行为,在批发销售中也很常见。

拍卖方式具有如下优点:可以准确发现市场价格,减少流通成本,获取更多的产品和市场信息,加速商品的流转过程,从而减少资金的沉淀和浪费。

1.5.3 批发市场

随着社会分工与商品经济的发展,商业产业内部分工也日益深化,批发商业与零售商业开始分离。于是,许多批发商为了沟通信息、扩大交易,开始自发地集聚在商品产地、销地或集散地,进行集中交易,这样,就自发地产生了原始的批发市场。然而,随着批发市场交易行为和交易秩序的规范,市场环境的改善,组织化程度的提高,自发性的批发市场逐渐发展成为有一系列制度与规则的现代批发市场。

1. 批发市场的概念

批发市场是指集中进行现货批量交易的场所。其形态主要有两种类型:一种是无形市场,主要通过网络进行批发业务交易;另一种是有形市场,主要通过建立较大的批发市场,集聚大量的批发商进行交易。

对于商品的供应者与购买者来说,批发市场担负着重要的功能。对生产者而言,批发商能代为执行部分销售功能,提供专家意见,储存货物,降低运费等;而对商品的购买者而言,批发市场能够预测消费者的需求,并为顾客收集、储藏、运送货物等。总而言之,批发业在整个商品流通过程中扮演了储存、运送、分配及收集市场资料等多重角色,并可以减少上游制造商与下游经销商或零售商的接触频资,以达到降低交易成本的目的。由此可见,批发业是我国商业现代化的一个重要环节。

2. 批发市场的分类

批发市场的类型很多,可以根据不同的划分标准对批发市场进行分类。

1) 根据批发市场所在地理性质划分

(1) 产地型批发市场。依托当地大型生产基地形成的产销一体化的批发市场,主要起着外向分解、扩散、辐射的作用。在国内,如长江三角洲经济区,有一批以大型生产基地与当地特色产业紧密结合的专业批发中心在近年兴起,它们凭借商品成本低,花色品种丰富及更新快的优势,成为一级专业批发市场。

(2) 集散型批发市场。这类市场又叫做中转地批发市场,即消费品中转流通的批发中心,多处于交通枢纽地或传统的集散中心,起着连接产地和销地的中转作用,主要是靠发挥资讯、交通和服务的优势发展起来的。其中,大型集散型专业批发市场往往是某类商品的传统集散地,是自发或经政府部门引导发展起来的。

(3) 销地型专业市场。即批发和零售兼营的专业批发市场,这是与消费者最接近的市场,多位于城市边缘或城市内部,可视为城市居民生活配套的商业设施之一。这些专业市场没有产业的依托,在资讯和规模上无法与大型集散批发市场竞争,只能面向当地居民开展小批量的批发和零售业务。

2) 根据交易量及规范程度划分

(1) 中央批发市场。也称国家级批发市场,是规范化程度最高、交易规模最大的一种批发市场,一般可由一个符合开办条件的地方政府独立开办或与中央政府联办。这类批发市场的交易者不多,但交易量很大,因为交易者往往都是一些大批发商或者大企业。

(2) 地方批发市场。也称区域批发市场,其存在多是因为商品的产销地距离较远,需要中间人介入在此中转,或是需要加工才能销售。这类批发市场的交易者主要是批发商、代理商、地方零售商和部分生产企业。

(3) 自由批发市场。这类批发市场的规范程度很低,其申办也不是很严格,不需要特别批准,只要登记注册领取营业执照便可开办。此外,自由批发市场的规模较小,但却是一种有组织的市场,参与者要遵守一定的规则。

3) 根据批发市场布局形态划分

(1) 单体批发市场。指在空间布局上一个地段范围内只有一个批发市场的形态。

(2) 批发市场群。指在空间布局上一个地段范围内有若干个批发市场,彼此连成一片或者间隔较近。

(3) 批发市场园区。指由政府主导、经过科学规划和审批程序、实行规范的园区平台管理和合理的功能分区,拥有较完善的配套设施和较大占地规模(50万平方米以上)的市场形态,批发市场园区内一般拥有若干个市场集聚的批发市场群。

除了上述提到的3种划分方法,批发市场还可以根据交易商品划分,根据专业化程度划分,根据规模等级划分,根据市场依据的层次等级划分。

3. 批发市场的交易原则

批发市场的交易规则主要包括3个层面,即交易原则、会员制度和保证金制度。

(1) 交易原则。一个规范的批发市场首先要遵循一定的交易原则。从国内外批发市场的实际情况来看,拍卖或投标原则、委托代理原则、公平原则、限制性原则和收费原则是批发市场应遵循的基本原则。

(2) 会员制度。比较规范的批发市场一般都实行会员制度,通过制定一定的市场准入标准来约束会员,以实现共同维护与管理批发市场的目的。但是一般只有拥有较高资信度的申请者才能被接受为会员。

(3) 保证金制度。商品交易者预付一定数额的批发交易保证金是为了保证批发市场内商品交易的顺利进行。保证金主要有两种:委托保证金和合同保证金。

1.5.4 商品交易所

1. 商品交易所的定义

商品交易所(Commodity Exchange)也称商品期货交易市场,是一种有组织的商品市场,是大宗商品进行现货及期货买卖的交易场所。商品交易所的交易通常只能通过特定的人员在规定的时间和地点进行交易,特定人员主要指交易所的会员,只有会员才能进入交易所大厅进行买卖,会员要缴纳会费,交易时不再缴纳其他费用,交易达成后,买卖双方要各自按交易额的5%~10%缴纳"履约押金",待交割期完成,交易所会如数退回押金。

2. 商品交易所的特点

1) 组织化

商品交易所是买卖双方汇聚并进行期货交易的场所,旨在提供期货交易的场所与交易设施,制定交易规则,充当交易的组织者,是非盈利组织,本身并不介入期货交易活动,也不干预期货价格的形成。商品交易所在交易的方式、结算与担保、合约的转让或对冲、风险的处理、实物交割等方面都有严格而详尽的规定,任何个人或组织不得违背。

2) 经纪化

商品交易所的交易是由场内经纪人即出市代表代表所有买方和卖方在期货交易场内进行,交易者通过下达指令的方式进行交易,所有的交易指令最后都由场内出市代表负责执行。

3) 标准化和简单化

商品交易所交易是通过买卖期货合约进行的,交易双方成交时不是凭现货而是凭既定的标准化期货合约。这种标准化是指进行交易的商品的品级、数量、规格等都是预先规定好的,只有价格是变动的。

4) 交易的客体具有特殊化

商品交易所的交易是一种特殊的交易方式,并非任何商品都能进入商品交易所进行期货交易,交易所的上市商品通常是那些达到公认的质量标准,适于大宗交易,又能长期储藏的且可自由交易的商品。

5) 集中化

期货交易是在有组织有秩序的交易场所进行的,可以提供公开的交易价格和统一的交易规则,通过这种集中化可以实现信息通畅、价格公平、买卖公平。

3. 商品交易所的功能

商品交易所一般具有以下几方面的功能:

1) 风险转移功能

商品交易所主要有两种交易方式,即现货交易和期货交易。其中,期货交易是商品交易所交易的主要形式。期货交易所具有的转移风险的经济功能在商品交易所中得到了实现。其基本原理是基于现货市场与期货市场的价格通常受相同因素的影响制约,使其发展趋势一般来说是相同的。

2) 价格发现功能

所谓价格发现功能,指在一个公开、公平、高效、竞争的期货市场中,通过期货交易形成的期货价格,具有真实性、预期性、连续性和权威性的特点,能够比较真实地反映出未来商品价格变动的趋势。期货市场之所以具有发现价格功能,主要是因为期货价格的形成具有期货交易的透明度高;信息质量高;供求集中,市场流动性强;价格报告的公开性;期货价格的预期性;期货价格的连续性等特点。正是由于期货价格的形成具有上述特点,所以期货价格能比较准确、全面地反映真实的供给和需求的情况及其变化趋势,对生产经营者有较强的指导作用。

3) 调节市场供求功能

由于商品交易所入市的商品交易频繁、价格波动大、影响面广,因而商品交易所对于调节市场供求,促进供求平衡具有重要意义。商品交易所形成的价格通过商品交易所的报告制度,影响了其他地点与不同时间的商品价格,促使市场价格趋于均衡,从而有利于市场供求的平衡。

4) 规范市场交易秩序功能

商品交易所是组织化程度最高的市场组织。它严格地规定了交易的主体、客体、方式和保障制度等,使商品交易高度定型化。商品交易全过程都是按照交易规则进行的,透明度极高。这种规范的交易秩序也影响了交易所之外的市场交易,促使其不断提高市场交易秩序的规范化和有序化。

1.6 实践训练

请当地外贸主管部门的人员到学校介绍该地区外贸发展情况,有条件的可以组织学生对当地对外贸易发展情况进行社会调查。

模拟一个国际贸易情景,组织学生模拟进行实务操作。

本章小结

本章对国际贸易理论、国际服务贸易、国际贸易措施和政策、国际贸易实务、流通和国内贸易等方面进行了比较全面和系统的介绍。第1.1节国际贸易理论介绍了国际贸易的基本概念,近代和当代国际贸易的理论,包括了重商主义学说、绝对利益学说、比较利益学说和李斯特的贸易保护理论等国际贸易的基础理论。在第1.2节国际服务贸易中,对国际服务贸易的概念及其发展进行了概述,并对我国国际服务贸易的发展进行了阐述。在第1.3节中,对国际贸易的措施和政策进行了介绍,对关税、非关税壁垒做了系统阐述,并介绍了鼓励出口与出口管制的国际贸易政策,最后还对GATT和WTO进行了简单介绍。第1.4节国际贸易实务,主要对国际贸易术语、国际贸易合同的商定及基本条款、国际贸易的结算进行了叙述。第1.5节主要讲述了流通与国内贸易,并对其中的基本知识进行了介绍。

思考题

1. 如果一个国家连一个成本优势的商品都没有,而另一个国家的两种商品都具有成本优势,那么双方还会发生贸易吗?即使进行贸易,贸易双方都能获得利益吗?两国还会实行自由贸易吗?
2. 为什么要降低和取消关税?各国能取消关税吗?
3. 中国为什么要加入世界贸易组织?加入世界贸易组织后,中国在国际贸易方面发生了哪些变化?

作 业

1. 什么是国际贸易、对外贸易?
2. 什么是"绝对利益学说"和"比较利益学说"?

3. 生命周期学说的主要内容是什么？
4. 什么是非关税壁垒？
5. 联系我国服务贸易的现状，谈谈如何发展我国的服务贸易。
6. GATT 和 WTO 的区别与联系是什么？
7. 国际贸易中，合同订立的过程是什么？
8. 何为信用证？信用证结算的主要特点是什么？

参考文献

[1] 冯宗宪,等.国际贸易理论、政策与实务.西安：西安交通大学出版社,2004,10.
[2] 蔡玉彬.国际贸易理论与实务.北京：高等教育出版社,2004,7.
[3] 陈岩.国际贸易理论与实务.北京：清华大学出版社,2007,6.
[4] 龚晓莺.国际贸易理论与政策.北京：经济管理出版社,2008,5.
[5] 黎孝先,等.国际贸易实务.北京：对外经济贸易大学出版社,2008,10.
[6] 田运银.国际贸易实务精讲.北京：中国海关出版社,2008,10.
[7] 冯宗宪.国际服务贸易.西安：西安交通大学出版社,2008,10.
[8] 李左东.国际贸易理论、政策与实务.北京：高等教育出版社,2002,9.
[9] 范爱军.国际贸易学.北京：科学出版社,2009,5.
[10] 孙睦优.国际贸易学.武汉：武汉大学出版社,2009,3.
[11] 李慧中.国际服务贸易.北京：高等教育出版社,2007,11.
[12] 中国进口网.论服务贸易总协定的作用.http://www.import.net.cn/tradeinfo/5/c07d6556_3.html.
[13] MBA 智库百科：http://wiki.mbalib.com/wiki/%E8%B6%85%E4%BF%9D%E6%8A%A4%E8%B4%B8%E6%98%93%E7%90%86%E8%AE%BA.
[14] 上海财经大学精品课程：http://course.shufe.edu.cn/course/gjmyx/dzjc/chapter3/7_2.htm.
[15] 百度百科：http://baike.baidu.com/view/977876.html.
[16] 夏春玉.流通概论.辽宁：东北财经大学出版社,2006,7.
[17] 童一秋.批发商.北京：中国时代经济出版社,2004,1.
[18] 吴小丁,等.商品流通论.北京：科学出版社,2005,7.
[19] 徐从才.流通革命与流通现代化.北京：中国人民大学出版社,2009,8.
[20] 原梅生,等.电子商务与商品流通创新研究.山西：山西经济出版社,2007,6
[21] 冉净斐.流通和谐论.北京：中国物资出版社,2006,6.
[22] 百度百科：http://baike.baidu.com/view/91269.htm?fr=ala0_1.
[23] http://www.wtojob.com/wtojob_13288.shtml.

第 2 章 网络贸易概述

学习目标

(1) 深刻理解网络贸易的内涵、特征,了解网络贸易与传统贸易的区别。
(2) 了解网络贸易的发展概况。
(3) 正确把握网络贸易的环境。
(4) 了解网络贸易的分类,熟悉并掌握3种网络贸易模式。

开篇案例

网络贸易的春天来了

"美国经济下滑了,但是很多日常消费品仍然必需,危机将促使他们通过网络去寻找性价比更高的商品,这对我们来说就是一个重要的机会。"2009年底,北京海力奇增压器有限公司总经理于娣对公司2009年的网上生意做了这样一番总结。于娣的公司成立于2003年,一年后,就在网上做起了生意。于娣认为,电子商务是发展趋势,海力奇要发展,网络将是一个拓展市场的重要平台。这几年,于娣明显感觉到,网上的贸易伙伴越来越多。今年这种感受更深刻了。金融危机正在逐渐改变消费者的消费习惯,网络购物凭借实惠的价格、便捷的模式成为新的消费趋势,而这一新的趋势正带动网络贸易加速发展。

"春天来了,我们判断,中国第四季度的外贸数据将由负转正。"阿里巴巴(中国)网络技术有限公司CEO卫哲在2009年末表示,"但这个春天会很漫长,甚至出现几波寒流。"卫哲说,早在今年第一季度末,他就做出了"中国外贸最黑暗的时刻在2009年第一季度末就已经过去"的判断,2009年年中,他就曾表示,外贸在年底前会止跌企稳,四季度外贸数据必然由负转正。根据海关总署2009年10月14日公布的数据显示,2009年9月我国进出口双双超千亿美元,环比增幅较大。卫哲的判断来自阿里巴巴电子商务平台上的贸易数据,不断攀升的网络交易额给了卫哲预测未来的信心。

面对危机中成批倒下的外贸中小企业,当外贸行业遭受重创之际,网络外贸的坚挺,部分程度上缓解了金融危机给中国中小企业外贸出口带来的困境。从2008年开始,中国电子商务已经有了很大的成长。据工业与信息化部中小企业司副司长王建翔表示,到2008年年底,我国B2B的交易规模已经达到了3万亿,占我国30万亿GDP的10%。而在2009年,中国外贸电子商务市场一直呈现出活跃态势。"渠道,不是你有多少客户,而是你有怎样拓展客户的'通道'。"卫哲讲了一个故事,有一个阿里巴巴的网商会员,在美国为7个州稳定的客户做警服。但金融危机来了,美国警服不换了,他一下子就傻眼了。后来一个连名字都没有听说过的国家来了订单,这才挽救了他。

网络外贸也催生了电子商务平台的进一步成长与发展,已运行两年中国供应商外贸小单批发战略合作伙伴的兰网 milanoo、一直埋头苦干的敦煌网以及年初刚冒头的 made in china 等,都在今年收获了更多的人气。

金融危机使得中国的外贸电子商务企业从最初的摸索已走向一个高速成长期,以阿里巴巴为例,为了赢得更多的海外买家,阿里巴巴针对海外买家在金融危机下的特性,于第3季度在国际交易市场试验性推出 Ali-Express 批发平台,这个平台引进了由支付宝提供的第三方担保交易模式,为买家和供货商带来便捷、安全及可靠的网上交易服务。

阿里巴巴分析师王先生认为,从长时段的历史眼光来看,一个属于网络贸易的新商业文明正在浮现,"诚信、透明化、责任、全球化"是其前提,"网商、网货、网规"是其支柱,"信息时代的商业文明"则是其时空定位与演进方向。

而谈到电子商务的未来发展形态,淘宝网商户平台总经理喻策表达了自己的看法:"电子商务的形态会发生很多变化,类似于网络广告和电子商务的结合,类似于门户、社区、SNS和电子商务的结合,此外,还会有更多其他的形态在今后的两到三年之内迅速扩张和发展起来。我相信,进入第三阶段的时候电子商务就会进入搜索时代,包括垂直的客户搜索和全网的客户搜索以及未知聚合的形态,这些会促进电子商务后期迅速发展。"

根据正望咨询公司 2009 年 10 月份发布的《中国数码产品网上销售统计报告 2009》报告预测,2009 年中国网购市场规模将达到 2680 亿元,到 2010 年此数字将增长至 4640 亿元,届时网上销售额将占到社会商品零售总额的 3% 以上。

案例思考:什么是网络贸易?网络贸易和传统贸易的区别何在?网络贸易的模式是怎样的?在网络贸易的环境下,网购市场发生了哪些变化?

2.1 网络贸易

2.1.1 网络贸易的内涵

20 世纪 50 年代末 60 年代初以来,随着计算机产业的迅速发展,世界经济逐渐由工业经济向信息经济过渡,国际间开始出现了信息产品贸易。进入 20 世纪 90 年代以后,信息技术的迅猛发展,更使得各行各业产生了巨大的变化。在经济商贸领域,电子商务的蓬勃发展不仅使电子化经济逐渐成形,还使传统的国际贸易发生革命性变革,将国际贸易推进到网络贸易的新世纪。

1. 贸易的含义

贸易(Trade)也被称为商业,是在一个市场里面进行的,是指自愿的货品或服务交换。人们进行贸易的目的主要包括两个方面:一是买方通过交易获得商品或服务的使用价值,满足其生产或生活需求;二是卖方通过交易获得商品或服务的价值,补偿其在生产过程中物化劳动或劳动的耗费,并实现价值增值。最原始的贸易形式是以物易物,即直接交换货品或服务。现代的贸易则普遍以一种媒介进行讨价还价,如金钱。

贸易分为对内贸易和对外贸易。其中,对内贸易包括批发和半批发、零售以及法律认定的具有商业性质的服务业;对外贸易包括进口和出口,对于贸易当事国来说,指一国或地区与其他国家或地区之间所进行的商品与劳务的交换活动。

2. 电子商务的含义

电子商务(Electronic Commerce)是近些年来在全球范围内兴起的一种新型商务模式。它是指在技术、经济高度发达的现代社会里,掌握信息技术和商务规则的人,系统化地运用电子工具,高效率、低成本地从事以商品交换为中心的各种活动的总称。

近几年,电子商务的迅速发展是市场、金融、经济全球一体化趋势的必然产物,它拓展了国际贸易的空间与场所,缩短了国际贸易的距离和时间,简化了国际贸易的程序和过程,使国际贸易活动全球化、智能化、无纸化和简易化,并实现了划时代的深刻变革。它正在掀起国际贸易领域里一场新的革命。

3. 网络贸易的含义

网络贸易(Internet Trade)是电子商务的重要组成部分之一,它是指通过互联网所进行的贸易活动,或者是指以 Internet 为载体,利用数字化进行的在线交易。在网络贸易中,贸易活动的各方通过不同的网络服务平台,发布浏览贸易信息、进行贸易洽谈、签订贸易合同、支付货款等。

从广义的角度来看,网络贸易很早就产生了,也经过了一个较长的发展时期。纵观网络贸易的成长过程,其产生发展是社会发展的需要,是以技术发展为支撑的,是环境改善的必然结果。

2.1.2 网络贸易的特征

网络贸易是一个充满机遇和挑战的新领域,具有广阔的发展前景,经过短短几年的发展,网络贸易已达到了相当的规模。相比传统的贸易,具有以下几个基本特征:

1. 交易虚拟化

网络经济时代的人类贸易活动将以物理空间为主转向以媒体空间为主,出现了诸如虚拟要素市场、虚拟商品市场、虚拟金融机构等虚拟经济场所和经济主体。电子商务通过网上"虚拟"的信息交换,开辟了一个开放、多维、立体的市场空间,突破了传统市场必须以一定的地域存在为前提的条件。虽然网络贸易的交易过程在虚拟的场景中进行,但这种"虚拟"并不等于虚无,贸易活动仍实实在在地进行着。

2. 范围全球化

由于网络的互联优势,人们的空间距离不断缩小,使得贸易摆脱地域的约束,全球贸易的范围和规模日益扩大,各国之间的贸易联系日益加深,各国对出口贸易的依存度不断提高,从而形成了以信息网络为纽带连成一个统一的"大市场",为最终实现经济全球化打下坚实的基础。

3. 贸易智能化

随着网络贸易的发展,人类贸易活动的基础将不再是对产品的拥有量,而是对技术和知识的拥有量,贸易过程中的财富分配将以各交易方所拥有的技术和知识为转移。贸易产品的技术含量不断增加,最终将朝着智能化产品方向发展。

4. 资源共享化

在传统贸易中,发展中国家与发达国家之间、小企业与大企业之间的贸易机会是不均等的。随着全球互联网络和各国内部网络的发展,各贸易方的网上交流会显著增加,并且这种网上贸易交流改变了传统的信息交流的单向性、封闭性,从而实现了信息资源的开放性、共享性。

2.1.3 网络贸易与传统贸易的比较

目前,网络贸易的发展速度不断加快,一个潜力巨大的新兴市场开始形成。它的出现突破了传统贸易活动中时间、空间以及物质对交易双方的限制,对世界经济贸易的增长产生了巨大的推动作用,其与传统贸易方式相比,主要有以下几个优势:

(1) 网络贸易大幅度增加了贸易机会。

互联网的广域性与开放性使企业发布的贸易信息在全球范围内传播,也可以使企业在更大的范围内(全球范围内)寻找适合自身需求的贸易伙伴,扩大了贸易机会。

(2) 网络贸易降低了交易成本,扩大了贸易交易量。

无论业务量大小,商家都可以将业务中的部分环节转换成数据,然后通过 Internet 进行交换,参与交易的各方只需支付较低的网络通信和管理费用就可获得存储、交换和处理信息,节省了资金,降低了成本;由于 Internet 是全球性开放网络,有利于交易双方获得"完整信息",降低市场上的搜寻成本,减少交易的不确定性;在网上直接传递电子单证,既节约了纸单证的制作费用,又可缩短交单结汇时间,加快资金周转,节省利息开支。

(3) 网络贸易加速了交易流程,提高了工作效率。

现有的网络技术实现了贸易各方之间标准格式文件(如合同、提单、发票等)的即时传送和交换,贸易各方可通过网络进行订购、谈判、签约、报关、报检、租船订舱、缴税、支付结算等各项外贸业务手续,减少中间贸易环节,缩短了交易时间,提高了贸易效率,进而会带动金融、海关、运输、保险等有关部门工作效率的提高。

(4) 网络贸易增强企业的竞争地位。

公司和厂商可以申请注册域名,在 Internet 上建立自己的网站,通过网页介绍产品、劳务以此宣传企业形象,扩大企业知名度,开拓海外市场和提高国际竞争力。此外,网络贸易无时间、地域的限制,受自然条件影响小,可以进行全天候交易,同时又有助于及时、准确地掌握市场动态,密切同客户进行业务联系,提高其市场竞争地位。

(5) 网络贸易实现外贸业务全过程管理的电子化。

早在 1999 年,中国海关总署就开发了"进出口报关单联网电子核查系统",并在全国正式进行。目前,我国各地也积极开展电子报关系统,我国商检业务目前已基本实现了报检、检验出证的计算机管理,建成了系统内通信网;货物运输的订舱、单证传输、集装箱管理、船舶管理、货物跟踪、财务及结算运作过程实施国际标准的电子商务单证传递。整个贸易流程的电子化管理,促进了国际贸易企业的经营管理规模化、专业化和现代化。

2.2 网络贸易的发展概况

网络贸易很早就产生了,最早可以追溯到基于早期的电报、电话、传真、广播、电视等的贸易行为。从20世纪50年代起,计算机在商务领域里获得了广泛的应用。20世纪60年代,贸易企业开始采用计算机处理贸易电报报文、发送贸易相关资料。20世纪70年代,电子数据交换(Electronic Data Interchange,EDI)被贸易企业大量应用。EDI系统中要求的贸易单证标准化、通道单一化等特点大幅度提高了贸易效率,降低了贸易费用,正式大规模推动了"无纸贸易"或"无纸交易"的历程。但鉴于EDI的入门门槛高的原因,主要集中在国际贸易、大企业国内采购等贸易形式中,而很多中小企业因高昂的费用被拒之门外。因此,以计算机广域网系统为基础的电子订货系统(Electronic Ordering System)被提出并得到一定范围的应用,其中1995年成立的中国商品订货系统就是最典型的案例。

20世纪90年代以来,随着Internet被广泛应用于商业贸易的活动,网络贸易得到了飞速发展,并迅速成为20世纪90年代初期美国、加拿大等发达国家的一种崭新的企业经营方式,网络贸易主要表现在对传统贸易的一个信息传播渠道。从20世纪90年代中后期开始,Internet迅速走向普及化,逐步从大学、科研机构走向企业和百姓家庭,一些新的网络贸易形式也随之衍生出来。

2.2.1　EDI的发展

1. EDI的定义

20世纪60年代后,世界进入了电子与信息技术的时代,世界经济已呈现出一体化的特征,全球贸易范围不断扩大,贸易金额大幅度上升,促使各种贸易单证和文件的处理数量急剧增加。在此背景和需求下,美国首先在商务领域中开发了以计算机、网络通信和数据标准化为要件的电子数据交换,形成了电子商务的雏形,开创了电子商务时代的先河。

EDI是英文Electronic Data Interchange的缩写,中文可译为"电子数据交换"。它是一种在公司之间传输订单、发票等作业文件的电子化手段。国际标准化组织(ISO)将EDI描述成"将贸易(商业)或行政事务处理按照一个公认的标准变成结构化的事务处理或信息数据格式,从计算机到计算机的电子传输"。而ITU—T(原CCITT)将EDI定义为"从计算机到计算机之间的结构化的事务数据互换"。又由于使用EDI可以减少甚至消除贸易过程中的纸面文件,因此EDI又被人们通俗地称为"无纸贸易"。

2. EDI的发展历史

20世纪60年代末,欧洲和美国几乎同时提出了EDI的概念。早期的EDI只是在两个商业伙伴之间,依靠计算机与计算机直接通信完成。EDI最初的构想来自美国运输业,美国运输业1968年成立了运输数据协调委员会研究开发电子通信标准的可行性,1975年TDCC发布了第一个EDI标准。后来在联合国的协调和主持下制订了联合国EDI标准,即UN/EDIFACT,作为国际通用标准,1990年3月正式推出的UN/EDIFACT标准被国际标准化组织正式接受为国际标准ISO 9735。

由于EDI具有高速、精确、远程和巨量的技术性能，因此EDI的兴起标志着一场全新的、全球性的商业革命的开始。当时的国外专家深刻地指出："能否开发和推动EDI计划，将决定对外贸易方面的兴衰和存亡。如果跟随世界贸易潮流，积极推行EDI就会成为巨龙而腾飞，否则就会成为恐龙而绝种。"英国的EDI专家甚至明确指出："以现有的信息技术水平，实现EDI已不是技术问题，而仅仅是一个商业问题。"

我国自1990年引入EDI技术以来，EDI的应用与推广得到中国政府的高度重视。1991年，国家科委、外经贸部、海关总署等部门共同组织成立了"中国促进EDI应用协调小组"，并以"中国EDI理事会"的名义参加了亚洲EDIFACT理事会，成为该组织的正式会员，有力地促进了EDI技术在我国的推广应用。1995年1月，中国海关完成了EDI海关系统的全部开发工作，制订了EDI海关系统所需要的15个EDIFACT标准文子集，开通了北京、天津、上海、广州等EDI海关系统。经过各级政府部门的努力推广，EDI从应用最多的进出口贸易行业逐渐扩展到了商检、税务、邮电、铁路、银行等领域，开始在我国逐步得到推广。

3. EDI系统的构成

EDI系统的构成主要包括数据的标准化、EDI软件及硬件、通信网络3个主要要素。

1）数据标准化

为了使计算机应用系统之间能够直接对话，接受方的电子数据处理系统必须能自动识别出通过EDI网络收到的数据，应采用发送方与接收方的计算机都能识别的通用语言。由此产生了EDI标准。EDI标准是由各企业、各地区代表共同讨论、制订的电子数据交换共同标准，可以使各组织之间的不同文件格式，通过共同的标准，达到彼此之间文件交换的目的。

2）EDI软件

EDI软件主要将发送方与接受方之间的信息译成标准格式，以供数据交换。它主要有3类：

(1) 转换软件。该功能是将原有计算机系统文件转换为翻译软件能够理解的平面文件，或者将从翻译软件接收来的平面文件，转换成原计算机系统中的文件。

(2) 翻译软件。将平面文件翻译成EDI标准格式，或将接收到的EDI标准格式翻译成平面文件，并具有指导数据的传输，保证传输的正确和完整的功能。

(3) 通信软件。它是将EDI标准格式文件外层加上通信信封，送到EDI系统交换中心的邮箱，再从EDI系统交换中心内将接收到的文件取回。

3）EDI硬件

EDI硬件设备大致有计算机、调制解调器、电话线。

(1) 计算机。无论是个人计算机、工作站、小型机、主机等，均可以利用。

(2) 调制解调器。由于使用EDI来进行电子数据交换，需要通过通信网络进行数据交换，普遍采用利用电话网络进行通信的方法，因此调制解调器是必备硬件设备。对于调制解调器的功能与传输速度，一般根据实际的需要来进行选择。

(3) 通信线路。一般最常用的通信线路是电话线路，如果在传输时效及资料传输量上有较高的要求，则可以考虑租用专线。

4）通信网络

通信网络是实现 EDI 电子信息传输的基本条件。EDI 的通信方式主要有 3 种类型：传统的中央处理器与终端的连接方式，局域网可以使 PC 通过通信线路分享信息源的方式以及外部电话网方式。

4. EDI 的发展

为了保持竞争力，许多公司在不断地寻找更新更好的方法，以加快和贸易伙伴之间的沟通速度，在顾客、供应商和伙伴之间建立更好的关系，减少支出。针对传统贸易方式所存在的效率低下、财力浪费、风险剧增、服务欠佳等诸多缺陷，EDI 不但能克服上述各种弊端，还能突破时空限制，使企业获得竞争优势。其优势具体表现为：降低了纸张文件的消费，有效降低成本；减少重复劳动，提高了工作效率；改善贸易双方关系，增强贸易机会；优化运作机制，简化订货过程或存货过程，提高了管理效率，使得贸易双方能够以更迅速、有效的方式进行贸易；优化企业经营决策，运用有关软件进行统计分析，可为企业决策提供更科学的依据，增强决策的正确性。

因此，EDI 自 20 世纪 60 年代开始就被国外广泛采用，我国 20 世纪 90 年代开始引入。早在 20 世纪 60 年代初期，美国就在公路、铁路、海运和空运中应用 EDI，而且每年还以 100% 的速度增长；西欧各国已将 EDI 应用于汽车、化工、电子、运输、保险、分销零售业中；日本已在销售、贸易、运输和制造业中广泛使用 EDI；新加坡声称 95% 的贸易用 EDI 实现。美国政府及欧盟大部分国家海关甚至宣布，从 1992 年起采用 EDI 方式办理海关业务，如不采用 EDI 方式，其海关手续将被推迟办理，或不再选为贸易伙伴。

1996 年，亚洲 6 个国家和地区（中国、日本、印度、马来西亚、菲律宾和中国台湾）达成协议，共同开发 EDI 系统，以便使这些国家和地区在进出口过程中能够实时地采集进出口数据，更有效地对客户进行管理，减少报关错误。

我国 EDI 的具体采用到了 1991 年，由国务院信息推广应用办公室牵头，组成了"中国促进电子数据交换应用协调小组"，并加入亚洲 EDIFACT 委员会。随后，国家的"金桥"、"金关"、"金卡"工程正式启动。到了 20 世纪 90 年代中后期，因为 EDI 费用高、操作复杂，加之互联网电子商务的蓬勃发展，使 EDI 的普及受到了一定的影响，也使人们对于 EDI 的未来发展缺乏足够的信心。在这样的背景下，Internet EDI 开始出现，Internet EDI 摒弃了传统的专用增值网络转而使用了价格较为低廉的互联网作为平台，但是互联网的开放性、不设防性所带来的安全隐患等，都会使商业用户对 Internet EDI 存在担心。但随着加密算法等一系列技术问题的解决，互联网逐渐成为新型 EDI 传输的主要平台。

2.2.2 EOS 的发展

1. EOS 的定义

电子订货系统（Electronic Ordering System，EOS）是指通过增值网络方式取代传统下单、接单及其相关动作的自动化订货系统，具体来说，是将采购商家采集的订购数据，通过通信网络传送到总部、批发商或制造商的系统中。依据 EOS 所涵盖的范围来区分，可分成狭义的 EOS 与广义的 EOS；狭义的 EOS 是指采购商家将订单传送到批发商、供货商为止的自动化订货系统；广义的 EOS 则是从采购商家下单开始经批发商接单后，再经验货、对账、转账等步骤完成所有商品交易动作为止。

EOS在采购商家和供应商之间建立起了一条高速通道,使双方的信息及时地得到沟通,使订货过程的周期大大缩短,既保障了商品的及时供应,又加速了资金的周转,实现了零库存战略。因此,EOS在国际上使用非常广泛,并且越来越受到商业界的青睐。

2. EOS的要求

电子订货系统有一定的要求,具体如下:

(1) 商业企业内部计算机网络应用功能完善,能够及时产生订货信息。

(2) 销售点情报管理系统(POS)与EOS需要高度结合,可以产生高质量的信息。

(3) 满足零售商和供应商之间的信息传递。

(4) 通过网络传输信息进行订货。

(5) 信息传递及时、准确。

(6) EOS是许多零售商和供应商之间的整体运作系统,而不是单个零售店和单个供应商之间的系统。

3. EOS的效益

电子订货系统实现对订货商和供应商的快捷连通,一方面供应商可以准确地估计日后商品的需求量,另一方面订货商则可以提高存货的效率。电子订货系统对订货商和供货商的优势主要体现在以下方面:

1) 供货商方面

(1) 减少接单处理作业并缩短时间,通过EOS自动接单处理,可减少人工处理、确认及重复输入等工作,不但有效缩短作业时间、降低成本,且能够快速处理顾客的订单,提高服务质量。

(2) 减少退货率,提高服务质量。EOS提供准确无误的订货,因此减少了交错商品现象的出现,减少了退货。

(3) 保持适当的库存量。订货商经由POS能够充分掌握市场状况而下单,供货商更可透过此资料来了解市场变动的情形,调整生产及营销计划以维持适当的库存量。

2) 订货商方面

(1) 优化库存管理,降低库存。厂商可以通过EOS将商店所陈列的商品数量缩小到最小限度,以便使有限的空间能陈列更多种类的商品,即使是销量较大的商品也无需很大的库房存放,在供货商少量、多样、高频率配送的配合下,可降低店内库存量,甚至做到无库存。

(2) 下单简便,提高工作效率,减少交货失误。透过计算机自动或经手动确认调整等方式下单,不但简单方便、节省人力,且不易发生输入错误或重复输入等人为疏失情况。实施EOS可以减轻体力劳动,减少事务性工作。EOS订货系统是根据通用商品条码来订货的,可做到准确无误。

(3) 交期缩短,减少缺货,提高服务质量。经由计算机网络传递订单,供货商能够很快地接到订单进行处理,加速货品送达,可有效缩短交期而降低缺货率。EOS满足了顾客对某种商品少量、多频度的订货要求,缩短了交货时间,能迅速、准确和廉价地出货、交货。

(4)管理方便。透过 EOS 结合 POS 等信息系统,可方便进行进货、销售、库存、应付账款等管理工作。

4. EOS 的应用

我国对电子订货系统最典型的应用就是中国商品订货系统(CGOS)。中国商品订货系统是 1995 年由国家发展和改革委员会正式批准立项,由国内贸易部市场建设司归口管理的。中国商品订货系统由商友商务有限责任公司负责组织、建设,项目一期投资近 3 亿元人民币。中国商品订货系统是以计算机广域网系统为基础建立的一个多功能、跨地域的商品流通服务体系。它通过先进的计算机敏捷、安全的通信方式以及设在全国各地的服务机构,为商品的生产厂家和采购商家提供包括信息服务、交易撮合、实物交割及货款结算等一系列完善、配套的购销服务,将产品的销售与采购通过"网络"融为一体,最大程度地减少购销中间环节和劳务支出,极大地提高交易效率。中国商品订货系统实行会员制,会员按照交易目的可分为采购商和供应会员;按权限可分为信息会员和交易会员。会员对象为具有独立法人资格的境内外生产企业和商业企业。中国商品订货系统提供的服务包括:商品信息及咨询服务、交易撮合服务、货物交割配送服务、货款结算服务。

2.2.3 世界网络贸易发展的现状

网络贸易突破了商业活动的时空限制,交易双方通过因特网信息技术相连接,构成了覆盖全球的网络贸易。全球各网络贸易国之间可以通过世界范围内的计算机网络快速寻找贸易伙伴,快速完成贸易活动,提高了贸易效率,降低了贸易成本,在全球形成统一的大市场。

网络贸易是 20 世纪 90 年代新兴的一种国际贸易方式,发展十分迅速,1996 年 12 月美国总统克林顿签署了由美国 19 个州政府参与起草的全球电子商务政策框架报告,标志着电子商务的出现。此后,网络贸易的发展速度十分迅速。1996 年网上交易额只有 23 亿美元,1997 年网上交易额就为 150 亿美元,而到 2009 年仅我国国内网上交易额就达到了 5000 亿元,到 2010 年,有 1/3 的全球国际贸易以网络贸易的形式完成。显然,网络贸易将是 21 世纪国际贸易领域中的一朵鲜艳的奇葩。

正是由于网络贸易如此强大的生命力,它才引起世界各国和国际经济组织的关注,纷纷制定了各种政策和采取各种措施来维护和促进网络贸易的发展。1997 年 5 月,克林顿公布了一项免税区政策,即在全球范围内通过网络贸易所购销的商品不加税,包括关税和商业税,此举得到了欧盟各国的支持。1997 年 7 月 8 日,在德国波恩召开的由四十多个国家参加的部长会议上,一致同意在网络贸易中维护自由贸易原则,各国不得自设关税和非关税壁垒,同意网络贸易部征收新的税种,其中 29 个国家在通过的文件上签字。1998 年 2 月 20 日,美国商务部向 WTO 提交了一份提案,旨在规范全球电子商务,建立网络贸易的法律框架,网络贸易实行零关税。

在保证互联网及电子贸易的安全,规避技术进步带来的风险方面,美国政府制定了《消费者与投资者获取信息法》、《反电子盗窃法》、《统一电子交易法》、《国际国内电子签名法》、《统一计算机信息交易法》、《网上贸易免税协议》等法律体系,特别是《全球电子商务政策框架》更是一部通过完善基础环境促进发展的文件。该文件提出了发展电子商务的 5 项基本原则：私营企业应起主导作用；政府应当避免对电子商务做不恰当的限制；政府参与的目标也应当是支持和加强一个可预见的、宽松、一致和简单的商业法制环境；Internet 的精华和爆炸性的成功，部分原因是其非集中化特性和自下向上的管理模式；在国际范围内促进 Internet 上的电子商务。在这份文件中，分别就关税与税收、电子支付系统、统一商务法则、知识产权保护、个人隐私安全、电信基础结构、内容和技术标准等 9 大方面阐述了政府的立场。目前依据"框架"规定的原则，美国分别与日本、法国、加拿大、荷兰、韩国、菲律宾、智利、埃及等国签署了《电子商务联合宣言》。

2.2.4 中国网络贸易发展的现状

1. 我国网络贸易的发展历程

我国网络贸易的发展是建立在电子商务的基础上的。自 20 世纪 90 年代开始，我国政府对发展电子商务给予高度重视，相继实施了"金桥"、"金卡"、"金关"等一系列"金字"工程，为电子商务的发展创造了条件。1998 年 3 月 6 日，国内第一笔 Internet 网上电子交易成功，它是由世纪互联通讯技术有限公司和中国银行共同携手完成的，这也是我国网络贸易的开端。随后，深圳招商银行也推出了网络银行服务，由中国人民银行牵头，联合中国工商银行、中国农业银行、中国建设银行、交通银行、中国光大银行等 11 家商业银行共建的金融权威认证中心系统进入实施阶段，为网络贸易的开展创造了条件。1998 年 7 月 8 日，在外经贸部互联网官方站点组建的"网上中国商品交易市场"正式运行，这是我国第一个由政府组建的网上交易市场，标志着我国在网络贸易方面迈出了重要一步。"网上中国商品交易市场"开通 4 个月，就接受了来自全球 102 个国家和地区 4600 多万人次的访问，被称为"中国永不落幕的交易会"。

2. 我国网络贸易发展的现状

近些年来，国内电子商务进入了一个高速发展的阶段。多家咨询机构的数据均显示国内电子商务市场规模在 2009 年有着迅猛的增长，其中 B2B 运营商的市场营业额增加了 20%。

CNZZ 数据专家对电子商务载体——电子商务网站进行了盘点。CNZZ 数据显示：2009 年，电子商务的行业站点数保持着高速增长，截至 2009 年 12 月，电子商务的总网站数达到 1.56 万家，同比增长了 32.34%。另外，在电子商务网站红火建设的同时，电子商务网站的受众范围也在不断扩展。CNZZ 数据显示，2009 年 12 月电子商务网站的访客数达到 2.67 亿，同比增加了 61.29%。

根据艾瑞咨询即将发布的《2009—2010 年中国中小企业 B2B 电子商务行业发展报告》研究显示，2009 年中国中小企业 B2B 电子商务交易规模达 1.86 万亿元，同比增长 18.5%。2009 年各大 B2B 电子商务核心运营商均采取了很多措施，希望能够为中小企业提供更加优质的服务，在这些有力措施的推动下，阿里巴巴继续保持着领先优势，2009 年阿里巴巴的 B2B 国际贸易额达到 1158 万元，国内贸易额达到 3650 万元，而 2009 年阿里巴巴的交易额达到了 30 亿元。艾瑞咨询分析认为，金融危机提高了中小企业利用网络贸易的意识，一方面，利用网络贸易服务的中小企业的数量在增加；另一方面，部分原有使用网络贸易服务的中小企业加大了其在网络贸易方面的投资力度。双重因素促使 2009 年中小企业 B2B 电子商务交易规模稳定上升。

3. 影响我国网络贸易发展的因素

虽然我国网络贸易发展已经有了良好的开端,但是,由于我国市场机制还不完善,市场环境还不健全,严重阻碍了我国企业大规模进入网络贸易市场。主要是由于以下因素影响了我国网络贸易的发展:

1) 基础设施建设不足

网络基础建设是制约网络贸易发展的重要"瓶颈"。虽然我国的网络架构已基本形成,但与国外相比,由于在资金、科技、人员等方面投入不足,国内信息基础设施建设仍是初步的,金融电子化和商业电子化的目标还很遥远,与网络贸易发展也相距甚远。我国必须切实有效地加大对信息基础设施的投资和建设,以便为网络贸易的发展打下坚实的基础。

2) 企业本身的管理理念及管理水平相对落后

目前我国居民和企业对网络贸易的观念淡薄,传统的购物习惯和销售方式仍根深蒂固,认识上的滞后将阻碍我国网络贸易的发展。目前我国许多企业的管理处于主观、随意的经验管理阶段。不规范管理职能使计算机简单模拟原来的手工操作流程,从而加大系统实现的难度,增加投资成本,降低网络贸易投资收益率。

3) 技术水平相对落后

技术方面的问题主要体现为:我国计算机信息网络运行的质量差,无论是网路技术、网络管理、信息内容、技术标准、资费水平、通信速度和安全条件等方面都存在不足。

在网络贸易中,安全问题是人们最担心的问题。操作系统中的安全漏洞、网络协议中的不安全因素、数据库管理系统存在的安全漏洞、应用系统中存在的漏洞等,都是网络贸易中的安全隐患。

4) 缺乏有效的法律规范

因特网是一个跨国界的网络,其网络贸易活动必然具有同样的特点。如果各个国家按照自己的交易方式运作,网络贸易必然一事无成。所以,必须建立一个全球性的标准和规则,以保证网络贸易活动的顺利实施。网络贸易对现有法律法规带来了挑战,如电子数据的证据效力问题、电子签名及认证问题、书面的形式问题等,都需要对现有法律法规进行改进和完善。

4. 网络贸易发展对我国的影响

网络贸易在 21 世纪内成为主导型的贸易方式是已经用事实在证明的一种有意义的预见。众所周知,全球经济网络一体化趋势,给传统贸易的改造与创新提供了动力和机会,网络贸易突破了传统贸易活动中物质、时间、空间对交易双方的限制,它的产生与发展必将对世界经济贸易的增长产生巨大的推动作用。网络贸易相对于传统贸易方式而言,具有一些独特而又有说服力的功效。同时,网络贸易的发展对我国国际贸易产生了重大的冲击和影响。一方面,网络贸易改变了我国国际贸易运行方式和环境,为我国的国际贸易开辟了新的发展形式。另一方面,网络贸易为我国中小企业进入国际市场提供了有力的武器,扩大了国际贸易的经营主体。

2.3 网络贸易环境

网络贸易环境是指对企业网络贸易的存在和发展产生影响的各种外部条件,即与企业网络贸易活动有关联因素的部分集合。贸易环境是一个综合的概念,由多方面的因素组成。环境的变化是绝对的、永恒的,随着社会的发展,特别是网络技术在网络贸易中的运用,使得环境更加变化多端。虽然对网络贸易的主体而言,环境及环境因素是不可控制的,但它也有一定的规律性,可以通过网络贸易环境的分析对其发展趋势和变化进行预测和事先判断。

2.3.1 网络贸易的经济环境

经济环境是指企业网络贸易过程中所面临的各种经济条件、经济特征、经济联系等客观因素。经济环境是内部分类最多、具体因素最多,并对市场具有广泛和直接影响的环境内容。经济环境包括经济体制、经济增长、经济周期与发展阶段以及经济政策体系等方面的内容,同时也包括收入水平、市场价格、利率、汇率、税收等经济参数和政府调节取向等内容。

1. 国内外经济环境

国内外经济环境得到明显改善。与 2009 年相比,2010 年欧洲、美国、日本等主要经济体相继复苏,中国宏观经济政策具有连续性,发展环境将得到明显改善,出口贸易将逐步增加,经济有望实现稳定较快增长。

欧、美、日是中国最主要的贸易伙伴国,其经济复苏速度及进口需求走势将对中国的出口前景有很大影响。欧盟为中国第一大贸易伙伴,经济复苏及企业投资回暖将进一步带动对中国进口的需求。欧洲大部分国家在经济刺激计划的激励下,经济形势和财政状况出现明显改善,一些经济指标也已经回升到本轮经济危机之前的水平,市场信心正在重筑。美国占中国出口总额的 1/5,其制造业的改善和再库存的启动将带动中国出口的复苏。2009 年 11 月,美国制造业进口指数超过临界值 50,达到 51.5,制造业进口萎缩周期已告尾声。未来几年,美国在"一揽子"刺激计划及新技术、结构调整的作用下,经济可望走向复苏。日本是中国第三大贸易伙伴,日本央行通过市场注入流动性的方式推出的 10 万亿日元新经济刺激方案,使得其金融环境更为宽松,经济增长出现积极变化。2009 年四季度大型制造企业景气指数连续第三季回升,达到 −24,且超过了此前 −27 的经济学家预期均值。日本制造业复苏将增加进口需求,拉动中国出口。

由于广泛而协调的经济刺激政策效果不断显现,各国经济普遍出现转好迹象,良好的外部经济发展环境也将促进我国对外贸易明显好转。然而,世界各国经济主要靠政府投入推动,失业率普遍偏高,经济复苏十分脆弱,加之国际通胀预期不断加大,贸易保护主义有所抬头,这都使得我国所处的外部环境不确定性增强。

2010 年中国经济内部环境将继续得到好转。从供给方面看:一是资金供给潜力巨大,国内储蓄率一直维持在 40% 以上;二是劳动力资源极为丰富,劳动力人口总量处于上升阶段,素质不断提高,人口红利仍然存在;三是科技进步加快,高新技术快速发展和广泛应用,成为经济快速增长的重要动力;四是产业结构优化升级,供给质量将得以改善。从需求方面来看:一是农村消费市场潜力巨大。目前,中国尚有 7 亿农民,随着农民购买力的较快增加,农村消费将随之不断扩大,对耐用消费品需求将进入快速增长的阶段;二是城乡居民教育、医疗保健、文化娱乐、旅游、休闲等消费潜力巨大,城镇就业持续扩大将带动内需的增长;三是汽车、通信器材、计算机、住房及其装修成为新的消费热点;四是政府投资和企业投资需求仍然很大,非国有经济投资需求潜力将得到巨大释放;五是外商直接投资将继续保持较快增长。

2. 互联网经济环境

自 2000 年以来,全球互联网用户以约 20％的增长率增加 2004 年底有 9.34 亿,2005 年底突破 10 亿大关,2008 年底全球互联网用户人数已经超过了 15 亿,是全球人口总数 67 亿的 22％左右。根据预测,2010 年网民将超过 20 亿,甚至于到 2015 年,人类一半都是网民。而我国互联网用户也在不断递增。自 2002 年开始,我国网民跃居全球第二,增长幅度比较稳定,2005 年 4 月已突破 1 亿大关。中国互联网络信息中心(简称 CNNIC)2009 年 1 月报告显示,截至 2008 年底,中国网民规模达到 2.98 亿人,较 2007 年增长 41.9％,互联网普及率达到 22.6％,略高于全球 21.9％的平均水平。继 2008 年 6 月中国网民规模超过美国,成为全球第一之后,中国的互联网普及再次实现飞跃,赶上并超过了全球平均水平。

这些庞大的互联网用户群体也就构成了网络市场的潜在消费者,无疑在将来会推动电子商务交易额。全球交易额从 1999 年的 984 亿美元到 2004 年的 27 750 亿,5 年翻涨 27 倍之多;美国统计局数据也显示,全美 B2C 交易额自 2000 年以来保持 25％的平均增长率;我国电子商务交易额以平均 40％的增长率发展,2000 年底仅有 771.6 亿元人民币,而 2003、2004 年分别达到 3556 亿和 4400 亿的水平,2005 年增至 7400 亿元人民币,2008 年我国电子商务市场交易额已经达到 2.4 万亿,未来 10 年,我国将有 70％的贸易额通过电子交易完成。

互联网数据中心(简称 DCCI)2010 中国互联网调查数据显示:截止 2009 年 12 月 31 日,中国互联网有效受众规模达 3.82 亿,比 2008 年的 3.03 亿增长 26.1％,互联网用户普及率(互联网用户规模占中国总人口数)达 28.6％。互联网在中国处于快速发展阶段,未来几年内中国互联网的使用率和接触度仍有很大的增长空间。但与巨大的人口基数相比,中国互联网普及率仍然处于较低水平,仅北京、上海、广州、深圳等发达城市互联网普及率超过 60％,中国互联网有效受众规模拥有巨大的增长潜力。这为网络贸易在我国的发展提供了有力的条件。此外,调查数据显示:互联网用户人均月度消费规模为 170 元,同比下降达 15％。消费在 51～100 元区间的受众比例最高,达到 26.7％,其次是 101～200 元区间比例较高,占比 21.5％,七成的互联网用户人均月度网络消费在 200 元以下,比例达 71.6％。相比 2008 年,2009 年互联网用户人均月度消费在 200 元以上各区间用户比例均有所下降。(注:互联网消费规模是指通过使用互联网渠道或使用互联网应用服务产生的总费用,包括网络接入费用、网络购物费用、网络游戏费用、网络安全费用、博客/个人空间会员费用等)。DCCI 认为人均消费下降的主要原因之一在于经济增速放缓的大环境下,网民的消费预算有所下降,另外,新接触网络购物的网民因支出较少而拉低了消费的均值。虽然人均网络消费同比有所下降,但整体网络消费规模仍有显著增长。2009 年中国互联网用户网络消费总规模突破 7000 亿,达 7160.4 亿。DCCI 认为,人均消费下降,但整体消费仍在增长的原因是互联网中老网民的消费意愿没有显著下降,另一方面,新网民的快速增长也为整体网络消费做出了贡献。

2.3.2 网络贸易的技术环境

在网络贸易时期,互联网技术和现在物流技术的快速发展,对网络贸易的进步起着巨大的推动作用。互联网技术是网络贸易的技术基础。互联网具有开放、自由、平等、合作和交互、个性化等特性,在信息交流方面又具有相当强的优势,这种信息交流优势在网络贸易中起着极其重要的作用,而传统的信息交流方式在交流的及时性、广泛性和深入性等方面往往难以兼顾,而互联网作为新的信息交流平台,具有许多信息传播的优势,从而成为网络贸易兴起的根本原因,这也是网络贸易得以产生的技术基础。

随着电子商务和信息技术的发展,供应链得到完善和优化,物流成为产业发展的主流趋势。物流技术的发展也促进了网络贸易的发展。网络贸易电子商务链的一个过程,实际上就是完成了一次物流。

1. 互联网技术对网络贸易的影响

互联网给全世界带来了非同寻常的机遇。人类经历了农业社会、工业社会,当前正在迈进信息社会。信息作为继材料、能源之后的又一重要战略资源,它的有效开发和充分利用,已经成为社会和经济发展的重要推动力和取得经济发展的重要生产要素,它正在改变着人们的生产方式、工作方式、生活方式和学习方式,同时也促进了贸易模式的改变。人们开始由传统的贸易模式向网络贸易模式的转变。

(1) 互联网促进了电子商务的发展。第一,企业实现了采购和销售活动的网络化,降低了成本,提高了生产效率,增加了企业的供给能力;第二,一些独立的公司组成一个网上市场,进行第三方交易。形成了较大的市场规模;第三,行业巨头进行联营,在最大规模上创造了一个网上市场。

(2) 互联网能够克服贸易过程中时空的限制,为市场中所有用户提供及时的服务,同时通过互联网的交互性可以了解不同市场用户的特定需求并针对性地提供服务。

(3) 由于互联网具有很好的互动性和引导性,所以它能够使企业可以以用户为中心提供服务,企业可以引导用户对产品或服务进行选择,还可以及时了解用户需求的变化,并及时满足用户变化的需求。

(4) 企业与用户之间可以通过互联网进行直接的沟通。通过用户与企业的直接沟通,用户不仅可以提出接受的成本,还可以参与到企业的营销活动中来;企业也能从中以用户为中心定价,直接了解用户的需求,根据用户的成本提供柔性的产品设计和生产方案供用户选择,引起用户的认同。

2. 物流技术对网络贸易的影响

电子商务和信息技术的发展,使得供应链得到完善和优化,物流成为产业发展的主流趋势。物流存在于所有生产和商贸企业,比如它在仓库管理和运输管理中都是必需的。随着产业链和供应链的优化,需要把物流相关作业系统独立出来,交给专业的运营公司,则可以最大限度减低物流和仓储成本,从而减低运营成本,提高市场竞争力和响应速度,在市场上占主动权。此外,物流现代化是网络贸易的基础。物流信息化能更好地协调生产与销售、运输、储存等环节的联系,对优化流程、缩短物流时间及降低库存都有十分重要的意义。

网络贸易如同传统的贸易模式一样,其中的任何一笔交易,都由信息流、商流、资金流、物流、人员流等五"流"组合而成。计算机和网络通信技术可以处理信息流、商流和资金流,取代商务活动中的信息处理部分,以及部分产品的送货;但物流作为四流中最为特殊的一种,往往是商品和服务价值的最终体现,它是指物质实体的流通过程,仍需要通过机械设备进行物理活动。而随着网络贸易的发展变化,网络贸易效率的高低、成本的大小、服务水平的高低在很大程度上就取决于物流的效率、成本以及服务水平。

同时,在商务活动中,商品所有权从购销合同签订起,交易双方就完成了商品所有权的交割过程及商流过程;但网络贸易活动并未结束,只有商品或服务真正转移到消费者手中,商务活动才算终结,只有物流的完成,才标志着网络贸易活动的结束。没有物流,任何物流活动都只能是一纸空文。

2.3.3 网络贸易的社会环境

网络贸易的社会环境是指企业参与网络贸易活动的环境,包括企业管理方式的转变和企业观念转变。

1. 企业经营观念的创新

观念是企业在从事生产和营销活动时所依据的指导思想和行为准则。它体现了人们对市场环境,企业在市场运行中所处的地位,以及企业与市场的相互关系等基本问题的认识、看法和根本态度,是企业所奉行的一种经营哲学或理念。它是企业一切经营活动的出发点,支配着企业经营实践的各个方面。奉行正确的观念,是企业组织市场营销实践的核心和关键所在。然而,经营观念的形成不是人们主观臆造的结果,而是社会经济发展的产物,是从营销活动的实践中总结出来的,它的演变是一个极其漫长的过程,到目前为止,先后经历了生产观念、产品观念、推销观念、市场营销观念、社会营销观念等,每种经营观念的特点是不相同的。

就我国目前的情况而言,随着经济迅速发展,买方市场早已形成,"以销定产"、"顾客就是上帝"已是流行的市场营销口号,但在我国企业中,生产观念、产品观念、推销观念等传统营销观念至今仍占主导地位。许多企业扩大了销售队伍和广告宣传,但对于产品是否符合消费者需要则很少考虑。有些企业则仍一味地埋头生产中,大多数中小企业市场调查和市场预测尚未得到应有的重视。

在今天这样一个市场竞争格外激烈,竞争成本急剧上升的微利时代大环境下,生产观念、产品观念、推销观念是根本不能适应企业发展的。中小企业要想走出困境,获得发展,就要转变传统观念,选择正确的现代市场营销观念,走观念创新之路。第一,树立以消费者为中心,以满足消费者需求为出发点的观念,只有在满足消费者需求的基础上,企业才能实现其经营目标;第二,树立整体营销观念,企业在开展营销活动时,必须综合运用各种营销手段,依靠各种营销可控因素的合力,协调好内外关系,全面组织好整体营销活动,满足消费者全方位的需求;第三,树立适应环境、利用资源、发挥优势观念,现代营销观念要求企业在开展营销活动时,必须分析研究所面临的宏观、微观环境,并针对不同环境做出相应的决策,尽可能利用环境因素的积极影响而避免其消极作用;第四,树立长远利益观念,就是在顾客满意的基础上,运用整体的营销手段,实现长期的、稳定的利润目标;最后,树立关系营销观念,微利时代的到来使企业难以承担大量客户的开发成本及与各方对抗所带来的损失。这样,实施关系营销,维护与各方的关系就显得特别重要。

2. 企业管理方式的转变

企业管理是指对企业的管理,工商管理通常也指工商企业的管理。企业管理(Business Management)是对企业的生产经营活动进行组织、计划、指挥、监督和调节等一系列职能的总称。

企业管理可以划为几个分支:人力资源管理、财务管理、生产管理、采购管理、营销管理等。通常的公司会按照这些专门的业务分支设置职能部门。

工业经济时代,企业管理的重点是生产的标准化、专业化和社会化。按照合同规定的标准,集中统一生产大批量的单一产品,强调规模生产效益。而在知识经济时代,由于自动化、网络化、程序化程度的提高,知识型企业的生产已变得简单容易,企业之间的竞争更多地表现为产品知识技术含量的竞争、人才智力的竞争和企业形象的竞争。因此,企业管理的一个重要目标就是促进企业形成一种人格化魅力,一种向心力,一种软约束,对内激励所有的创新能力,培养为实现企业目标而拼搏的献身精神,对外吸引其他企业、单位的合作和顾客的忠诚,这是企业可持续发展的源泉。在这样的时代下,企业的管理方式不断发生着变化。其中包括了企业目标管理方式的转变,企业人员管理方式的转变以及企业销售管理方式的转变。

传统的企业管理更为重视约束管理中的纪律约束、岗位职责约束和形象举止约束。知识经济时代的企业管理更为重视激励机制的作用,通过工资升降、奖励惩罚、雇佣解聘、职务调整、培训提高、自我管理、自主决策等办法,激励每位员工的创造力,增强企业的内部凝聚力。

在工业经济时代,大企业普遍采取单一产品的大规模生产方式,并通过技术的更新改造来提高劳动生产率和降低成本,然后通过各种方式千方百计将产品批量推销出去。在知识经济时代,营销信息管理的目标是在及时准确掌握各方信息的基础上,正确把握目标市场的需求状况,并比竞争对手更有效地完成产品与服务的市场销售行为,更快地占领市场。

随着企业经营观念和管理模式的转变,越来越多的企业参与到了网络贸易中来,纷纷建立了自己的电子商务网站,不再仅仅局限于传统的贸易方式中。通过网络贸易的应用,可以更好地与客户进行沟通,了解市场需求,促进企业发展。

2.3.4 网络贸易的法律环境

所谓网络贸易的法律环境,是指能对企业的网络贸易活动起到规范或保障作用的有关法律、法令、条例及规章制度等法律性文件的规定、修改与废除,以及其他立法与司法等因素的总称。网络贸易的法律环境包括了国外的法律环境以及国内的法律环境。

国际上关于电子商务、网络贸易的立法主要有:1987年国际商会制定的《电传交换数据统一行动法则》;1990年国际海事委员会制定的《电子提单规则》;1996年6月联合国国际贸易法委员会提出的《电子商务示范法》蓝本(它为世界各国电子商务立法提供了一个范本);2001年3月23日联合国国际贸易法委员会通过的《电子签字示范法》等。

我国在借鉴国际先进经验的基础上,结合我国国情,先后制定了几部相关的法律。

1996年2月,国务院第195号令发布了《中华人民共和国计算机信息网络国际联网管理暂行规定》。1997年12月,公安部发布了《计算机信息网络国际联网安全保护管理办法》。

1999年10月1日开始实施的新的《中华人民共和国合同法》也对电子商务进行着制约,主要表现在:电子商务合同主体受新《合同法》调整;电子合同形式受新《合同法》调整;新《合同法》明确规定了电子合同成立的条件;新《合同法》赋予了电子签名的合法性;新《合同法》对电子合同的管辖权做了具体规定;新《合同法》明确了电子合同的法律地位,使电子证据具有合法性。

2002年8月,信息产业部发布了《中国互联网域名管理办法》,同年11月发布了《关于因特网中文域名管理的通告》。

2004年8月28日,第十届全国人大常委会第十一次会议表决通过了《中华人民共和国电子签名法》。该法的通过,标志着我国首部"真正意义上的信息化法律"正式诞生,并于2005年4月1日起施行。该法被认为是中国首部真正电子商务意义上的立法。它主要解决数据电文和电子签名的法律效力问题。《电子签名法》赋予电子签名与传统签名同样的法律效力及法律责任。人们可用手写签名、公章的"电子版"、秘密代号、密码或人们的指纹、声音、视网膜结构等安全地在网上进行支付、交易及转账。

此外国家层面的法律法规还包括《国务院办公厅关于加快电子商务发展的若干意见》、《国家发展改革委办公厅关于组织实施电子商务专项通知》、《教育部商务部关于推动有关高等学校进一步加强电子商务理论与时间研究的通知》、《关于促进银行卡产业发展的若干意见》等。

我国地方新电子商务法律法规一直走在国家立法前面,目的是为未来国家立法提供参考。目前有代表性的地方性电子商务法律法规主要有《广东省电子交易条例》、《北京市信息化促进条例》、《上海市促进电子商务发展规定》。

2.4 网络贸易模式

2.4.1 网络贸易的分类

当贸易形式发展到网络贸易后,很多传统贸易中存在的方式高度浓缩提炼成各类网络贸易的方式。根据划分参照的不同,网络贸易的模式可以有很多种,主要包括按照贸易主体分类、按照商品的移动方向分类、按照交易对象的性征分类、按照清偿方式分类、按照贸易流的解决方式分类。

1. 基于贸易主体的分类

按照贸易主体的分类是最常见的一种。最宽泛的一种基于主体的网络贸易分类方法是将网络贸易的参与主体划分为政府、企业、消费者,进而网络贸易模式可被分为9种:G2G、G2B、G2C、B2G、B2B、B2C、C2G、C2B以及C2C,如表2-1所示。其中B2C、B2B、C2C是网络贸易的主要模式。

表2-1 网络贸易分类

	Government	Business	Consumer
Government	G2G 如:政府间的协同工作	G2B 如:信息服务	G2C 如:信息服务
Business	B2G 如:电子采购	B2B 如:(1)企业间的网络贸易;(2)电子市场	B2C 如:(1)企业与消费者之间的网络贸易;(2)电子市场
Consumer	C2G 如:网上报税	C2B 如:价格比较	C2C 如:电子市场

而本书对网络贸易的界定主要集中在除了消费者之外的商品贸易形式,因此,应该是去除消费者的贸易形式,相应的G2C、B2C、C2C都不应该在网络贸易的范畴中。

2. 基于商品的移动方向分类

按照商品移动方向的最简单划分就是网络国际贸易和网络国内贸易。网络国际贸易主要指的是基于Internet等技术实现对国际贸易信息进行发布、展示,方便贸易双方的沟通,促进贸易的达成。国际贸易的贸易主体是处于两国国家的政府、企业及其他组织单位主体。而国内贸易则表示的是基于Internet等互联网技术实现对内贸信息的发布、展示,方便贸易双方的沟通,促进贸易的达成。国内贸易的贸易主体主要集中在一个国家内部,由生产商向再销售者、产业和事业单位用户销售的行为。例如,阿里巴巴交易平台就分别开辟了国际站和国内站,国际贸易网站(www.alibaba.com)主要针对全球进出口贸易,集中服务全球的进出口商,而中文网站(www.alibaba.com.cn)针对国内贸易,集中服务中国内地本土的贸易商。

3. 基于交易对象的性征分类

按照交易商品特性的不同,网络贸易也可以被分为有形网络贸易和无形网络贸易。有形网络贸易主要是指通过Internet等技术对具有可触摸、可看见、外在的物理特征的实物商品进行的贸易;而无形网络贸易则代表的是通过Internet等手段对不具有物质形态的金融、旅游、文化娱乐、咨询等的贸易。无形网络贸易同样可以分为网络服务贸易和网络技术贸易。如阿里巴巴、慧聪网都分别设有商业服务栏目,囊括了广告设计与制作、保险、投融资、商旅服务、翻译等形式。

4. 基于清偿方式分类

贸易理论中将贸易形式按照清偿方式的不同分为现汇交易、协定交易和易货交易。在网络贸易中,也出现了基于清偿方式不同的贸易形式,主要是网络现货交易、网络期货交易和网络易货交易。网络现货交易指的是交易双方即期进行商品与货款交割的网络贸易形式。而网络期货交易是指远期进行的标准化合约的交易,需要通过交易双方对交易商品的品种、数量、价格、交货期和交货方式等签约,而实际的交割则在规定的期限内履行。例如金银岛同时提供了这两种交易形式,其提单交易(http://www.315.com.cn/)主要是指在金银岛的中介或主持下,交易商通过互联网进入金银岛提单交易系统,在交易品种范围内,卖方发布卖盘,买方针对卖盘进行下单购买后即签订电子交易合同,进行现货购销的行为。同时,金银岛推出的仓单交易(http://ex.315.com.cn/)就是一种远期交易模式。具体操作形式为由金银岛仓单交易中心推出仓单品种,交易商通过本交易中心交易系统提交要约,做出承诺,由本交易中心交易系统按"价格优先、时间优先"的原则撮合成交并签订电子交易合同的一种中远期现货交易方式。这种方式能让生产商根据生产经营需要,在网上订立合同,约定交货日期,实现资源的合理配置。网络易货贸易相对于前两种贸易而言比较简单,是指贸易双方通过Internet等平台实现对等值商品或服务的交换。目前,网络易货贸易平台有很多,例如易货中国网(http://www.86eh.com/)就是以打造最专业的企业级的易货交流平台,为企业节省现金支出,通过以货易货的方式解决库存积压、盘活企业资产。

5. 基于贸易流的解决方式分类

根据在贸易过程中,对信息流、资金流、物流等的解决形式也可以对网络贸易进行分类。目前众多平台网站都只是解决了信息流,实现对贸易双方信息的传递功能,可供卖方进行商品供求信息的发布、买方可发出商品需求要约。如中国化工网(http://china.chemnet.com/)就是专门的化工类行业贸易信息网站平台,对产品、企业、商机、人才、专家、会展等信息进行发布。但只解决信息流的问题还是不利于网络贸易的深度发展,因此,一些大型企业作为行业龙头在与供应商和经销商间的贸易往来中自主采用了网上支付功能,实现了资金流的电子化。而中小企业缺乏这种庞大的集合力量,依赖于各类贸易平台,因此一些贸易平台开始尝试推出基于信用的资金流解决方案,真正实现无需见面会谈、当面沟通的网络贸易。例如阿里巴巴就针对内贸向买家专门推荐支付宝,通过支付宝进行交易,买方可放心付款,商品经过验收无误后,阿里巴巴才会付款给卖方。然而,鉴于货品质量等问题的分歧,很多内贸商没有积极采用网上支付的方式。进而,还有一些平台基于这种需求,开辟了硬信用。金银岛网选择塑料、化工、钢铁、石油等可标准化产品为主要经营对象,推出了由金银岛网交所-银行机构-仲裁机构三方共同缔造的"金三角"。买卖双方交纳保证金,交易资金由银行监管并结算,通过全国各地60家指定的标准化仓库验货交收,最终实现"款到发货"和"货到结款"。有了这种双保险,对于违约者,网交所会罚没10%的交易信用保证金。如果交易双方对产品质量和售后服务发生争议,会由中国国际经济贸易仲裁委员会来进行仲裁。

鉴于存在如上多种多样的分类方法,本书将从交易的主体出发,精炼性地提出从卖方、买方和第三方角度对网络贸易的模式进行分析。

2.4.2 基于卖家的贸易模式

基于卖家的贸易模式是指由大型的或在行业内占据主导地位的供应商(或联盟供应商)建立的专门网络平台,或者通过网络平台发布商品信息,吸引下游企业,最终实现商品的销售;或者通过汇集买方信息,使供应商能够获得最高的销售价格,最大化供应商的利润。这种模式的主要特点是,提供产品或服务的企业即卖方企业在该行业中占据着一定的主导地位,网络平台是由卖方本身或行业联盟建立的,其在平台上公布供应信息,然后等待买方企业前来洽谈、交易。

1. 基于卖家企业的贸易模式

基于卖家企业的贸易模式是指大型的企业供应商建立专门的网络平台,通过多渠道、多形式实现网络贸易的一种模式。这种基于卖家企业的网络贸易模式,不需要中间商,由卖家企业对产品或服务进行独立销售。企业通过建立属于自己的电子商务门户网站,并以此为企业供应链整合的平台,开展展示、销售、客户服务等网上业务。

卖家企业可以通过电子商务平台实现信息的发布、销售的达成及售后服务的处理等环节。卖家企业可以在平台上只提供最简单的静态产品信息发布;也可提供商品销售的传统渠道相关信息;还可以开通网上订购通道,实现在线订购;还有一些企业针对很多贸易问题提供了在线网络解决通道。

卖家企业在平台上通过对产品或服务的展示实现对企业的宣传,吸引潜在下游企业;也可针对贸易的众多问题开通网络解决通道。目前很多企业都采用这种最基础的网络贸易形式。如中国中化集团公司(http://www.sinochem.com)就通过企业建立的网络平台,实现对其所属的农业、能源、化工、金融、地产等业务和产品进行宣传。再如,上海通用汽车(http://www.shanghaigm.com)也是通过其网络平台专门设置了产品与服务栏目,对旗下的别克、雪佛莱、凯迪拉克、萨博等系列车进行宣传。

基于网络平台进行销售的卖家企业则通过开通网上销售及订购窗口,可协助订货商实现在线订购。其中以宝山钢铁股份有限公司的东方钢铁网(http://www.bsteel.com.cn)为最典型代表,如图2-1所示。"东方钢铁网"是宝钢管理信息系统在因特网上与客户交互的"窗口",客户可在网上进行询单和订货、查询所订合同生产、发货、运输、质保书和结算信息,缩短了宝钢与客户的时空距离,作为物流服务商,也可在网上及时获取有关出厂信息,

图2-1 宝钢在线销售页面

从而提高出厂作业效率。"宝钢在线"的电子销售系统充分贯彻了宝钢股份公司"以用户为中心"的服务指导思想。通过网络，用户可以直接在网络上查询自己所订合同的生产进度、发货情况、质保书信息及资金信息，大大缩短了信息沟通的时间。同时，通过网上订货，远在海外的客户也可以直接进行询单的往复和订货，并实现了网上合同与整体产销研系统之间的连接，有效解决了业务与信息之间的断流，从而避免了业务上的重复作业，提高了劳动生产率。

2. 基于卖家行业的贸易模式

基于卖家行业的贸易模式是指由大型的或在行业内占据主导地位的联盟供应商建立的专门的网络平台，以汇总买方的信息，从而使供应商能够获得最高的销售价格，最大化供应商利润的一种模式。这种基于卖家行业的贸易模式与基于买家企业的贸易模式相比，其交易形式是多卖家对多买家，由众多供应商结合成联盟开展展示、销售、客服等网上业务。

目前基于这种贸易模式的一般是以行业产业集群对接国际买家的B2B网站，即在网站搜索功能中，首先出现的是各地的特色产业集群，极大地满足了国际买家的需要，突显地方特色经济。这一类的网站比较多，如广州产业集群、浙江产业集群等。因为在产业集群内，由于企业上下游之间、配套企业之间同在一个不大的区域里，配套产品的运输成本低，配套企业相互之间比较了解，交易风险也就很低。这容易使一个不起眼的产品，在很短的时间内做得很大，不仅在国内，甚至在国际上也很快能占有一席之地。

广州的产业集群蓄势待发，这是因为广东中小企业拥有产业集群的优势，通过技术创新和信息化手段，借助专业、领先的B2B门户平台，开展电子商务应用，是降低电子商务应用成本、避免重复投资、减少资源浪费和实现产业可持续发展道路的有效途径，也是未来拓展国际市场的主流模式。

其中乘广东实施"双转移"战略之东风，拥有中国出口商品交易会进出口贸易平台资源的中国进出口商品网（http://www.cantonfairtrading.org.cn/zh-CN/）加紧发力。如图2-2所示，为中国进出口商品网首页。网站特设"中国进口供应商"区，专为国外生产制造企业提供产品展示和供应信息发布，首次实现了进出口双向功能；它也是国内首家以行业产业集群对接国际买家的B2B网站，即在网站搜索功能中，首先出现的是各地的特色产业集群，极大地满足了国际买家的需要，突显地方特色经济。

2.4.3 基于买家的贸易模式

基于买家的贸易模式是由单一的采购商或联盟采购商建立的专门的网络平台，目的是通过网络实现供应商选择与评价、合同管理、采购等过程，以帮助采购商以比传统的采购渠道更有效的方式采购到自己所需要的商品。买方主导的模式的主要特点是买方汇总卖方信息，通过采用各种竞价拍卖机制来提高采购效率，企业可以接触到更广泛的合格供应商，并以低价采购到原料，为公司节省了大笔开支。

1. 基于买家企业的贸易模式

基于买家企业的贸易模式是指大型的企业供应商建立专门的网络平台，通过平台对企业所需要的商品进行采购的模式。因为大型企业拥有足够的资金和技术、人力资源来维护采购平台。私有采购平台不仅可以对生产或业务相关原材料进行采购,还可以用做对非生产性物质(如服务、维护等)进行采购。其产生的源泉主要是与供应商建立长期的战略伙伴关系,易于与企业上、下游供应链之间的衔接,它适合于生产性物料的长期采购。这种贸易模式一般采用的是单买方和多卖方的交易形式,

图 2-2　中国进出口商品网首页

以海尔集团的电子采购平台(www.ihaier.com)为例。海尔采用的是自建采购平台的方式,海尔要求希望为其供货的供应商在网上注册,当海尔需要采购时,就把采购产品的规格、数量等信息公布在网上,通过电子邮件方式通知供货商,再由供货商报价竞标,海尔从中选择最合适的供应商。而对于外部供应商而言,他们可以在网站上接受订单及跟踪和维护订单的状态,可以进行在线注册、自我服务、招投标、竞价采购和询价等功能,还可以查询到自己的供货计划,这样分供方可以根据海尔的采购计划提前备料和安排生产,有效地保证了供货计划。现在,海尔需要外购的零部件约有五千多种,供应商也非常多,那么一个小螺丝钉到底是世界上谁生产最好?一上网马上就可以知道。通过该平台,海尔的采购周期由原来的平均 10 天降低到 3 天,新物流体系降低呆滞物资 73.8%,库存占压资金减少 67%,提高了效率,节约了成本。如图 2-3 所示,为海尔的供应商管理平台。

此外,比亚迪电子采购平台(http://bid.bydauto.com.cn/byd/index.jsp)也属于基于买家企业的贸易模式,它主要是提供 4 个版面的内容:招标公告、竞价公告、询价公告和重要通知。相比海尔集团的电子采购平台而言,其只是一个信息发布的平台,供应商可以通过平台了解到企业的采购信息,企业也可以通过平台吸引并发现潜在的供应商。如图 2-4 所示,为比亚迪电子采购平台。

2. 基于买家联盟的贸易模式

基于买家联盟的贸易模式是指由大型的或在行业内占据主导地位的买家联盟建立的

图 2-3　海尔供应商管理平台

图 2-4　比亚迪电子采购平台

专门的网络平台,以汇总卖方信息,以低的价格采购商品。这种商业模式采用的是多买方和多卖方的交易形式。其与基于买家企业的贸易模式相比,平台上的买家不是单一的,而是涉及多方的;与第三方平台的贸易模式相比,它并不是中立性的,建立平台的买家或者买家联盟会出于自身利益的考虑,选择价格合适的供应商。这样的买家联盟网站其实就是行业内多个企业进行相互沟通,建立一个综合的网站,在这样的网站上不仅可以进行销售,也可以进行采购,综合了多个企业的信息,使买家有更多的选择,也使卖家的知名度提高,扩大了商业机会。

一般建立这种贸易模式的平台,是因为供应商为了促进销量,大多为销售商制定了一些鼓励政策,例如"10台奖励1台"、"满100万返1‰、2‰"等,于是各地志同道合的买家就自发联系起来,组成联盟作为一个整体向厂商采购产品,将得到的厂商奖励或返利折合到买家所采购的产品单价中,使买家所采购的产品价格和厂商正常的出厂价相差很多。这样既使买家得到物美价廉的产品,也使厂商增加销量,提高与其他品牌的竞争力。

中国建筑工程机械网(http://www.china-jzjx.com/news/index.asp)是施工设备销售商集体采购联盟的信息平台和商务平台,不仅为施工设备销售商们提供了一个新的采购渠道,也为合作厂商提高了销量、增加了市场占有率。如图2-5所示,为中国建筑工程机械网的首页。

图 2-5　中国建筑工程机械网的首页

以"家具网•中国"(http://www.jiajuwang.cn/)为例,它是由上海家具协会成立的,不仅是一个卖家联盟的网站也是一个买家联盟的网站。在这个网站上,多个买家对家具材料进行集中采购,联络家具材料供应商、家具制造商、家具材料供应商。除了采购商和供应商以外,该平台还面向服务商、制造商、销售商和消费者,起着贯通家具行业上下游的作用。如图2-6所示,为家具网•中国的首页。

2.4.4　基于第三方的贸易模式

基于第三方的贸易模式即由中立的第三方或者由专业的企业建立的专门的网络服务平台,为买卖双方提供相关商务信息及交易支持等服务的贸易模式。这类贸易模式采用的是多买方和多卖方的形式,采购的内容主要是非生产性物质的采购,这种采购形式的采购主体主要是中小企业。

图2-6 家具网·中国的首页

与基于买家的贸易模式不同,这种模式主要是从交易的效率来考虑的,对于采购方来说运行费用低、技术要求低,采购方不必要为采购平台的技术要求与维护所担忧,供需双方之间的交易在表现形式上是一次性的,他们的合作关系也会在交易之后就结束,它的优势主要体现在搜索的价值和交易的程序化上。公共采购平台可以帮助采购方突破时空界限,寻找供应商,实现比较采购,降低采购成本,同时公共采购平台可以帮助采购方按照交易规则进行交易,程序化的采购流程可以减少采购方的管理费用,它适合于一次性业务的采购。

总的来说,基于第三方的贸易模式具有这样几方面的特点:第一,中立性。第三方保持中立立场,它扮演类似产品或服务经纪人的角色,一般不会为单一集团的利益所左右、不拥有在其平台上交易的产品或服务,因而也不对任何买卖双方的利益构成威胁,更易获得参与者的信任。第二,开放性。任何希望进行产品供应或者采购的企业都可以加入。第三,竞争性。由于有众多的买方和卖方参与交易活动,产品价格不由卖方或买方单独控制,更接近市场的实际价格。

目前我国基于此类贸易模式的平台有很多,大部分都是第三方B2B网站,比如中国化工网(http://china.chemnet.com/)、我的钢铁网(http://www.mysteel.com/)、今日五金网(http://www.hardwaretoday.com/)、中华机械网(http://china.machine365.com/)、中国纺织网(http://www.texnet.com.cn/)、全球纺织网(http://www.tnc.com.cn/)、中华纺织网(http://www.texindex.com.cn/)等行业性的第三方B2B网站;阿里巴巴(http://china.alibaba.com/)、环球资源网(http://www.globalsources.com/)、慧聪网(http://www.hc360.com/)、中国制造网(http://cn.made-in-china.com/)等综合性的第三方B2B网站。下面以金银岛和阿里巴巴为例加以说明。

金银岛(http://www.315.com.cn/)的贸易模式类似于证券交易所的模式,买卖双方都不用担心对方的信用问题,可以让企业的营销和交易过程化繁为简,提高效率。金银岛提出硬信用的概念,买卖双方在交易之前,买方把货款交给指定的银行来托管,等交易完成后,买方如果对商品无异议,由银行把货款支付卖方。随之,金银岛又认为仅仅一个资金的托管并不理想,货物的监管和质量检测仍然没有人负责,还是不够安全。因此,金银岛引入了有很高信用和仓储管理能力的第三方机构来存储和管理货物,同时还能对缴存的货物质量进行验证。这样一来,全新的B2B全程电子商务交易模式就被建立起来。如图2-7所示,为金银岛的首页。

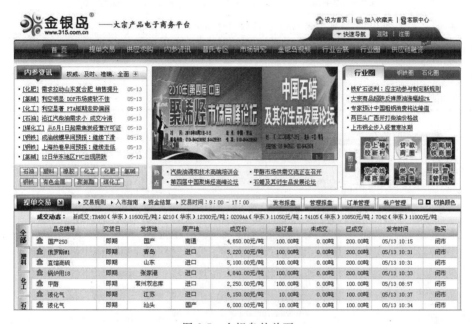

图2-7 金银岛的首页

阿里巴巴成立于1999年,马云建立阿里巴巴的初衷就是要把B2B交易市场做成一个信息的交流平台。在这样一个平台上,只提供交易信息,不参与买卖契约和买卖货款的结算,物流也是在网上由买卖双方解决。这种模式下,B2B交易场只负责信息平台的建设和优化,为买卖方提供快捷、便利的信息展示、沟通服务。

阿里巴巴旗下的3个网上交易市场包括:集中服务全球进出口商的国际交易市场、集中服务国内贸易商的中国交易市场,以及透过一家联营公司经营、促进日本外销及内销的日本交易市场。3个交易市场形成一个拥有来自240多个国家和地区超过4500万名注册用户的网上社区。截至2009年,国际会员数1158万,国内会员数3650万,交易额30亿。从阿里巴巴成立至今,其国际交易市场发展历程如表2-2所示。

2010年初,阿里巴巴买下1688.com域名,并将推出"网上批发大市场"业务,帮助工厂、品牌商、一级批发商引进大量的买家,包括十万级的淘宝网店掌柜、百万级的线下城市实体店主、千万级的现有批发市场买家,提供一系列交易工具,打造全球最大的批发大市场。与传统的阿里巴巴B2B模式相比,1688.com开辟出了新的模式。如图2-8所示,为阿里巴巴1688.com的首页。

表2-2 阿里巴巴国际交易市场发展历程

时 间	大 事 件
2000年10月	国际交易市场推出Gold Supplier会员服务以促进中国内地卖家的出口贸易
2001年8月	国际交易市场推出"国际诚信通"会员服务,以服务位于中国内地以外的出口商
2002年7月	国际交易市场推出"关键词竞价排名"服务
2007年12月	推出更新版阿里巴巴日本交易市场
2008年5月	与软银在日本成立联营公司,经营阿里巴巴在日本市场的业务
2008年8月	推出"出口到中国"服务。帮助国外小企业打开中国市场
2008年11月	国际交易市场推出低门槛会员服务——"Gold Supplier出口通版"
2009年7月	国际交易市场推出"国际Gold Supplier"会员服务,服务大中华地区以外的供应商
2009年9月	国际交易市场试验性推出"全球速卖通"批发平台

图2-8 阿里巴巴1688.com首页

2.5 实践训练

寻找3个基于不同网络贸易模式的网站,进行观察分析对比,总结出3种贸易模式的特点。

本章小结

第2.1节主要介绍了网络贸易的内涵及其特征,并比较了网络贸易与传统贸易,阐述了网络贸易的优势所在;第2.2节介绍了电子数据交换和电子订货系统,阐述了网络贸易的发展历程,包括世界网络贸易的发展和网络贸易在中国的发展,对网络贸易的发展现状、发展中的问题、影响其发展的因素进行了解释;第2.3节就网络贸易的社会环境、经济环境、技术环境、法律环境做了相关阐述;最后一节对网络贸易的模式:基于买家的贸易模式、基于卖家的贸易模式、基于第三方平台的贸易模式做了简单介绍。

思考题

1. 结合近5年网络交易额的变化,谈一下网络贸易的发展。
2. 你怎么理解"网络交易已'狂野',传统监管太'虚拟'"这句话?
3. 阿里巴巴于2010年初买下1688.com域名,推出了"网上批发大市场"业务,请分析一下网上批发市场的贸易模式。

作业

1. 什么是网络贸易?具有哪些特征?
2. 网络贸易与传统贸易相比,优势何在?
3. 什么是电子数据交换?其构成包括哪些要素?
4. 什么是电子订货系统?它对订货商和供货商的优势主要体现在哪些方面?
5. 影响我国网络贸易发展的因素有哪些?
6. 具体谈谈什么是网络贸易环境?
7. 网络贸易的分类有哪些?
8. 网络贸易模式有哪些?

参考文献

[1] 李俊江.论网络贸易的迅速发展以及对我国经济的影响.吉林大学社会科学学报,2001(4):25~32.
[2] 赵龙.网络贸易——国际贸易的发展趋势.科学术语研究,2002(1):40~43.
[3] 郭丰晨.网络贸易——国际贸易中的必然选择.信息技术,2009:40~42.
[4] 徐剑明.论网络贸易的特征、影响及我国对策.财金贸易,2000(2):43~44.
[5] 梁爽.网络贸易的运行过程及优势.辽宁大学学报(哲学社会科学版),2002(3):82~83.
[6] 付永贵.大型企业网络采购平台的构建.山西财经大学学报,2008(1):36.
[7] 李琪.电子商务概论.北京:高等教育出版社,2008,5.
[8] 魏修建,等.网络贸易营销.西安:西安交通大学出版社,2009.
[9] 艾瑞网:http://news.iresearch.cn/0200/20091231/107999.shtml.
[10] 百度知道:http://baike.baidu.com/view/13505.htm? fr=ala0_1_1.
[11] MBA智库百科:http://wiki.mbalib.com/wiki/%E8%B4%B8%E6%98%93%E5%85%A8 E7%90%83%E5%8C%96.
[12] 郭泳.EDI贸易方式在国际贸易实务中的应用.江汉石油职工大学学报,2005(01).
[13] 夏春玉.流通概论.辽宁:东北财经大学出版社,2009.
[14] 杨碧云,等.什么妨碍了我国网络贸易的发展.中国电子商务,2003(17).

[15] 夏丽萍.论网络贸易条件下我国的国际贸易问题.盐城工学院学报,2004(2).
[16] 杨震.我国网络贸易的发展及其对策探讨.福州党校学报,2006(4).
[17] 2009—2010年中国互联网市场数据与发展趋向研究报告_DCCI.
[18] 中国网络电视台：CCTV.com.
[19] 杨天秀,等.论企业观念创新.辽宁工学院学报,2004,6(2).
[20] 周向明.浅议企业管理方式的转变.江苏煤炭,2004(3).
[21] 张仙锋,等.电子商务案例分析与比较.西安：西安交通大学出版社,2010,2.
[22] 蔡光普.中国商品订货系统投入运行.计算机世界报,1997(38).
[23] http://finance.sina.com.cn/roll/20091230/22467178786.shtml.

第 3 章 基于商务链的网络贸易分析

> **学习目标**
>
> （1）掌握商务链基本概念以及电子商务链环节。
> （2）了解网络贸易中的五流。
> （3）深刻理解网络贸易的商务链，能够对基于买家的商务链、基于卖家的商务链、基于第三方平台的商务链进行分析说明。

开篇案例

金银岛首创另类 B2B 模式

5年前，金银岛"几乎所有的 B2B 都做，大到钢材、小到玩具"，回忆起这种"海纳百川"，王宇宏笑称自己"太天真"，因为当时金银岛的交易少得可怜。次年，身为董事长的王宇宏冷静思考，决定给金银岛"做减法"，聚焦大宗产品行业。这背后的逻辑是"塑料、化工、钢材等标准化程度高，易于网上交易、并且交易量大"，那时，金银岛开始专注于"一米宽，一百米深"的战略。现在的金银岛成为中国的大宗产品现货吞吐平台，每年交易量保持50%以上的增长。2009年6月，金银岛获得深圳达晨创投的一亿元注资，其中首轮到位5000万元——这是金融危机以来国内电子商务领域最大的一笔融资。

金银岛的模式可概括为网上的"现货吞吐平台"。这类"网交所"是一种集现货交易平台、仓单交易平台、专业内参资讯、供应链融资为一体的全方位现货贸易解决方案，其特殊之处在于，帮助客户寻找商机的同时，还能实现安全交易。该模式需要符合两个关键条件：一是卖家是否有现货；二是买家能否全程在网上交易。

面对全国庞大的线下贸易商群体，金银岛能否吸引他们转换到线上使用全程的 B2B 交易服务？金银岛为此设计了一套网上 B2B 的交易模式，在解决信用风险的基础上，让买卖双方心甘情愿给金银岛支付佣金。于是，金银岛将信息流、资金流、物流"三流合一"，封闭运行，设计了"硬信用"交易机制。金银岛"硬信用"机制可以保障交易安全与方便，"在金银岛上做生意，只要谈成，就可大胆发货、大胆付款"，王宇宏说。这份底气源于金银岛"款到发货、货到付款"的"硬信用"。买方下单时货款被冻结，待买方确认收货后，货款才能解冻支付给卖方。这种双向保全机制为买卖双方拓展了渠道，在提高效率降低成本之余，解决了大宗交易的安全和信用问题。

由于金银岛的硬信用交易机制具有产品标准化和匿名竞价的特点，这种交易机制，会自动筛选企业质量，把那些具有合法资质的优质贸易商"选拔"到金银岛网交所来挂牌交易,避免鱼龙混杂给买方带来的可能损害。对于现行的金银岛交易模式,王宇宏特别强调金银岛、银行、物流公司,这种1+1+1>3的合作关系,金银岛合作伙伴之一的中国建设银行某高管称之为"优势互补,劣势抵消"。在物流方面,金银岛的基本做法是指定交易仓库,与大型仓库签约,在帮助卖家拿到更优惠的价格的同时,确保货物安全交割。金银岛CEO黄海新称,金银岛已"牵手"中远、中储等物流企业,在全国大宗商品集中的长三角、珠三角、环渤海地区,与合作伙伴合作设立交割仓库。黄海新介绍,仓库监管方负责将货物变成提单或仓单,与实物一一对应,在由银行进行资金监管的同时,让物流和资金流同时交换,保障货、款双向安全。

为了构建这个网上"现货吞吐平台"的交易配套,金银岛整整花了5年的时间。对此,王宇宏很是感慨:"5年前,当时的B2B处于解决信息流的阶段,信息流、资金流、物流三流合一比较难,但这毕竟是个方向,从今天或未来的角度看,当时的选择是符合电子商务发展方向的。"目前金银岛的注册客户38万,两年前就已经实现了盈利,依靠的是佣金双向收取的模式,金银岛是国内诸多B2B电子商务平台中,唯一做到能靠此盈利的公司。尽管如此,王宇宏认为,金银岛的盈利模式需要逐步优化的是:除了交易佣金、信息费外,还将延伸到供应链融资领域,拓展行业圈等,"我们是边培养边发展,金银岛目标是形成以现货吞吐为核心的大宗产品全方位解决方案。"

在现阶段,金银岛的客户呈现一个金字塔结构:最底层是基数最大的信息服务资讯提供的需求;中层为现货交易平台,从信息流、资金流、物流三流合一的运营平台中收取佣金;而塔尖的层次,则被视为方案提供商的高收益突破点。

从金银岛的收入模式优化顺序可以看出:中层与塔尖的服务是金银岛主攻的方向。黄海新解释说,"交易佣金以及今后塔尖高收益产品的收入,将占整个收入的比重超过80%。"金银岛正在探索和完善的供应链融资平台服务对象是中小企业,主要是联合银行和物流机构给这些企业进行大宗产品贸易时解决流动资金的周转问题,金银岛协助银行进行风险控制。而金银岛之前的按期交割方式,预计在8月底前将成功推行按日交割方式。交易时间缩短的背后,还跟随着一系列的调整,目前物流方面的支持正在对接和完善。

案例思考:网络贸易的商务链是什么?具体分析一下案例中金银岛的商务链。网络贸易的五流包括哪些?金银岛将信息流、资金流、物流"三流合一"的优势在哪些方面?

3.1 商务链概述

3.1.1 商务与交易

1. 商务与交易的概念

根据《辞海》的说法,交易本指物物交换,《易·系辞下》中曾有"日中为市,致天下之民,聚天下之货,交易而退,各得其所",后成为买卖的通称。交易较详细的界定就是"双方互以对方向自己让渡钱或物作为前提向对方让渡物或钱的经济行为"。它也通常用于较小范围或一次性的具体交换,如集市上某类或某件商品的买卖,零售商店售货员与顾客之间的具体供销,交易双方按自己意愿达成一致的条件而做成买卖等。人们常将交易统称为双方或多方针对商品或服务进行的买卖。

商务,就是商业上的事务,而商业才是一个典型的经济术语,它是"专门从事商品流通活动的经济部门,也称专门从事商品交换的经济事务"。商业的产生是人类历史上的重大进步,它标志着商品交换发展到了一个新的阶段。商业所组织的商品交换不同于物物交换和简单的商品流通,它是商品交换的发达形式,即发达的商品流通。其特点是:①从事商品交换的人或经营组织,既不是生产者,也不是消费者,而是介于生产者与消费者之间专门做买卖的商人或商业组织;②商人或商业组织进行买卖活动的目的,是为了货币的增值及获得商业利润;③商业买卖活动与小商品生产者的买卖活动方式不同。

在商品经济条件下,商业作为国民经济的一个职能部门,对生产和消费起中介作用。其职能是组织商品流通,即把生产领域创造的商品经收购、运输、储存和销售等活动,转移到消费领域,保证社会再生产过程周而复始地连续进行。

商务本身就是宽泛的,可以说除了纯粹生产环节外的诸如市场调查,生产计划,原材料采购,产成品储运、流通、交易、消费等商品经济链都属于商务活动。商务与交易密不可分,商务可称为以商品或服务交易为中心的经济事务的总和。商务活动,是指企业为实现生产经营目的而从事的各类有关资源、知识、信息交易等活动的总称。

2. 商务链与交易链

商务链与交易链是将商务和交易活动进行联系与划分,并使之有序化的逻辑链条。它们高度抽象地将商务活动和交易活动表现为不同的节点,每个节点分别代表一定的经济事务,通过将这些节点有效地串联起来,共同形成了一个商务链或交易链。

商务链或交易链的这些节点也代表了商务活动或交易活动所处的阶段,在各个阶段,商务活动和交易内容具体都进行了分类。

如图3-1所示,交易过程细分为交易前、交易中和交易后。交易前是指商品信息的展示与沟通,交易中主要是以价格为核心的谈判与签约,而交易后表现为以货币和商品交换为主的支付和配送。可以说,这里的狭义商务链就是交易链,它也是整个商务链的核心所在。广义的商务链还包括两个环节:商品与市场的准备和售后服务阶段。所以广义的商务链比交易链包含的内容更加丰富,不仅要求做好交易环节,还要求做好其他环节,这对于企业的未来发展等是很重要的。

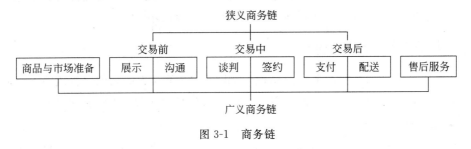

图3-1 商务链

3.1.2 商务链综合框架

电子商务的交易(商务)流程可以用一个综合的框架表述出来,通常将这一框架称为电子商务链。电子商务链与商务链本质上是基本相同的,只是电子商务链是用来描述电子商务交易活动的有序的逻辑链条,因此,节点划分方法也不存在差异。同时对于主体的不同,电子商务链在部分细节中存在差异,各个环节的具体内容也与普通的商务链有所区别。如图 3-2 所示,电子商务链这一分析框架通过归类划分,突出显示电子商务各链条的关系;经引入"六流"(信息流、资金流、物流、商流、人员流、信用流),在商务链中比较清晰地描绘出了电子商务活动的特性。

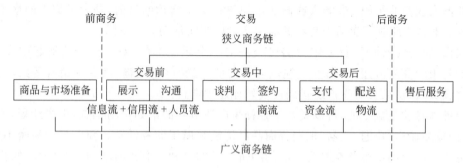

图 3-2 电子商务链

在图 3-2 所示的电子商务链分析框架中,商品与市场的准备被称为前商务阶段,售后服务为后商务阶段,包括其余 6 个环节的交易阶段则是商务链的核心。前商务阶段是为了交易阶段准备好工作,保证交易的顺利进行。后商务阶段是企业为了更好地对客户提供服务,提高自身的服务质量,扩大用户范围,增加自己的知名度,并在客户中获得好评,在未来能够更多地获得商机。由于电子商务链所针对的主体不同,所以对于基于不同主体的商务链,在具体环节的内容上还是有些差异。例如,基于买家的商务链中,后商务阶段就不再是售后服务了,而是对卖家进行各种评定和获得卖家提供的服务等。我们将展示和沟通称为交易前环节,谈判和签约为交易中环节,付款和送货为交易后环节。

电子商务链中六流的分布在突出显示电子商务研究与应用重心的同时,为完整的电子商务活动,尤其是电子交易各环节的顺利实施提供了借鉴。商流在签约环节实现转移,付款和送货节点则相应完成了资金流和物流,而信息流、信用流和人员流却贯穿整个链条。整个电子商务交易(商务)过程就包括这 8 个环节,8 个环节的顺利实施就能保证电子商务的顺利实现,当然,有一些环节在不同的商品交易中其繁简不同。

3.1.3 电子商务链环节说明

有了图 3-2 所示的电子商务链总体框架,我们对电子商务活动的分析就有了依据。但是对链条各个环节的具体含义仍需要界定。这一分析可以在表 3-1 中表现出来。

1. 商品与市场准备

交易前存在一定的准备活动,称其为前商务活动,它主要包括商品和市场的准备。这里的商品,即交易对象,欲进行买卖的可触及商品(实物商品)和不可触及商品(信息商品及服务);市场准备涵盖交易环境、交易主体等方面,主要是熟悉交易环境,并依此调整交易主体的行为,以适应市场。所以,可将商品与市场准备的前商务环节表述为,为通过交易而获取利润的商品生产外的准备和为交易而进行的调查、熟悉市场交易环境、依此调整市场交易主体,遵守、监督市场交易规则等活动。

表3-1 商务链的核心环节说明

阶段		环节	解释
前商务		商品与市场准备	商品生产外的准备和为保证交易的顺利进行而对市场的调查、对市场交易环境的熟悉,依此调整市场交易主体,遵守、监督市场交易规则等活动
交易	交易前	展示	卖方或买方对其销售商品或所需商品的用途、特性、优势、需求、价格及相关信息的介绍、说明、发布等活动
		沟通	买卖双方或多方就商品价格、质量等商品详细信息的交流、咨询等活动
	交易中	谈判	围绕商品的价格、质量、交易方式、配送方式等为主要内容的双边或多边磋商、洽谈
		签约	买卖双方或多方就商品交易而正式达成的购销协议、购销合同等,实现商流,这是商务链存在的核心、必需环节
	交易后	支付	买方向卖方按合约支付与交易商品或服务有关的一切费用
		配送	卖方向买方配送物品或实施服务
后商务		售后服务	交易完成后的咨询、维护、保养等一系列相关活动

2. 展示

影响在线商品展示的因素有商品名称、关键词、图片、富媒体、描述、编码(ISBN,SKU)、目录分类、品牌、制造商、价格、SEO相关、评价、重量、体积、运费会员价、促销、折扣、库存情况、交叉销售、向上销售等。在这里,将展示表述为:卖方或买方对其销售商品或所需商品的用途、特性、优势、价格及相关信息的介绍、说明、发布等活动。

对于不愿意支付过高成本的中小企业来说,最便捷的办法就是将网站上最热销的商品图片放置在首页靠上的位置上,并链接至商品描述页,商品描述页要有更详细的描述和细节图片,同时带有询盘或购买按钮,买家可以通过3～4次鼠标单击操作完成询盘或购买。对外贸B2B平台上的商品的在线展示,企业发挥的空间较小,企业如何在有限的空间内将在线商品的展示功能发挥到最大,需要对B2B平台足够熟悉,并不断尝试。

3. 沟通

美国心理学家杜德里和古德森在研究客户拜访沟通心理的报告中说,在从事销售工作第一年中未获得成功的销售人员有80%是因为对潜在客户的沟通不力所致。沟通中的"沟"是手段,"通"是目的,在沟通的定义里有3大要素:首先,要有一个明确的沟通目标,只有有了明确的目标才叫沟通,否则只能是闲聊;其次,要达成共同的协议,沟通结束后一定要形成一个双方或多方所共同承认的一个协议,只有形成了这个协议才叫完成了一次沟通;最后,沟通的信息、思想和感情,沟通的内容不仅仅是信息,还包括非常重要的思想和感情。上述的沟通概念是全面的、泛义的解释,它不仅包括交易前,还包括交易后,如客户回访、售后解答问题等。在电子商务链中,对沟通的界定是狭义的,特指买卖双方或多方在交易达成之前,就商品价格、质量及优势等信息的交流、咨询等活动。

4. 谈判

商务谈判是指不同的经济实体各方为了自身的经济利益和满足对方的需要,通过沟通、协商、妥协、合作、策略等各种方式,把可能的商机确定下来的活动过程。在电子商务链中,谈判特指围绕商品的价格、质量、交易方式等主要内容的双边或多边磋商、洽谈,谈判的最终目的是为了交易的达成,即实现签约。

在市场经济条件下,谈判应当遵循以下原则:双赢原则、平等原则、合法原则、实效性原则和最低目标原则。对于企业来讲,谈判能帮助企业增加利润。通过有效的谈判,可以使企业实现自己的经济目标,也能让企业获得市场信息,同进也是企业扩展市场的重要条件。通常谈判都是以经济利益为谈判的目标,以价格为核心来进行的。

在电子商务链中,买家和卖家都是希望在谈判过程中以对自己最有利的价格来满足自己的需求。谈判也是进一步促进企业签约完成的必要步骤。只有双方通过谈判达成一致,才有可能签订合约,完成商流,完成交易。

5. 签约

签约,即签订合约、合同。合同是平等主体的自然人、法人及其他组织之间设立、变更、终止民事权利义务的一种协议。合同作为一种法律概念,具有如下法律特征:①合同是两个以上法律地位平等的当事人意思表示一致的协议;②合同以产生、变更或终止债权债务关系为目的;③合同是一种民事法律行为。

随着电子技术的发展,电子合同得以出现,虽然其也通过电子脉冲来传递信息,但是却不再以一张纸为原始的凭据,而只是一组电子信息。电子合同,又称电子商务合同,根据联合国国际贸易法委员会《电子商务示范法》以及世界各国颁布的电子交易法,同时结合我国《合同法》的有关规定,电子合同可以界定为:电子合同是双方或多方当事人之间通过电子信息网络以电子的形式达成的设立、变更、终止财产性民事权利义务关系的协议。

电子合同具有以下几个特点:

(1) 电子合同的要约和承诺是以数据电文的方式通过计算机互联网进行的。

(2) 电子合同交易主体的虚拟性和广泛性。

(3) 电子合同的成立、变更和解除无需采用传统的书面形式,具有电子化的特点。

(4) 电子合同生效的方式、时间和地点与传统合同不同,无需经过传统的签字。

在电子商务链中,将签约界定为买卖双方或多方就商品交易而正式达成的口头、书面及电子合同等,实现商流,这是商务链存在的核心、必需环节。

6. 支付

买方向卖方按合约交付与交易商品或服务有关的一切费用。传统的支付就是资金的转移。网上支付指通过互联网作为载体进行资金的转移。在电子商务中,支付方式有很多种,可以通过网上银行支付,也可以通过第三方平台支付,可以进行汇款,还可以货到付款,随着移动技术的发展,也可以采用手机支付等方式。

7. 配送

传统意义上,配送是按照用户的订货要求,在物流据点进行分货、配货工作,并将配好的货物送交收货人的活动。配送是流通加工、整理、拣选、分类、配货、运送等一系列活动的集合。配送是物流中一种特殊的、综合的活动形式,是商流与物流的紧密结合,包含了商流活动和物流活动,也包含了物流中若干功能要素的一种形式。

8. 后商务环节

卖家企业的后商务环节主要用售后服务来表述。买家企业的后商务环节则包括了对卖家的评价、对卖家的投诉以及反馈等。售后服务,就是在商品出售以后所提供的各种服务活动。售后服务,是指生产企业、经销商把产品(或服务)销售给消费者之后,为消费者提供的一系列服务,包括产品介绍、送货、安装、调试、维修、技术培训、上门服务等。在网络环境下,售后服务可以是多种形式的,除了传统的上门拜访、开通服务热线、发放调查表、定期进行信件联络等外,还出现了网上专家论坛(用以回答顾客有关产品的众多问题)等。

3.2 网络贸易中的五流

3.2.1 信息流

1. 信息流的内涵

信息流是指信息的传播与流动,是物流过程的流动影像,包括信息的收集、传递、处理、储存、检索、分析等渠道和过程。狭义的信息流是指信息处理过程中信息在计算机系统和通信网络中的流动。

在网络贸易中,信息流是指信息通过计算机网络途径进行传输的运动过程,是对企业网络贸易经营活动状态的直接反映,它包括网络贸易信息的产生、搜集、传播、运用和反馈的过程。在网络贸易中,信息流、物流、资金流、商流、人员流一直是其重要的要素,被人们广泛重视和研究,研究"五流"的作用和关系旨在指导人们正确地运用网络贸易进行贸易活动,更快捷、高效地服务于现代商务,更进一步地降低成本、提高竞争力。与传统的贸易实务操作相比,网络贸易对网络信息的依赖性方面有了很高的要求。在网络贸易中,人们通过对信息流的控制实现对商流、物流、资金流和人员流的控制,因此,信息流在商品和劳务的运动过程中占据了主导地位,成为商流、物流、资金流和人员流的先导和基础。

2. 信息流的特点

一般而言,与传统商务信息流相比,网络贸易信息流发生了许多新的变化,主要具有以下几个特点。

1) 数字化

在网络贸易环境下,企业的各种信息几乎都是依托于计算机技术、网络技术和通信技术以数字化的形态在网络媒体上自由流动,其外在表现形式就是二进制的数字代码。如产品生产计划以数字的形式在企业内部进行传递,商品的订单、发货单等以数字的形式在企业之间传递。

2) 全球化

网络把全世界范围内的各种经济组织和个人连接到一起,贸易信息通过网络可在全球范围内自由流动,突破了传统企业信息流活动受地域和时空限制的束缚,这种交互式的网上信息流动为国际贸易提供了一种信息完备的市场环境。

3）标准化

企业网络贸易中的各种数字化信息能在网络中自由流动的前提条件就是有一套标准技术规范的支持。标准化的信息流能够提高企业内部以及企业之间信息交流的便捷性，大大提高企业的工作效率。EDI 系统的应用，就在于其拥有一套能被大多数国家认可的标准，但是，从目前的实际情况来看，信息的标准化问题已经成为制约网络贸易发展的瓶颈。

4）透明化

透明化的具体表现就是企业网络贸易信息流动各个环节的透明度非常高。如企业网络贸易活动中的信息发布、信息检索、交易洽谈、签订协议、支付结算等整个信息流程都在网上公开进行，从而大大减少了由于信息不完全和信息不对称给商家与消费者带来的损失。

3. 信息流的类型

信息流究竟应该按照什么方式来划分，没有固定的标准，主要取决于人们分析问题的不同需要。如果从信息产生的来源划分，企业网络贸易信息流可分为内部信息流和外部信息流两大基本类型。

1）内部信息流

源于企业网络贸易内部的信息流动称为企业网络贸易内部信息流，是企业制造产品和提供服务所涉及的信息流，它包括财务信息、技术开发信息、市场信息、销售信息以及服务信息等，就其传递方向来看，有下行信息流、上行信息流和平行信息流 3 种。

（1）下行流，指信息在企业网络贸易活动中由高层向底层的流动。下行流对于保持企业的整体性，实现企业网络贸易的功能具有决定性作用。是上级决策者进行网络贸易段里的主要渠道，主要是一些关于战略目标和指导性的信息。

（2）上行流，指信息在企业网络贸易中由底层向高层的流动。上行流有助于提高企业员工的积极性和创造性，从而提高企业整体运作效率。上行流是企业高层获得反馈信息、实施控制的重要途径，是下级向上级反映自己的要求、愿望、意见和建议的主要渠道。

（3）平行流，指企业同一层次之间的信息交流，也称横向流、水平流，是协调企业行为、解决实际问题的重要途径。在下行信息流和上行信息流中的信息有很大一部分要靠水平交流、横向互动来消化，如果说下行信息流和上行信息流是企业网络贸易的大循环——上下传递各种信息，那么平行信息流则是企业网络贸易系统内的小循环——使各种纵向信息到达终极目标，并得以吸收、处理和应用。

2）外部信息流

外部信息流是指源于企业外部，在企业商品交易过程中所涉及的各种信息流动，它是基于互联网进行交换的。传统的信息流管理系统建设把注意力主要放在企业内部信息流上，而忽视了外部信息流对企业的影响。随着网络贸易时代的来临，企业外部信息流成为企业信息的重要组成部分。对企业电子商务有较大影响的外部信息流主要有：

（1）合作信息流。EDI 是合作信息流的方式之一，它是建立在完善的计算机处理和通信网络基础之上的，不仅能够实现标准数据从一个计算机系统到另一个计算机系统的传输，而且其系统内部的计算机能够对所传输的信息进行自动识别和处理，无须人工干预。相比较 EDI 成本低、效率高，从而成为合作伙伴信息流的另一重要方式。

（2）用户信息流。用户信息流是企业外部信息流的重要组成部分，因为在以用户为中心的网络贸易时代,任何企业都不能忽视与用户之间的信息交流。目前客户信息流主要有3个层次:一是通过互联网进行网上检索、导购和促销,这种信息流一般是单向的,实质上完成的是广告功能;二是信息流伴随着资金流并由物流的支持,实现企业与用户之间直接通过网络完成贸易的全过程,这种信息流是双向的;三是交易完成之后与用户保持良性接触关系过程中的双向信息流。

(3) 竞争信息流。竞争信息流主要包括竞争者信息流和竞争环境信息流两部分。在网络贸易时代,一方面,传统产业面临着信息化改造,技术融合使原来功能单一的产品集成化,行业之间的服务界限日趋模糊;另一方面,经济的全球化和网络化使得企业的运作不再受到时空的限制,企业所面临的竞争对手变得模糊、不确定,而企业所面临的来自竞争对手的威胁系数也不断增加。

此外,企业能否在全球化的竞争市场上求得一席之地,在很大程度上还要取决于企业在网络贸易活动中能否适应外部生态环境系统的变化并做出适时的反应。

4. 信息流的功能

信息流在现代网络贸易活动中处于主导地位,信息流已经成了现代经济活动中其他各流互动循环的基础。其功能主要表现在以下几个方面。

1) 提高商流的活动范围和效率

网络贸易中,信息流对商流的功能集中表现为信息流提高了商流的活动范围和效率。随着技术手段的增加,网络贸易中的市场调查、商业合同的签订、订单的处理等商流活动已经可以转化为信息流进行处理,实现无纸化贸易。通过计算机网络的信息处理,实现了信息流对商流的工具性替代,改变了商流活动的传统运作方式,极大地增强了信息功能在现代流通中的主导地位。

2) 连接了整个流通体系过程

买卖双方是通过信息的交流了解对方的意愿,连接在一起。没有信息交流,买和卖永远不会结合起来。流通过程的顺利进行,仍然要依靠信息流把一个个孤立的环节,连接成为连续不断的有序活动。

3) 调节流通中当事人的行为

信息在连接流通体系中要素的时候,每一个当事人都取得其他当事人的信息,这些信息会影响当事人的行为,进而影响到其他当事人的行为,这就是信息流的调控功能。

4) 促进货币的虚拟化运动

网络技术和电子商务的应用,促进了货币的虚拟化运行,使得商品流通中的资金流形势发生相应的变化。在网络贸易活动中,货币运行完全是虚拟的、数字化的,信息流取代资金流。

3.2.2 商流

1. 商流的内涵

商流是指物品在流通中发生形态变化的过程,即由货币形态转化为商品形态,以及由商品形态转化为货币形态的过程,随着买卖关系的发生,商品所有权发生转移。商流是网络贸易的核心与目的,通过交换,贸易的双方获得了各自的需求。具体的商流活动包括买卖交易活动及商情信息活动。商流活动可以创造物资的所有权效用。

商流活动的内容主要包括：交易前收集商品信息，进行市场调查；按照市场调查的结果，对商品生产计划、数量、质量、销售渠道等因素进行调整；买卖双方通过谈判达成交易等几个方面。

2. 商流的特点

在网络贸易中，商流有以下几个特点：

（1）商流仅反映商品的所有权的转移，并不包括资金的支付、转移等过程。这是由于网络技术和网络贸易的发展，使得商流和资金流进一步分离而造成的。在网络贸易中，买卖双方的贸易活动是通过网络进行的，因此资金流和商流是分开进行的。

（2）商流方式倾向单一化。在传统商品贸易中，商品购销方式可采取选购、订购、代购、代销、联营联销、自由购销等多种方式，而在网络贸易中，由于网络的局限性，客户对商品的购买其实还是一种订购方式。因此，在网络贸易条件下，商流方式倾向单一化。

3. 商流方式

从不同的角度来划分，商流方式即交易方式有不同的类型。

1）按有无中间环节划分

按有无中间环节划分，可分为直接贸易和间接贸易。

（1）直接贸易是指没有中间环节的交易活动。商流活动从厂商直接到用户，不经过中间商。

（2）间接贸易是指有中间环节的贸易活动。商流活动从厂商经过中间商，最终到达用户。间接交易包括很多类型，如批发交易、零售交易、代理交易等。一般而言，生活消费品、专业性较弱的生产资料倾向于采用该种方式。

2）按交易内容划分

按交易内容划分，交易方式还包括信用交易、信托交易、拍卖交易、补偿交易、租赁交易、许可证交易、证券交易等。

（1）商业信用是指在商品交易过程中，交易双方不是采用商品与货币的即期现货交易，而是交易双方采用延期付款或提前付款等信用形式进行交易的方式。

（2）信托交易是指信托企业接受其他企业委托，以自己的名义代理其他企业从事购销商品或者经营业务，并取得报酬的交易方式。

（3）拍卖交易是指通过竞买人的竞争，将拍卖标的拍给最高出价者的买卖交易方式。拍卖交易方式的具体形式有：买方叫价拍卖、卖方叫价拍卖、减价拍卖、无底价拍卖等。

（4）补偿交易是指交易的出口方向进口方提供机器、设备、产品样品、技术和服务等项目，而进口方则按对等的金额为出口方提供合格的产品或劳务等进行价值补偿的交易方式。

（5）租赁是指出租人依照租赁契约的规定，在一定时间内把租赁物租给承租人使用，承租人按规定付给出租人租赁费（或称租金）的交易行为。

3.2.3 资金流

1. 资金流的含义

从企业的角度来说，资金的流入和流出统称为资金流，涵盖了企业的采购、生产和销售的全过程,属于广义的资金流。狭义的资金流是指在商品交易过程中的资金运动。根据侧重点不同,资金流有不同方面的定义。贸易方面的资金流是指随着商品实物及其所有权的转移,贸易渠道成员间发生的资金往来流程。物流方面的资金流是指用户确认购买商品后,将自己的资金转移到商家账户上的过程。营销方面的资金流就是指随着商品实物及其所有权的转移,营销渠道成员间发生的资金往来流程。

网络贸易中的资金流,是指为了实现网络贸易中的目的,利用电子化、网络化的方式进行资金支付,使货币实现从一方主体转移到另一方主体或经由第三方实现资金中转的过程中所形成的资金流动。

2. 资金流的特点

1) 资金周转速度快

在网络贸易支付平台的支撑下,由于企业、银行、税务、消费者等都在网上有自己的平台,信息传递速度和办理交易与结算手续速度加快,从而会使资金周转速度加快。

2) 资金流通范围广

在网络贸易环境下,网络贸易的发展必将促进资金在世界范围内的流动,并且加快统一的世界货币的形成。世界货币的产生又会反过来促进资金在全球范围内的流动,从而推动世界经济朝全球化方向发展。

3) 资金支付轻便、成本低、安全性高

与网络贸易下的电子货币相比,一些传统的货币如纸质货币和硬币则愈发显示出其不足。有了网络贸易支付平台的支撑,资金支付的成本很低,很多公司都从中收益。而且网络贸易的支付协议充分借用了尖端加密与认证技术,设计细致,安全可靠,交易双方不会被非法支付和抵赖或者是冒名顶替。

3. 资金流在网络贸易中的作用

网络贸易是以 Internet 为平台,通过商业信息、业务流程、物流系统和支付结算体系的整合构成的新的商业运作模式,是信息流、资金流、物流、商流、人员流的有机统一。资金流在网络贸易中的作用主要表现在以下几个方面:

1) 资金流动速度加快

网络贸易是企业的产品销售突破了时间和地域的限制,企业销售范围扩大,大大加快了企业资金由产品资金形态向货币资金形态转变的过程,缩短资金回收期,提高企业资金周转率。用电子支付系统可以全面实现无纸化交易,原有纸制文件的邮寄变为通过通用数据通信网进行传递,加速资金的周转率和周转速度,缩短了付款时间,符合网络贸易信息高速运行的要求。

2) 降低了网络贸易的资金流动成本

网络贸易借助网络改变了信息流的传播方式,商流、资金流和物流的交换也随之发生变化,形成了新的商务流通模式,其优势之一在于减少流通环节,节约各运行环节的成本。

3) 支付电子化

网络环境下的在线支付采用信用卡、电子现金、电子钱包、电子支票和数字货币等电子支付工具,以金融电子化网络为基础,以电子系统和各类交易卡为媒介,以电子技术和通信技术为手段,用电子数据形式存储在银行的计算机系统中,并通过计算机网络的信息传递实现电子货币流通,实现金融活动全面自由和金融市场全球开放,适应网络贸易活动无国界的货币传输、支付和结算要求。

4. 网络贸易中资金流存在的风险和问题

由于网络贸易中资金流和物流不是同时发生的,改变了传统交易一手交钱,一手交货的模式,资金风险提高,主要表现在以下几个方面:

1) 网络贸易中的支付安全问题

交易的安全性是网络贸易中非常重要的问题,支付的安全问题尤为重要。网络贸易的整个资金流都是通过电子化形式实现,并没有实际货币的转移。电子货币的虚拟性加大了支付的不可控性,一旦发生突如其来的大量支付业务,可能会让相关的商业银行面临流动性风险。由于虚拟电子货币的不可控性等种种原因,使其在中央银行中用于清算的资金不足,而使用户的资金受到损失。

在网络支付与结算方式中,所有的支付相关信息都是通过加密后进行传输,现有主要的安全技术协议有安全套层协议(SSL)和安全电子交易协议(SET)两种。支付的安全不仅要求银行的自我保护,也要求用户的自我保护。银行的自我保护包括了杀毒软件和防火墙的安装、网络系统的连接安全、确保调制解调器的安全、监控电子邮件和附件,并及时对客户和员工进行安全性教育。在法律层面,由于我国网络支付开始于1998年,从2005年开始进入快速发展时期,相关的法律法规和监管体系还在逐步建立,《支付清算组织管理办法》将对第三方支付平台实施监管,国家《反垄断法》也开始关注支付宝等电子支付行业的巨头,这些监管将有效降低网络贸易中的资金流的风险。

2) 网络贸易中的诚信问题

网络贸易改变了传统贸易商品和资金同时进行支付的模式。由于网络贸易的"无纸化",对参加交易的各方提出了更高的信用要求。信用的概念在不少人的眼中甚是淡薄,因此也给与网络贸易密切配套的支付手段带来了很大的不利影响。

网络贸易中的失信行为主要表现为:网络商务信息的不真实,即产品的宣传信息与实际不符;产品的售后服务得不到保证;信息的安全性得不到保障;物流质量得不到保证等。然而有第三方支付平台在付款到收货的期间保管交易资金,确保交易安全,在出现要退货或者收不到货物等情况下,买方通过与卖方协商,向第三方支付平台申请退款,在一定程度上降低或避免了损失。但是中国网络支付开始较晚,还没有建立起与网络支付相配套的、完善的监管体系,随着网络贸易的不断发展,诚信体系问题将变得更为突出。

3.2.4 物流

1. 物流的内涵和基本职能

物流是指物质资料的物理性运动及其相关活动的总称。作为使用价值的运动形式,物流可以创造空间价值、时间价值和形态价值。运输和储存构成物流的两大支柱。从社会再生产过程中来看,物流不仅存在于社会的生产中,而且也存在于社会的流通与消费中。

物流的基本职能是指物流活动应该具有的基本能力以及通过对物流活动最佳的有效组合,形成物流的总体功能,以达到物流的最终经济目的。

一般来说,物流的基本职能主要包括包装、运输、储存、装卸搬运、流通加工、配送、废旧物的回收与处理、物流信息等8个方面的功能。除了基本职能外,现代物流的功能也得到了进一步的延伸,也有人将其称为增值性服务功能,这些功能与服务主要包括:便利性服务、快速相应服务、金融服务以及咨询服务等。

2. 物流的分类

由于物流对象不同,物流目的的不同,物流范围、范畴不同,形成了不同类型的物流。

1) 按物流的覆盖范围分类

按照所覆盖的范围,物流可以被划分为国际物流和区域物流。

(1) 国际物流是现代物流系统发展很快、规模很大的一个物流领域,国际物流是伴随和支撑国际间经济交往、贸易活动和其他国际交流所发生的物流活动。相对于国内物流来说,国际物流具有国际性、复杂性、风险大和技术含量高等特点。

(2) 区域物流是相对于国际物流而言,一个国家范围内的物流,一个城市的物流,一个经济区域的物流都处于同一法律、规章、制度之下,都受相同文化及社会因素影响,都处于基本相同的科技水平和装备水平之中。区域物流所处的政治、经济以及技术与文化环境基本相同,没有国际物流所面临的环境复杂,相对来说风险小。

2) 按作用的领域分类

根据作用领域的不同,物流分为生产领域的物流和流通领域的物流。

(1) 生产领域的物流贯穿生产的整个过程。生产的全过程从原材料的采购开始,便要求有相应的供应物流活动,即采购生产所需的材料;在生产的各工艺流程之间,需要原材料、半成品的物流过程,即所谓的生产物流。

(2) 流通领域的物流主要是指销售物流。在这种市场前提下,销售往往以送达用户并经过售后服务才算终止,因此企业销售物流的特点是通过包装、送货、配送等一系列物流实现销售。

此外,物流的分类还有很多种。按照物流的发展历程,可以分为传统物流、综合物流和现代物流。按照提供服务的主体不同,可以分为代理物流和生产企业内部物流。按照物流的流向不同,还可以分为内向物流和外向物流。按物流在供应链中的作用划分,可以划分为供应物流、生产物流、销售物流、回收物流以及废弃物物流等。

3. 网络贸易中物流的特点

网络贸易时代的来临,给全球物流带来了新的发展,使物流具备了一系列新特点。

1) 信息化

网络贸易时代,物流信息化是网络贸易的必然要求。物流信息化表现为物流信息的商品化、物流信息收集的数据库化和代码化、物流信息处理的电子化和计算机化、物流信息传递的标准化和实时化、物流信息存储的数字化等。

2) 自动化

自动化的基础是信息化,自动化的核心是机电一体化,自动化的外在表现是无人化,自动化的效果是省力化,另外还可以扩大物流作业能力、提高劳动生产率、减少物流作业的差错等。

3) 网络化

物流的网络化是物流信息化的必然,是电子商务下物流活动的主要特征之一。这里指的网络化有两层含义:一是物流配送系统的计算机通信网络,包括物流配送中心与供应商或制造商的联系要通过计算机网络,另外与下游顾客之间的联系也要通过计算机网络通信。

4. 物流在网络贸易中的作用

随着职能完成方式的变化,网络贸易效率的高低、成本的大小、服务水平的高低在很大程度上就取决于物流的效率、成本以及服务水平。从而使物流成为保证网络贸易顺利进行的重要环节,成为提高网络贸易效率、降低网络贸易成本、提高网络贸易服务水平的主要因素。

具体来说,物流在网络贸易中的作用主要表现在以下几个方面。

(1) 物流是网络贸易的重要组成部分。

网络交易中都涉及信息流、商流、资金流和物流,而物流作为整个交易的最终环节,其执行结果的好坏将对电子交易的成败起着十分重要的作用。所以说,物流在网络贸易活动中占据重要地位,是网络贸易活动不可缺少的部分。

(2) 物流现代化是网络贸易的基础。

物流现代化中最重要的是物流信息化。物流信息化是网络贸易的基本要求,是企业信息化的重要组成部分。物流信息化能更好地协调生产与销售、运输、储存等环节的联系,对优化流程、缩短物流时间及降低库存都有十分重要的意义。

(3) 物流是实现网络贸易的可靠保证。

在商务活动中,商品所有权在购销合同签订的那一刻起,用户通过上网购物,完成商品所有权的交割过程,及商流过程;但网络贸易活动并未结束,只有商品的服务真正转移到消费者手中,商务活动才算终结。没有物流,任何物流活动都只能是一纸空文。

3.2.5 人员流

1. 人员流的含义

人员流动有广义和狭义之分。广义的人员流动是指员工与用人单位相互选择而实现职业、就职组织或就职地区的变换。狭义的人员流动则是指以岗位为基准而由于员工岗位的变化所形成的人员从一种工作状态到另一种工作状态的变化现象。

网络贸易中的人员流是指围绕网络贸易活动所进行的人员流动。在物物交换阶段,人员流非常频繁,商品的交换必须以人员的相应流动为代价,商流、物流、信息流合三为一;当到了以货币为中介的商品交易阶段,人员流有所减少,但是该阶段资金流独立,商流达成后,围绕资金流和物流仍会存在一定的人员流;网络环境下,信息流、资金流、商流、物流等环节的人员流相应大幅减少,互联网跨越时空的特性使得商务活动在较少的人员流动情况下就可完成大量工作。

2. 企业人员流动的风险

1) 企业战略被迫调整

关键人物的流出,不但是人力成本的损失,而且会直接影响企业的发展战略,使企业被迫调整方向。

2) 造成企业内人气损伤

员工流出企业会对身边的人员造成刺激,某些人可能因此人心思动,工作效率降低,间接给企业造成损失。如果是讲求团队意识的企业,一个人的流出也许会影响其团队凝聚力的建设。

3) 人力成本损失

任何一个员工的非正常流出企业,必然都会造成人力成本的损失。任何企业的经营运作都是围绕资产增值来展开的,如何在增加收入、利润的同时降低企业成本是企业共同关心的问题,而目前对企业中人这一资产的流失所造成的成本损失的测算尚未达到定量的高度。

3. 企业人员流动的对策

人是企业最重要的资源,员工跳槽,特别是骨干员工跳槽,对中小企业的影响是很大的,有时甚至是致命的打击。然而,人才资源始终是稀缺资源,随着社会的发展,人才的竞争也会越来越激烈。

为了防止人员流动对企业造成影响,企业应对人员流动采取措施,防止主要人才的流失。

1) 把好招聘关

招聘是企业获得人才的主要途径,因此只有把好招聘关才能在最开始就能选择优秀人员。招聘者除了要考察他的岗位技术能力以外,还要考察他的稳定性。

2) 规范管理制度

人员流失对企业来讲是经常的,并不可怕,可怕的是他们带走公司的技术资料和客户信息。如果公司规范了岗位职责、作业流程、工作汇报等相关制度,加强了技术资料和客户资料的管理和备份,就可以将这种损失降到最低。

此外,人员的流失也正是因为公司的规章制度不健全、管理混乱造成的。所以,从长远看,加强公司的管理制度、工作流程、岗位职责、激励机制等管理建设,是稳定员工的基本出路。

3) 加强平等沟通

沟通不畅是企业中普遍存在的问题。员工在工作中,由于这样或那样的原因有时会产生一些怨气,如果管理者能够及时体察出这种怨气,坦诚地与员工沟通,将矛盾消灭在萌芽之中,这样对公司、对员工都有好处。

平等沟通还能激发员工的创造性和培养员工的归属感。但平等沟通不是自然形成的,也不是一条行政命令可以解决的。管理者必须是平等沟通的积极倡导者,必须首先主动地去找员工进行沟通,久而久之才能形成平等沟通的风气。

3.3 网络贸易的商务链说明

网络贸易的商务链按其主体可分为基于卖家的商务链、基于买家的商务链、基于第三方平台的商务链。

3.3.1 基于卖家贸易的商务链说明

基于卖家的商务链是指从卖家的角度对企业的交易和商务进行联系和划分，分析其交易流程。在此商务链中，卖家也就是供应商起主导作用，在相应的平台上发布供应信息，通过发现最高合理销售价格，实现商品的销售，使自身利益最大化。

1. 前商务活动

对于卖家来讲，前商务阶段也是商品与市场的准备，包括划分商品、熟悉环境及模式准备。首先企业需要对市场进行调查，了解自己的商品的市场需求，以此对自己的商品进行划分。其次，企业要熟悉环境，包括法律环境、社会环境、市场化境、企业环境，从而进一步调整自己的方案和市场交易主体。最后，企业在前商务环节，应对与本行业、企业相关的各种模式因素做一个全面的了解，这样才能够在商务活动中做出及时回应。

企业对自己面临的产业市场进行细分包括以下两种方式：

（1）依据市场特征进行细分，包括了组织规模、业务领域、价值、所处地区、产品使用率以及购买情况。

（2）依据购买者特征进行细分，主要是按照设计决策单位的决策方式和需求以及关注关键决策者或决策单位成员的个人特征。

在对市场进行细分之后，企业应依据对市场情况的系统分析对目标市场进行选择。经过分析对市场进行细分并选择目标细分市场之后，下一个任务是通过制定并实施目标化的营销沟通，为公司、品牌或其产品、服务进行定位。经过市场定位，企业不但要使人觉得自己与众不同，而企业还要为购买者提供一组能使自己比竞争对手更有效地实现目标的价值。

2. 交易活动

交易活动又分为交易前、交易中、交易后3个阶段。

（1）交易前

交易前又包括商品展示和商务沟通。

在此阶段，企业主要对以下方面进行展示：①对企业的品牌、形象予以全面地宣传；②对企业产品的用途、特性、优势、价格及相关信息做以明确的介绍、说明和发布；③发布方式争取多种多样，体现现代化气息；④重点挖掘互联网的特性，利用其优势进行新颖的展示服务。

沟通是指在有着明确的沟通目标的前提下，双方通过多种形式的交流，最终达成共同的协议。此时买卖双方或多方就商品价格、质量及优势等信息的交流、咨询等活动。

此外，企业为客户提供网上订货时，要根据企业产品特性和企业生产的能力，最大限度地满足客户的需求。企业将已经设计出的产品在网上进行展示，允许客户随时随量进行订购，还允许顾客对产品的某些配置和某些功能进行调整，以满足客户对产品的个性化要求。

（2）交易中

交易中包括谈判和签约两个阶段。

谈判和沟通有所不同，沟通环节重在对信息的查询、检索，而谈判环节则是在有买卖意向情况下进行的有关价格、质量、交易方式等问题的讨价还价。沟通环节的买卖方不一定有明确的交易意向，而进行谈判的双方或多方则是在明了的交易利益驱动下进行的。最终卖家就是在企业对于自己有利的条件下与买方达成一致,从而为进一步的签约打下基础。

那为何谈判如此重要呢?因为谈判是B2B市场中定价的一个重要方面,而价格是价值的尺度,用以衡量双方在交易中转让的贡献额。在组织市场中,买卖双方的关系变得更具合作性,并以合作关系为导向,特定的价值可能会增加。折扣、补贴变得更加复杂多样,并体现出交易双方所面对的风险与机会。

签约环节的活动比较短暂,甚至可以说是一个瞬间行为。在之前双方谈判达成一致的基础上,订立合同,买卖双方确立合法关系。从而卖家可在接下来进行商品配送、售后服务等活动,并且从买家得到收入。

(3) 交易后

交易后分为货币支付和商品配送两部分。

在合约签订之后,企业可从买家得到货币支付。支付的方式有多种,包括实物货币支付、电子化货币支付等,其中后者是现代支付的发展方向。

在收到货款后或者基于对买家的信任关系,企业则可开始对商品进行配送,从而完成合约内容,履行自己的法律义务。同时卖方应对商品配送进行合理管理。然而,由于网络贸易中客户是可以超越时空限制的,因此企业仅仅依赖自身内部固有的配送系统是远远不够的,应多与一些专业化的全球性的物流公司建立紧密的合作伙伴关系。

3. 后商务活动

基于卖家的后商务活动一般体现在售后服务上,并且还包括针对用户的反馈机制以及交流式的售后问卷和客户论坛等。无论哪一种形式,其最终目的都是为了更好地服务客户,为企业创造良好的声誉,促使企业得到更好的发展。

随着网络贸易模式的发展,企业可以直接与客户面对面接触,这就要求企业能根据客户提出的要求生产满足客户需求的产品,所以企业内部的生产系统和后勤系统必须与客户需求同步,从而更好地满足客户对商品销售完成后的服务需求。

3.3.2 基于买家的商务链说明

基于买家的商务链是指从买家的角度对企业的交易和商务进行联系和划分,分析其交易流程。买家通过在相应的平台上发布求购信息,发现最低合理价格,选择合适的供应商买家,采购到自己所需要的商品。

1. 前商务活动

对于买家来讲,在前商务阶段就是对所要购买的商品进行调查、咨询,熟悉商品交易的环境,对商品的用途、特性、优势、价格及相关信息的介绍、说明、发布等活动进行关注,在同类商品间进行比较选择,同时也要对企业与本行业、企业相关的各种模式因素做一个全面的了解,调整自己的方案和市场交易主体,为交易活动阶段做好准备。

在消费者市场上,购买行为通常是个别决策,而且是单独的消费,而在B2B市场上,购买本质上是一种团体行为,并且团体的组成和大小要根据购买项目的重要性而变化。这种总团体被称为决策单位或采购中心,而且产品的消费或使用是一种组织的活动。在这个决策单位中,包括了发起者、使用者、影响者、决策者、采购者、看护人等。

企业的购买根据所购产品或服务的性质、购买频率、购买决策的相对重要性及其战略作用以及与供应商之间的关系的类型等因素进行决策。

2. 交易活动

买家的交易活动也是分为交易前、交易中、交易后3个阶段的,只是具体环节与卖家的有所不同。

1) 交易前

买家首先要在平台上公布其采购的信息,与卖家建立联系,并且买家应与卖家沟通,双方或多方就商品价格、质量、优势等信息进行交流、咨询等。在沟通过程中,买家应充分了解卖家全方位的信息,比如品牌、形象、生产能力、信誉度等,选择自己最满意的卖家,确保最终的交易能够顺利进行。

2) 交易中

交易中要进行买家与卖家的谈判,就是双方就商品的价格、质量数量、交易方式、买家希望的配送方式、配送时间等进行双边或者多边的磋商、洽谈。当全部问题达成一致时,就进入签约阶段了。买卖双方就商品交易正式达成购销协议、购销合同等,明确买家享有的权利和应该履行的义务,以及规定合同中的法律责任,从而保障交易的进行。在此过程中,买卖双方按照合同商定交易内容,必要时对一些采购事务可以做一些及时的调整。

3) 交易后

在合同签订后,双方的法律关系成立。买方向卖方按合约支付与交易商品或服务有关的一切费用,支付可以是基于交易主体的,也可以是基于第三方的;可以是基于传统媒介的,也可以通过互联网进行支付;此外,在新的经济环境下,还可以是移动支付,即通过手机进行支付。

在卖家收到货款之后,买家就可以等待卖家按事前约定的方式进行商品配送,实现产品使用权的转移,从而完成物流活动。

3. 后商务活动

买家的后商务活动主要体现在以下几个方面:

(1) 买家对卖家的评价,包括对卖家信用、卖家服务等的评价等。

(2) 享受一些卖家随商品出售附加的售后服务,如上门服务、开通服务热线等。

(3) 获得卖家提供的技术性服务,如网上升级、免费下载等。

(4) 对卖家的不合理行为进行投诉等。

3.3.3 基于第三方平台的商务链说明

基于第三方平台的商务链是指从第三方平台的角度对企业的交易和商务进行联系和划分,分析卖家与买家交易流程。相应的平台为买卖双方提供商务信息及交易支持等服务,促使买卖双方实现其自身利益。这种商务链与前两种有所区别,更多是出于对提供公平高效的交易平台,提高交易效率的考虑。

1. 前商务活动

第三方平台的前商务活动也就是交易前准备。在此阶段,第三方平台负责提供完善的后台系统,建立较为准确的搜索体系,方便买家和卖家对商品信息的搜索,保证测评信息的及时、准确,尽量为买家和卖家提供他们所需要的各种信息和服务。同时作为第三方,也应该对市场交易环境和交易主体进行熟悉,调整自己的行为,适应市场。

2. 交易活动

1) 交易前

第三方平台为卖方提供商品展示平台,可使卖方对产品进行全面展示。通过第三方平台所提供的工具以促进买卖双方的线上或线下沟通,使双方互相了解情况,使买家能够对要购买的商品进行全面、准确的了解,以促进双方达成一致,完成交易。

第三方平台的最基本功能是为企业间的网上交易提供买卖双方的信息服务。买方或者卖方只要注册后就可以在网上发布自己的采购信息,或者发布企业的产品出售信息,并根据发布的信息来选取企业自己潜在的供应商或者客户。

第三方平台在提供交易信息服务的同时,还提供附加信息服务,即为企业提供企业所需要的相关经营信息,如行业信息、市场动态。此外还为买卖双方提供网上交易沟通渠道。

2) 交易中

此时,第三方平台对买卖双方进行信息传送,促进双方签订交易订单。在交易中,第三方平台为买卖双方提供与交易配套的服务,最基本的服务就是提供网上签订合同服务、网上支付服务等实现网上交易的服务。

3) 交易后

在双方完成交易订单的签订后,买方通过电子化货币、电子钱包、网上银行等方式将货款通过第三方平台支付给卖方或将货款放在第三方支付平台的工具中,当第三方平台确定货款已到达账户,则通知卖方发货,进行商品配送。

交易完成后,第三方平台为买卖双方提供客户管理功能,即为企业提供网上交易管理,包括企业的合同、交易记录、企业的客户资料等信息的托管服务。

3. 后商务活动

交易完成后,第三方平台要接受来自买卖双方的投诉等,并做出相应处理。同时,还要完成对买卖双方信用等级的评价。如果是承担代收货款的第三方平台,还要将货款支付到卖家账户中。

3.4 实 践 训 练

结合本章的网络贸易商务链说明,分析不同主体在易趣网上的交易流程。

本章小结

本章主要是围绕网络贸易的商务链展开的。第3.1节对电子商务链的概念和商务链综合框架进行阐述:商务、交易、商务链、交易链、商务链综合框架,并对电子商务链的环节进行详细阐述以及介绍商务链的应用;第3.2节对网络贸易中的五流进行了详细诠释:信息流、商流、资金流、物流、人员流;最后对基于买家的商务链、基于卖家的商务链、基于第三方的商务链进行了说明。

思考题

1. 电子商务链与网络贸易商务链的区别何在?请举例说明。
2. 本书的网络贸易商务链是按主体不同进行分类的,请问还有哪些其他的分类?
3. 请简要地说明信用流在网络贸易中的作用。

作 业

1. 什么是商务链?什么是交易链?区别何在?
2. 结合电子商务链总体框架,具体分析一下各个环节。
3. 网络贸易中的五流是指哪些?请简要说明。
4. 网络贸易的商务链包括哪些?
5. 比较分析3种网络贸易商务链在前后商务活动中的异同。

参考文献

[1] 魏修建,等.网络贸易营销.西安:西安交通大学出版社,2009.
[2] 王学东,等.企业电子商务信息流管理系统研究.科学进步与对策,2002,9.
[3] 姜振华.电子商务下的商流探析.中国流通经济,2001(2).
[4] 柴小卉.中国现代化支付系统流动性风险和信用风险的控制与设计.支付清算,2006,(5).
[5] 李琪.电子商务概论.北京:高等教育出版社,2008.
[6] 百度百科:http://baike.baidu.com/view/1495.htm? fr=ala0_1_1.
[7] 百度百科:http://baike.baidu.com/view/183336.htm? fr=ala0_1.
[8] 万铭网:http://news.b2b.cn/wangluoxueyuan/2008-09/161872.shtml.
[9] 王世军,等.国际电子商务.北京:机械工业出版社,2006.
[10] 克里斯·菲尔,卡伦·E.菲尔.B2B营销(关系、系统与传播).辽宁:东北财经大学出版社,2007.
[11] 李琪,等.电子商务概论.北京:高等教育出版社,2009.
[12] http://tech.china.com/zh_cn/news/net/domestic/11066127/20090713/15558350_1.html.

第 4 章 网络贸易采购

学习目标

掌握网络贸易采购的定义、类型及原则等基本概念,了解网络贸易采购较传统采购的优势及实施风险,并了解3种网络采办模式及适用范围,熟悉网络贸易采购的3种重要方式及其流程,最后了解一下网络贸易采购中招投标、谈判和供应商管理的技巧,综合本章所学内容对网络贸易采购形成一个完整的知识框架。

开 篇 案 例

远东控股集团有限公司是以电线电缆、医药、房地产、投资为核心业务的大型民营股份制企业集团。集团目前拥有员工 5600 余名,资产 64 亿元,"远东"品牌价值评估 70.13 亿元,年销售收入超百亿元。远东控股集团自创办以来一直坚持"全心全意为客户服务"的宗旨,发扬"永不满足,追求卓越"的企业精神,坚守"超越用户期望,创造世界名牌"的质量方针,强调市场导向和效益驱动下的永无止境的管理和技术创新,把客户、员工、股东、政府和社会满意作为企业永恒的追求目标,致力于在经营的领域取得世界领先地位,成为世界一流企业。

自 2002 年以来,远东控股集团根据企业特点,锲而不舍,稳步推进企业信息化建设,使信息技术应用深入各个领域,增强了企业的核心竞争力,使远东电缆业务产销连续 12 年位居全行业第一。

对视质量为企业生命的远东控股集团来说,使用优质原辅材料、淘汰劣质有害材料是产品质量的保障,对于主要的原辅材料,远东都面对国内外企业进行公开招标,坚持好中选优,严把质量关,从源头上进行质量控制,严把原材料采购关。为了同时解决传统的人工采购作业方式下出现的采购效率低下和采购成本难以控制的问题,该集团在其已有企业网站基础上开发并投入运行网上采购平台(http://www.fegroup.com.cn),并与企业内部电子化采购系统整合形成一个完整的网络贸易采购系统。

远东控股集团的网络贸易采购系统旨在:构建统一集中、高效快捷的网上采购管理和服务平台,为用户提供完善的电子采购服务,支持从买卖信息的交互到交易完成的整个过程;规范并优化采购相关业务流程,使采购过程透明化;整合、优化现有供应商,并充分挖掘市场供应信息,实现全球化采购;实现与供应商的快捷、准确交流,缩短采购周期;在保证采购质量的前提下降低采购成本;提高采购效率与管理水平。

远东控股集团的网上采购平台的主要功能有:系统管理、基础数据采集、供应商管理(包括用户注册、资格评审)、物资编码、业务处理、查询、绩效评价与分析、信息发布、信息互动等。远东控股集团有限公司的网上采购平台为该公司竞争力的提升做出了重要贡献。

4.1 网络贸易采购基础

在经济全球化和网络贸易的双重作用下,市场竞争日益激烈,产品越来越复杂、生命周期也越来越短,企业供应链的通畅程度往往决定了企业的经营效益,由此看来,企业之间的竞争正转变为供应链之间的竞争。而采购作为供应链管理的重要内容,所有生产活动与消费活动的先导,在企业对供应链中的各种竞争优势和资源进行整合的过程中越来越成为一个不容忽视的环节,可以说,采购正逐渐成为决定企业成败的关键因素之一。网络贸易采购顺应网络贸易的发展要求而诞生,简化了采购流程,解决了传统采购中遇到的种种瓶颈问题,从而被越来越多的企业及政府机构等其他形式的社会组织所接受并采用。

4.1.1 网络贸易采购基本概念

1. 网络贸易采购的定义

采购是企业经济活动的主要组成部分,网络贸易采购就是基于互联网的企业采购解决方案,企业可以通过实施网络贸易采购策略来提升其在网络时代的竞争优势。要了解网络贸易采购,首先需要了解采购的一些相关内容。

采购,是企业从资源市场获取所需资源的过程。不能把采购简单地看成是"购买",也不能把简单的购买活动说成是采购。比起购买,采购具有更广泛、更复杂的含义,是更含学问性的概念。采购,既是一个商流过程,又是一个物流过程。商流过程是通过商品交易、等价交换来实现商品所有权的转移,物流过程是通过运输、储存、包装、装卸、流通加工等手段来实现商品空间位置和时间位置的转移。采购分为直接采购和间接采购两种。直接采购是指涉及生产的直接原材料、设备等的采购,这类采购依赖于企业预测与计划能力的大小,通常在企业管理中容易得到管理;而间接采购通常指工作的日常必需用品和服务的采购,如通信、办公设备、办公用品、差旅服务等,这些物品每项的价值不大,但却往往是大宗购买,其采购量是难以预见的,因此这类采购可管理性差。

采购在给企业带来经济效益的同时也产生了采购成本。企业为寻求采购经济效益的最大化,不断降低采购成本,关键就是要努力追求科学采购。网络贸易采购简化了采购流程,提高了采购效率,减少了采购成本,尤其使企业间接采购的可管理性差问题得到了很大程度上的解决。随着网络贸易采购的实行,在直接与间接采购方式之间的传统区别开始变得模糊不清。毫无疑问,网络贸易采购属于"科学采购"这一范畴。

电子商务时代以来,在网络贸易实务的基础上,人们总结形成了诸如网上采购、网络采购、电子化采购、电子采购和电子采办等网络贸易采购相关概念,但是目前还没有形成统一的提法及权威的定义。网络贸易采购具有广义狭义之分,而现有几种概念的定义也无非是对网络贸易采购的广义或者狭义的解释,值得我们借鉴参考。

目前,电子化采购的各种定义中最为常见的是:电子化采购是指通过互联网,借助计算机管理企业的采购业务。具体讲就是,开展电子化采购的企业通过建立电子商务交易平台,发布采购信息,供相应的供应商选择,或主动在网上寻找供应商、寻找产品;然后采购企业通过电子目录了解供应商的产品信息,通过网上洽谈、比价、网上竞价选择合适的供应商,实现网上订货,甚至网上支付货款,最后通过网下的物流过程进行货物的配送,完成整个交易过程。

电子采购,也称电子采办,是将整个采购过程,包括从采购商到供应商再从供应商到采购商,进行简化、集成和使之流程化的电子商务解决方案的增值应用。电子采办最初是订单交易自动化的同义语,通常指的是电子请购或电子购买。电子请购可使企业内的使用者通过简单的网络浏览器工具,以及预先制定好的电子目录向供应商下达订单。电子请购应用程序已被许多企业采用,企业通过引入一个通用且简化的采购处理系统,减少那些间接采购开支的零零星星的买卖活动。

中国电子商务研究中心采用"网络采购"的叫法,并给出相对规范的定义:网络采购,就是以计算机和网络技术为载体,通过网络这种成熟、便利的工具寻找产品及供应商资源,利用网络信息交流的便捷与高效进行产品的性能价格对比,并将网上信息处理和网下实际采购操作过程相结合的新型采购模式。

随着网络贸易采购的发展,各概念间的区别已逐渐淡化模糊。虽然都属于网络贸易采购的范畴,但是网络贸易的方式是多种多样的,因此,网络贸易采购的方式也可以有多种,其中最为主要的是网上招标、网上采购和网上招标、网下采购。网络贸易采购更加趋向于形成一个完整的采购体系:实现网上对外采购项目的信息公告、招标、投标报价、定标等过程和线下内部采购软件合理应用的"内外结合,软硬兼施"的采购模式。

2. 网络贸易采购的类型

企业要开展网络贸易采购,必然涉及软件系统和硬件设施的投入。需要注意的是,原有采购系统的利用率影响到这些投入的效益,同时,实施新的采购系统也需要一定的熟练过程。因此,在实践中,企业应该根据自身的实际情况,比如经营状况、竞争环境、产业规模、员工素质、现有采购体制和网络环境等,制定适合该企业的网络贸易采购解决方案,从而选择不同的采购方法。网络贸易采购的类型大致可以分为 3 种:

1) 独立采购

独立采购是指企业根据自身特点独立设计开发网络贸易采购系统,并利用该系统完成企业自己的采购任务。这种采购类型的优点是,采购系统的专用性强,能充分利用企业原有系统软件,比较能够满足企业的特殊要求;同时,企业员工比较容易上手并能够熟练地运用该系统,企业不必花大量的时间和费用对其进行培训供其学习多种采购系统的操作。例如,某机械制造企业有三千多名员工,它每年的零部件、设备、维护维修及运营供应所产生的采购订单达 7 万份。该企业采用独立的自动采购系统,允许具有采购权限的员工在系统上直接订购所需物品。比如,一名办公人员订购某种办公用品后,很快办公用品就会送到。此外,该企业还可以把一些固定的供应伙伴纳入自己的系统中,进一步简化采购流程,提高采购效率,降低采购成本,免去了员工学习多个不同的在线采购系统的环节。

2) 行业采购平台

降低成本是企业提高竞争力、创造更多经济效益的有力武器,参与网络贸易采购的企业家们已将眼光放得更加长远,挑选合适的竞争者建立合作关系,利用共同的采购平台,降低采购成本。最为著名的例子或许就是,由美国通用、福特和戴姆勒-克莱斯勒3大汽车公司联合组建了一家全球最大的汽车行业零部件采购网络——科维森特(COVISINT),日本日产汽车公司和法国雷诺公司也加入了这一采购系统。各大汽车公司通过该平台同他们的数十万家供应商进行联网。据福特公司统计,通过网络采购,每笔交易的费用只有15美元,而传统方式采购的交易费用是150美元。零售业中,长期的竞争者西尔斯与家乐福和五个资本合伙人联合建立了全球网络交易中心。目前,我国也相继建立起医药行业、钢铁行业、零售行业以及塑料制品行业等各种行业采购平台。

超越行业的界限,由交叉行业联盟建立了综合性门户网站。并随着网络贸易的发展,逐渐形成了全球性的网络贸易中心,允许来自不同国家的各种类型和水平层次的采购商和供应商通过一个平台来交易他们所有的商品,比如我国著名的阿里巴巴网站。这是一种发展趋势,更符合网络贸易实现贸易全球化的发展特性,最大程度地实现了采购成本的降低。

3) 采购外包

采购外包就是企业在关注自身核心竞争力的同时,将全部或部分的采购业务活动外包给供应商,结合企业外部的专业与人力有效地完成采购目标。采购外包的优点是,既可以获得更低采购成本、更高采购效率的专业化服务,从总体上降低企业采购运作方式,提高采购运营效率,又可以将自己的全部智能和资源专注于核心采购业务,在新的竞争环境中提高企业的竞争能力。同时,网络贸易采购技术的引进,为监测和管理采购外包提供了必要的可见性和有效的控制手段。目前,国内就有提供这种采购外包服务的企业。已被全球500强企业 Office Depot(欧迪办公)收购的亚商在线曾作为中国最大的办公用品网络采购服务商,专注服务于B2B网络贸易企业,主要是提供一站式的采购服务,产品包括办公用品、办公耗材、办公设备、办公家具等。亚商在线构建了一个网上直销业务平台,为客户提供低成本、高效率、透明化的采购服务。

3. 网络贸易采购的原则

企业的物资采购实现对整个企业的物资供应,有3个基本目标:适时适量、保证质量和成本最低。企业在实施网络贸易采购方案时,只有遵循一定的网络贸易采购原则,才能选择正确的采购类型,实现采购的这3个基本目标,真正发挥网络贸易采购作用,为企业带来预期的经济效益。

1) 保证企业主要领导者的支持甚至参与

这是考虑到,如果能尽早得到高层领导的加入和支持,就会有实施网络贸易采购活动的自由余地,也可以方便所有的股东参与进来,形成企业、供应商和合作伙伴目标的一致。网络贸易采购行动不仅是企业战术和技术上的问题,而且需要从战略的高度来考虑,否则就将出现问题。比如,如果企业实施网络贸易采购的主管人员本身对商业需求和工程方案缺乏一个基本的认识,肯定也得不到高层领导的重视,资金和资源的需求不能得到满足,糟糕的是可能会导致最终的技术解决方案缺乏统一。因此,在制定网络贸易采购方案的阶段,让所有主要领导人参与讨论是至关重要的。讨论的内容应该包括:实施网络贸易采购所要实现的目标,为什么实施网络贸易采购是必要的,这将如何影响当前其他经营活动,需要多久才能发挥作用,哪些人要参加,要花费多少资金,预期的投资收益。经过高层领导的充分讨论,最终达成一致意见,拟定网络贸易采购初始方案。

2) 网络贸易采购解决方案和企业整体网络贸易发展战略相统一

显然,网络贸易采购属于网络贸易的范畴,网络贸易采购应当被视为企业总的网络贸易战略的一部分,而不是独立的一个新的网页、一个在线中心采购的组合、一个决策支持系统,因此企业拟定的网络贸易采购解决方案要和企业整体网络贸易发展战略保持一致。事实上发现,企业处理网络贸易战略行动的方法往往多种多样,并且互相矛盾容易发生冲突,多有重叠造成资源浪费。可以依据系统论的整体性观点来解决问题,从系统整体再到局部要素,不仅仅着眼于各个要素的优劣,而是从整体出发,着眼于要素间的联系和作用,通过这些联系和作用的有机组合以提高系统的整体水平。也就是说,企业需要尽量以原有的采购系统为基础构建网络贸易采购系统,并对其与组成企业网络贸易整体项目的其他许多较小但同样合理的项目一起,例如 ERP、SCM、CRM 等系统,按优先顺序排列、协调,实现网络贸易采购解决方案和企业网络贸易战略的整合。

3) 相关供应商的参与

对于任何一个网络贸易采购解决方案的成功实施来说,相关供应商的参与都是至关重要的。但对于泛泛的网络贸易采购方案,供应商们不感兴趣而且也不愿意参与合作,导致电子采购方案的实施不甚理想。供应商们担心因此泄露敏感信息,容易造成采购商的各个供应商之间互相竞争,而威胁到自身利益。另外,他们必须在信息技术设备和人员培训上进行必要的投资,然而这些投资的收益却不是很直观明了。结果往往就是,网络贸易采购方案遭到供应商方面的抵制,企业因高估供应商引入网络的能力和意愿而遭受损失。

所以,企业在实施网络贸易采购方案时,应该确定好应将哪些供应商看做企业网络贸易采购整体的不可分割的一部分,并把他们直接包括进企业的网络贸易采购解决方案的要素范围。

4) 重新设计业务流程

企业的目标是通过流程来实现的,那么可以说,企业的采购目标就是通过采购流程来实现的,对采购流程进行彻底的、革命性的改造,进而实现企业网络贸易采购战略性的转变。因此,在实施网络贸易采购之前,对现有的采购业务流程进行重新设计是非常重要的。之所以这样讲的另一方面原因是,网络贸易采购系统作为企业资源的信息化规划系统,它的实施本身就对企业业务流程提出了改造的要求。伴随着采购流程,会产生采购需求、在线招标、采购入库、应付账款等重要数据,要做到数据和信息的统一与分享,显然在业务流程过程中每个活动单元环节,数据的处理任务、方式、流向等都会较网络贸易采购方案实施之前发生重大变化。

4.1.2 网络贸易采购特征

1. 传统采购的常见问题

为了更好地认识网络贸易采购的特征,不仅要了解网络贸易采购的基本概念,还要清楚传统采购的常见问题,从而更好地发挥网络贸易采购的优势,规避实施网络贸易采购带来的风险。

(1) 采购部门对企业内部具体部门的需求响应迟钝。

传统采购模式中的采购部门始终处于被动地位,虽然采购专员通过一定市场调查,确定好了调查范围内性价比较好的商品及其供应商,但往往决定权在设计人员或具体需求部门手中,他们规定买什么就买什么,双方容易产生难以调和的矛盾。并且,由于采购主管没有参与到企业的全面战略的管理层,无法和设计人员在可长期供货性、成本和标准化等采购思想上达成统一,不能充分把握企业的采购需求,最终造成采购部门对具体部门需求的响应迟钝。

(2) 低效的供应商选择和订货操作过程。

传统采购模式中,供应商的选择是一项费时费力的事情,而且选择结果往往还不是最佳的。采购人员需要挨个到众多供应商的产品目录里查询产品及其定价信息。由于信息来源的多样性,采购人员需要花大量时间对这些信息进行人工汇总,才能从中筛选合适的供应商。

供应商确定后,企业要以纸介文件形式提出需求,与供应商进行多次传真、电话联系,有时还需要多次见面洽谈,才能正式签署订单合同,导致整个订货过程效率很低。

(3) 采购存在盲目性,缺乏灵活性。

这里主要指的是采购时间和采购量的选择上存在盲目性。由于采购过程的低效率和费时,企业尤其是大企业常常大量采购,以应付未来之需。这样,很多企业需要一定的费用支持存货,而实际上,这些存货很可能在几个月后才能派上用场。此外,由于采购人对供应商的比选不充分,采购商品和服务的价格很可能较高,再加上采购的潜在成本,使得采购商品或服务成本超出预计,造成昂贵的存货成本和采购成本。

另外,采购工作的信息处理量大,传统采购模式中没有针对性的信息系统支持,企业采购基本数据难以汇总和分析,不利于预测和控制采购行为。一旦有突发的紧急采购需求,企业的控制力度小,难以及时响应,容易影响生产进度,错失商业机遇,乃至付出更高的代价。

(4) 不规则采购,缺乏统一规范的战略意识。

不规则采购,一方面表现在,企业总体采购量很大,但实际上分散采购的项目繁多,金额大小的分布也极不均衡,其中不少都是具有各个部门特定要求的特殊项目,传统采购模式中往往缺乏统一的规范,容易造成各个部门或组织各自为战,松散采购,无法形成采购中的规模经济效益;另一方面表现在,采购过程人为因素难以排除,透明度不高,随意性强,导致不必要的资源流失,还有不按照正常的采购程序采购的,如没有合同的非授权采购,使企业无法获得其采购合同谈判所带来的好处等,这些都给企业带来了经济上的损失。

(5) 繁琐的采购管理流程。

以防止产生因不规则采购导致的不必要的资源流失和经济损失,在传统的采购模式下,一般企业都会建立一套分级采购审批程序。然而,这种审批程序为本来就低效和费时的采购过程又加上了新的枷锁。

总的来说,传统采购业务流程的效率不高,从而导致业务成本提高,采购周期延长,对采购的控制不强,无法形成采购中的规模经济效益。鉴于传统采购方式自身所存在的种种缺陷,人们也在不断地对传统采购模式进行改进。而要简化采购流程,提高采购效率,控制采购成本,关键应从采购方式的战略性转变着手。

2. 网络贸易采购的优势

网络贸易采购作为企业网络贸易整体发展战略的一部分,其本身就具有网络贸易带给企业的一系列竞争优势。网络贸易采购使企业能够随时了解市场行情和库存情况,制定销售计划,把采购项目的信息公告、发标、比价、定标、洽谈等过程放到网络上来进行,在线采购所需的商品,并对采购订单和采购商品进行在途、台账和库存管理,实现采购相关的数据和信息的自动统计分析和实时记录。与传统采购模式相比,网络贸易采购有着非常明显的优势,它使采购流程得以优化,并在控制采购成本、提高采购效率、增加采购透明度等方面使采购企业和供应商双方受益,实现"双赢"。并且有数据表明,企业应用电子采购可以降低产品成本的5%～10%,降低流程成本的70%,缩短采购周期的50%～70%。

(1) 网络贸易采购可使企业掌握采购主动权。

这个优势可以从3方面体现:首先,企业根据自己的实际需求,通过网络公布采购的商品及其采购的具体要求,供应商必须按需求提供采购物资,从而减少了采购的盲目性;其次,企业利用网络发布采购需求信息,供应商展开网上价格和质量竞争,由企业根据电子目录中的供应商及其商品情况择优定标,中标者将质优价廉的商品配送到指定地点;再次,企业可以通过网络随时和供应商保持联系,以便实时沟通,从而及时获取售后服务或者追加订单。

(2) 提高采购的透明度。

通过将采购需求信息和网上采购的业务流程在网络贸易采购平台上公开,由计算机根据设定标准自动完成供应商的选择工作,有利于实现实时监控,避免"暗箱"操作,提高了采购商品和采购价格的透明度。网上交易的透明化,不仅使采购商采购到最为物美价廉的商品,而且使供应商一方得到了公平竞争,并获得大量的产品需求信息、竞争对手情况进行市场分析预测以制定生产计划。

同时,网络贸易采购系统将企业内部的相关部门之间、甚至企业和供应商之间实现了信息共享,使企业内部不同部门的协调、历史交易档案的查询、供应商履约情况的监控变得轻松快捷,从而实现了企业内部采购信息的透明化。

总之,网络贸易采购能够更加规范和监督采购程序的操作,大大减少了采购过程中的人为干扰因素,有利于提高采购的透明度,实现采购过程的公开、公平、公正。

(3) 降低采购成本。

首先,网上交易的透明化,保障了采购的最优化,控制了采购成本。网上采购实现了区域性采购向全球性采购的转变,突破了传统采购供应商数量的局限性,扩大了供应商范围,从而使采购实现更优,企业有可能找到更加物美价廉的供应商,降低采购成本。由于网上的竞争是透明的,产品价格的不断下降已是不可逆转的发展趋势,所以网络贸易采购还能进一步使企业获取廉价供应,节约采购成本。

其次,网络贸易采购由于建立了采购商和供应商直接进行沟通和比选的平台,企业进行在线订货,实现无纸化办公,大大减少了文件处理、信息收集、通信以及其他繁琐的交易程序,提高了效率,从而降低了采购成本。

另外,网上采购使得传统采购模式下局限在一家或少数几家供应商的采购渠道得以拓宽,采购企业不必因为一家供应商的停产、减产或者本地市场价格的上涨等原因而准备大量的存货,从而显著减少了由过度存货造成的库存成本。同时,网络贸易采购本身就是一种"即时性"采购,从提出采购需求到采购商品的到位可以做到紧密衔接,不会产生大的延误,这样也就保证了库存管理达到最优化,在总体水平上降低了采购成本。

(4)提高了效率,缩短了采购周期。

首先,在网络贸易采购中,企业利用互联网可快速获取信息和传递信息,在网上发布需求信息进行招标,节约了寻找所需商品及供应商的时间,并由计算机根据设定标准评标,自动完成供应商的选择工作。同时,企业可以按照自己的特殊要求自由设定交易时间和交易方式。过去要在十天、半个月才能生成的采购订单,在网络贸易采购中可以立即完成,从而大大加速订单操作过程,缩短了采购周期。尤其对于那些极为分散的、种类多而数量并不大的商品,网络贸易采购的这一优势将表现得更为充分。

其次,在传统的采购过程中,由于大量的人工数据传输,往往会出现一些人为错误,如装运日期、不同规格商品的数量等往往会出现差错,甚至会造成采购工作的失败而要重新进行采购,大大影响了采购的效率,延长了采购周期,使企业遭受经济损失。网络贸易采购实现了采购信息的数字化、标准化,采购商与供应商之间以及采购商企业内部繁琐的手续都得到了简化,消除了多余的采购环节,并将简化的采购业务流程自动化,从而使企业减少出错率和订单处理时间,提高了采购的准确性和效率,缩短了采购周期。

另外,网络贸易采购打破了传统采购模式中将采购流程仅仅看做是一套各自独立的活动的落后观念,对采购流程进行了整合,最终使采购成为一个从预测制定计划到整个供应商网络的完全统一的过程,从而进一步提高了效率,缩短了采购周期。

(5)利于评估供应商。

网络贸易采购提供一套商家信用评估体系,采购商和供应商可以对双方交易的过程和结果在网上发表意见和做出信誉评价。采购企业可以对供应商的产品和售后服务进行打分,通过自己的数据库进行分析评估,得出供应商的交易诚信得分,或参考系统中现有供应商信用评价情况,对于信誉差的供应商禁止其投标、报价。另外,供应商静态数据库的建立也为企业采购提供了方便的查询手段,帮助企业及时准确地掌握了供应商的变化,可以提前预见供应商的供货能力,及早采取措施降低风险,同时也为供应商的选择提供了决策支持。

(6)实现战略性采购,并提升整个供应链的获利能力。

网络贸易采购是企业的战略采购,要求企业从长期发展战略的高度来制定采购决策。在网络贸易采购系统的支持下,采购主管能够摆脱以前日常的非增值性采购活动的束缚,使采购主管真正能够实现从战术性角色向战略性角色的转变,开始重视对未来的供需情况预测、开发并培养有竞争力的战略合作伙伴,使企业实现前瞻性的战略采购。

网络贸易采购有助于供应链的扩展,而通过将网络贸易采购纳入整个供应链管理战略,能够利用互联网在供应链成员间进行实时的、低成本的信息传递,成员间彼此分享生产计划和库存水平等信息,共同安排需求预测以提高预测的准确性。由于供应不确定性的降低以及供应链成员之间动态的沟通,使得供应链上的总体库存水平大大下降,从而降低了供应链的总成本,提高了供应链的获利能力。

(7)有助于企业整体战略性地位的提升。

网络贸易采购战略是企业网络贸易整体战略的一部分,但并非独立存在,它和网络贸易战略中的客户关系管理、营销、物流等其他战略部分相互推进相互影响。因此,网络贸易采购在帮助企业提高采购效率降低采购成本的同时，还影响着企业的方方面面，要求企业在实施网络贸易采购之前就做到：考虑企业与供应商的关系整合，如何组织从客户到供应商的整个供应链；洞察当前网络贸易采购市场存在的细微差别，并决策何种服务需要采购还是自制；确定采取哪种网络贸易采购模式来实现企业采购效益的最大化。制定一个完整的商业战略之后，企业才应考虑建设相应的系统平台。所以，从某种意义上来说，网络贸易采购并不仅仅是采购活动的电子化，而且有助于企业整体战略性地位的全面提升。

3. 实施网络贸易采购的风险

实施网络贸易采购会给企业带来良好的效益，但同时不可忽视的是，实施网络贸易采购的过程中也蕴藏着一定的风险性。企业应对其中的风险进行预测判断，及时采取措施规避风险，减少或消除由于风险带来的效益降低。网络贸易采购风险主要有来源于企业外部的信用风险、信息风险、交易安全风险、法律政策风险等共性风险，以及来源于企业内部的技术风险、管理风险、投资风险等个性风险。

（1）信用保障体系不够完善，引发信用风险。

网络贸易采购中的信用风险有两种，一是采购商不履行金融义务而使供应商发生损失，二是供应商不能及时地、准确地、按质按量地完成订单，而使采购商发生损失，并将会使其对供应商甚至网站的信誉预期大大降低，从而导致该供应商市场占有率下降。对企业而言，信誉损失往往比金钱损失更加惨重。网络贸易采购中的信用风险主要是由供应商信用问题引发的企业信用风险。

网络贸易是虚拟世界，交易双方不直接见面，在身份的判别确认、违约责任的追究等方面都存有一定困难。这也决定了信用风险远较传统业务中发生的概率大。而网络贸易采购的运行，必须以参与成员之间高度的信用依赖和信用确信为基础。因此，从一定意义上说，网络贸易采购也是信用采购。一个社会的信用保障体系越完善，其经济的发展基础就越坚实。同样，一个网络贸易采购平台的信用保障体系越完善，就会使越多应用该平台的企业的发展基础越坚实。因此，要求建立信用评价体系，制定信誉评价制度，通过社会各方的共同努力营造社会信用环境，来规避信用风险。

（2）信息风险。

信息风险指信息虚假、信息滞后、信息不完善、信息过滥、信息垄断等有可能带来的损失。在信息传递过程中，如果企业不能及时得到完备的信息，就无法对信息进行正确的分析和判断，无法做出符合理性的决策，大大影响了供应商的准确投标以及采购商的正确评标定标。信息虚假、信息滞后和信息不完善性会对网络贸易采购的运行安全产生威胁。而信息作为一种资源在网络贸易采购的开展中起到了决定性的作用，但同时也带来了信息过滥的问题。这使得企业从众多的信息中挖掘自己所需要的信息会非常困难，该留的信息没有留下，不该留的反而留下了，便容易导致出现信息不足，或是信息失真的风险。最后，信息垄断也是传统企业发展网络贸易时不得不防的问题。信息风险的直接表现是网络欺诈，不仅使采购商和供应商在经济上蒙受重大损失，更重要的是它可能会使企业对网络贸易采购这种新的经济形式失去信心。

（3）交易安全风险。

由于 Internet 运用 TCP/IP 协议和开放的体系结构，强调高效和通信而疏于安全性，企业上网采购,在进行合同签订、合同传递、货款支付等行为过程中,网上信息是否真实可靠、重要信息如何不被篡改或窃取等成为企业十分关心的问题。若不妥善解决安全性问题,网络贸易采购就很难进行。交易安全风险首先是由于网上交易极大程度依赖于计算机软件,经其进行的交易大多是瞬间的、不受地理距离限制的,控制传统经济行为的那些理论和方法对软件往往不再适用或不起作用,从而有可能使周期性的经济动荡变得更为频繁,幅度更大,还可能引发灾难性的价格战。另外,网上交易有着极大的不确定性,交易数据的更改、交易信息的泄露、交易流程的破坏,都构成了网络贸易采购的安全风险。

安全技术是实现电子商务系统的关键技术,其中包括防火墙技术、信息加密与解密技术、数字签名技术等。一个安全的网络贸易采购系统首先必须具有一个安全可靠的通信网络,以保证采购信息安全迅速地传递。其次必须保证数据库服务器的绝对安全,防止网络黑客窃取信息。在网络贸易采购中,由于交易各方不进行面对面的接触且使用电子交付,这就对电子交易的可靠性和安全性提出传输保密性、数据完整性、信息不可抵赖性、证明交易原始性的要求,即发送方要求提供发送的信息保证绝对安全,而不被非法进行修改;保证只有其目标接受方才可能收到发送的信息,不被非法窃取;接受方能够验证信息确实来自合法的发送方,从而使发送方对此信息的发送不可否认,双方均需对彼此合法身份进行验证。

(4) 法律政策风险。

网络贸易采购法律和政策方面的风险,主要起因于相关电子商务立法的滞后和全球化环境下各国法律和制度的差异。立法的滞后严重制约电子商务的发展,在法律不健全的条件下,企业只能做到尽量不违背现行法律,但企业会担心今后遇到法律冲突。另外,企业即使能够完全做到符合本国法律和制度,也难免会与他国法律发生冲突,各国法律和制度的差异会使企业陷于风险中。

(5) 技术风险。

技术风险指由于技术原因给企业带来的运作风险,它包括以下两种风险:

① 技术选择风险。信息技术的迅速发展,可能使企业面临技术选择风险。如果企业选择了一种最后被技术变革所淘汰的技术方案,就有可能使企业处于技术陈旧、网络过时的竞争劣势,这将导致数据处理速度过慢、技术漏洞较多、系统防范能力差,容易受到黑客攻击和病毒感染,甚至造成系统瘫痪,从而给企业带来不可估量的损失。

② 数据存取风险。由于企业内部人员对系统数据或信息的存取不当而导致的风险。一是企业不合理的责任分工,未经授权的人员进入系统进行数据库修改、删除数据或企业重要数据泄密;二是企业工作人员操作失误,收集错误的数据而带来的风险。

网络贸易采购出现的技术风险对企业的威胁主要有:中央系统安全性会被破坏;入侵者假冒合法用户改变用户数据;接触用户订单或生成虚假订单;客户商业秘密被其竞争者获悉;消费者提交订单后不付款;竞争者可检索企业的产品状况;不诚实的竞争者以他人的名义来订购商品,从而了解有关商品的状况和货物的库存状况;获取他人的机密数据等。

(6) 管理风险。

网上交易的管理风险是指由于交易流程管理、人员管理、交易技术管理的不完善所带来的风险,其中最危险的是来源于人员管理的。人员管理常常是网上交易安全管理上的最薄弱的环节,计算机犯罪往往呈现内部犯罪的趋势,其原因主要是因工作人员职业道德修养不高,安全教育和管理松懈所致。一些竞争对手还利用企业招募新人的方式潜入该企业,或利用不正当的方式收买企业网络交易管理人员,窃取企业的用户识别码、密码、传递方式以及相关的机密文件资料。

(7) 投资风险。

企业采用网络贸易采购这种新采购模式,应考虑投入的总成本包括软件许可使用费用、软件实施费用、购置硬件设施费用、推广费用、维护费用。企业所面临的投资风险主要表现在以下几方面:

由于网络经济的快速发展,新技术变革日新月异,使得传统企业电子商务要获得生存发展必须在信息和技术两个方面跟上整个行业的发展,稍微落后即遭淘汰,企业需要不断地投入资金进行技术开发,同时作为系统相关的固定资产的硬件设施如计算机、复印机、打印机和路由器等,使用寿命较短,需要持续不断的后续投资,加大了企业的采购成本,从而产生了投资风险性。

网络贸易采购产生的采购收益的增加是长期的、逐步的,企业在短期内很难收回投资。而且,收益只能在网络贸易采购项目建成之后从其采购过程中所能节省的采购成本中体现出来,具有不可估算性。这些都使得网络贸易采购投资的回报难以确定,加大了传统企业的投资风险。

有些企业投入很多成本搭建了电子网络贸易采购系统,由于推广应用跟不上,导致应用效果无法达到预期目标。此外,在应用网络贸易采购系统时,要避免形成信息孤岛,必须使其与ERP 系统、物流管理系统、销售系统等原有系统进行集成,打通系统之间的数据交互问题。而在最初选择系统时,要考虑相互间操作能力和兼容性问题以及系统间基础信息的整合问题。

4.2 网络贸易采购方式及流程

4.2.1 网络采办模式

网络贸易采购与其他企业应用软件相比有一个很大的不同点,其他应用软件如仓库管理软件、运输管理软件、财务管理软件等,它们的主要信息都是来源于企业内部,而网络贸易采购所要进行的业务却关系到供应商和采购商两个主体,特别是采购物料信息,均来自企业外部,这给网络采办模式的建立提供了各种可能性。主要说来,企业的网络采办模式有以下 3 种:买方模式(Buy-Side Model),卖方模式(Sell-Side Model)和市场模式(Marketplace Model)。

1. 买方网络采办模式

买方网络采办模式如图 4-1 所示,是指采购商在互联网上发布所需采购产品的信息,供应商在采购商的网站上登记自己的产品信息,供采购商评

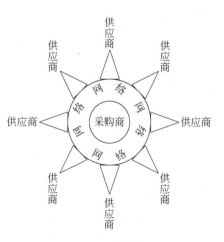

图 4-1 买方网络采办模式

估,并通过采购商网站双方进行进一步的信息沟通,完成采购业务的全过程。这种模式在那些由少数几家大型购买方主导的行业尤为明显,如航天、汽车、零售等行业。采购商承担了建立、维护和更新产品目录的工作,可以更紧密地控制整个采购流程。企业可以自由限定目录中所需产品的种类和规格,甚至可以给不同的采购人员在采购不同的产品时设定采购权限和数量限制。另外,企业只需要通过一个界面就能了解到所有可能的供应商的产品信息,并能很方便地进行对比和分析。同时,由于供求双方是通过采购商的网站进行文档传递,因此采购网站与企业信息系统之间的无缝连接将使这些文档流畅地被后台系统识别并处理。本章案例中的远东控股集团就是采用这种模式,建立了自己的网上采购平台,开展网上招标,实施网络贸易采购。

但是,这一模式对于一般中小企业是不适用的,因为:首先,买方自行建立企业采购网站,需要耗费大量资金,还必须要有专门的 IT 人员进行网站的建立和维护,以及进行采购目录的维护和更新;其次,将来自供应商通过网络发送来的数据信息进行整合和合理化的过程是一项非常艰巨的任务。设想,一家公司涉及成百上千的供应商,就有可能有成百上千的项目条款,每个条款都有很多项规格说明。不同的供应商对相同的产品又有着不同的措辞,为不同的板式图样提供不同的产品 ID 号码。由此可见,在买方模式中,对产品信息进行整合建立产品目录是相当麻烦的;另外,倘若企业的知名度不高,并且其采购网站无论从技术还是形象设计方面同大型企业和机构相比较还是不够成熟,从而对供应商的吸引力也是有限的,采用这种模式,只能是损失惨重。

2. 卖方网络采办模式

卖方模式如图 4-2 所示,是指作为卖方的某个供应商在自己建立的网站上公布其产品的在线目录,允许大量的买方企业浏览,采购商则通过浏览来取得所需的商品信息,以做出采购决策,并下订单以及确定付款和交付选择。这就好比是网络中经营的一家"商店"或"购物中心"。这种采购模式往往被小购买者或者在一次性采购情况下所采用。

图 4-2 卖方网络采办模式

这一模式与买方模式相比,并没有太大改观,仍存在很多缺陷。首先,供应商承担了建立网站、维护和更新产品目录的任务,对于供应商来说同样成本较高、操作较为复杂;其次,由于供应商的网站是普通的门户网站,很难和买方后端的企业内部信息系统很好地集成,从而使采购商的采购模式似乎没有改变:没有自动化,采购商还是得寻找供应商的网站,登录之后,通过目录网络形式输入订单。再次,采购方为了进行供应商选择,必须要到浩瀚的网络中寻找并逐一浏览供应商网站,而且每次都要输入所需的相关信息:公司名称、通信地址、电话号码、账户等,然后更新自己内部的电子目录系统。对于拥有几百个供应商的公司而言,通过这种模式采购商品确实是一件比较费时费力的事情。另外,采购商与供应商是通过供应商的系统进行交流的,由于双方所用的标准可能不同,供应商系统向采购商传输的电子文档不一定能为采购商的信息系统所识别并自动地加以处理并传送到相关责任人处,这些文档必须经过一定的转化,甚至需经手工处理,大大降低电子采购的效率,延长了采购的时间。

3. 第三方电子市场采办模式

第三方电子市场采办模式如图4-3所示,是指供应商和采购商通过第三方建立的电子交易平台进行采购业务的过程。在该模式下,第三方以自身的专业化采购技能,为客户提供完善的电子采购服务,建立了一个网上交易市场和服务平台,支持从买卖信息的交互到交易完成的整个过程,即一站式采购。通过第三方电子交易平台,买卖双方可以得到更专业、更快速、更安全的服务,有利于双方交易的顺利进行。正是由于前面对买方和卖方网络采办模式缺陷的分析,以及企业虚拟化和非核心能力外包趋势的增加,近年来,基于第三方的网络采办模式越来越多地被大家接受。

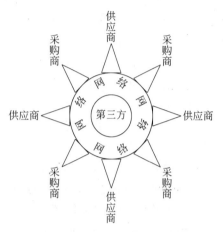

图4-3 第三方电子市场采办模式

但让人担心的是,由于该交易平台是独立的第三方网站,与采购商的后台系统集成恐怕会有一定困难。为了弥补这一缺陷,现今一些网上交易市场特别是由网络贸易采购方案提供商建立的电子交易中心,纷纷采用了基于XML的开放型构架。因为在这种构架下,不论企业自身的系统是什么"语言",都可以通过XML顺利地进行"沟通"。在此基础上,第三方电子交易平台还为客户提供后台集成的服务,使企业能顺畅地通过电子市场进行采购。同时,为确保交易安全,电子交易平台应建立严格的会员注册制度以保证交易者的身份真实有效,建立完善的信用评价体系以更好监督交易者的交易行为和为企业在选择供应商时提供其信用参考。

那么,企业最终应该选择何种网络采办模式,主要取决于两方面因素的考虑,即企业规模和采购物料的种类及数量。因此,企业在实施网络贸易采购时,应按照自身的实际情况和运营特点,采取不同的网络采办模式。

4.2.2 电子数据交换

1. 电子数据交换的概述

电子数据交换(Electronic Data Interchange,EDI),是指按照统一规定的一套通用标准格式,将标准的经济信息,通过通信网络传输,在贸易伙伴的电子计算机系统之间进行数据交换和自动处理。由于使用EDI能有效地减少直到最终消除贸易过程中的纸面单证,因而EDI也被俗称为"无纸贸易"(Paperless Trade)。

EDI以商务为目的,在计算机系统之间进行标准化的数据交换,以电子单证代替纸制文件,进行电子贸易,从而在很大程度上提高商务交易的效率并降低费用,因此是进行网络贸易必不可少的基础。

EDI更注重交易的细节,正因其在简化贸易程序、规范业务流程方面有着重要意义,目前已经被广泛应用于各个领域。在美国,绝大多数的商品通过 EDI 交易,大型企业普遍应用 EDI 与供应商和销售商建立网络联系,而在美国零售业中 EDI 更是占主导地位,一些大零售公司对不使用 EDI 的供应商采取制裁措施,迫使其使用 EDI 同众多供应商进行通信往来,将连锁店、采购者和供应商连接起来。他们建立的订单库存管理系统(OSS)和电子订货系统(EOS),通过系统各连锁店都能自动传送销售信息和订货信息到信息处理中心,并同时将一些特定的信息每天传送给联机往来的供应商和生产厂商,保证了产供销整个流通过程的畅通无阻。在供给环节,由于缩短了交货周期,降低了库存量,所以也节省了采购成本。由此看来,EDI 对于实施网络贸易采购至关重要。

实施 EDI 的条件,不仅包括软硬件的应用和网络通信技术已达到较高层次并具有一定规模,还需要 EDI 标准化基本模型结构的建立和与之相应的系列标准的形成。许多信息技术领域资深专家都认为,EDI 的各项标准是使 EDI 技术得以广泛应用的重要技术支撑。因此,各国都十分关注 EDI 的各项国际标准,并以极大的热情参与 EDI 国际标准的制定工作。其中,EDIFACT(Electronic Data Interchange For Administration, Commerce And Transport,用于管理、商业和运输的电子数据交换系统)是较为通用的一般标准。人们还开发出各种专业化标准:有针对建筑、化学、电子、汽车等领域的行业标准,还有专门用于国际货运的 DISH 和 SHIPNET,以及用于零售和配送的 ANA。

2. EDI 工作原理及操作流程

在 EDI 中,EDI 参与者所交换的信息客体称为邮包。在交换过程中,如果接收者从发送者所得到的全部信息包括在所交换的邮包中,则认为语义完整,并称该邮包为完整语义单元(CSU)。CSU 的供应商和采购商统称为 EDI 的终端用户。

在 EDI 工作过程中,所交换的报文都是结构化的数据,整个过程都是由 EDI 系统完成的。从前面内容,我们可以了解到:数据标准化、EDI 软件及硬件和通信网络是构成 EDI 系统的三要素。EDI 标准是由各企业、各地区代表共同讨论、制订的电子数据交换共同标准,可以使各组织之间的不同文件格式,通过共同的标准,达到彼此之间文件交换的目的。EDI 软件具有将用户数据库系统中的信息,译成 EDI 的标准格式,以供传输交换的能力。当今世界通用的 EDI 通信网络,是建立在 MHS 数据通信平台上的信箱系统,其通信机制是信箱间信息的存储和转发。具体实现方法是在数据通信网上加挂大容量信息处理计算机,在计算机上建立信箱系统,通信双方需申请各自的信箱,其通信过程就是把文件传到对方的信箱中。文件交换由计算机自动完成,在发送文件时,用户只需进入自己的信箱系统。

EDI 通信流程包括 4 大基本功能模块:映射、翻译、通信以及 EDI 文件的接收和处理。

1) 映射(Mapping)——生成 EDI 平面文件

EDI 平面文件(Flat File)是通过应用系统将用户的应用文件(如单证、票据)或数据库中的数据,映射成一种标准的中间文件,是用户通过应用系统直接编辑、修改和操作的单证和票据文件,可直接阅读、显示和打印输出。

2) 翻译(Translation)——生成 EDI 标准格式文件

其功能是将平面文件通过翻译软件(Translation Software)生成 EDI 标准格式文件。

EDI 标准格式文件,就是所谓的 EDI 电子单证,是 EDI 用户之间进行贸易和业务往来的依据。它是按照 EDI 数据交换标准(即 EDI 标准)的要求,将单证文件(平面文件)中的目录项,加上特定的分割符、控制符和其他信息,生成的一种包括控制符、代码和单证信息在内的只可机读的 ASCII 码文件。

3) 通信

这一功能由计算机通信软件完成。用户通过通信网络,接入 EDI 信箱系统,将 EDI 电子单证投递到对方的信箱中。EDI 信箱系统自动完成投递和转接,并按照通信协议的要求,为电子单证加上信封、信头、信尾、投送地址、安全要求及其他辅助信息。

4) EDI 文件的接收和处理

接收和处理过程是发送过程的逆过程。首先需要接收用户通过通信网络接入 EDI 信箱系统,打开自己的信箱,将来函接收到自己的计算机中,经格式校验、翻译、映射还原成应用文件。最后对应用文件进行编辑、处理和回复。

在实际操作过程中,EDI 系统为用户提供的 EDI 应用软件包,包括了应用系统、映射、翻译、格式校验和通信连接等全部功能。其处理过程,用户可看做是一个"黑盒",完全不必关心里面具体的过程。

3. EDI 在网络贸易采购过程中的操作流程

在网络贸易采购过程中,EDI 的一般操作流程如下:

(1) 采购商标明要采购的货物的名称、规格、数量、价格、时间等,这些数据被输入采购应用系统,经过系统的映射、翻译生成相应的 EDI 电子订单,这份订单通过通信网络由 EDI 信箱系统自动投递到供应商信箱。

(2) 供应商的计算机接到订单后,经 EDI 系统软件格式校验、翻译、映射还原成供应商的应用文件格式,同时自动生成一份表明订单已经收到的功能性回执传递给采购商。同时,供应商还应产生并传递一份接受订单通知给采购商,表示供货的可能性。

(3) 采购商的计算机收到供应商的功能性回执及接受订单通知后,经 EDI 系统软件格式校验、翻译、映射还原成采购商的应用文件格式,这时订单被更新了一次。

(4) 采购商根据订单的数据,产生一份电子的"了解情况"文件,并映射、翻译成 EDI 电子单证,通信传递到供应商。

(5) 供应商的计算机收到了采购商的"了解情况"文件,把它翻译、映射成供应商应用文件的格式,并核查进展情况。

4. 标准从 EDI 向 XML 的转化

传统 EDI 将数据信息规范化、格式化,通过网络互联处理,便于不同公司、企业应用或商业运营的数据交换和交流。但是随着 EDI 的普及,它的一些缺点也相应暴露出来。传统 EDI 利用专网或增值网服务,成本较高,使得 EDI 更多地在部分大公司之间采用,大多数中小型企业只能望而却步。另外,基于严格的事务处理的标准集,仅适用于特定应用,而在商业规则经常变动的情况下,难于实现跨平台跨系统的数据交换,是不适用的。

XML 的出现为网络贸易注入了新的活力。XML/EDI 引进了模板(Template)的概念,解决了 EDI 存在的主要问题——映射问题。模板描述的不是消息的数据,而是消息的结构以及如何解释消息,能做到无须编程就可实现消息的映射。如果用户应用程序实现了 XML/EDI,则代理程序可以自动完成映射,并产生正确的消息,同时,代理还可以为用户生成一个 Web 表单。与 Web-EDI 不同,XML/EDI 可以在客户端处理消息,自动完成映射,花费很小。XML 提供了一套统一的数据格式,允许不同格式的数据之间可以相互交换,这种统一的数据格式可以使数据管理和交换的成本更低,也更易于管理。和 EDI 标准一样,不同的行业往往创建不同的规则来确定本行业内交换信息所需的内容模型,以保证行业内彼此能容易且有效地共享信息。XML 通过 DTD(Document Type Definition,文档类型定义)规定数据的格式规范并且用这种规范对数据进行解释、交换和验证。

总之,XML 与 EDI 的结合提供了一种可被广泛理解的商业规范,文档、表单等信息可在不同的系统中相互交换,提高了数据的可持续性,降低了由于商业规则上的变化所引起的额外应用成本,保证同旧系统的连接,使原有投资增值。

4.2.3 电子目录

1. 电子目录的相关概念

电子目录是一种利用 PDF(Portable Document Format,可移植文档格式)技术的新一代企业宣传利器,巧妙地融合了传统印刷和当今流行的互联网技术,为企业宣传提供了一个前所未有的便捷、快速、最大范围的宣传手段。狭义的电子目录只是一些包含产品信息(如产品名称、规格描述及价格等)的静态 WWW 页面的集合。然而,随着其优势的日益突显,电子目录的作用不仅局限于简单的产品宣传,它有了更为广泛的定义:电子目录涉及从产品选择到订货、支付等一系列过程,即"发现到支付"的过程,是网络贸易的关键组成部分。它是一种基于 Internet 而迅速发展起来的全球性市场的前台,并作为一种多功能应用系统,被广泛用于广告、市场、销售和客户支持。

电子目录按其应用客体及商业用途可以分为,用于企业和消费者之间的零售目录和用于企业之间的采购目录。当然,本节着重讲的是网络环境下用于企业之间的采购目录。在网络贸易采购系统中,企业需要一个完善的电子目录,用于 B2B 平台,以便在供应商和采购商的信息系统之间进行产品信息的自动化交换,并且这种信息交换已经成为网络贸易发展中的一个基本组成部分。产品分选、商业交易、系统维护等都要依赖可用的产品数据,因此,电子目录的管理和集成是网络贸易核心技术之一。

为促进供应链管理中电子目录集成,满足企业电子目录服务个性化要求,必须推进网络环境下电子目录标准的制定。目前全世界有关电子目录的标准多达 25 种,这些标准大多数是基于 XML 标准。因为基于 XML 的规范化电子目录标准,可以很好地解决商品概念、属性等方面信息描述规范化的问题。

2. 电子目录采购流程

采用目录式采购,一般要进行如下采购流程:供应商登录网络贸易采购平台,通过自助式电子目录管理,将自己的产品及价格(可提前协议商定)上传到网络贸易采购平台;采购商通过目录自动搜索技术,搜索到一个统一的目录,从而快速查找和对比产品或服务,认可供应商的产品质量和价格后直接创建目录订单,供应商在接到订单后送货。目录式采购系统流程示意图如图 4-4 所示。

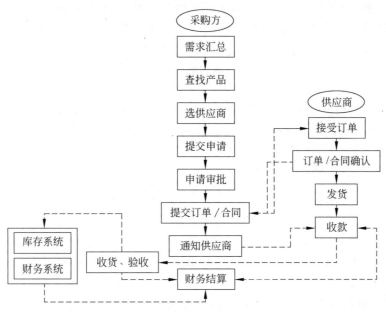

图 4-4　电子目录采购系统一般流程图

3. 目录式采购的特点

电子目录有两个显著特点：数据量大和检索速度快。目录式采购，作为电子目录在网络贸易中的一种应用，具有更多具体的特点。

1）可交互性

网络环境下电子目录采购系统在采购商与供应商间建立了双向的通信渠道。例如，当某企业采购人员浏览电子目录时产生了疑问或有不同意见，可以按 E-mail 键，输入意见或建议，并即时得到反馈。即时对话的能力使得企业与企业之间能够保持更紧密的联系，同时使得企业对产品供应商的情况相当了解，双方容易建立比较稳定的供货关系。

2）动态更新

电子目录存储在服务器中，用户通过浏览器访问。电子目录的内容可以根据采购信息的变动在服务器上即时自动更新，并且用户能通过浏览器即时看到更新内容。电子目录动态更新的特性，使采购商能对多变的市场情况迅速反应并调整采购计划，使供应商通过调价、更换包装等手段做出迅速反应。

3）超文本性

Internet 提供了丰富的信息资源，从匿名 FTP 文件到 Gopher 文件到新闻组。电子目录建立在 WWW 上，WWW 提供了一种把相关信息联系起来的极好的方法。比如，一个布料产品目录不仅可以提供关于布料的材质、花样及价格的信息，还可以提供制造商、织布工艺等相关信息的链接，这些超链接资源增加了目录本身的价值。目录式采购的超文本性，有助于采购商能更充分、更准确地了解产品信息，是选择最优供应的基础。

4）全球性

网络环境下，电子目录是全球性市场中的一个购物站点，并能以较小的成本在全球范围内传播。因而,建立电子目录进行目录式采购是一种很有吸引力的方法,它尤其为中小型公司在全球竞争提供了无可比拟的有利条件。比如,目录式采购使得企业即使在当前市场采购商品价格上扬的情况下,也能在全球其他市场找到物美价廉的商品,从而保证了在一定时期内,产品价格相对稳定,不会有剧烈的波动。

5) 采购量大,采购频率高

这是由电子目录的显著特点——数据量大和检索速度快所间接导致的,并基于以上4种目录式采购特点,企业在电子目录采购活动中所体现的特点。

4.2.4 电子拍卖和反向拍卖

1. 拍卖与反向拍卖

拍卖是指以公开竞价的方式,将特定的商品或财产权利转让给最高应价者的买卖方式。按买卖双方所处的地位划分,拍卖可以分为正向拍卖和反向拍卖(reverse-auction)。正向拍卖是以卖方为主,买方自由竞价;而反向拍卖则是以买方为主,卖方自由竞价。反向拍卖又叫"拍买",在拍卖过程中首先由买方针对某一特定数量的特定商品给出一个最高价和一个保留价,降价竞争在卖方之间展开,卖方为了与买方达成交易,逐步压低价格,直至达到一个所谓的最低价,即卖方无法给出更低的价格时,买卖双方成交。这种反向拍卖一般出现在买方市场上,市场上买方较少,卖方却很多。

2. 电子拍卖

电子拍卖(e-auction)则是通过网络实现的拍卖行为,是建立在计算机网络技术上的一种全新的电子商务模式。电子拍卖最早在局域网中存在,并于多年后在1995年开始应用于因特网中,允许卖家将商品在网络上公开出售并允许买家竞价。许多网站都有一定的行为规则,以保证交易的公平性。同时,万维网、EDI、数据库、网上支付、信息安全与加密等网络和信息技术的不断完善,为电子拍卖提供了完全的技术支持。互联网的高速、实时、互动、资源共享的特性使其成为众多的社会经济活动的载体。

在电子拍卖中,同样存在并且大多数情况下存在由买方先出价的反向拍卖。电子拍卖有不同的形式:比如买方可以限制竞价者的数量,决定是否公开竞价者的名字,或限制竞价次数,或多方面衡量潜在卖方出价等。电子拍卖的灵活性给网络贸易采购带来了革新。现代采购中所说的电子反向拍卖采购就是这一革新的产物。

3. 电子反向拍卖

欧盟公共采购指令就电子反向拍卖进行了定义:电子反向拍卖就是一个重复性的程序,采用电子设备报出新的报价(报价不断地降低)和(或与)投标特定成分相关的新的价值,新报价或者新价值的提交是在初步对投标充分评估后进行的,目的是为了利用自动评估方法对报价进行排名。

可见,电子反向拍卖就是在对投标进行初步全面评估后,利用一个电子设备提交新的报价和/或某些投标因素的新的价值的重复过程。具体而言,在电子反向拍卖采购程序中,供应商通过互联网在规定的时间内不断提交价格更低的投标而相互开展竞争以赢得合同,采购实体按照其报价及其他事先确定的标准确定最终排名,并进而依据该拍卖结果授予合同的一种采购程序。

反向拍卖采购技术针对传统采购方式的局限性,顺应企业最大限度降低采购成本、提高采购经济效益的要求,营造激烈竞争的竞价现场,改变传统"面对面"和"只投一标"机制,采购商不必再在众多销售商的网站上搜索产品和供应商,而是可以要求所有的潜在供应商报价,使企业通过异地、远程、实时、逼价引发供应商间的激烈竞争,从而极大地降低采购及交易成本、变革采购流程、提高采购透明度。这种采购机制是如此新颖,以至于在企业的网络贸易中发展最快。

虽然反向拍卖采购压低了供应商的商品价格,但使供应商凭借实力获得了交易机会,同时供应商通过网络直接与终端客户交易,摆脱了中间商的盘剥。在交易完成后,供应商还可以知晓本企业产品成本与国内外同行业竞争对手的差异,明确自身的竞争地位,从而确立战略目标,进而加快产品创新,加速品牌建设,以摆脱买方市场,因此反拍卖采购技术的应用对供应商也意义重大。

4. 网上拍卖采购系统一般流程

1) 规划

首先,在实施反向拍卖电子采购以前,企业要根据自身情况对反向拍卖电子采购进行可行性分析,并根据自身的需求,制定采购计划,按照采购计划制定采购商品的质量和服务标准以及标底价格。

2) 准备

在进行完可行性分析后,要制定标单,联络反向拍卖方案提供商,提出采购申请,反向拍卖电子采购方案提供商对于反向拍卖电子采购的运作有着丰富的经验,还有专业的IT人员,有信息丰富的数据库,可以对采购提供建议,提供供应商名单。采购方要对众多供应商进行资质评审,若使用邀请供应商的形式,还要筛选供应商名单。

3) 发标

在反向拍卖电子采购平台上发布采购需求,上传标单,公布采购商品的名称、数量、详细的各项规格说明和质量描述,并制定评判供应商报价的参数和标准,如反向拍卖采购类型、最高投标价、竞标日期、竞标时长、交货地点等。如果是公开形式的话,还要设置出价梯度等。采购商一般会设置保留价,但供应商不能看到该保留价。

4) 竞价

准备就绪后,具备供货资格的供货商,按照约定的时间,分别通过互联网商的反向拍卖采购竞价平台,异地实时参与降价竞争。进入这一阶段的供应商数量越多,反向拍卖特别是公开反向拍卖会取得越好的效果。竞价结束后,出价最低且不高于保留价的供应商赢标。

但是有的拍卖方案也不把价格作为唯一的标准,而是根据供应商的最终报价给自己带来的综合效益,综合效益是通过价格、质量、运送、服务等多个指标的衡量得来的。

5) 反馈

竞价结束后,供货价格有优势的供货商按照规则约定获得签订供货合同的资格,采购商或网上招标采购服务提供商还要对其进行合同跟进。同时,采购商应与没有中标的有实力的供应商及时沟通,为下一次招标采购做好准备。此外,采购商应该对每次交易进行分析和评价,找出准备不足和操作失误的地方进行合理改进,及时发现供应商出价规律以制定相应对策,通过一次次交易不断提高自身反向拍卖电子采购水平。

在整个反向拍卖竞价过程中,采购商清楚地知道各个供应商的所有报价情况,包括报价时间、报出价格、报价次数和降价特点,而各个供应商则既不知道其他竞价者是谁,也不知道有多少个竞价者,只能看到不断降低的竞价价格。

5. 反向拍卖电子采购中需要注意的问题

反向拍卖网络采购是一种有效的网络贸易采购方式,但是新兴技术和应用模式的发展和应用,总会伴随一些问题。企业在实施反向拍卖采购时,首先要明确了解其适用范围,注意以下几个问题。

(1) 反向拍卖采购方式是否与企业自身供应链战略相一致。显然,反向拍卖是一种以价格竞争为核心的采购模式,这样就势必在不同程度上影响企业的供应链管理,企业与供应商之间如果是战略合作关系,这种反向拍卖方式肯定会破坏这种关系,因而是不适用的。企业就需要进行缜密的考虑,考虑如何合理利用反向拍卖方式,处理好与供应商之间的关系。比如,可以通过不以价格为唯一标准,而是以价格为基础的综合评价,使反向拍卖得到更加合理化利用。同时,采购商一方面可以利用这种模式引入竞争,一方面也要与供应商及时沟通,处理好与供应商之间的关系。

(2) 反向拍卖采购不是一个通用的工具,采购商必须要分清采购时机,明确采购范围,做好充分准备,尤其是采购成本核算方面,提高采购控制能力,降低风险。标准化的产品、通用性好的产品比较适合反向拍卖采购,而关键性强或质量要求严格的产品应避免采用反向拍卖方式进行采购。另外,采购商在产品质量标准、产品服务规范和竞价原则的制定上要把握合适的尺度,要求太高,门槛高,吸引不来足够的供应商,要求太低,又满足不了本企业的要求。

(3) 反向拍卖的供应商一般都是通过互联网了解到采购信息自己找上门的,供应商的资质良莠不齐。因此,筛选供应商也是采购成功的关键。一般采取要求供应商提供资质文件的方法来鉴别供应商履行合同的能力。但是要注意的是国内信用体系不完善,对供应商征信存在一定困难,因此对供应商信息的真伪鉴别是当前采购中的工作重点。远东控股集团就是采取要求供应商提供资质文件的这一方法,并通过对部分供应商现场审核其资质情况、质量保证能力、生产能力、技术能力和供货保证能力,以确保参与其网上投标的供应商合格。

4.3 网络贸易采购技巧

企业按照网络贸易采购的原则,为自己量身定做好网络贸易采购方案,并开发运行了网络贸易采购系统,就可谓做到了万事俱备。掌握网络贸易采购技巧就是这东风,可助企业一臂之力,保障网络采购系统的成功实施。

4.3.1 采购招投标技巧

1. 采购招标技巧与策略

1) 使更多供应商获得招标信息

(1) 要选择在人气比较旺的采购平台发布,但如果是自己建的采购网站,那么就要运用各种宣传手段提升企业网站的访问量,这样可以保证招标信息可能被更多人看到。

(2) 不仅仅通过网络宣传手段,还要利用其他各种宣传渠道进行辅助宣传,扩大招标信息的传播途径和传播范围。

2) 正确书写标单

标单应包括一般采购需求信息的内容和详细的竞价规则,并列出评判供应商报价的参数和标准,包括最高投标价、竞标日期、竞标时长、交货地点等,并设置合理的保留价,当然该保留价是绝对不能泄露给供应商的。如果是公开形式的话,还要设置出价梯度等。

3) 综合评标

竞价方式是以纯粹的价格为驱动的,必然产生价值评价偏低和与供应商关系淡漠的结果。但是如果企业能够运用各个经济指标采用不同的评价方法对供应商的投标进行综合评价,就能够基本保证招标结果是在保证采购质量的前提下降低采购成本。小项目和简单采购可采用综合评议法和合理低价法,较大项目的评标办法一般采用打分法。以打分法为例,打分法是把总分分成资信、技术、报价3块,各部分权重不同、敏感程度不同。

2. 采购投标技巧与策略

1) 熟悉预算的编制方法

预算是对供应成本进行估算的一种方法。一般而言,预算比较接近于发标企业的标底,那么对投标方,它是投标报价最重要的依据。因此,必须熟悉和掌握预算的组成、原理、编制原则、依据和方法。这是做好报价工作的基础。

2) 善于积累和运用各项技术经济指标

这项工作主要是把自己的每一项报价投标资料,按不同的结构类型分别加以分析解剖,统计出各项技术经济指标。例如在工程招标中,其技术经济指标有工程内容、工作量、结构特征、实物指标(主要材料)、货币指标(综合造价和单位造价)以及形象化指标(占直接费的百分比)等。这项工作一方面可以自核同类型产品价格或投标报价,通过各种指标的对比分析,从宏观上发现其是否合理;另一方面,可以得到比较准确的指标,以充实和提高投标方自己的业务水平。

3) 研究报价技巧与策略,提高中标机会

报价的高低,或一批采购物资中哪些单价宜高些,哪些单价宜低些,这都要求报价有一定的策略和一定的技巧。总之,标价要定得合理,要按价值规律进行测算,要采取优质优价的原则,还要掌握大量的信息,以果断决策。报价"技巧"来自经验教训的总结和对工作的熟悉,这就要求我们不断地从投标实践活动中总结和积累。

对于报价,一般在采购商综合评标的总分中占的权重最大,往往是评标的决定性因素。但对于投标人要时刻牢记得标只是手段,更重要的是要通过实施中标项目取得合理利润,因此投标价格要基本合理,以自己的计算为依据,千万不要以亏损价格抢标,落入恶性竞争的泥潭。

4) 研究招标方的评标方法

这是对研究报价的一个补充,因为根据招标技巧中的综合评标方法打分法,我们还可以看出,资信是招标方非常看重的一个方面,且对企业能否中标起到了非常重要的作用,那么企业在平时就要多争取一些资质和奖项,这对于争取资信分数十分有利;同时技术也是招标方看重的,企业要充分发挥技术人员的主观能动性和编标水平,展现投标方案的可行性、先进性、完善性,尽量在评标中争取多得分。

4.3.2 采购谈判技巧

1. 采购谈判

采购谈判过程,实际是双方实力、智力和策略的比拼过程,企业采购人员要认真分析对方的资料信息,并要掌握谈判的步骤和规则,灵活运用各种谈判策略,从而把握谈判的主动权,为企业创造更大的利润。

一般网络贸易采购中,存在两个谈判的环节,一个是选择供应商的谈判环节,另一个是确认合同的谈判环节,每一个谈判环节都有多次谈判的可能。在这两个环节中,采购商能够与供应商充分交流,在需求规格的说明和理解、技术方案的确定等方面都会产生积极的作用,能较好地帮助供应商改进流程,降低设计和制造成本,在合同价值方面具有增值作用。谈判过程有利于合同中技术与商务条款的解释,有助于提高供应商对合同价值的评价。在这种方式中,如果运用纯粹的电子谈判方式,则会降低沟通水平,影响合同价值及其价值评价,特别对于个人而言,失去个人交流机会,成就感、沟通程度和个人友谊都比较难以达到较高的水平。因此,在这种方式中采用纯粹的网上谈判将会对供应商关系产生不利的影响。

在采购实践中,纯粹的网上谈判采购方式一般仅有目录式采购方式,在其他方式的谈判性环节中,尤其是在大额交易情况下总存在一些面谈过程。在谈判环节中,先期利用网络沟通,澄清需要谈判的问题,有利于凸现谈判主题,改善谈判效率和效果。因此,网络贸易采购中,尤其要注意灵活将两种谈判方式结合使用,这样不仅不会伤害到与供应商的关系,而且有助于与供应商关系的持续发展。

企业谈判讲究技巧和策略,但这是要在符合企业的谈判战略的前提下的。因为,购买者如何与供应商谈判将会影响到他们的长期利益。对具有长期战略合作关系的供应商,他们很可能会根据以下方面考虑他们的谈判方式:

(1) 这种谈判方式会怎样对将来的谈判造成影响,如以供应商的利益为代价谋求短期的或战术性的操纵,这种战略可能会危害到长期的合作伙伴关系。

(2) 开发一个供应商——一个重要的购买组织可能会做出重大的让步,以便影响供应商,鼓励他们开发。但是和别的供应商谈判时,他可能会采取另一种更具攻击性的谈判立场。

(3) 削减供应商基数——给予优先供应商和其他供应商截然不同的对待。

2. 采购谈判组合

谈判可以采取不同的风格,如攻击性的、果断的、恭顺的或被操纵者控制的。人们不能肯定地说出哪种谈判方式是最好的或哪种谈判风格是最好的,这在很大程度上取决于现有的各种关系和目标。然而有经验的谈判者认为,纯粹的基于我得你失的短期操纵别人的谈判风格会导致长期的问题。近年来,更加注重长期的谈判目标,人们趋向于在需求交易和使用四阶段方式解决问题的基础上,向双赢的方式转变。

4.3.3 供应商管理技巧

1. 网络供应商的选择

在网络贸易中,企业要想获得竞争优势对供应链的管理是不可缺少的。在供应链中从上游节点到企业内部直至下游客户,采购供应管理是企业利润的源泉。但是,在网络交易的大环境下,客户希望交易的过程能更加灵活,这样一来客户订单变更甚至取消的情况经常发生,市场变化加剧要求企业的反应能力提高,而通过网络进行采购的企业在选择供应商上似乎面对着更多的困难。选择到优秀的网络供应商,不仅可以提高企业经营的灵活性,而且可以提高并稳定供货质量,降低采购成本。

1) 网络供应商的锁定

网络供应商选择,主要是指借助于网络技术与现实评估手段,粗略地对现有的供应商和准备发展的供应商进行大致的选择,把不符合标准的供应商排除在外。一般来说,网络供应商的确定从4个方面考虑:一是由工艺设计部门在设计过程中提出;二是参照历史数据资料的提示;三是对供应链各个节点之间的关系进行分析,看供应商在供应链里是否处于关键节点上;四是充分利用公共网络上的信息,在公共网络上寻找优秀的网络供应商。通过以上几项要素,最终把供应商锁定在比较大的范围内。

2) 选择网络供应商的基本条件

在供应商选择的初始阶段,就应把供应商与自己企业的产品、工艺、设计联系在一起。供应商选择有4个基本条件,即技术、质量、价格、交货。在技术方面主要注重开发能力和发展能力。在质量方面主要看质量控制的能力、质量体系稳定的能力。在价格方面要看核算能力,看是不是有价格商量的余地;另外,就是综合考虑供应商的核算能力和稳定性,看是否有降价的趋势。在交货方面,一个是看准时的供货能力,另一个是看出现意外情况下的紧急供货能力。

2. 网络供应商评估

网络供应商评估,指企业首先应制定供应商评估的标准,建立一个供应商评估的体系(这个评估体系包括评估用的指标和软件,实施评估以后的资料和数据),依据评估标准按照评估体系对现有的供应商和准备发展的供应商进行评估。网络供应商的评估分为进入评估、维持评估和淘汰评估3个阶段。

(1) 进入评估。主要是根据对供应商的潜在价值和风险的分析,来确定供应商将来在供应链中所处的地位,从而决定是否与供应商展开合作。

(2) 维持评估。要从供应商本身体系运行的情况、供应商的生产能力、财务管理能力、合作绩效评估4个方面来考察在企业运行过程中供应商对自身的维护能力,从而决定是否将与其展开合作。

(3) 淘汰评估。从两方面来进行评估:一是通过绩效评估,供应商的潜在价值丧失,表现为产品品质连续下降、交货脱期、数量不准、价格上涨、服务拖沓、反应迟钝、应急无能;二是通过潜力评估反映出来,主要表现为产品发展停滞、技术装备落后、体系失控、失效、过程监测失准。这样的供应商将面临淘汰。

3. 网络供应商选择与评估的原则

网络供应商选择与评估的总原则是：全面、具体和客观。

建立和使用一个全面的供应商综合评价指标体系，对供应商做出全面、具体、客观的评价，综合考虑供应商的业绩、设备管理、人力资源开发、质量控制、成本控制、技术开发、用户满意度、交货协议等方面可能影响供应链合作关系的各个方面。具体来讲，网络供应商的选择包括以下原则。

（1）系统全面性原则。制定一个全面的、系统的指标体系，能够客观反映出供应商的运营情况。

（2）简明科学性原则。供应商评价和选择步骤，以及选择过程透明化、制度化和科学化。

（3）稳定可比性原则。评估体系应该稳定运作，标准统一，减少主观因素。

（4）灵活可操作性原则。不同行业、企业、产品需求、不同环境下的供应商评价应是不一样的，保持一定的灵活操作性。

（5）门当户对原则。供应商的规模和层次应与企业相当，这样才利于共同发展，维护良好的合作关系。

（6）半数比例原则。购买数量应不超过供应商产能的50%，反对全额供货的供应商。

（7）供应源数量控制原则。同类物料的供应商数量约2～3家，应有主次供应商之分。这样可以降低管理成本和提高管理效果，保证供应的稳定性。

（8）供应链战略原则。与重要供应商发展供应链战略合作关系，有利于企业的持续发展。

（9）学习更新原则。评估的指针、标杆对比的对象以及评估的工具与技术都需要不断更新。

网络供应商的选择与评估是网络贸易中保证企业持续发展的源头，优秀的网络供应商可以与企业实现良好的分工与协作，做到优势互补，风险共担。在竞争日益激烈的网络贸易市场中，企业越来越重视供应商的选择与评估。

4. 供应商绩效考核

电子商务环境下，企业与供应商之间信息高度集成和共享，利于双方形成长远合作的伙伴关系，因此，电子商务环境下供应商绩效的评价除了要对供应商信息化能力的评价给以足够的重视之外，还要有能够反映供应商创新与持续发展能力的指标。如图4-5所示为电子商务环境下供应商绩效评价指标体系，该体系从业务能力、服务水平、信息化程度和创新与发展能力4个一级指标以及具体的13个二级指标对电子商务环境下的供应商绩效进行综合评价。

5. 与供应商建立战略合作伙伴关系

企业与供应商是双赢的共同体，但是除了合作达到双方利益最大化之外，还存在供应商对企业的利益侵害，比如战略供应商及独家供应商带来的风险、供应商高价串标或恶性抢标的风险、供应商的履约风险和交易安全风险。那么如何控制这种侵害使之最小化，控制及约束供应商就成为一个必须要考虑的课题。与供应商建立战略合作伙伴关系是规避这些风险的有效方式。

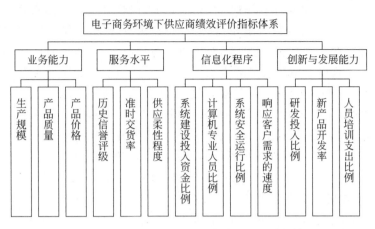

图 4-5　电子商务环境下供应商绩效评价指标体系

1）战略合作伙伴关系概述

客户与供应商的战略伙伴关系,顾名思义,是指存在于客户及其供应商之间的、双方合作的、长期的产品交易关系。已有的许多研究都证实了在一定条件下,纵向整合会给企业带来效益;但毋庸置疑,如果不满足所需条件,纵向整合同时也会在收入不变、甚至降低的情况下,提高成本。企业间的战略伙伴关系是一种基于相互信任,通过彼此间的信息沟通,实现风险共担和利润共享的一种企业关系。双方通过精诚合作所产生的利润比各自独立运作所产生的利润大,因而,这是一种双赢的企业营运策略。

形成的原因通常是:降低供应链总成本;降低库存水平;增强信息共享水平;改善相互之间的交流;保持战略伙伴相互之间操作的一贯性;产生更大的竞争优势,以实现供应链节点企业的财务状况、质量、产量、交货、用户满意度和业绩的改善和提高。与供应商建立战略伙伴关系就意味着新产品技术的共同开发、数据和信息的交换、研究和开发的共同投资。企业选择供应商不再是只考虑价格,而是更注重选择在优质服务、技术革新、产品设计等方面提供合作的供应商。

从历史来看,企业间关系大致经历了 3 个发展阶段:以技术与管理革新为特点的传统企业关系阶段、以制造创新与技术开发为核心的物流关系阶段和以战略协作为宗旨的战略伙伴关系阶段。战略伙伴关系是迄今为止的企业间合作关系的最高层次。

供应链企业间战略伙伴关系的特点有:更高层次的整合;更广的合作范围;更持久的合作效果;更好的协调性;更高的相互信任程度。

2）与供应商建立战略合作伙伴关系的重要作用及其影响因素

（1）重要作用

从理论角度出发,一个成功的客户与供应商的战略伙伴关系,对企业产生的影响,与企业间的纵向整合类似,也即通过上、下游企业间的合作或合并,使企业在生产、销售、购买、控制和各个领域里,都获得经济效益或节约成本。显然,两个具有供应关系的企业间的合作,使得不同技术的生产作业联合起来,有利于企业提高生产效率。其次,计划、协调作业操作的成本以及处理紧急事件的成本也可能会降低。战略伙伴关系通过把完全的市场交易行为,转变为两个企业组成的统一体系的内部交易,有助于双方通过内部控制和内部协调,实现经济性。从客户出发,所需的产品在供货的及时性和质量方面具有了一定的保证;从供应商出发,其产品销售也具备了相当的稳定性,从而,从整个供应链的角度,降低了生产过程中的不确定性。再次,通过联盟,双方可以分摊收集、分析信息的成本,能够减少双方在销售、定价、谈判以及市场交易等方面的部分成本。此外,稳定的关系,使得双方可以集中精力发展各自的技术,提高产品质量,促使企业获得更高的效益。

尽管战略伙伴关系有着如上所述的积极作用;但是,也有可能会带来一定的负面影响。关系双方必须通过关系的专用性投资,才可能建立起战略伙伴关系。一般而言,专用性投资都有同样的后果:契约各方现在知道他们将从相互交易中有所得,供方和买方事先都在竞争性的许多备选企业中选择对方;最后,形成事后的双边垄断,使得它们有积极性彼此交易,而不是与其他方交易。由于战略伙伴关系是个连续博弈的过程,企业进行专用性投资就会面临得不到由此产生的全部成本节约(或者说价值的增值);而另一方则在事后用不交易进行威胁,以得到该企业的成本节约中的部分。这种现象在交易成本理论中称为机会主义。此外,长期的合作关系,使得企业还要面临被敲竹杠、套牢以及道德风险等问题。

(2) 影响因素

供应链企业间的战略伙伴关系并不是一成不变的,而是动态的,会受到来自许多方面的影响。影响战略伙伴关系的因素大致来于3个方面:客户自身、供应商自身和合作本身。而供应商自身因素与客户自身因素也将对合作因素产生影响。合作因素包括:相互信任度、忠实度、目标一致、有效交流、理解清晰、资源共享等。客户自身因素包括:合作大范围、成本结构合理全面、质量观念、长远观念、高水平管理等。供应商自身因素包括:质量承诺、柔性、资金保障、技术专长、持续改进、高水平管理等。提高的竞争力包括:总成本减少、服务水平提高、技术水平提高、质量改进、需求反应快、抗风险能力增强等方面。

与供应商建立战略合作伙伴关系是管理供应商的最好办法。企业与供应商建立较长期的合作关系,可以把各自的风险变成共同的风险来承担,网络贸易采购通过订单的准确化和即时支付等能力支持,使供应商从共享成本中获益。企业对于战略性物料的供应管理策略首先必须致力于与质量可靠的供应商建立一种长期的、战略伙伴式的关系。通过合作使供应商也得到应有的好处,建立一种"双赢"的长期稳定的战略伙伴关系是提高企业竞争力的最有效手段。

4.4 实 践 训 练

结合本章的网络贸易采购说明,分析阿里巴巴采购模式及流程。

本章小结

第一部分,从网络贸易采购的基本概念出发,列举了网络贸易采购的各种提法及定义并进行归纳,简要介绍了网络贸易采购的类型以及企业实施网络贸易采购要遵循的原则,然后借描述传统采购的常见问题突出网络贸易采购的优势,并辩证地提出了一些实施网络贸易采购可能存在的风险,从而奠定了网络贸易采购的基础。

第二部分,首先是对网络采办模式的详细介绍,同时对每种网络采办模式中涉及的网络贸易采购方式有了初步介绍;然后分别针对电子数据交换、电子目录以及电子拍卖和反向拍卖3种网络贸易采购方式及其流程做了更加细致的介绍。

第三部分,从网络贸易采购中最为关键的环节入手,分别介绍了招投标技巧、采购谈判技巧和供应商管理技巧等3个网络贸易采购技巧,进一步完善了网络贸易采购知识体系。

思考题

1. 试述网络贸易采购的含义以及实施网络贸易采购要遵循的原则。
2. 试述网络贸易采购的3种网络采办模式及其各自的优缺点,并针对开篇案例中企业所采取的网络采办模式加以评价。
3. 企业网上招标过程中应掌握哪些技巧?

作 业

1. 结合传统采购的常见问题说明网络贸易采购的优势。
2. 简单说明网络贸易采购中电子数据交换的工作原理及操作流程。
3. 画图说明电子目录采购流程并介绍目录式采购的特点。
4. 解释电子拍卖、反向拍卖及电子反向拍卖的概念,并简单描述电子反向拍卖采购系统的一般流程。
5. 企业选择和评估网络供应商及应遵循的评估原则是什么?

参考文献

[1] 周宝刚,胡勇.电子采购优势与模式研究.科技信息,2007.
[2] 戴尔·尼夫.电子采购——从构想到实施.陈朝辉译.中信出版社,2002.
[3] 安德鲁·伯杰,约翰·加托纳.网际时代的供应链管理.马世华,游知译.北京:电子工业出版社,2002.
[4] 中国电子商务年鉴编辑部.中国电子商务年鉴,2002.
[5] 张淑云.我国中小企业电子采购模式战略研究.中国优秀硕士学位论文全文数据库,2008(08).
[6] 张文桂.电子采购在企业采购中的应用研究.西南交通大学,2002
[7] 段凌.拍卖在电子采购中的应用研究.武汉大学,2005.
[8] 彼得·贝利,大卫·法摩尔,大卫·杰塞,大卫·琼斯.采购原理与管理.王增东.杨磊译.北京:电子工业出版社,2003.
[9] 宋友鲁.供应链中的采购招标模型研究.西安电子科技大学,2005.
[10] 姜峰巍.物资采购之成本控制方略.施工企业管理,2007,(225).
[11] 张珩,黄培清.客户与供应商的战略伙伴关系及其管理.上海海运学院学报,2002,23(1).
[12] 尤刚.供应商的选择、评审和动态管理.国际商报,2007.
[13] 毛雪飞,田剑.电子商务环境下供应商绩效评价研究.科技管理研究,2010,(1):154.
[14] 许淑君,马士华.供应链企业间的战略伙伴关系研究.华中科技大学学报,2001,29(1):73~75.

第 5 章 网络贸易销售与营销

学习目标

通过本章的学习,了解网络贸易销售与营销的内容,主要掌握业务管理中的电子合同管理、电子支付管理及物流和售后服务管理的相关内容,以及组织管理中的业务流程管理的概念及其实现,在对网络贸易的内容进行基本了解与掌握的同时,还要学习基本的营销策略和网络营销策略的基本方法,要求能将网络营销策略应用到网络贸易案例的实践中去。

开篇案例

奥晶公司的网络营销

1. 企业概况

西安奥晶科技发展公司成立于2005年8月,是一家集科研、生产、贸易为一体的中小型企业,有材料基地,专业从事从植物中和分离出有效成分,年处理中药材2000吨。其产品共分标准天然植物提取物、单味中药提取物及果蔬类提取物3大类,近250种,广泛应用于药品、食品、保健品,外销欧美、韩国、日本、东南亚等各国。奥晶科技公司自2005年,开始顺应市场趋势和公司发展方向,实行网络营销。2005年12月,建立了企业的门户网站,2006年1月,在商务信息平台上注册。

奥晶公司的网络营销主要依靠市场推广,除了利用企业网站推广,还在百度和Google等知名搜索引擎上建立域名以及加入相关业务的电子商务平台。

2. 网络营销目标

奥晶公司的网络营销目标定位为销售型和品牌型混合。首先,通过提供详细而周到的产品和服务信息,刺激消费,增加购买。然后在不断改善网络服务的同时,加大网站宣传推广的力度,提高品牌知名度,留住顾客,获取顾客忠诚度,向更高的利润目标迈进。因此,公司当前的网络营销目标为:完善并推广自己的网站,树立企业形象,宣传企业产品,提高品牌知名度,巩固老顾客,吸引新顾客。

公司未来的网络营销目标为:开展网上调研,对消费者、竞争者及整个市场情况进行及时准确的分析,进而生产适销对路的产品,及时制定营销策略,提高公司的整体营销水平。开展网上企业间贸易,供购双方通过网络签订合同,货款可在网上直接支付。实现网络营销整合,公司与顾客的交互沟通贯穿于营销活动的全过程,真正实现以消费者的需求为出发点,以满足消费者需求为归宿点。

3. 顾客服务体系

1) 网络服务

由于奥晶公司的传统营销网点几乎没有,那么利用互联网来解答消费者的问题,做好企业产品的向导更具有实际意义。如对每个产品的产品包装上注以防伪编号,可以让客户在该产品的企业网站上根据编号辨别真伪,以增加对产品的信任;售后,基于顾客对产品所出现的问题要尽量给予解决,让顾客得到最大限度的满意度,减少其给企业所带来的负面影响。

2) 网络营销策略

奥晶企业为了实现迅速扩大销售规模,树立企业知名度,采取以下策略建设网络订货系统和配送系统,方便用户购买。

(1) 建立会员网络。会员网络是在企业建立虚拟组织的基础上形成的网络团体,通过会员制,促进顾客相互间的联系和交流,以及顾客与企业的联系和交流,培养顾客对企业的忠诚度,并把顾客融入企业的整个营销过程中,使会员网络的每一个成员都能互惠互利,共同发展。

(2) 加强物流管理和控制。网络营销为了满足顾客需要,要求提供快捷、方便的物流方式。奥晶公司借助第三方物流企业,无需大量投资,并保证较快的发货速度。同时也可以在企业网站上建立物流跟踪链接系统,顾客只需输入订单号就可查到已发货品的物流情况。

(3) 完善网上支付系统。为实现网络营销的逐渐完善,奥晶公司正在逐渐打破"网上交易,网下付款"的传统模式,加快完善网络支付手段。一是提供更多支付工具,如电话银行、网上银行等;二是加强电子支付手段的安全技术保障,保证网上支付的安全性、及时性、保密性。

4. 网络营销技术

(1) 电子邮件服务。电子邮件方便、快捷、经济且无时空限制,奥晶公司可用它来加强与顾客之间的联系,及时了解并满足顾客需求。通过为顾客提供某些有价值的信息,如最新产品信息、免费报告以及其他为顾客定制的个性化服务内容,吸引顾客参与;发送定制信息的同时,对自己的网站、产品或服务进行宣传;同时奥晶公司通过一定的组织与管理以确保每一位顾客的信件都能得到及时的答复。

(2) 网络广告的运用。企业形象宣传主要注重网络品牌的构建和传播,强调沟通,强调品牌形象对消费者的吸引力。奥晶公司借助网络广告,打出符合自己企业经营特色的标语,围绕产品和服务,激发消费者的参与热情,将企业的理念和特色无形地贯穿到整个网上沟通过程中,这是网下沟通活动设计和开发的难点所在。

(3) 进行在线问题答疑 FAQ。FAQ 即常见问题解答(Frequently Asked Questions),它主要是为顾客提供有关产品及公司情况,它既能够引发那些随意浏览者的兴趣,也能够帮助有目的的顾客迅速找到他们所需要的信息。

网络贸易蓬勃发展的生机,离不开诸如奥晶公司这般敢于冒险、勇于尝试的企业,正是这些企业的倾力投入,才使得网络贸易与营销一步步向着务实的方向发展,使得更多的企业面对网络贸易从困惑走向清醒。

5.1 网络贸易业务管理

在网络经济环境下,企业实施信息化,通过网络和计算机等信息技术搭建新的平台,提高企业综合运营能力,实现技术创新、管理创新、组织创新、制度创新,增强企业的核心竞争力。在企业信息化的过程中,企业的信息系统是企业业务流程管理的组成部分,而业务流程管理又是企业管理的基石。企业网络贸易正是以业务流程为出发点,实现管理与贸易的结合。

5.1.1 电子合同管理

1. 电子合同的概念

我国《合同法》第二条规定:"合同是平等主体的自然人、法人、其他组织之间设立、变更、终止民事权利义务关系的协议。"所以,电子合同可以理解为:在网络条件下平等主体的自然人、法人、其他组织之间在商事活动中,利用数据电文形式设立、变更、终止民事权利义务关系的协议。当事人可以通过利用电子数据交换(EDI)、电子邮件(E-mail)以及电子商务网站(Web)等方式来订立电子商务合同。无论采用哪种方式,其实质都是利用计算机网络传递数据电文做出要约和承诺,均可称之为电子合同。而电子合同又分为广义电子合同和狭义电子合同。

(1) 联合国国际贸易法委员会于1996年制订的《电子商务示范法》第2条对数据电文做了如下定义:"数据电文是指经由电子手段、光学手段或类似手段生成、发送、接收或储存的信息,这些手段包括但不限于电子数据交换(EDI)、电子邮件(E-mail)、电报、电传或传真。"因此,广义的电子合同是指利用一切如电报、电传、传真、计算机处理系统等电子手段,签订的明确相互权利和义务的合同。

(2) 狭义的电子合同是指以互联网为载体,合同双方当事人通过电子数据交换(Electronic Data Interchange,EDI)而达成的非纸制数字化的合同。EDI已经广泛应用于商业实践,其传递的是标准化信息,且有固定的程序,已经形成一整套规则和运行体系。根据联合国在1990年3月对UN/EDIFACT所给出的定义:EDIFACT是"适用于行政、商业、运输等部门的电子数据交换的联合规则。它包括一套国际协议标准、手册和结构化数据的电子交换指南,特别是那些在独立的计算机的、计算机化的信息系统之间所进行的交易和服务有关的其他规定"。而国际标准化组织(ISO)定义的EDI为"将商业或行政事务处理按照一个公认的标准,形成结构化的事务处理或信息数据格式,从计算机到计算机的数据传输"。

2. 电子合同的主要特征

(1) 电子合同的非纸制性。在传统商务活动中,交易双方除口头合同以外,通常采用的是纸制的书面合同文本,手书签字或盖章。而电子合同采用的是电子手段,合同所承载的信息是数据电文形式,不以原始的纸张作为记录的凭证,电子合同的信息靠交易当事人之间的数据交换,这些信息记录在计算机中或磁盘上,因此电子合同所进行的交易是无纸贸易。非纸制性交易降低了交易的成本,加快了交易的周转速度,适应经济全球化发展。

（2）电子合同的虚拟性和广泛性。在传统的合同交易过程中，交易双方要通过面对面的商议而订立合同。而电子合同由于是通过计算机进行电子数据的传输，合同双方当事人大多数可以互不见面，在互联网上进行商业运作，其身份和资信就需要依靠密码的辨认或认证机构来认证，通过互联网，全世界各个角落都可以进行无障碍的贸易谈判和交易活动，并通过互联网签订电子合同，大大减少了面对面谈判所发生的一些费用，同时也减少了交易过程中发生的意外。

（3）电子合同的电子性。传统的书面合同或口头合同一般要"面对面"的要约和承诺，是一种当事人的意思可以被人感知的人的行为。而在电子合同过程中，这种拟订合同过程呈现的是电子化的特征，是将数据电文利用资讯处理系统或计算机表示出来。

（4）电子合同具有超文本性。传统的合同书面形式一般千篇一律，主要表现为文本的形式。而电子合同以超文本的形式出现，记载内容的电子文本以 HTML、文件设置成关键词或图形、声音的形式存在，这些被设为 HTML 文件的内容要通过"链接"才能得到。

（5）电子合同具有技术化、标准化的特点。电子合同与传统的合同的订立方式不同，它是利用计算机网络进行的，整个交易过程都需要一系列的国际和国内的技术标准予以规范，例如电子签名、电子认证等。这些具体的标准是电子合同存在的基础，如果没有相关的技术与标准，电子合同是无法实现和存在的。

（6）电子合同具有易消失性和易改动性。由于电子合同是通过计算机和网络以电子数据形式来完成的，一旦出现故障，所存的数据很可能因此消失；在交易环节中不是经过当事人本人，所以很有可能被篡改而不容易发觉，会造成违约和欺诈的可能性增多。

3. 电子合同管理的技术实现

电子合同的实现离不开电子签名，目前可以通过多种技术手段来实现电子签名，基于 PKI(Public Key Infrastructure)的数字签名技术比较成熟、使用方便并具有可操作性，在国内外的使用都比较普遍。

1）PKI 体系

PKI 是一种安全技术，它由公开密码技术、数字证书、证书发放机构(CA)、密钥备份即恢复系统、数字时间戳服务系统(DTS)及应用接口等基本成分共同组成。PKI 是利用公钥技术实现电子商务安全的一种体系，是一种基础设施，网络通信、网上交易是利用它来保证安全的。

（1）证书发放机构(CA)。是第三方的可信任机构，具备权威性，是 PKI 的核心，数字证书的申请及签发机构，专门负责发放、撤销和管理数字证书。CA 为每一个使用公钥的用户发放一个数字证书，数字证书是经 CA 数字签名的，包括公钥及公钥拥有者信息文件，把用户的公钥和用户的其他标识信息捆绑在一起，由于数字证书有 CA 做了数字签名，因此，任何第三方无法修改证书内容，其在租用时可以验证用户的身份、生成和效验数字签名、交换加密数据等。

（2）数字时间戳服务系统(DTS)。有专门的机构提供数字时间戳服务，包括时间戳签发服务器、时间服务器、时间戳证据存储服务器。它保护电子合同收发时间的安全。在电子合同中,需要对日期和时间等信息采取安全措施,DTS是一个经DTS数字签名以后形成的凭证文档,用于证明消息的收发时间,主要包括:需要时间戳文件的数字摘要;DTS收到文件的日期和时间;DTS的数字签名。数字时间戳服务系统保存每次签发的时间戳服务的详细信息,提供可行的、不可以抵赖的、可以审查的电子证据。

2) 基于PKI的电子合同实现

PKI是提供公钥加密和数字签名服务的系统或平台,目的是为了管理密钥和证书,基于PKI的电子合同安全的实现如图5-1所示。

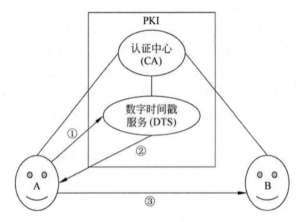

图5-1 基于PKI的电子合同实现图示

(1) 合同的发端方A将需要加时间戳的文件用哈希函数进行加密形成数字摘要DD,进行数字签名,再从CA的证书库中查出DTS的数字证书,DTS的公钥包含在数字证书中,利用DTS的公钥在数字签名的基础上添加数字信封发送到DTS。即合同的发端方A请求DTS签发数字时间戳的过程。

(2) DTS利用自己的私钥解密数字信封,从CA的证书库查出发端方A的数字证书,通过A的公钥解密A的数字证书,得到数字摘要DD。DTS通过时间戳服务器提供的可信时间T,对时间戳签发服务器,将时间T与数字摘要DD的连接进行数字签名,形成数字时间戳DT;DTS利用A的公钥为数字时间戳DT添加数字信封,然后发送给合同的发端方A,由于时间戳证据存储服务器保留了签发时带时间戳的数据电文,如果发生争议,将提供可行的电子证据。即DTS签发、保存并发送数字时间戳的过程。

(3) 合同的发端方A对DT亦即合同进行数字签名,利用B的公钥再添加数字信封发给B,接收者B利用自己的私钥对数字信封解密,利用A的公钥解密A的数字签名,得到数字时间戳DT;再从CA中得到DTS的数字证书,利用DTS的公钥解密DT,得到数字摘要DD;通过数字摘要DD可以验证合同的完整性,这个过程即合同的发端方A将带有时间戳的密文发送给合同的接收者。

我国新施行的《合同法》和《电子签名法》为电子合同提供了法律依据。PKI是目前比较成熟的安全解决方案。通过数字证书保证了合同各方的身份真实性,通过数字时间戳保证了合同发送和接收时间的可靠性,利用数字签名保证了合同内容的机密完整性。同时将电子合同实施的相关电文在合同各方得到有效的存储和查用,形成电子签名法中承认的电子证据,从而实现了电子合同的可仲裁性和不可否认性。电子合同在法律和技术方面的顺利实施,将极大地推动我国网络贸易的进一步发展。

3) 电子签名

电子签名技术的实现需要使用非对称加密(RSA)和报文摘要(HASH 算法)。非对称加密是指用户有两个密钥,一个是公钥,一个是私钥。公钥是公开的,任何人都可以使用,私钥是保密的,只有用户自己可以使用。用户可以用私钥加密信息,然后传送给对方,对方可以用该用户的公钥将密文解开,等待对方应答时可以用该用户的公钥加密,该用户收到后可以用自己的私钥解密。公私钥是互相解密的。报文摘要利用的是 HASH 算法,它对要传输的信息进行运算,生成 128 位的报文摘要,其主要原理就是不同的信息生成不同的报文摘要,因此报文摘要就成了电子信息的"指纹"。利用非对称加密和报文摘要,就可以实现电子信息的电子签名。

4) 数字水印防伪技术

数字水印技术指用信号处理的方法在数字化的多媒体数据中嵌入隐蔽的标记,即将数据添加到载体数据中且添加到载体中的信息不破坏载体数据的正常使用,这种标记是嵌入了肉眼不可见的水印信息,该技术要求它具有水印技术的隐形性,人们只有通过专用的检测器或阅读器才能提取并检测其中的信息。该技术不同于数据加密技术,是一种信息隐藏技术,它是为适应信息隐藏与跟踪需要而诞生的。该技术所检测的载体数据中含有指定信息,可以确定隐藏信息是正确的。基于数字水印的印章打印防伪技术是目前信息安全技术领域的一个崭新方向,是一种可在开放的网络环境下实现信息隐藏与跟踪的新型技术,是目前最可靠的防伪技术,使用成本低。

4. 电子合同的法律问题

新合同法第十条第一款规定当事人订立合同,有书面形式、口头形式和其他形式。第十一条规定书面形式是指合同书、信件和数据电文(包括电报、电传、传真、电子数据交换和电子邮件)等可以有形地表现所载内容的形式。因此表明了电子合同属于新合同法的调整范围,网络贸易中,交易双方当事人实施的是电子化的、无纸化的贸易,主要利用计算机和互联网进行洽谈交易,将结果以电子文件形式存储并签订贸易的电子合同,电子合同在贸易中明确了双方各自的权利、义务、交易商品的种类、数量、价格、交货地点、交货期限、交易方式、运输方式、结算方式、售后服务、违约责任、索赔等合同条款后,双方签订电子合同,传递运单、提单、保险单等,这些电子单证被记录和保存在磁性介质中,以电子数据交换和电子邮件形式储存于计算机的存储设备里。

在网络贸易的电子交易过程中,签订的合同需要公平地保障双方的利益,同时要防止任何一方的否认、抵赖和假冒行为。电子合同的公平性主要表现在:交易双方通过网络各自交换自己的数字签名,而且交易双方的主体是平等的,交易双方确保知道合同的签订结果,双方均持有有效的证据来证明该合同的签订结果是否是成功的、有效的。合同的公平性仅仅依赖双方是难以实现的,即使能够实现,双方的通信量也过大,影响实用性,这就要依靠第三方电子合同平台,让参与合同签订的各方公平签订,提高效率,避免欺诈和投机取巧行为的发生,也对可能发生的合同纠纷等意外事故提供权威的责任认定。

5.1.2 电子支付管理

支付可以理解为是为了清偿由于商品交换或劳务活动引起的债权债务关系,资金从付款人账户转移到收款人账户,由银行提供的金融服务业务。随着社会经济和信息网络技术的不断发展,人们对支付系统要求越来越高,从而促使支付系统由最初的手工操作逐步走向了电子化、网络化。

根据我国电子支付产业发展状况来看,随着我国互联网普及率的逐年提高,互联网正在深入人们的工作与生活。2010年1月15日中国互联网络信息中心(CNNIC)在京发布了《第25次中国互联网络发展状况统计报告》。《报告》数据显示,截至2009年12月,我国网民规模已达3.84亿,互联网普及率进一步提升,达到28.9%,商务交易类应用的用户规模增长最快,平均年增幅达到了68%。其中,网上支付用户年增幅80.9%,在所有应用中排名第一。

1. 电子支付的概念

电子支付是指交易当事人包括消费者、厂商和金融机构通过信息网络直接或授权他人通过电子终端,使用安全的信息传输手段,发出支付指令、实现货币支付与资金转移的行为。电子支付的类型可以分为网上支付、电话支付、移动支付、销售点终端交易、自动柜员机交易和其他电子支付。从电子支付和网络支付的发展及概念上可以看出,网络支付是电子支付的最新发展阶段和创新,网络支付是基于互联网支持网络贸易的电子支付,其涵盖范围从 ATM 取款、POS 消费扩大到 B2C、B2B、C2C 等网络支付、电话支付、移动支付领域。网络支付是利用开放的互联网络平台,利用数字信息传输来处理资金流动,在线转账、付款和资金结算,是开展网络贸易、网络金融业务的关键环节和基础条件。

2. 电子支付的模式

目前我国的电子支付产业模式呈现出网络支付(B2C、B2B 等)蓬勃发展,移动支付、电话支付蓄势待发的特点。网络支付按照机构类型主要划分为 3 种类型:商业银行支付网关、中国银联支付和第三方支付平台。

1) 商业银行支付网关

我国最早推出网上支付的机构是商业银行。商业银行支付网关系统由各家商业银行自行开发,制订统一的接口标准,通过与商户服务器直连,借助网上银行系统满足网上购物和客户商户间的资金结算的需要。银行支付网关的推出,有助于各家商业银行拓展新商户、收取结算手续费、扩大本行银行卡、网上银行的影响面,进而绑定客户存款、获得综合收益。银行支付网关已经成为各商业银行近年来发展的重点及未来市场争夺的焦点。

2) 中国银联支付

中国银联支付是银联公司与商户服务器连接,而商户并不与各发卡商业银行连接,银联通过现有的银联收单系统实现各发卡行与商户间的资金清算。银联支付可以受理各家银行卡且支付方式简单,用户只需输入卡号、密码就可以进行付款,但也带来了很大的安全隐患。

3) 第三方支付平台

主要是指商业银行支付网关和银联支付网关之外的支付平台。目前国内比较知名的第三方支付平台有支付宝、网银在线、上海环迅、快钱、腾讯财付通等,这些支付平台虽由非金融机构创建,但已经基本实现了与各商业银行的连接,能够受理各家银行卡,而且比普通商业银行支付网关功能完善,能够提供全方位、专业化的电子商务服务,因此虽然起步晚,但竞争力强,成为很多中小商户和网上支付消费者的首选。

3. 电子支付的安全协议

如何通过电子支付安全地完成整个交易过程,又是人们在选择网上交易时所必须面对的而且是首先要考虑的问题。就目前而言,虽然电子支付的安全问题还没有一个公认的成熟的解决办法,但人们还是不断通过各种途径进行大量探索,目前广泛在国内外电子支付中使用的安全协议有 SSL 协议和 SET 协议。

1) SSL 安全协议

SSL 安全协议最初是由网景(Netscape Communication)公司设计开发的,又叫安全套接层(Secure Sockets Layer)协议,主要用于提高应用程序之间数据的安全系数。SSL 协议主要是使用公开密钥体制和 X.509 数字证书技术保证信息传输的机密性和完整性,它不能保证信息的不可抵赖性,主要适用于点对点之间的信息传输,常用 Web Server 方式。

在电子商务交易过程中,由于有银行参与,根据 SSL 协议,客户购买的信息首先发往商家,商家再将信息转发银行,银行验证客户信息的合法性后,通知商家付款成功,商家再通知客户购买成功,将商品寄送客户。由于其技术的成熟型和操作的简便,SSL 协议成为众多银行和支付网关在安全策略方面的首选。

2) SET 安全协议

在开放的因特网上处理电子商务,如何保证买卖双方传输数据的安全成为电子商务能否普及的最重要的问题。为了克服 SSL 安全协议的缺点,两大信用卡组织,Visa 和 Master-Card,联合开发了 SET 电子商务交易安全协议。这是一个为了在互联网上进行在线交易而设立的一个开放的以电子货币为基础的电子付款系统规范。SET 协议在保留对客户信用卡认证的前提下,又增加了对商家身份的认证,这对于需要支付货币的交易来讲是至关重要的。

4. 电子支付的基本流程

根据 SET 协议的工作流程,可将整个工作程序分为下面 7 个步骤:

(1) 消费者利用自己的计算机通过互联网选定所要购买的物品,并在计算机中输入货单。订货单上需包括在线商店、购买物品名称及数量、交货时间及地点等相关信息。

(2) 通过电子商务服务器与有关在线商店联系,在线商店做出应答,告诉消费者所填订货中的货物单价、应付款数、交货方式等信息是否准确,是否有变化。

(3) 消费者选择付款方式,确认订单,签发付款指令。此时 SET 开始介入。

(4) 在 SET 中,消费者必须对订单和付款指令进行数字签名,同时利用双重签名技术保证商家看不到消费者的账号信息。

(5) 在线商店接受订单后,向消费者所在银行请求支付订单。信息通过支付网关到收单银行,再到电子货币发行公司确认批准交易后,返回确认信息给在线商店。

(6) 在线商店发送订单信息给消费者。消费者端软件可记录交易日志,以备将来查询。

(7) 在线商店发送货物或提供服务,并通知收单银行将钱从消费者的账号转移到商店账号,或通知发卡银行请求支付。

前两步与 SET 无关,从第 3 步开始 SET 开始起作用,一直到第 7 步。在处理过程中,对于通信协议、请求信息格式、数据类型的定义等,SET 都有明确的规定。在操作的每一步,消费者、在线商店、支付网关都通过 CA 来验证通信主体的身份,以确保通信的对方不是冒名顶替。所以,也可以简单地认为,SET 协议充分发挥了认证中心的作用,以维护在任何开放网络上的电子商务参与者提供信息的真实性和保密性。

由于在安全方面设计合理,SET 得到了 IBM、惠普、微软等许多大公司的支持,已成为事实上的工业标准。但由于 SET 操作的复杂性并主要针对信用卡支付,因而限制了它在国内的广泛应用。

5. 电子支付的安全性及发展对策

电子支付除了比传统的支付更加方便、更加快捷之外,还必须提供安全保证,网络贸易的安全问题一直是备受关注的问题。

1) 电子支付存在的安全问题

(1) 网络安全性方面知识普及不足。根据 2009 年 CNNIC 报告的调查结果表示,目前我国对于网民在网站安全性方面的知识普及力度远远不够,网民中绝大部分对电子签名的概念不够清晰,其中 19% 的网民认为电子签名是将手写签名或印章扫描成数字格式,23.5% 的网民认为是账户密码,40% 以上网民从来没有关注过网站数字证书的问题。这充分说明了在网民中普及网络安全知识的重要性。

(2) 数字证书应用的服务欠缺。目前各家银行都开展银行卡网上支付服务,为保证客户账户安全性,多数要启用数字证书。客户在付款时必须向银行申请、安装数字证书、下载指定软件等,而安装数字证书往往对客户计算机的硬件和软件以及用户的计算机操作能力有一定的要求,尤其是软件设置的问题,有时有些客户很难通过网上的说明安装数字证书,解决这些问题需要技术人员上门处理,而各家银行很难对该项服务进行很好的支持,从而限制了该项业务的发展。除此以外,我国的数字证书主要在交易中的支付环节使用。电子商务交易中的其他环节对信息完整性、保密性、真实性和不可抵赖性很少通过证书来保护。

(3) 认证机构缺乏统一建设。为了保证网上交易的安全性,数字证书是目前通用的身份认证的技术手段。众多的认证机构纵横交叉,给用户带来不便。即使是银行系统,各银行的证书也很难交叉认证。在建立 CFCA(中国金融认证中心)时,中国人民银行就表达了统一电子证书的意愿,但直到现在,真正使用 CFCA 证书的商业银行屈指可数。不少有实力的银行纷纷自建 CA 系统,由于这些电子证书不能相互通用,我国大部分银行采用的是 SSL 协议进行安全控制,但也有的银行采用 SET 协议,这两种协议对客户端和服务器的软件要求差异很大。消费者和商家不得不拥有多家银行的数字证书才能使用各银行提供的网上支付服务,大大阻碍了网上支付业务的发展,影响了网上支付的效率和准确性,导致了重复建设和资源浪费。

(4) 网上支付法律基础薄弱。我国电子商务立法明显滞后,在一定程度上影响了网上银行的发展。特别是第三方支付平台的法律地位等问题。根据我国《商业银行法》和《公司法》中对商业银行的定义,第三方支付平台虽然从某种程度上来说已经具备了银行的一些特征,但毕竟不是银行,没有明确的法规对其进行监管。由中国人民银行发布的《电子支付指引(第一号)》,虽然可以说是针对电子支付出台的规定,但是,它的法律约束力或适用范围还有待明确。可见,我国电子支付方面的立法还有很大面积的空白地带。

2) 网络贸易的电子支付发展对策

(1) 提高消费者对网上支付的认识。目前很多消费者还不了解中国网上支付有诸多的保护措施,也缺乏必要的安全交易常识,这是导致所谓网上支付不安全的最直接原因。要解决这些问题,可以采取移动证书、浏览型证书或者是动态密码等技术手段,同时培养消费者的使用习惯,增加消费者的安全意识和交易常识。

(2) 建立健全有效的电子支付制度保障,统一电子支付的业界规范。在电子支付的安全保障方面,可以考虑在法律许可范围内获取商户的独立信息以便进行身份的确认,为了保障电子支付的交易安全,各银行应该注意对自己网络安全系统的维护,加强安全信息的保护,充分利用密码技术,同时强化网络银行的安全法律责任系统,保障网上支付的安全性和可靠性。同时制定符合中国国情的统一的网上支付行业标准和规范,以减少支付标准不一致带来的风险,同时方便消费者,进一步消除制约电子支付发展的不利因素。

(3) 建立完善电子支付的法律体系。《电子签名法》的出台和《合同法》里对电子合同法律效力的肯定,无疑大大地鼓励了我国电子商务的发展,可以确保只有具有良好信用度和雄厚资金实力的机构进入电子支付系统,以防网络欺诈。同时要加强对于客户在电子支付过程中个人隐私和商业秘密的保护;加紧制定有关金融机构电子货币的发行资格标准和电子货币流通法规;加强电子货币流通过程中安全支付标准的审查和监督。国家应组织力量进行相关的法律研究,制定新的法律以填补空白,修改与之冲突的旧法律条文以适应新情况。

(4) 运用经济调控手段及行业规范进行调整。由于之前被定性为非银行类金融业务的第三方支付服务商也将纳入中国人民银行监管体系,以及电子支付一直存在的支付安全问题,中国人民银行决定以发放牌照的形式提高这一行业的准入门槛。随着《支付清算组织管理办法》的出台,电子支付行业监管力度加大,中国人民银行将全力打造以人民银行为核心,银行业金融机构为主体,支付清算组织为补充的支付服务组织体系。以往电子支付行业内的无序现象将得到很大程度上的治理。对于陷入不良经营的电子支付企业,将面临重新洗牌,许多企业将被迫出局,市场只会留下行业内的先锋典范。随着支付市场的发展,电子支付的行业化服务越来越深入,不同的行业支付服务平台将用来满足不同行业支付发展的多样化要求。由于支付方式不断创新,用户可以通过网上支付、电子钱包支付、手机支付(接触式和3G移动支付)、电话支付、自助终端支付等多种渠道方便地进行支付。

5.1.3 物流与售后管理

网络贸易作为一种崭新的商务交易活动,使贸易洽谈可以足不出户在网上解决,给传统经济带来了翻天覆地的变化。然而交易的最终实现还要依赖于物流产业,传统的运输仓储方式在新的经济模式下正发生实质性的变化。现代的物流业是将传统的运输仓储手段与现代的信息技术重新整合,建立现代化的物流业,是网络贸易发展的重要条件,物流是电子商务的重要组成部分,图5-2显示了物流在整个交易过程中的作用。

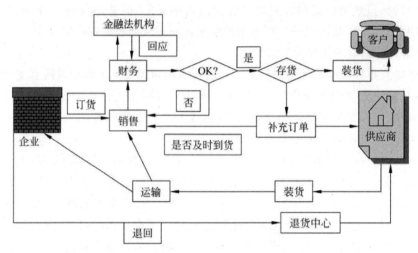

图 5-2 交易中的物流

1. 物流管理在网络贸易中的重要性

网络贸易交易包含着 4 个基本的"流":信息流、商流、资金流和物流。前 3 个"流"的管理过程都可以通过计算机和网络通信设备实现。而物流是其中特殊的"流",整个生产过程实际上就是系列化的物流活动。物流在网络贸易中不仅要把虚拟商店的货物送到用户手中,而且还要从生产企业及时进货入库。物流公司既是生产企业的仓库,又是用户的实物供应者。物流企业成为了代表所有生产企业及供应商对用户的唯一最集中、最广泛的实物供应者。物流业成为社会生产链条的领导者和协调者,为社会提供全方位的物流服务。可见电子商务把物流业提升到了前所未有的高度,为其提供了空前的发展机遇。

1) 物流管理是整个供应链运营环境的基础

在传统的供应链渠道中,产品从生产企业流到消费者手里要经过多层分销商,流程很长。而电子商务缩短了生产厂家与最终用户之间供应链上的距离,改变了传统市场的结构,所以说物流保障了生产。生产的全过程从原材料的采购开始,便要求有相应的供应物流活动,采购的材料要及时到位,否则,生产就难以进行,这即所谓的生产物流,以实现生产的流动性;部分余料、可重复利用的物资的回收,就需要所谓的回收物流;废弃物的处理则需要废弃物物流。可见,整个生产过程实际上就是系列化的物流活动。合理化、现代化的物流,通过降低费用从而降低成本、优化库存结构、减少资金占用、缩短生产周期,保障了现代化生产的高效进行。

2) 物流管理是实现以客户为中心的保证

物流是实现"以客户为中心"理念的根本保证。电子商务的出现,最大程度上方便了最终消费者,在电子商务环境下,顾客只要坐在家里,便可以在互联网上搜索、查看、挑选,完成购物的过程。缺少了现代化的物流技术,消费者所购的商品迟迟不能送到,或者所送的商品并非自己所购,消费者必然会回到传统的购物方式上,那么网上购物就难以发展。

3) 物流管理的信息化提高了电子商务的效率和效益

随着计算机技术的不断普及,网络技术的不断完善,电子商务势必取得长足的发展和应用,物流管理也将实现真正意义上的"货畅其流"。电子商务促使企业重新认识物流过程,明确物流管理目标,进一步形成供应链管理。有了完善的网络技术和电子商务长足的发展等前提条件,物流管理应是以生产企业为起点,经由物流企业、销售企业,直至消费者的整个供应链系统化的一体化物流过程,其管理目标是通过各个环节的密切配合,对产品进行适时适地的递送,实现最佳客户服务与最低配送成本的组合。因此,物流管理的内涵得到了延伸。

2. 网络贸易中物流与售后管理的规划

在竞争日趋激烈的网络市场环境中,企业在物流的收集、处理传递和存储运过程中利用先进的技术,实现了物流信息的代码化、电子化、标准化、实时化和数字化,并根据消费者的需求真正实现"以顾客的需求为中心"理念。如果说产品价格和质量的竞争是"第一次竞争",那么售后服务的竞争则可以说是"第二次竞争",而且它是一个更深层次、更具战略价值的竞争。对于网络贸易这种网上进行直销的生产企业而言,更应该充分认识到物流及其售后服务的重要作用,在此过程中保持对顾客、对服务和产品的关注,这对企业培育核心竞争力具有十分重要的作用。

(1)顾客直接驱动。对于专业性公司,物流系统中的物流启动和运转都是围绕服务顾客而进行的。物流的启动是顾客的送货订单,顾客的需求是货物及时送货上门。所以,现在的物流系统,都采用现代化的信息系统技术来保证物流中信息畅通,提高物流效率。

对于网上直销的企业,常常利用自己的力量建立自己的物流公司,如卓越亚马逊在中国700个城市有配送站,网页每天的点击量已经达到上千万次,卓越亚马逊玩转海外采购业内人士表示,卓越亚马逊自建物流后,上门送货收款可以刷卡;京东商场自建物流后,在货物送达之前,买家甚至可以查询到上门送货的工作人员的姓名和手机号;凡客诚品自建物流后,实现一天两次送货和服装当场开箱试穿。优质的物流服务提倡一种从客户体验出发,而非单纯从成本出发的业务流程优化理念,这种理念和实践为客户提供了更方便、快捷的服务体验,提高了售后服务质量,也为企业赢得了新的竞争优势。

(2)可跟踪性。顾客控制货物送货进度,需要了解货物最近送达的地方,以及什么时候送到目的地。因此,现在绝大多数的快递公司和物流系统均允许顾客直接通过互联网了解产品的送货过程。如联邦快递公司允许顾客在互联网上输入货物编号就可以查询货物最近到达的地方,以及在什么时候收货人收到货物,确保货物能够随时随地让消费者确认。

(3)全面服务性。随着产品的复杂和使用的专业性,需要在物流送达的基础上提供增值服务。以前货物送递只送到门口,现在要延展到桌面。特别是对于电子产品,很多客户需要安装,这就要求做好一些售后服务,并提供服务热线呼叫中心,24小时解答问题。如凡客诚品设有300个呼叫中心的坐席,消费者可以非常便捷地打通电话。消费者如果对产品或服务有意见,除了打呼叫中心电话以外,在网页上还有投诉的页面,由这个页面发出的消息凡客诚品所有高管都会收到,CEO要求每个高管分管范围的事情必须第一时间反映,这已经成为每个高管人员关键业绩的指标。

5.2 网络贸易的组织管理

5.2.1 业务流程管理

1. 业务流程管理的概念

业务流程管理(Business Process Management,BPM)是一种以规范化地构造端到端的卓越的业务流程为中心以持续地提高组织业务绩效为目的的系统化管理方法。

业务流程管理并不是全新的概念,早在泰勒和福特时代的管理理论中就有业务流程管理思想的萌芽,但是那是由于理论的不完善和技术的缺乏,那时只能依靠手工操作来进行局部的优化。而新一代的 BPM 是从相关的业务流程的各个领域,如全面质量管理(Total Quality Management,TQM)、六西格玛(six Sigma,6δ)、及时生产、精益生产、业务流程再造(Business Process Reengineering,BPR)、业务流程改进(Business Process Improvement,BPI)和业务流程革新(Business Process Innovation,BPI)等一些概念演变而来的。

2. 基于 Web 服务的业务流程管理的实现

BPM 是一种以构造规范化的业务流程为中心,以持续提高企业的绩效为目的的系统的、不断提升的方法,它能够理解定义、实现自动化,改善企业的业务。

(1) 从企业的战略角度来看,BPM 是一种流程管理思想。BPM 包括了企业的各个职能部门,如研发、生产、市场、人事、财务等,还包括上下游的供应商和经销商,以及客户端的客服活动;BPM 强调建立、管理和维护价值链,建立以客户为导向的、端到端的业务流程,将原来独立的未能很好协调的职能活动串联起来。

(2) 从企业管理实施的角度来看,BPM 利用 IT 架构和技术,以企业的业务流模型为输入,形成资源的集成和整合。它试图将生产流程层、运作层、计划层、战略层在一个框架下进行统一管理,并将企业的信息系统联系起来,使业务可视化和具有可预见性,同时突出人的活动、参与、协调、决策的作用,拉近业务与 IT 的距离,填补管理和技术的鸿沟。

(3) BPM 从时间上来看,利用了 IT 技术,重用原有的流程,并建立一种贯穿整个企业业务流程生命周期的管理机制,主要包括定义、建模、模拟、启动、执行、监控、分析和优化等一组协调活动,如图 5-3 所示。BPM 维持持续管理和全局优化,使业务流程容易变更并能够快速响应,即使业务流程管理始终与业务目标保持一致。

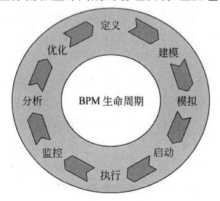

图 5-3　BPM 生命周期

3. 业务流程管理的优势

在全球一体化的环境下,在电子商务的浪潮中,企业面临着诸多挑战,比如:竞争条件放宽、技术发展加快、市场需求饱和、用户要求提高、价值观念变化、产品价格下降、成本压力上升、产品生命周期缩短等。同时企业及其运作主要依靠网络和应用系统、准则、工具和服务等要素,消除了传统企业组织的界限,企业的流程逐渐形成了虚拟的组织结构,企业处在一个快速的、不断变化的、不可预测的、动态的环境中,要以战略管理为导向,业务过程为载体,以信息技术为支撑来实现其目标。在这样的背景下,企业实施网络贸易为业务流管理带来了一定的优势。

(1) 业务流程管理改善了工作质量。企业采用业务流程管理除了节省时间和成本的优点外,也发现了其他几项关键优点。首先,可以大幅降低甚至消除造成企业损失的错误,如丢失表格和文件或错误存档、遗漏重要信息或必要审查。其次,显著改善流程的可视化程度,所有参与流程者不仅被授权了解自己在流程中的角色,而且确切地了解流程在任何时候的状态。第三,有了可视化,也就明确了职责,所有人都完全清楚地知道什么时候应当完成哪些工作,不再有借口造成延误、误会或疏忽。最后,可提高一致性,公司内部和外部各方对工作都有明确的期望。结果使得员工、客户和合作伙伴都有了更高的满意度和向心力。

(2) 业务流程管理可以节省时间与金钱。业务流程管理是提供业务流程建模、自动化、管理与优化的准则与方法。一个成功的 BPM 方案包括正确的商业领导和技术的组合,可以大幅缩短流程周期和降低成本。这种效果在跨部门、跨系统和用户的流程中尤为突出。从技术的角度看,一个独立的 BPM 系统能够轻易地与现有的应用软件如 CRM、ERP 和 ECM 相集成,而无需重新设计整个系统,使 IT 用于改善企业的核心资产和竞争力,形成收益的业务流程并实现更高的投资回报。

(3) 业务流程管理有利于企业向知识型企业转变。业务流程管理系统通过固化流程,让那些随着流程流动的知识固化在企业里,并且可以随着流程的不断执行和优化,形成企业自己的知识库,且这样的知识库越来越全面和深入,让企业向"有生命会呼吸"的知识型和学习型企业转变。如一个新进入公司的员工,他能够通过企业业务流程管理系统很快地熟悉企业及企业的业务处理,并且可以通过流程固化形成的知识库不断充实自己及提高处理流程的难度和水平。

(4) 业务流程管理实现了团队合作。传统的职能式企业组织架构,自有它的应用范围和优势,但企业的很多流程不仅仅单靠一个部门来完成,更多的是企业部门间的协同合作,特别是有些企业还存在着跨地域的合作,如采购流程,它涉及生产部门、采购部门、库管部门、财务部门、商务部门、合同签署中的法律部门以及企业的高层管理部门。如果以传统的职能部门的思维考虑流程,就可能注重部门利益忽视企业利益、重视部门上司的感觉忽视实效,并且还容易导致产生部门之间权责不清的灰色地带。而作为企业的业务流程,存在着各业务部门的天然联系,其流畅的业务处理是需要各部门以企业的利益为最高利益,协同工作。业务流程管理系统以流程处理为导向,自动地串起各部门,即利用先进的互联网技术串起各地域,达到业务流程良好完成的目的,将职能型组织结构和分层管理模式转变为以过程为中心的扁平结构,突出集成和协同。并且企业的很多高管人员的意识已远远超出一套业务流程管理系统,更多地希望凭借这样的系统,形成企业协同工作的团队意识,配合完成自己的企业文化。

(5) 业务流程管理优化流程。流程在制定出来以后,没有人能保证这样的流程就是合理科学有效的,即使是当时合理科学有效的系统,由于市场环境的变化、组织结构的随之变化、营销服务策略的随之变化,流程的优势很难说会继续保持。一套好的业务流程管理系统不仅仅可以具备以上的诸多好处,而且随着流程的执行流转,系统也能够以数据、直观的图形报表形式报告哪些流程制定得好,哪些流程需要改善,以便提供给决策者科学合理决策的依据,而不是单靠经验,从而达到不断优化的目的。

(6) 业务流程管理实现了流程自动化。在一个行为分析中发现在一个流程的处理时间中90%是停滞时间,真正有效的处理时间很短。并且在流程处理过程中需要人员去用外部手段去推进,不仅耗时耗力,而且效果差,常常有跟单失踪或石沉大海的情况发生。通过业务流程管理系统,利用现有的成熟技术、计算机的良好特性,可以很好地完成企业对这方面的需求。信息只有唯一录入口,系统按照企业需要定义流转规则,流程自动流转,成为企业业务流程处理的一个"不知疲倦"的帮手。

(7) 业务流程管理固化企业流程。企业从诞生开始,就存在着流程,并且随着企业的不断成长,其流程越来越多,越来越复杂。企业业务流程管理系统通过系统固化流程,把企业的关键流程导入系统,由系统定义流程的流转规则,并且可以由系统记录及控制工作时间,满足企业的管理需求及服务质量的要求,提供新的面向业务流程和服务的灵活IT架构以及端到端的过程集成,真正达到规范化管理的实质操作阶段。总之,如果正确使用BPM,能大大地节省成本,提高客户服务水平,并且对变化的企业环境和条件做出最为敏捷的响应,从而提高客户满意度。

5.2.2 网络贸易与营销组织管理

1. 网络贸易与营销的组织外部环境的变化

20世纪90年代,对人类社会发展贡献最大的莫过于互联网,互联网深入到人类生活的方方面面,引起了整个社会的变化。根据中国互联网络信息中心(CNNIC)发布的消息,截至2009年12月31日,中国网民规模达到3.84亿人,普及率达到28.9%,网民规模较2008年底增长8600万人,年增长率为28.9%,互联网的普及率在稳步上升。在网络应用中,商务交易类应用的用户规模增长最快,平均年增幅68%。其中,网上支付用户年增幅80.9%,在所有应用中排名第一,旅游预订、网络炒股、网上银行和网络购物用户规模分别增长了77.9%、67.0%、62.3%和45.9%。中国互联网应用的消费商务化特征走强趋势明显,人们通过互联网获得大量信息,突破了时空的界限,互联网热也使得各大企业利用互联网扩展公司的业务,积极地改组企业的组织结构,开展新的管理营销方法,促使企业在从事网络贸易时加强营销组织管理。

1) 贸易与营销打破了时间和空间上的界限

互联网上形成的虚拟企业打破了企业之间、产业之间、地域之间的界限,把现有的资源组合成为一种超越时空,利用电子手段传输信息的经营实体。互联网开辟了新的市场,企业可以通过互联网在全球范围内进行合作,员工可以跨国协调,销售人员也可能进行远程信息交换,使信息传递更快更广。

2) 跨国界的贸易和营销活动变成可能

利用全球化、信息化的网络,企业可以提高信息沟通的容量、质量和扩张速度,建立了多种信息沟通方式,创造了网络媒体。如电子邮件,可随时随地地传送文字、声音、图形给全球的网点;远程登录,可连接远处的主机,使贸易双方更加方便地进行沟通合作。由于互联网不受时间和空间的限制,可以让消费者随时查询所需信息。网络贸易的开展,使绝大多数企业从传统商业中间机构的身后走出来,面对消费者面对世界。如一些著名的零售业纷纷扩大营业范围的规模,利用网络营销,组织跨国界、跨地区的商业活动,以降低成本和抢占市场份额。一些大的连锁商店如麦当劳还在网上创立了自己的虚拟连锁商店,试图改变传统的商业结构和布局,以适应新的管理模式。

3)网络环境下的贸易与营销迎合了市场的多变性和个性化

在网络环境中,互联网技术给营销带来了很多影响,网络技术与营销方法的结合也使传统的营销方式跟上了时代的步伐,现在越来越多的公司开始利用互联网进行营销,如利用社交网站(SNS)进行营销,还有利用博客进行网络营销,而且取得了很好的成果。互联网上有个很重要的技术叫Cookies,企业利用这个技术来寻找和收集消费者的信息,然后根据消费者的消费习惯进行有针对性的营销,形成个性化的营销方式。

2. 网络贸易与营销的组织内部环境的变化

1)组织内部管理由"一对多"转向"多对多"的形式

在网络贸易下的营销,原有的工作单元间的界限被打破,而重新组合形成了一个直接为客户服务的工作组。这个工作组直接与市场接轨,以市场的最终效果衡量自己的生产流程的组织状况,衡量组织单元之间协作的好坏。实际上,这已经发展为一种新的管理模式,企业内部的组织不再是封闭式的金字塔式层次结构,而是相互沟通、相互学习的网状结构。这种结构打破了原来业务单元之间的壁垒,业务单元之间可以广泛地进行信息交流,共享信息资源,减少内部摩擦,提高工作效率。

2)改变组织结构进行网络环境下的贸易营销

网络贸易下的营销使得中间管理人员获得更多的直接信息,提高了他们在企业管理决策中的作用,从而实现了扁平化的组织结构。网络的推行使企业由集权制向分权制转换,使员工的参与感和决策能力大大提高,充分发挥了员工的主观能动性,从而提高了整个企业的决策能力。所有的业务单元可以通过网络直接快捷地交流信息,管理人员之间沟通的机会大大增加,提高了工作效率。

5.2.3 营销业务流程与人员管理

业务流程管理对于企业的意义不仅仅在于对企业关键业务的一种描述,并且对企业的业务运营有着指导意义,其体现在对资源的优化、对企业组织机构的优化以及对管理制度的一系列改变上,目的是达到企业所追求的目标、降低企业的运营成本、提高对市场需求的响应速度、争取企业利润的最大化。然而营销业务流程管理是分解销售链的一连串的营销活动,并针对这些活动的作业流程进行管理。其目标在于解构营销业务流程,采用恰当的方法,来确保企业中各种营销活动的执行成果能具有一定的水准和精确度,同时也能持续改善活动的进行方式,串联活动的作业流程,让企业具有强有力的销售链,保持在市场上的竞争力。

1. 营销业务流程对网络贸易的基本分析

在营销业务流程中的核心是工作流程,因为流程的明确与否和销售计划是否能被有效执行有极大的关系。而许多营销管理上的问题都和营销活动有关,各种层面的流程改善,如销售计划、计划分解、业务协同、阶段进度、销售步骤、阶段成果的作业程序,对企业的营销结果有关键性的作用。营销业务流程是客户关系管理系统的核心组件。在销售过程中,它针对每一个线索、客户、商机、合同、订单等业务对象进行有效的管理,提高销售过程的自动化,全面提高企业销售部门的工作效率,缩短销售周期,帮助提高销售业绩。它可以有效地支持总经理、销售总监、销售主管、销售人员等不同角色对客户的管理,对商业机会的跟踪,对订单合同的执行等,有效导入销售规范,实现团队协同工作。

2. 营销业务流程的人员管理机制的建立

网络贸易是基于信息网络模式的贸易活动,能够进一步加强营销管理和创新,不断提高企业核心竞争优势。通过网络建立市场营销,企业营销人员、客户及供应链上的其他相关人员可以通过知识管理门户平台,很便捷地发现、共享和传递相关知识源,从知识推荐和发布系统中了解产品销售信息,掌握营销知识、管理模式、营销创新制度等新趋势,从而迅速适应外部环境的变化,并通过知识的学习和获取,达到增强营销能力和提高工作效率的目的。

5.3 传统营销策略调整

5.3.1 产品策略调整

1. 产品的基本概述

企业的一切生产经营活动都是围绕着产品进行的,即通过及时、有效地提供消费者所需要的产品而实现企业的发展目标。企业时时刻刻都在开发、生产、销售产品,消费者时时刻刻都在使用、消费和享受产品。但随着科学技术的快速发展,社会的不断进步,消费者需求特征的日趋个性化,市场竞争程度的加深加广,导致了产品的内涵和外延也在不断扩大。

产品是指能够通过交换满足消费者或用户某一需求和欲望的任何有形产品和无形产品的总和。有形产品包括产品实体及其品质、特色、式样、品牌和包装等,无形产品包括可以给买主带来附加利益的心理满足感和信任感的服务、保证、形象和声誉等。具体来说,整体产品包括核心产品、基本产品、附加产品、期望产品以及潜在产品5个层次。

2. 产品策略主要内容

产品策略是企业为了在激烈的市场竞争中获得优势,在生产、销售产品时所运用的一系列措施和手段,包括产品组合策略、产品差异化策略、新产品开发策略、品牌策略以及产品的生命周期运用策略。产品策略是企业市场营销组合策略的基础,一系列正确的产品策略才能使产品更快、更多、更好地满足消费者日趋复杂的需要。

1) 产品组合策略

产品组合是指一个企业生产或经营的全部产品线、产品项目的组合方式,产品线是许多产品项目的集合,这些产品项目之所以组成一条产品线,是因为这些产品项目具有功能相似、用户相同、分销渠道统一、消费上相连带等特点。产品项目即产品大类中各种不同品种、规格、质量的特定产品,企业产品目录中列出的每一个具体的品种就是一个产品项目。

产品组合具体便是企业生产经营的全部产品线、产品项目的组合方式,即产品组合的宽度、深度、长度和关联度。产品组合的宽度是企业生产经营的产品线的多少。如玛氏公司生产零食类(糖果巧克力)、宠物类、主食和电子产品,有4条产品线,表明产品组合的宽度为4。产品组合的长度是企业所有产品线中产品项目的总和。产品组合的深度是指产品线中每一产品有多少品种。如玛氏生产的糖果产品线上的产品项目有3种,其中德芙巧克力是其中一种,而德芙巧克力有3种规格和4种配方,则该产品项目的深度是12。产品的关联度是各产品线在最终用途、生产条件、分销渠道和其他方面相互关联的程度。产品组合的4个维度为企业制定产品战略提供了依据。

企业进行产品组合的基本方法是产品组合的4个维度,即增减产品线的宽度、长度、深度或产品线的关联度。而要使得企业产品组合达到最佳状态,即各种产品项目之间质的组合和量的比例既能适应市场需要,又能使企业盈利最大,需采用一定的评价方法进行选择。评价和选择最佳产品组合并非易事,评价的标准有许多选择。企业的产品组合也要根据消费者的替代、消费者的连带和无关联产品的角度来分析研究。从市场营销的角度出发,按产品销售增长率、利润率、市场占有率等几个主要指标进行分析,对消费品和产业用品营销活动均有较高的应用价值。

2) 产品差异化策略

产品差异化策略是指企业以某种方式改变基本相同的产品,如技术的更新、功能的改变、美化包装和加强服务等,使消费者认为产品存在差异而产生不同的偏好。按照产业组织理论,产品差异是市场结构的一个主要要素,企业控制市场的程度取决于它们使自己的产品差异化的成功程度。

企业对于那些与其他企业产品存在差异的产品拥有绝对的垄断权,这种垄断权构筑了其他企业进入该市场或行业的壁垒,形成竞争优势。同时,企业在形成产品实体的要素上或在提供产品过程中,为了区别于其他同类产品以吸引购买者的特殊性,就要大力开展研究和开发工作,努力使产品在质量、式样、造型等方面发生改变,不断推出新产品,满足消费者需要,从而获得消费者的偏好和忠诚。在现代营销观念中,服务已成为产品的一个重要组成部分。企业可通过训练有素的职员为消费者提供优质服务、缩短结账过程等,满足消费者的合理的差异需求。产品差异对消费者的偏好具有特殊意义,尤其是对购买次数不多的商品,许多消费者并不了解其性能、质量和款式,所以,企业应通过广告、销售宣传、包装吸引力以及公关活动给消费者留下印象。这样,产品差异化不仅迫使外部进入者耗费巨资去征服现有客户的忠实性而由此造成某种障碍,而且又在同一市场上使本企业与其他企业区别开来,以产品差异为基础争夺市场竞争的有利地位。因此,产品差异化对于企业的营销活动具有重要意义。

3) 新产品开发策略

新产品开发是指从研究选择适应市场需要的产品开始到产品设计、工艺制造设计,直到投入正常生产的一系列决策过程。从广义而言,新产品开发包括新产品的研制和原有老产品的改进与换代。全新产品是指应用新原理、新技术、新材料,具有新结构、新功能的产品。该新产品在全世界首先开发,能开创全新的市场。改进型新产品是指在原有老产品的基础上进行改进,使产品在结构、功能、品质、花色、款式及包装上具有新的特点和新的突破,改进后的新产品,其结构更加合理,功能更加齐全,品质更加优质,能更多地满足消费者不断变化的需要。

新产品开发是企业研究与开发的重点内容,也是企业生存和发展的战略核心之一,它是一种创新活动,产品创意是开发新产品的关键。在这一阶段,要根据社会调查掌握的市场需求情况以及企业本身条件,充分考虑用户的使用要求和竞争对手的动向,有针对性地提出开发新产品的设想和构思。企业开发新产品,把有限的人、财、物,有效地分配在急需的开发项目上,使新产品开发取得最佳效果,关键在于准确地确定新产品开发方向。由于市场竞争日益激烈,消费需求日益多样化和个性化,新产品开发呈现出多能化、系列化、复合化、微型化、智能化、艺术化等发展趋势。

4) 产品品牌策略

产品的品牌是用于识别某个销售商和企业的产品或服务,并与竞争对手的产品或服务区别开来的商业名称及其标志,而商标是一个法律概念,是经过政府有关部门注册获得专用权而受法律保护的一个品牌或品牌的一部分。

对于不同产品线或同一产品线下的不同产品品牌的选择,有以下 4 种策略:

(1) 个别品牌策略,即企业在不同的产品线上使用不同的品牌。

(2) 单一品牌策略,企业所有的产品采用同一品牌。

(3) 同类统一品牌策略,即对同一产品线的产品采用同一品牌,不同的产品线则品牌不同。

(4) 企业名称与个别品牌并行制策略,在不同的产品上使用不同的品牌,但每一品牌之前冠以企业的名称。

另外还有品牌延伸策略,即企业将某一有影响力的品牌使用到与原来产品不同的产品上。品牌延伸既可大大降低广告宣传等促销费用,又可使新产品更容易被消费者接受,这一策略运用得当,有助于企业的发展。但品牌延伸的风险较大。如美国 IBM、邦迪等都在品牌延伸中经历过失败的教训,品牌延伸不当可能还会影响原品牌的形象。

5) 产品生命周期运用策略

产品从投入市场到最终退出市场的全过程称为产品的生命周期,该过程一般经历产品的投入期、成长期、成熟期和衰退期 4 个阶段。在产品生命周期的不同阶段,产品的市场占有率、销售额、利润额是不一样的。投入期产品销售量增长较慢,利润额多为负数。当销售量迅速增长,利润由负变正并迅速上升时,产品进入了成长期。经过快速增长,销售量逐渐趋于稳定,利润增长处于停滞,说明产品成熟期来临。在成熟期的后一阶段,产品销售量缓慢下降利润开始下滑。当销售量加速递减,利润也较快下降时,产品便步入了衰退期。

产品生命周期形态可分为典型和非典型。典型的产品生命周期要经过导入期、成长期、成熟期和衰退期,呈 S 形曲线。非典型形态有"循环—再循环型"、"扇形"、"非循环型"等。研究产品生命周期对企业营销活动具有十分重要的启发意义。

根据产品生命周期所采取的营销策略主要为:

(1) 投入期是新产品首次正式上市的最初销售时期,只有少数创新者和早期采用者购买产品,销售量小,促销费用和制造成本都很高,竞争也不太激烈。这一阶段企业营销策略的指导思想是,把销售力量直接投向最有可能的购买者,即新产品的创新者和早期采用者,让这两类具有领袖作用的消费者加快新产品的扩散速度,缩短投入期的时间。具体可选择的营销策略有:快速撤取策略,即高价高强度促销;缓慢撤取策略,即高价低强度促销;快速渗透策略,即低价高强度促销;缓慢渗透策略,即低价低强度促销。

(2)成长期的产品,其性能基本稳定,大部分消费者对产品已熟悉,销售量快速增长,竞争者不断进入,市场竞争加剧。企业为维持其市场增长率,可采取以下策略:改进和完善产品;寻求新的细分市场;改变广告宣传的重点;适时降价等。

(3)成熟期的营销策略应该是主动出击,以便尽量延长产品的成熟期,具体策略有:市场改良策略,即通过开发产品的新用途和寻找新用户来扩大产品的销售量;产品改良策略,即通过提高产品的质量,增加产品的使用功能、改进产品的款式、包装,提供新的服务等来吸引消费者。

(4)衰退期的产品,由于需求饱和,竞争替代品增多,价值竞争激烈,产品的销售量和利润水平明显降低,最后产品会被迫退出市场。企业可选择以下几种营销策略:维持策略;转移策略;收缩策略;放弃策略。

5.3.2 定价策略调整

在互联网时代,为了满足顾客个性化的需求,企业可以根据要求为顾客定制生产。然而定价策略是在企业能实行定制基础上,利用互联网技术和辅助设计软件,帮助消费者选择配置或者自行设计能满足需求的个性化的产品,同时自己愿意承担价格成本。定价策略是企业在充分考虑影响企业定价的内外部因素的基础上,为达到企业预定的定价目标而采取的价格策略。制定科学合理的定价策略,不但要求企业对成本进行核算、分析、控制和预测,而且要求企业根据市场结构、市场供求、消费者心理及竞争状况等因素做出判断与选择,价格策略选择是否恰当,是影响企业定价目标的重要因素。

1. 影响定价因素的分析

(1)自身因素:首先是利润目标,即在企业所能掌握的市场信息和需求预测的基础上,按照已达到的成本水平,适当定价,以追求所能得到的最大利润。其次企业要考虑市场份额,有些企业的定价目标是大幅度增加销售量,以提高市场占有率,为此,需制定相当低的价格,不惜放弃目前的利润水平,甚至不顾目前的生产成本。促销目标,以增加产品的销售额。

(2)市场环境因素:市场需求对企业产品的定价有着重要的影响,不同企业生产的不同产品在投放市场时,面临的一个共同问题是需要关注价格对消费者需求的影响。经济学原理告诉我们,如果其他因素保持不变,消费者对某一商品需求量的变化与这一商品价格变化的方向相反,如果商品的价格下跌,需求量就上升,而商品的价格上涨时,需求量就相应下降。

(3)社会经济因素和政府政策:在竞争性的市场中,几乎每种产品都有或多或少的竞争者,企业在进行定价决策时,必须考虑竞争者的营销战略。竞争者的营销战略包括竞争者提供的产品及服务、价格策略及其变动、促销手段等诸多内容,无论哪一项发生变化都会对企业的定价策略产生影响。企业必须采取适当的方式,了解竞争者所提供产品的质量、价格、对手的实力等信息。还有国家政策对产品定价的影响也表现在许多的方面。例如国家的价格政策、金融政策、税收政策、产业政策等都会直接影响企业产品的定价。

2. 定价的步骤

产品价值是价格形成的基础，价格是产品价值的货币表现。从理论上来讲，产品价值和货币价值会影响产品价格的变动，但从市场营销组合的角度来分析影响定价的因素时，短期内可以将产品价值和货币价值视为不变，这时，影响产品定价的因素主要包括定价目标、产品成本、市场需求、竞争者的产品和价格等因素。

（1）确定定价的产品目标。必须决定产品或服务应该达到什么样定价目标，选定目标市场和进行目标市场的定位，同时还要把定价目标同整个经营和营销目标紧紧联系起来。对于一家企业而言，现在网络信息发达，消息传递快，要想抓住商机，准确的定价势必不可缺少，目标越清楚，制定价格就越容易。

（2）估计产品成本。通过对消费者需求分析，大概可以了解消费者的产品需求和价格敏感度，推算比较合理的价格定位。接下来需要分析的是产品成本，以测算企业收益和目标销售量。产品成本分析需要通过固定成本、变动成本和总成本的计算，确定销售量的盈亏平衡点，并依据不同价格下的销售收入，进行企业利润计算，并计算产品目标利润下的销售量目标。

（3）测定市场需求。在确定定价目标后，首先要进行消费者需求分析，无论是什么定价目标，消费者需求是一个必须考虑的因素，如果产品不能满足消费者需求，无论什么定价策略，都不能带来市场回报。而且产品定价策略也要符合消费者对该产品的需求效应，即消费者所进行的性价比分析。

（4）分析竞争。对于竞争产品的成本和价格分析，主要分析的要素包括竞争产品市场定位、竞争产品价格及趋势变化、竞争产品销量、竞争产品成本分析等。由于所有的定价策略都是竞争性的，所以竞争者的成本、价格和可能的价格是要考虑的主要因素。要将自己的成本和竞争者的成本进行比较，以了解是否占有优势。

（5）选定定价方法。通过前面的分析，可以测算最佳需求弹性下的价格定位，以及依据成本计算的价格定位，为了验证这些定位的有效性，还需要通过一定的市场调查方法，进行进一步的分析。目前使用比较多的方法包括 Gabor Granger、PSM、心理价差测试、BPTO 测试等。

（6）确定最终价格。依据以上的分析，根据不同的定价目标，基本上可以确定产品的定价或者定价范围。当然实际的产品定价还要考虑国家产业政策、行业发展趋势以及公司市场战略。

3. 定价的基本策略

在经济学中，确定价格一般是通过边际分析法。该方法从微观经济学来看，阐述了企业从利润最大化的方法出发，根据 $MR=MC$ 的原理，给产品定价的方法。在这种方法中，通过厂商成本和产量、消费者效用和收入的约束，得出厂商获得利润最大化。而现实中，传统的经济理论不是管理工具，而是对市场的一种诠释。因此，企业要寻求其他的定价方法。

在商品经济条件下，确定产品价格是实现市场交换的必要条件。任何企业都面临着为产品或服务确定市场交换价格的决策问题。企业在确立了市场营销目标之后，在对产品需求、成本、竞争者的价格进行分析的基础之上，选择合适的定价方法，从而定出产品的价格。

1）差别定价策略

由于市场上存在着不同的顾客群体、不同的消费需求和偏好，所以，企业可以根据这种需求差异，建立一种多价位结构，实施差别定价策略。

产品差别定价法是指企业通过不同的营销策略，使同种同质的产品在消费者心目中树立起不同的产品形象，进而根据自身特点，选取低于或高于竞争者的价格作为本企业产品价格。因此，产品差别定价法是一种进攻性的定价方法，是企业以两种或两种以上反映成本费用的比例差异的价格来销售一种产品或服务，即价格的不同并不是基于成本的不同，而是企业为满足不同消费层次的要求而构建的价格结构。

差别定价法有以下几种形式：

（1）顾客细分定价。企业把同一种商品或服务按照不同的价格卖给不同的顾客。如公园、旅游景点、博物馆将顾客分为学生、年长者和一般顾客，对学生和年长者收取较低的费用。

（2）产品形式差别定价。企业按产品的不同型号、不同式样，制定不同的价格，但不同型号或式样的产品其价格之间的差额和成本之间的差额是不成比例的。

（3）形象差别定价。有些企业根据形象差别对同一产品制定不同的价格。这时，企业可以对同一产品采取不同的包装或商标，塑造不同的形象"以此来避免消费者意识到不同细分市场上的商品实质上是同一商品的问题"。

（4）地点差别定价。企业对处于不同位置或不同地点的产品和服务制定不同的价格，即使每个地点的产品或服务的成本是相同的。例如影剧院不同座位的成本费用都一样，却按不同的座位收取不同价格，因为公众对不同座位的偏好不同。

（5）时间差别定价。价格随着季节、日期甚至钟点的变化而变化。航空公司或旅游公司在淡季的价格便宜，而旺季一到价格立即上涨。这样可以促使消费需求均匀化，避免企业资源的闲置或超负荷运转。

2）新产品定价策略

新产品定价策略主要有撇脂定价策略、渗透定价策略和满意定价策略。撇脂定价策略是一种高价格策略，是指在新产品上市初期，价格定得高，以便在较短的时间内获得最大利润。这种定价策略因类似于从牛奶中撇脂奶油而得名。渗透定价策略是一种低价格策略，即在新产品投入市场时，价格定得较低，以便消费者容易接受，很快打开和占领市场。满意定价策略是一种介于撇脂和渗透之间的价格策略。所定的价格较低，而比渗透价格要高，是一种中间价格。这种定价策略由于能使生产者和消费者都比较满意而得名，有时又称"君子价格"或"温和价格"。

3）心理定价策略

每一件产品都能满足消费者某一方面的需求，其价值与消费者的心理感受有着很大的关系。这就为心理定价策略的运用奠定了基础，使得企业在定价时可以利用消费者心理因素，有意识地将产品价格定得高些或低些，以满足消费者生理的和心理的、物质的和精神的多方面需求，通过消费者对企业产品的偏爱或忠诚，扩大市场销售，获得最大效益。具体策略包括以下几种：

(1) 整数定价策略。即在定价时把商品的价格定成整数,不带尾数,使消费者产生"一分价格一分货"的感觉,以满足消费者的某种心理,提高商品形象。

(2) 尾数定价策略。指在商品定价时,取尾数而不取整数的定价方法,使消费者购买时在心理上产生大为便宜的感觉。

(3) 分级定价策略。指在定价时,把同类商品分为几个等级,不同等级的商品,其价格有所不同。这种定价策略能使消费者产生货真价实、按质论价的感觉,因而容易被消费者接受。

(4) 声望定价策略。指在定价时,把在顾客中有声望的商店、企业的商品价格定得比一般的商品要高,是根据消费者对某些商品某些商店或企业的信任心理而使用的价格策略。

(5) 招徕定价策略。指多品种经营的企业中,对某些商品定价很低,以吸引顾客,目的是招徕顾客购买低价商品时,也购买其他商品,从而带动其他商品的销售。

(6) 习惯性定价策略。有些商品在顾客心目中已经形成了一个习惯价格,这些商品的价格稍有变动,就会引起顾客不满,提价时顾客容易产生抵触心理,降价会被认为降低了质量。因此对于这类商品,企业宁可在商品的内容、包装、容量等方面进行调整,也不采取调价的方法。日常生活中的饮料、大众食品一般都适用这种策略。

4) 折扣定价策略

折扣定价是指对基本价格做出一定的让步,直接或间接降低价格,以争取顾客,扩大销量。其中,直接折扣的形式有数量折扣、现金折扣、功能折扣、季节折扣,间接折扣的形式有回扣和津贴。

5) 产品组合定价策略

产品组合定价策略是指处理本企业各种产品之间价格关系的策略。它包括系列产品定价策略、互补产品定价策略和成套产品定价策略,是对不同组合产品之间的关系和市场表现进行灵活定价的策略。一般是对相关商品按一定的综合毛利率联合定价,对于互替商品,适当提高畅销品价格,降低滞销品价格,以扩大后者的销售,使两者销售相互得益,增加企业总盈利。对于互补商品,有意识降低购买率低、需求价格弹性高的商品价格,同时提高购买率高而需求价格弹性低的商品价格,会取得各种商品销售量同时增加的良好效果。

5.3.3 渠道策略调整

营销渠道策略是整个营销系统的重要组成部分,它对降低企业成本和提高企业竞争力具有重要意义,是规划中的重中之重。

1. 产品销售渠道按分销方式划分

1) 直接渠道及优点

直接渠道指生产者直接把商品出售给最终消费者的分销渠道。基本模式为:生产者——消费者。直接渠道减少了中间环节,节约了流通费用;而且产销直接见面,生产者能够及时地了解消费者的市场需求变化,有利于企业及时调整产品结构,做出相应的决策。直接渠道的具体销售形式有接受用户订货、设店销售、上门推销、利用通信、电子手段销售等。

直销渠道的优点包括:企业可以迅速及时地获得信息的反馈,从中了解国际市场的动态,据以制定适宜的营销策略;直接参与国际市场竞争,建立和开拓自己的销售网络,为树立企业形象,提高企业声誉,不断积累经验,为进一步扩大国际市场奠定了基础;企业独立地进行出口管理,对国外的营销有了较大的控制权,有利于企业根据自己的战略目标,对国外的营销活动做出适宜的调整。

2) 间接渠道及优点

间接渠道指生产者通过流通领域的中间环节把商品销售给消费者的渠道,其基本模式为:生产者——中间商——消费者。间接渠道是社会分工的结果,通过专业化分工使得商品的销售工作简单化;中间商的介入,分担了生产者的经营风险;借助于中间环节,可增加商品销售的覆盖面,有利于扩大商品市场占有率。但中间环节太多,会增加商品的经营成本。

间接渠道的优点包括:企业可以利用国内其他组织机构在国外的分销渠道和营销经验,迅速将产品推向国外市场,取得良好的时间效益;减少了企业所承担的外汇风险及各种出口信贷的风险,对资金的使用有一定的安全性;企业不必设置从事进出口业务的专门机构或专门人员,可以节省人力、物力和财力,集中精力搞好生产。

2. 产品销售按拓展方向划分

(1) 长渠道与短渠道的营销渠道。长渠道是指生产者经过两道或两道以上的中间环节,把产品销售给消费者。如生产者通过批发商、零售商,将产品销售给消费者。该方式的优点是渠道长、分布密、触角多,能有效地覆盖市场,从而扩大产品销售,有利于商品远购远销,在全社会范围内调剂余缺、沟通供求。其缺点是:由于环节多,销售费用增加,不利于生产者及时获得市场情报、迅速占领市场。

短渠道是指产品在从生产者向消费者转移过程中,只经过一道环节的分销渠道,有产需直接见面和中间经过零售商等两种形式。短渠道有利于加速商品流通,缩短产品的生产周期,增加产品竞争力;有利于减少商品损耗,从总体上节省流通费用;有利于开展售后服务,便于生产者和中间商建立直接、密切的合作关系,维护生产者信誉。减少中间环节,使商品直接到消费者手中,生产商需要大量的投入。短渠道尽管减少了流通环节,可是却增加了直销费用,这些直销费用必然要加价到商品价格中,此时不仅没有降低产品价格,反而增加了价格,不利于生产企业大批量组织生产。

(2) 宽渠道与窄渠道的营销渠道。营销渠道的"宽度"取决于渠道的每一个层次中使用同种类型中间商数目的多少。宽营销渠道范围广,广大消费者可以随时、随地买到企业的产品,而且可以造成中间商之间的竞争。同时,宽渠道能够增加销售网点,提高产品的市场覆盖面,提高市场占有率,通过多数中间商大范围地将产品转移到消费者手中。另外,宽渠道有利于生产者选择效率高的中间商而淘汰效率低的中间商,提高销售效率。但由于同类型的中间商数目多,使中间商推销企业的产品不专一,不愿为企业付出更多的费用;另外,在宽营销渠道下,生产企业和中间商之间的关系松散,使得在交易中中间商会不断变化。

窄渠道是指生产者在特定市场上只选用一个中间商为自己推销产品的分销渠道,通常也被叫做独家销售。一般来说,生产资料和少部分专业性较强或较贵重的消费品适合于窄渠道销售。窄渠道能促使生产者与中间商通力合作,排斥竞争产品进入同一渠道。但如果生产者对某一中间商依赖性太强,在发生意外情况时,容易失去已经占领的市场。

5.4 网络营销技术应用

5.4.1 搜索引擎营销策略

搜索引擎以一定的策略在互联网中搜集、发现信息,对信息进行理解、提取、组织和处理,并为用户提供检索服务,从而起到信息导航的目的。搜索引擎是互联网上的一个网站,它的主要任务是在互联网中主动搜索其他 Web 站点中的信息并对其进行自动索引,其索引内容存储在可供查询的大型数据库中。当用户利用关键字查询时,该网站会告诉用户包含该关键字信息的所有网址,并提供通向该网站的链接。目前国内用户使用的搜索引擎主要有两类:英文引擎和中文引擎。常用的英文搜索引擎包括 Google、Yahoo、MSN 等,常用的中文搜索引擎主要有:百度、一搜、3721、中搜、搜狐搜狗、网易等。搜索引擎营销目前主要有两大流派:一种为竞价排名广告模式,也叫付费点击广告(PPC);另一种是 SEO,即搜索引擎优化推广模式。

1. 搜索引擎营销的特点

随着搜索引擎的迅猛发展,以其为载体的搜索引擎广告发展态势也颇为喜人,引来越来越多广告主的青睐。作为一种新兴的媒体,搜索引擎与其他传统媒体相比具有许多得天独厚的优势,例如时效性强、传播范围广、信息的多媒体化、传播模式灵活、互动性强等。因为传播媒体对于广告形态有很大的制约性,因此,搜索引擎广告也拥有与传统媒体广告所无法比拟的诸多优势。

(1) 广泛使用。搜索引擎在某种程度上解决了信息获取和信息筛选的问题。一方面,搜索引擎帮助用户找到想要找的资料;另一方面,搜索引擎又通过自身的算法,努力使与用户搜索请求更相关的内容出现在搜索结果靠前的位置。

(2) 针对性比较强。商家在找客户,客户也在找商家。网络用户是自己主动查询,针对性强。在搜索的时候,客户的需求已经通过关键词表现出来,搜索引擎根据客户需求,给出相应结果。相较于报刊、广播、电视等大众媒体广告及户外、直邮、POP 等小众媒体广告,搜索引擎广告的接受没有强迫性,消费者有更多的自主选择权力,可以根据个人的兴趣和喜好选择是否接受以及接受哪些广告信息。由于消费者是心甘情愿地主动选择,从而避免了传统广告在信息传递方面的强迫性和被动性的局限,增强了广告的有效到达率。

(3) 形式多样、适合需求。搜索引擎营销可以结合网页综合运用文字、声音、动态影像、静态画面、动画、表格、三维空间、虚拟视觉等功能,充分表现创作者的创意,达到完美的统一,给消费者以传统媒体广告所无法达到的效果。搜索引擎营销制作成本低、时效长以及其高科技形象,使越来越多的工商企业选择搜索引擎营销作为重要国际广告媒体之一。

(4) 竞争性比较强。每个企业或网站都希望自己的信息出现在搜索结构中靠前的位置,否则,就意味着被用户发现的概率比较低,因此,对搜索引擎检索结果排名位置的争夺成为许多企业网络营销的重要任务之一。如果客户通过搜索引擎找到你的网站,而非你竞争对手的网站,你就已经在互联网的竞争上战胜了竞争对手。

(5) 动态更新调整速度快。由于搜索引擎营销可以随时更改信息,因此,搜索引擎营销的广告主如果需要更新产品价格、补充或删减广告内容、调整广告表现形式,都可以在很短的时间内完成,以便将最新的营销信息最快地传递给消费者。

(6) 门槛低、投资回报率高、计费简单。以关键字广告为例,它采用的计费方式是 CPC (Cost Per Click),区别于传统广告形式,它根据点击的次数来收费,价格便宜,并可以设定最高消费(防止恶意点击)。

2. 搜索引擎营销的模式

(1) 搜索引擎竞价排名。搜索引擎竞价排名关键有两点:一按竞价排名,二按效果付费。竞价排名是指同类企业按出价高低决定排名顺序;按效果付费是指企业按照用户点击的次数付费。当然,点击率越高,企业付出的费用也就越多。相对于其他收费模式,按点击效果付费避免了不管效果好坏,不管访问量多少,一律一个价的弊端。企业也可以根据点击情况判断自己产品的受关注程度。固定排名一般收费固定,并且费用较高,平时只有实力雄厚的大企业才会采用。根据点击次数收费的方式为中小企业的广告发展提供了很大的空间,预计在今后很长的一段时间内这种收费方式仍然是主流。

(2) 搜索引擎优化。搜索引擎优化(Search Engine Optimization,SEO),是指企业通过了解各类搜索引擎如何抓取互联网页面,如何进行索引以及如何确定其对某一特定关键词的搜索结果排名等,来对企业网页进行优化,从而提高网页在搜索引擎的排名位次,达到提高网站访问量、最终实现营销目标的搜索引擎营销模式。不同的搜索引擎对页面的抓取和索引、排序的规则都不一样。但关键词分析和选择是 SEO 最重要的工作之一。SEO 确定网站主关键词(一般在 5 个上下),然后针对这些关键词进行优化。

(3) 搜索引擎付费广告。搜索引擎服务商则可以根据网络广告的点击量,按照事先约定的单价向厂商收取一定的费用。这种服务对商家来说,好处是可以方便地修改广告关键词信息,广告的价格变得更加便宜,可以很快地建立自己的广告并且非常方便管理。通过 AdWords 的客户反映的数据表明,Google 广告的点击率高达 2%,超出传统条幅广告的 5 倍。目前,关键词广告按点击率付费,即用户每点击一次关键词广告,广告客户就需要向搜索引擎提供网站支付一定的费用,与此同时,显示广告的第三方网站可以从中获得一定的收入。

3. 搜索引擎营销的趋势发展

根据艾瑞对中国搜索引擎市场的预测,2010 年中国经济形势逐渐回暖,长尾广告主营销需求随之回归,加之经济危机时期大品牌广告主对搜索引擎营销认可而产生的惯性投放,将正面影响中国搜索引擎市场的增长;同时考虑到运营商推广系统切换伴生的行业短期调整,艾瑞预计 2010 年中国搜索引擎市场规模将呈现 45% 左右的增幅,如图 5-4 所示。

据估计截至 2010 年底,中国搜索引擎市场完成调整期进入成熟期,行业发展将实现"量"的积累到"质"的提升,搜索引擎商业价值获得广泛认可,商业模式健康完善,市场持续发展。至 2012 年左右,中国搜索引擎市场将出现"翘尾现象",市场规模在经历调整期的稳定增长后再次出现大幅增长。

由于网络信息的不断增加,复合型搜索引擎对提升网络营销效果和搜索引擎的品牌有重要影响,一个对用户实用的搜索引擎,应该使用户不但能查询网页、图片、声音等,还能为用户提供对产品分门别类的查找。现在,有些知名搜索引擎已对用户查找对象进行了有效分类,并可实现分类查询,如百度,它不但可以查询相关网页、网站,还可以查询图片和声音。这种复合型搜索引擎受到了用户的青睐,对提升其本身价值,树立品牌形象,起到了积极的作用。复合型搜索引擎是以后的重要发展趋势,它的出现为提高网络营销效果以及搜索引擎营销方式的多样性提供了一个平台。

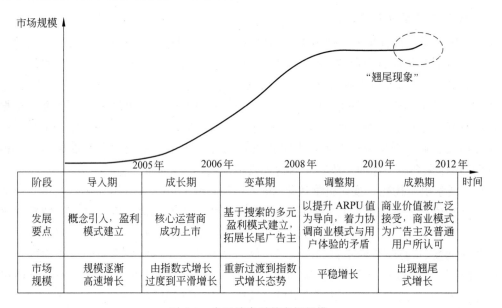

图 5-4 中国搜索引擎市场规模

5.4.2 E-mail 营销

1. E-mail 的普及和发展

20 世纪 90 年代,随着电子邮件应用的飞速发展,有企业开始萌生借此开展营销信息传播的设想。E-mail 群发技术的产生,将这种信息传播方式推向了极致。电子邮件营销之所以效果出众,甚至造成垃圾邮件横行,最重要的原因之一就是成本低廉,企业只要用很低的成本,通过简单的技术处理,就可以通过 E-mail 群发方式向市场大量地发送产品、营销或商务信息,并能收到很好的收益。电子邮件是目前互联网上被使用最多的功能,近年来得到飞速发展。E-mail 已经走入人们的生活,并成为人们日常生活和信息沟通的一部分。

根据 iResearch《2009—2010 年中国个人电子邮箱行业发展报告》,2009 年中国个人电子邮箱用户规模达 2.18 亿,同比增长 28.2%,占互联网用户比重的 56.8%。

所谓电子邮件营销(Email Direct Marketing,EDM),是指在用户事先许可的前提下,通过电子邮件的方式向目标客户传递有价值信息的一种网络营销手段。电子邮件营销必须包含的 3 个要素为:基于用户许可、通过电子邮件传递信息、信息对用户是有价值的。

2. E-mail 营销的优势

根据 iResearch《2009—2010 年中国个人电子邮箱行业发展报告》的分析,图 5-5 描述出电子邮件营销的四大优势。

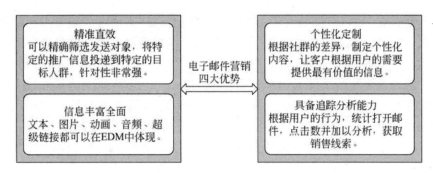

图 5-5 电子邮件营销的四大优势

（1）企业可以通过收集客户的需求信息，然后筛选出发送对象，并且投其所好通过 E-mail 将产品和服务方面的信息直接发送到对此感兴趣并愿意接受的顾客手里，向用户发送定制化邮件，介绍企业的产品和服务。这种有针对性的主动式营销方式迎合了顾客的需求，同时企业与顾客的关系也在潜移默化中得到改进。

（2）与其他营销方式相比，E-mail 营销活动能够获得更好的市场反馈，在个性化 E-mail 营销中，E-mail 营销可以做到以顾客为中心，最大地实现客户满意度。由于群体的需求不同，企业可根据消费者各自的需要发送信息。

（3）E-mail 营销的信息内容丰富，不仅是简单的静态邮件，也可以是动态的邮件，其显示效果类似于网页，给浏览者留下深刻的印象，增强了可点击性，反馈率远远高于纯文本的邮件。

（4）E-mail 营销能够实时地追踪分析其效果。它能测试企业不同的类表来源、受众选择、提议、方法创新、及时性、产品引力等，并产生一系列的分析结果反馈给企业。

3. E-mail 营销主要功能

表 5-1 归纳出 E-mail 营销的主要功能。

表 5-1　E-mail 营销的主要功能

功　　能	备　　注
品牌形象	规范、专业的电子邮件营销对于品牌形象有明显的促进作用
产品推广/销售	产品推广/销售是电子邮件营销最主要的目的
顾客关系	电子邮件首先是一种互动的交流工具，然后才是其营销价值，这种特殊功能使得电子邮件营销在顾客关系方面比其他网络营销手段更有价值
顾客服务	在电子商务和其他信息化水平比较高的领域，电子邮件也是一种高效的顾客服务手段，通过内部会员通信等方式为顾客提供服务，可在节约大量的顾客服务成本的同时提高顾客服务质量
网站推广	通过电子邮件可以主动向用户推广网站，并且推荐方式比较灵活简单，广告、新闻报告、案例分析等均可出现在邮件内容中
资源合作	经过用户许可获得的电子邮件地址是企业的宝贵营销资源，可以长期重复利用，并且在一定范围内可以与合作伙伴进行资源合作，如相互推广、互换广告空间
市场调研	利用电子邮件开展在线调查是网络市场调研中的常用方法之一，具有问卷投放和回收周期短、成本低廉等优点

（1）品牌形象。E-mail 营销对于企业品牌形象的价值，是通过长期与用户联系的过程中逐步积累起来的，规范的、专业的 E-mail 营销对于品牌形象有明显的促进作用。品牌建设不是一朝一夕的事情，不可能通过几封电子邮件就完成这个艰巨的任务，因此，利用企业内部列表开展经常性的 E-mail 营销具有更大的价值。

（2）产品推广/销售。产品/服务推广是 E-mail 营销最主要的目的之一，正是因为 E-mail 营销的出色效果，使得 E-mail 营销成为最主要的产品推广手段之一。一些企业甚至用直接销售指标来评价 E-mail 营销的效果，尽管这样并没有反映出 E-mail 营销的全部价值，但也说明营销人员对 E-mail 营销带来的直接销售有很高的期望。

（3）顾客关系。与搜索引擎等其他网络营销手段相比，E-mail 首先是一种互动的交流工具，然后才是其营销功能，这种特殊功能使得 E-mail 营销在顾客关系方面比其他网络营销手段更有价值。与 E-mail 营销对企业品牌的影响一样，顾客关系功能也是通过与用户之间的长期沟通才发挥出来的，内部列表在增强顾客关系方面具有独特的价值。

（4）顾客服务。电子邮件不仅是顾客沟通的工具，在电子商务和其他信息化水平比较高的领域，同时也是一种高效的顾客服务手段，通过内部会员通信等方式提供顾客服务，可以在节约大量顾客服务成本的同时提高顾客服务质量。

（5）网站推广。与产品推广功能类似，电子邮件也是网站推广的有效方式之一。与搜索引擎相比，E-mail 营销有自己独特的优点：网站被搜索引擎收录之后，只能被动地等待用户去检索并发现自己的网站，通过电子邮件则可以主动向用户推广网站，并且推荐方式比较灵活，既可以是简单的广告，也可以通过新闻报道、案例分析等方式出现在邮件的内容中，获得读者的高度关注。

（6）资源合作。经过用户许可获得的 E-mail 地址是企业的宝贵营销资源，可以长期重复利用，并且在一定范围内可以与合作伙伴进行资源合作，如相互推广、互换广告空间。企业的营销预算总是有一定限制的，充分挖掘现有营销资源的潜力，可以进一步扩大 E-mail 营销的价值，让同样的资源投入产生更大的收益。

（7）市场调研。利用电子邮件开展在线调查是网络市场调研中的常用方法之一，具有问卷投放和回收周期短、成本低廉等优点。E-mail 营销中的市场调研功能可以从两个方面来说明：一方面，可以通过邮件列表发送在线调查问卷，如果调查对象选择适当且调查表设计合理，往往可以获得相对较高的问卷回收率；另一方面，也可以利用邮件列表获得第一手调查资料，一些网站为了维持与用户的关系，常常将一些有价值的信息以新闻邮件、电子刊物等形式免费向用户发送，将收到的邮件列表信息定期处理是一种行之有效的资料收集方法。

（8）增强市场竞争力。在所有常用的网络营销手段中，E-mail 营销是信息传递最直接、最完整的方式，可以在很短的时间内将信息发送给列表中的所有用户，这种独特功能在风云变幻的市场竞争中显得尤为重要。E-mail 营销对于市场竞争力的价值是一种综合体现，也可以说是前述 7 大功能的必然结果。充分认识 E-mail 营销的真正价值，并用有效的方式开展 E-mail 营销，是企业营销战略实施的重要手段。

4. E-mail 营销的发展趋势

（1）专业化。建立专业化个性化的电子邮件服务商来开发和维护用户资料，还可以通过专业的服务商用最短的时间将信息发送到用户的电子邮箱中,提供强烈的宣传效果继而引起访问者的购买欲。

(2) 新技术的利用。E-mail 营销技术本身也在不断发展,Rich E-mail 的有效性正迅速表现出成为未来 E-mail 发展的趋势,Rich E-mail 的视觉效果远好过纯文本格式的电子邮件,同时由于 Rich E-mail 增强了可点击性,反馈率远高于纯文本邮件。从营销效果来讲,Rich Media 与 E-mail 的结合简直是天造地合,取得的营销效果有时让人难以置信。

(3) 减少垃圾邮件。在 E-mail 营销中,用户拥有主动的选择权,正是因为用户自己选择的信息与自己的兴趣和需要相关,因此许可 E-mail 营销可以获得较好的效果,有助于品牌推广和促进销售,同时也能够维持和改善顾客关系、开展新顾客服务。

(4) 关系营销化。动态内容要强调个性化,地域化和相关体验;简洁有冲击力的布局重点在用关键信息吸引阅读者;时间的选择要让读者的行动有紧迫感;清晰可见是增强点击率的关键;利用社区之间论坛的链接来鼓励用户与他们的朋友之间传递信息。

5.4.3 博客营销

博客作为一种营销信息工具,发挥的是网络营销信息传递的作用,因此,其网络营销价值主要体现在企业市场营销人员可以用更加自主、灵活、有效和低投入的方式发布企业的营销信息,直接实现企业信息发布的目的,降低营销费用和实现自主发布信息等是博客营销价值的典型体现。

1. 博客营销的特点

(1) 博客营销信息量大,信息发布快。在信息发布方面,博客与其他工具有一定相似的地方,发挥着传递网络营销信息的作用,而且传播速度快,信息量大,保存时间长。博客营销并不是简单的广告信息,博客营销在一定意义上可以说是一种公关方式,只是这种公关方式完全是由企业自行操作的,而无需借助于公关公司和其他媒体。

(2) 博客营销的内容题材和发布方式更为灵活。博客的内容题材和形式多样容易受到用户的欢迎。专业的博客网站用户数量大,有价值的文章通常更容易迅速获得大量用户的关注。

(3) 博客营销具有更大的自主性,并且无需直接费用。

(4) 博客营销可信度高。博客文章比一般的论坛信息发布所具有的最大优势在于,博客的个性化、草根性与知识性让博客更多的是一个个人想法和意见发布的平台,更关注内容本身。因此没有沾染较多的商业气息,可信度较高。

(5) 博客营销的目标针对性强。博客往往以个人思想和观念为基础,每个博客都有其特定的内容属性和特定的价值取向,因为年龄、性别、职业、受教育程度等原因,其读者也往往是与这一内容或价值观相关的特定人群。因此博客营销具有目标市场细分程度非常高、针对性强的特点。

2. 博客营销的方法

(1) 在博客网站上做广告。在博客世界,标准的、口号式的广告,就仿佛是鸡尾酒会上的大声叫唤。广告的设计要把博客考虑进去,要让博客成为广告对话的一部分。

(2) 发表专业文章。作为专业文章的主角——产品一定要有一个知识点,用来和公众沟通,并树立权威感。

(3) 打造博客团队。通过公关公司发布博客日记,来影响主流媒体的报道。

(4) 监测博客网站。通过监测博客网站,及时发觉当前谈论最多的公司或时下民众最关注的话题,为潜在的公关危机做好准备。

3. 博客营销的价值

博客的网络营销价值主要体现在：可以直接带来潜在用户,有价值的博客内容会吸引大量潜在用户浏览,从而达到向潜在用户传递营销信息的目的；降低网站推广费用,在博客内容中适当加入企业网站的信息(如某项热门产品的链接、在线优惠券下载网址链接等)达到网站推广的目的,这样的"博客推广"是极低成本的网站推广方法,降低了一般付费推广的费用,也可在不增加网站推广费用的情况下,提升了网站的访问量；为用户通过搜索引擎获取信息提供了机会；可以方便地增加企业网站的链接数量,通过在自己的博客文章为本公司的网站做链接不仅可能为网站带来新的访问量,也增加了网站在搜索引擎排名中的优势；以更低的成本对读者行为进行研究,在博客文章中设置在线调查表的链接,便于有兴趣的读者参与调查,使得在线调查更有交互性,提高了在线调查的效果；博客是建立权威网站品牌效应的理想途径之一；让营销人员从被动的媒体依赖转向自主发布信息,博客营销使市场人员的营销观念和营销方式产生了重大转变。博客赋予了每个企业、每个人自由发布信息的权力,如何有效地利用这一权力为企业营销战略服务,则取决于市场人员的知识背景和对博客营销的应用能力等因素。

5.4.4 病毒性营销

1. 病毒性营销的含义

病毒性营销并不是利用病毒进行营销,是通过网络利用口碑相传传递信息,鼓励目标群体大众将市场信息像病毒一样传递给别人,它主要利用了目标消费者的参与和热情。是目标消费者受到商家的刺激自愿参与到后续的传播过程中,产生几何级的增长速度的一种营销推广策略。它将本应该由商家承担的广告费用转嫁到目标消费者身上,对商家来说不需要为信息费的传递投入直接费用。此方式常用于进行网站和品牌推广等。常见的病毒性营销形式包括即时通信工具、E-mail、电子书、情感故事、幽默故事、贺卡、Flash、视频等。

病毒性营销既可以被看做是一种网络营销方法,也可以被认为是一种网络营销思想,即通过提供有价值的信息和服务,利用用户之间的主动传播来实现营销传播,其背后的含义是如何充分利用外部网络资源(尤其是免费资源)扩大网络营销信息传递渠道。这种病毒性营销手段往往可以以极低的代价取得非常显著的效果,由于用户之间的主动传播几乎不需要实施费用,但是在病毒性营销方案的设计上是需要费用的。

2. 病毒性营销的方法

(1) 免费服务。很多企业经常提供免费软件下载使用以达到宣传的目的。如 INTUIT 公司极其流行的 QUICKEN 个人财务管理软件当初就是这么起家的。它其实是从一个很基本的信息开始：如果订购这个产品的话,不必花一分钱。如果在打开这个产品后的 8 分钟内觉得这个产品不能给你增加任何劳动生产率的话,撕掉随产品附寄的发票,就不会欠公司任何钱。当然,绝大多数的用户不可能在短短的 8 分钟内就能将自己的收支情况整理清楚,但他们同时发现自己已经不能缺少这个软件的帮助,开始离不开它了。其结果是显而易见的:只用了少量的传统媒体广告消费,这一软件已经占了世界个人理财管理软件市场 70%的份额。也就是由于免费使用,客户使用以后感觉好,他就会推荐给他的朋友,当需要较高版本升级的时候,就会产生购买的需求。

(2) 免费电子书留住网站客户。电子书作为网络病毒式营销工具,也是用户在网上经常查询的信息内容之一,有价值的电子书可以获得用户的关注,电子书作为最适合个人终端阅读的载体可以迅速占领个人终端,丰富的内容、精彩的设计,无不让用户兴味盎然。在电子书中加入广告、软文是一种非常好的推广方式,这一特点也决定了电子书对于用户具有较大的吸引力。

(3) 利用网络通信工具通过 QQ、MSN、E-mail 等工具在节日时向朋友发送节日祝福并在后面跟上一些网址和广告,还可以提供便民服务,如电话查询,天气预报查询,手机归属地查询等,获得好口碑从而推广网站。网站推出免费的短信、彩信、MP3 歌曲向客户传送,但是提供给消费者的必须是不需要他们进行再加工的信息成品,如编辑好的短信、制作好的 Flash 等。最好的效果就是人们一看会喜欢,马上就能下载或者转发。

3. 病毒性营销的特点

(1) 销售成本低,收益高。病毒性营销具有自身的基本规律,成功的病毒性营销策略必须遵循病毒性营销的基本思想,并充分认识其一般规律,病毒性营销方案的设计和实施不是完全没有成本的,不会自动在大范围内进行传播,进行信息传播渠道设计和一定的推动是必要的。病毒性营销通常不需要为信息传播直接付费,但病毒性营销方案不会自动产生,需要根据病毒性营销的基本思想认真设计,在这个过程中必然发生一定的资源投入,因此不能把病毒性营销理解为不付费的网络营销,尤其在制定网站推广计划时,应充分考虑到这一点。此外,并不是所有的病毒性营销方案都可以获得理想的效果,这也可以理解为病毒性营销的隐性成本。

(2) 具有吸引力,易被接受。信息传递范围很容易从小规模向大规模扩散。巧妙的病毒性营销要求传输方法必须能利用公众的积极性,从小到大迅速扩张,从而寻找并挖掘公众的积极性是成功实施病毒营销战略的关键。建立在公众积极性和行为基础之上的营销战略最有可能取得成功。

(3) 传播面积大,具有互动性。大范围信息传播是从比较小的范围内开始的,如果希望病毒性营销方法可以很快传播,那么对于原始信息的发布也需要经过认真筹划,原始信息应该发布在用户容易发现,并且用户乐于传递这些信息的地方,比如 QQ 火炬在线传递。腾讯 2008 年 3 月 24 日推出了火炬在线传递,如果争取到了火炬在线传递的资格并向一个好友发送邀请,那么 QQ 头像旁边将会有一个火炬在线传递的标志,而要成为火炬在线传递大使需要先申请火炬在线传递大使资格。这种用户自发的邀请就好像病毒一样迅速蔓延。腾讯依靠其广大的用户群,在很短的时间内便使它传递到了很多网民 QQ 中。从 2008 年 3 月 24 日到 5 月 4 日短短 40 天时间,人数就达四千多万人。这不得不让我们深深佩服病毒性营销的魅力。

案 例 分 析

冲浪用品公司网上冲浪

总部位于加州的冲浪用品商店 Pacific Sunwear 自 1980 年成立以来,已从当时一家默默无闻的小店成为如今在 45 个州,拥有 450 家连锁店的一家大型公司。该公司专门为爱好极限运动的青少年提供设备及衣物。该公司的彩色大袋短裤、板裤及 T 恤等产品都可以通过 Pacific Sunwear 的网站购买。该公司在 1997 年为了争取更多的年轻人的网络受众,推出了其电子商务及生活类的综合网站 PacSun.com。早在 1998 年,电子商务尚被视为一种只有极少盈利的零售渠道,但是随着大型公司不断投入网络,网络营销便渐渐成为了一种时尚的营销方式,开始受到人们的青睐。Pacific Sunwear 直到 1998 年才开始策划投资推广他们的网站,该网站推出不久,就在开学前采购季节大获全胜。

Pacific Sunwear 使用了众多的常见的推广方式,其中包括在别的网站上放置 Pacific Sunwear 的网站广告,吸引受众进行首次购物尝试。另外,Pacific Sunwear 还推出有奖销售,他们赞助了一些音乐及滑板游戏网站,高度进行了受众的定位。Pacific Sunwear 在当地贴出了大量的宣传海报,在网站上推出了系列衣服、包袋,吸引大量的访问者。他们还在很多杂志上打出了大幅的广告。与大多数网站不同,Pacific.com 是通过为网络购物者提供额外服务来建立其用户的忠诚度的。他们向用户提供免费的邮件账号,最好的聊天室,最时尚的信息,最独特的内容及其他一系列的交互信息,吸引大量的用户来这里购物。他们也在不断地改进技术完善自己的电子商务网站。Pacific Sunwear 现在总用户已经达到了 4000 万,对于公司来说,相当于 1200 亿的资产。该公司的销售报告将网络销售列为他们盈利的重头。

5.5 实 践 训 练

结合本章网络贸易的网络营销方法,分析亚马逊的网络营销方案。

本章小结

进行网络贸易活动就要了解网络环境下贸易活动的相关内容,首先,在贸易过程中贸易双方要制定和签署电子合同,这一章首先讲解了电子合同管理、特征及其技术的实现,然后介绍了实现货币支付与资金转移的 3 种模式的电子支付。为了保证网络贸易与销售顺利的进行,业务流程管理(BPM)和企业进行网络贸易时的营销组织管理都起着重要的作用。要进行网络贸易就要对传统的营销策略进行调整,包括对产品策略的调整、定价策略的调整及渠道策略的调整。网络营销技术方面的内容有,起到信息导航作用的搜索引擎营销策略和低成本的 E-mail 营销策略。另外就是目前被人们广为利用的博客营销和病毒性营销,这些网络营销技术已被充分利用以扩大网络营销信息传递渠道,实现网络贸易。

思考题

1. 电子合同的概念及其特征是什么？
2. 请说明物流管理在网络贸易中的重要性。
3. 组织管理的概念及特点有哪些？

作　业

1. 电子支付的基本流程是什么？
2. 产品策略与定价策略各是什么？请具体说明。
3. 说明 E-mail 营销的方式及其优势。
4. 博客营销有什么优点及价值？
5. 说明病毒性营销的方法的种类及特点。

参考文献

[1] 张燕妮.电子商务合同若干问题研究.北京：北京大学出版社,2005.
[2] 蒋志培.网络与电子商务法.北京：法律出版社,2001.
[3] 郑昆白.论电子合同的成立.安徽：安徽大学出版社,2005.
[4] 李志民,郑秋生.基于 PKI 的电子合同安全.北京：中国管理信息化,2006,5.
[5] 任宏波.基于 BPM 的企业信息平合的构建与企业敏捷性研究.成都：成都理工大学,2009.
[6] 杨洋.BPM 存在的理由.软件世界,2006(19):47～48.
[7] 古宝华,李创.网络营销.北京：北京大学出版社,2008.
[8] http://hi.baidu.com/yaoyiyidejia/blog/item/81f4af504f01d7848c54309e.html.

第 6 章　网络贸易客户管理

学习目标

通过本章的学习,读者应该掌握网络贸易客户的分类,潜在客户、目标客户、满意客户、忠诚客户的区别和转化方法;了解网络贸易客户关系管理所需的关键技术,包括客户生命周期价值管理和智能 CRM 技术,以及客户互动方法;熟悉网络贸易顾客价值评价内容,包括顾客价值的驱动因素、衡量方式和顾客价值的提升途径。

开 篇 案 例

计算机互联网技术的发展为现代客户关系管理实现更完善的功能提供了可能性。精明的企业目前都在认真反省自己的 CRM 战略,并开始把 CRM 作为它们挽留客户的重要手段,希望凭借 CRM 的智能客户管理给企业带来忠实和稳定的客户群。

美国戴尔计算机公司(以下简称 Dell)利用因特网了解客户的具体需求,制定营销策略。它采用直接销售的商业模式,销售计算机及相关产品,最终产生了个人计算机商业模式的革命,取得了很大的成功。Dell 公司总裁迈克尔·戴尔说过:"与顾客结盟,是我们最大的优势。在我们眼中,没有一次交易的顾客,只有终生的顾客。"

戴尔(Dell)公司借助于电话拜访、面对面的对话、网络沟通,及时获知顾客对于产品、服务和市场上其他产品的建议,并知道他们希望公司开发什么样的新产品。它针对顾客需求来设计产品或服务方式,顾客可利用 Dell 公司网站和 800 免费电话自主选择配置,使每一件产品都是为顾客量身定做,最大限度地满足了客户需求。同时,它依客户订货的需求与时机来生产。消除了因为购买过量零件、库存与赔钱抛售存货等所造成的成本,获得了公司和顾客的双赢。

Dell 公司充分利用了新技术,它是一家以直销为经营模式的公司,也是第一家依照顾客的直接回馈来建立组织的个人计算机公司,它主要利用网站、呼叫中心、对话等方法来进行营销。该公司总裁迈克尔·戴尔认为,公司网站成功的原因,除了销售外,最重要在于服务与技术支援的多样化。他说:"我们不仅提供产品资讯与售后服务。更重要的是,我们提供大量的'售前服务'。"正是因为 Dell 这种友好的客户服务,让消费者获得了售前的资讯及咨询服务。

调查发现,产品价格其实只占 Dell 顾客购买原因的 1/3,另外 2/3 是服务与技术支持,这也正是许多顾客选择价格较高的品牌计算机而不是兼容机的原因。所以,要想完成一次交易并获得终生的顾客,必须为顾客提供优质的售后服务和技术支持。在 Dell 公司的网站上也充分体现了这一点,它提供了诸多的售后服务项目。例如:在下载驱动程序页面里,只需输入你的PC号码,即可随时下载最新版本的驱动程序;在常见问题集(FAQ)及疑难问题指南页面,顾客可自行查询产品使用问题解答,可根据参考资料检查与排除产品故障,并决定是否需要送修;在电子邮件答复服务里,利用电子邮件迅速答复顾客的问题。Dell公司营销部主管莫里斯指出:"通过为我们的直接顾客提供在线服务和在线支持,Dell在线公司给Dell公司建立一种连续性的关系提供了一个机会。这些措施能够带来长期的顾客。"

Dell公司建立了一个与网络、数据库技术相结合的呼叫中心。顾客可通过800免费电话与公司进行对话。呼叫中心设有技术支持热线、售前咨询热线、投诉热线等,接到客户的呼叫,服务人员立即在内容丰富的数据库内查询客户的PC代码,在最短的时间内获得顾客的详细资料。呼叫中心倾听顾客的诉说,回答顾客提出的问题,满足顾客的需求,收集有价值的客户资料,使顾客在较短时间内就能得当更快捷的答复,大大缩短了打电话的时间,同时减少了呼叫中心的成本。呼叫中心可能是一个成本中心,支付大量的电话费,但随着营销的扩大,客户的增多,呼叫中心通常会转变为创造利润的中心。

Dell公司员工认为,我们最好的顾客不见得是最大的顾客,也不见得是购买力最强,对协助或服务要求最少的顾客。所谓最好的顾客,是能够给我们最大启发的顾客,是教导我们如何超越现有产品和服务,提供最大附加价值的顾客,是能够提出办法后也可以加惠其他人的顾客。为给顾客创造出机壳外的价值,和顾客对话,向顾客学习是一种有效的手段。除了呼叫中心的对话,也应该进行面对面的对话。花费时间亲自探访顾客实际营运的地点所得到的概念,远胜过邀请他们到"你"的业务范围。通过这种方式,可以体会到他们每天在营运上所遭遇的问题和挑战,也能进一步了解在服务自己的顾客时,产品会造成什么影响。

从1984年成立到现在,戴尔公司从一个小公司成为了全美销售量最大的计算机公司,获得了巨大的成功,其中最关键的因素还是戴尔公司真正做到了"以客户为中心",赢得了客户的信任和忠诚。中国电子企业应从中获得一些启示和经验,在客户服务方面应该做得更好,这样才能牢牢把握市场,面对激烈的市场竞争。

6.1 网络贸易客户

6.1.1 潜在客户

1. 潜在客户的定义

所谓潜在客户,就是指对公司的产品或服务存在需求并具有购买能力的任何个人或组织。如果某个个人或组织存在对某种产品或服务的可能需求,但这种可能性又尚未被证实,那么这种有可能购买某种产品或服务的客户就称为可能的潜在客户或准客户;可能的潜在客户或准客户被证实确实有需求,就成为潜在客户;经销售人员按照某种要求评估合格的潜在客户就成了实际销售的对象,即目标客户。

2. 寻找潜在客户的 MAN 原则

在寻找潜在客户的过程中,可以参考以下 MAN 原则:

M:MONEY,代表"金钱"。所选择的对象必须有一定的购买能力。

A：AUTHORITY，代表购买"决定权"。该对象对购买行为有决定、建议或反对的权力。

N：NEED，代表"需求"。该对象有这方面(产品、服务)的需求。

"潜在客户"应该具备以上特征，但在实际操作中，会碰到以下状况，应根据具体状况采取具体对策，MAN 原则如表 6-1 所示。

表 6-1 MAN 原则

购买能力	购买决定权	需 求	购买能力	购买决定权	需 求
M(有)	A(有)	N(大)	m(无)	a(无)	n(无)

其中：
- M＋A＋N：是有望客户，理想的销售对象。
- M＋A＋n：可以接触，配上熟练的销售技术，有成功的希望。
- M＋a＋N：可以接触，并设法找到具有 A 之人(有决定权的人)。
- m＋A＋N：可以接触，需调查其业务状况、信用条件等给予融资。
- m＋a＋N：可以接触，应长期观察、培养，使之具备另一条件。
- m＋A＋n：可以接触，应长期观察、培养，使之具备另一条件。
- M＋a＋n：可以接触，应长期观察、培养，使之具备另一条件。
- m＋a＋n：非客户，停止接触。

由此可见，潜在客户有时欠缺了某一条件(如购买力、需求或购买决定权)，仍然可以开发，只要应用适当的策略，便能使其成为企业的新客户。

3. 寻找潜在客户的方法

1) 逐户寻访法

该法又称为普访法、贸然访问法，指销售人员在特定的区域或行业内，用上门访问的形式，对估计可能成为客户的单位、组织、家庭乃至个人逐一地进行访问并确定销售对象的方法。逐户寻访法遵循"平均法则"原理，即认为在被寻访的所有对象中，必定有销售人员所要的客户，而且分布均匀，其客户的数量与访问对象的数量成正比。

逐户寻访法是一个古老但比较可靠的方法，它可以使销售人员在寻访客户的同时，了解客户、了解市场、了解社会。该法主要适合于日用消费品或保险等服务的销售；该法的缺点就是费时、费力，带有较大的盲目性；更为严峻的是，随着经济的发展，人们对住宅、隐私越来越重视，这种逐户寻访法的实施面临着越来越大的难度。

2) 客户引荐法

该法又称为连锁介绍法、无限连锁法，就是指销售人员由现有客户介绍他认为有可能购买产品的潜在客户的方法。现有客户的介绍方法主要有口头介绍、写信介绍、电话介绍、名片介绍等。实践证明，客户引荐法是一种比较有效的寻找潜在客户的方法，它不仅可以大大地避免寻找工作的盲目性，而且有助于销售人员赢得新客户的信任。

要应用客户引荐法，首先销售人员应该取信于现有客户；其次对现有客户介绍的客户，销售人员应该对其进行详细的评估和必要的营销准备，销售人员要尽可能地从现有客户处了解新客户的情况;最后,在销售人员访问过新客户后,应及时向现有客户介绍与汇报情况,这一方面是对现有客户的介绍表示感谢,另一方面也可以继续争取现有客户的合作与支持。

客户引荐法适合于特定用途的产品,比如专业性强的产品或服务性要求较高的产品等。

3) 光辉效应法

该法又称为中心辐射法、名人效应法或影响中心法等,属于介绍法的一种应用特例。它是指销售人员在某一特定的区域内,首先寻找并争取有较大影响力的中心人物为客户,然后利用中心人物的影响与协助把该区域内可能的潜在客户发展为潜在客户的方法。

该法的得名来自于心理学上的"光辉效应"法则。心理学原理认为,人们对于在自己心目中享有一定威望的人物是信服并愿意追随的。因此,一些中心人物的购买与消费行为,就可能在他的崇拜者心目中形成示范作用与先导效应,从而引发崇拜者的购买行为与消费行为。光辉效应法适合于一些具有一定品牌形象、具有一定品位的产品或服务的销售,比如高档服饰、化妆品、健身等。

4) 市场咨询法

所谓市场咨询法,就是指销售人员利用社会上各种专门的市场信息咨询机构或政府有关部门所提供的信息来寻找潜在客户的方法。使用该法的前提是存在发达的信息咨询行业,目前中国市场的信息咨询业正处于发展阶段。

使用该法的优点是比较节省时间,所获得的信息比较客观、准确;缺点是费用较高。

5) 直接邮寄法

在有大量的可能的潜在客户需要某一产品或服务的情况下,用直接邮寄的方法来寻找潜在客户不失为一种有效的方式。直接邮寄法具有成本较低、接触的人较多、覆盖的范围较广等优点;不过,该法的缺点是时间周期较长。

6) 电话营销法

所谓电话营销法,就是指利用电信技术和受过培训的人员,针对可能的潜在客户群进行有计划的、可衡量的市场营销沟通。运用电话寻找潜在客户法可以在短时间内接触到分布在广阔地区内的大量潜在客户。

7) 滚雪球法

所谓滚雪球法,就是指在每次访问客户之后,销售人员都向客户询问其他可能对该产品或服务感兴趣的人的名单,这样就像滚雪球一样,在短期内很快就可以开发出数量可观的潜在客户。滚雪球法,尤其适合于服务性产品,比如保险和证券等。

8) 资料查阅法

该法又称间接市场调查法,即销售人员通过各种现有资料来寻找潜在客户的方法。不过,使用该法需要注意以下问题:一是对资料的来源与资料的提供者进行分析,以确认资料与信息的可靠性;二是注意资料可能因为时间关系而出现的错漏等问题。

6.1.2 潜在客户的转化

实践表明,开发任何一个新客户的成本都远远高于维持一个老客户的费用。因此,任何企业的目标都是期望维持长期稳定的现实客户。要长期维持稳定的现实客户,销售人员就必须在通过努力将潜在客户转变为现实客户之后,继续不断地对现实客户提供更多更具有吸引力的措施,使其成为满意客户。满意客户不断地重复购买,即为忠诚客户。

1. 潜在客户管理

潜在客户管理的目的是将潜在客户转变为现实客户,网络贸易客户关系管理的最大优势在于,只要花一次成本来吸引新的潜在客户,以后的促销和客户维系等交流成本就很低。而重点在于,在客户获取阶段,引导潜在客户访问网站时,要尽可能多地获得客户信息和客户的信息发送许可,获得客户信息的多少对以后的促销和成本的节约幅度有很大的关系。

与吸引用户注册有关的方式包括:免费注册、有奖注册、注册会员折扣优惠等。

例如,在机场候机厅里,经常会有旅程服务代理网站的推广活动,旅客可以免费获得一张印有注册用户名、密码的卡片和一本使用手册。用户只需按照使用手册上登载的方法,登录该公司网站,输入用户名和密码即可完成注册。在一些大型医院里,也有医药网站派送类似的卡片,吸引患者免费注册。

来访者注册成为会员后,应该及时取得客户发送邮件许可,给会员发送有用的信息,如网站最新促销信息、宣传活动海报等,吸引客户对网站的关注。

有些网站,如著名的亚马逊网站,就要求客户以电子邮件地址为用户名进行注册,系统会自动默认注册用户名等同于邮箱地址,这是维系客户关系的一个重要手段。

有一些公司网站的流量相对不少,但是真正打电话咨询且谈成业务的客户却很少。原因是把潜在客户带到网站上来是比较简单的事情,而如何留住来到网站的用户,则是一件比网络推广更重要、更有难度的事情。对企业来说,更应该关注网站的客户转化率,没有来自网上的业务电话,其中肯定存在问题。企业需要做以下工作来增加客户转化率。

(1) 网站设计要美观。就像和客户初次见面的感觉,网站给人的第一印象一定要好,要让人觉得可靠可信。网站设计要美观,大气,文字的描述要直接和简单,让用户第一时间就能找到所需要的内容,并且通过网站的引导深入了解。

(2) 良好的沟通是成功的关键。浏览者既然是在网上找到公司的,那么方便性对于他来说就是一个很重要的因素。网站应尽可能提供这种方便,如在线咨询、免费电话、在线支付等。

(3) 优惠广告信息。优惠促销信息可以有效提高用户转化率。

(4) 提供保证书。保证书可分为两类,一类为公司提供给客户的保证,如一年免费维修;另一类为品质的保证,如获得 ISO 9000 品质认证。网站上各方面的资质证明之类可以增加客户的信任度。

(5) 具有说服力的客户案例。客户更愿意接受第三方的评价(当用户为自己选择合适的产品或服务时,用户的心理是迷茫的,这时会在网站上显示出企业客户案例、客户评价等,当用户看完第三方评价后,第一可以产生信任,第二可以产生心理设想,把自己也设想成第三方成功案例此时的成果,这样就会给出一个很明确的用户指引)。

2. 客户满意管理

1) 客户满意概述

所谓客户满意,就是客户通过对一种产品的可感知的效果或结果与他的期望值相比较后所形成的一种失望或愉悦的感觉状态。

依据这个说法,满意水平是可感知效益和期望值之间的差异函数。如果效果低于期望,客户就会不满意;如果可感知效果与期望相匹配,客户就满意;如果感知效果超过期望,客户就会高度满意或欣喜。

客户满意的影响因素很多,总体来说,主要包括服务质量、产品质量、产品价格以及条件因素和个人因素。而其中服务质量是由交互过程质量、服务环境质量和服务结果质量决定的。而基本的服务质量又可以用可靠性、响应度、可信度、热情度和有形性来衡量。

2)提高客户满意度的方法

(1)锁定客户范围。企业80%的收入来源于20%的客户。所有的客户对于企业来说价值都不是一样的;其中一些客户为公司带来了长期的价值。明智的公司应该能够跟踪客户、细分客户,并根据客户的价值大小来提供有针对性的产品和服务。因此企业在推行客户忠诚计划时,应该把重点放在20%的高价值客户上,但同时也应该考虑有一些有价值潜力的客户,并采取相应的策略。

(2)明确客户的需求和期望。实现客户满意首先要明确客户的需求、期望。客户需求和期望不是一成不变的,它呈现出多元化、动态性的特点。这要求企业必须要对客户需求和期望的漂移方向保持高度的警觉,透析他们在购买产品和服务时希望获得的理想结果以及那些可以增进客户满意度进而驱动其购买行为的因素。

企业可以通过建立客户信息数据库对客户需求进行分析。客户大致可以分为价格敏感型、服务主导型和产品主导型3种类型,每一类型的客户还可以再细分。然后对这些同质客户进行研究,以找出影响其购买决策的关键驱动因素,并确定客户的需求和价值的优先顺序。

(3)抱怨管理。对于心存抱怨的客户,企业如果处理不当,那么他们很容易转向企业竞争者,与之联盟,成为企业强有力的对手。抱怨是一件礼物,企业应认真对待。卓越的抱怨处理、服务补救能力能够变不满为满意甚至忠诚。第一时间处理是消除不满的关键。服务失败后,客户的容忍区域迅速收缩,等待只能恶化客户不满的情绪。海尔推行的"首问负责制",就是使问题能够在第一时间得到关注,先从情绪上稳住客户。然后通过客户投诉管理系统,倾听客户的不满并给予迅速有效的解决。

面对不满意的服务,更多的客户选择对企业保持沉默。促使客户沉默的原因有很多,如抱怨渠道不畅通或不了解抱怨渠道、认为损失不值得浪费时间和精力抱怨、计划改购其他企业的产品和服务等。这就要求企业定期进行客户满意度调查,从中挖掘出更多的没有反馈给企业的有价值的信息。每一次调查之后,企业都要让客户知道自身的改进,否则再次调查就会使客户产生不信赖感。

(4)建立以客户满意为导向的企业文化。企业文化是企业的灵魂,对企业内部具有导向、凝聚和规范作用。企业要想把以客户满意为导向的理念植根于员工的思想中,并在行为中体现出来,必须先要把这种观念融入到企业文化中。

(5)建立客户导向的组织结构及流程。以客户满意为导向的企业文化是软件保证,它构筑了员工的价值观和行为模式。但仅有软件支撑是不够的,企业必须具有合理的组织结构、通畅的业务流程来确保客户导向的目标得以实现。企业在设计组织结构和业务流程时,必须从客户角度出发,一切以能给客户增加价值为准绳。百事公司的组织结构就把传统的组织结构金字塔翻转过来,将直接与客户打交道的员工置于组织结构图的顶部,组织的其余部分都是为支持他们而存在的。这样做的好处是把优先权赋予了一线部门和员工,同时也可以打破部门壁垒,使各个职能部门都在为客户利益而动。企业对组织结构和业务流程中不利于增加客户价值的环节必须要持续改进,确保企业具有卓越的执行力。

3. 客户忠诚管理

1) 客户忠诚概述

从消费心理学的角度来讲,一个人会对他认为是有价值的事物保持忠诚,客户忠诚就是指客户对某种产品、品牌和与之相对应的公司的信赖、情感依附和希望重复购买的一种心理倾向。

忠诚的客户一般来说具有以下 5 个特征:

(1) 周期性的重复购买行为。

(2) 向其他人推荐商品。

(3) 同时使用多种商品和服务。

(4) 对于竞争对手的吸引视而不见。

(5) 具备良好的信任度,能够容忍一些偶尔的失误。

2) 忠诚顾客的价值

(1) 忠诚顾客的频繁业务会使得公司的收入和市场份额增长,同时获得顾客和服务的成本就会降低。相关研究表明,争取一位新顾客所花费的费用是保住一位老顾客所花成本的 5~6 倍。

(2) 公司赢得较高的顾客忠诚度,从而建立起重复销售和顾客之间的推荐销售。公司可将额外收益投资一些新颖的活动来提高顾客所得到的价值,增加对顾客的吸引力,如降价和增加产品特性。

(3) 顾客忠诚能够使公司员工的工作自豪感和满意度增加,员工流动减少,这样建立起良性循环,通过更好的服务又加强了顾客的忠诚。好的经济状况意味着公司能付给员工更高的薪水,这会引起一系列的变化:提高薪水鼓舞了员工的士气,提高了他们的归属感和总体工作满意度,这样他们的知识与经验能更好地为顾客服务,于是顾客就更倾向于对该公司保持忠诚。

(4) 口碑传播在购买服务中起着重要的作用。人们认为口碑传播比其他信息来源更具有信誉,产品/服务最佳的推广方式来自那些提倡使用这家公司服务的顾客,口碑传播为公司带来新的顾客。公司可以就新顾客带来的收益及其节省的促销成本,来度量这种宣传的财务价值。

3) 客户忠诚度的衡量

根据顾客忠诚的价值,可以从下面几个方面来衡量顾客的忠诚度。

(1) 顾客重复购买次数。在一定时期内,顾客对某一品牌产品重复购买的次数越多,说明对这一品牌的忠诚度越高,反之则越低。由于产品的用途、性能、结构等因素也会影响顾客对产品的重复购买次数,因此在确定这一指标的合理界限时,须根据不同产品的性质区别对待,不可一概而论。

(2) 顾客对价格的敏感程度。对于喜爱和信赖的产品，消费者对其价格变动的承受能力强，即敏感度低，而对于不喜爱和不信赖的产品，消费者对其价格变动的承受能力弱，即敏感度高。在运用这一标准时，要注意产品对于人们的必需程度、产品供求状况以及产品竞争程度3个因素的影响。

(3) 顾客对竞争产品的态度。根据顾客对竞争产品的态度，能够从反面判断其对某一品牌的忠诚度。如果顾客对竞争产品有好感，兴趣浓，那么就说明对某一品牌的忠诚度低，购买时很有可能以前者取代后者；如果顾客对竞争产品没有好感，兴趣不大，则说明其对某一品牌的忠诚度高，购买指向比较稳定。

(4) 顾客对产品质量事故的承受能力。任何一种产品都可能因某种原因出现质量事故，即使是名牌产品也很难避免。顾客若对某一品牌的忠诚度高，对出现的质量事故会以宽容和同情的态度对待，不会因此而拒绝这一产品。当然，运用这一标准衡量顾客对某一品牌的忠诚度时，要注意区别产品质量事故的性质，即是严重事故还是一般性事故，是经常发生的事故还是偶然发生的事故。

6.2 网络贸易客户关系维护

6.2.1 客户全生命周期价值管理

1. 客户生命周期理论

作为企业的重要资源，客户具有价值和生命周期。客户生命周期理论是指从企业与客户建立业务关系到完全终止关系的全过程，是客户关系水平随时间变化的发展轨迹，它动态地描述了客户关系在不同阶段的总体特征。客户生命周期可分为考察期、形成期、稳定期和退化期4个阶段。考察期是客户关系的孕育期，形成期是客户关系的快速发展阶段，稳定期是客户关系的成熟期和理想阶段，退化期是客户关系水平发生逆转的阶段。

网络贸易商业模式下的企业客户有两种，一是基于企业网站形成的客户，如网上用户等；二是基于企业网站作为信息平台而形成的客户，如在离线市场上建立客户关系后通过在线交流来进一步加强联系的客户。这样的商业模式就给企业的客户关系管理提出了更高的要求。客户的价值观决定产品的寿命周期，由于客户关系管理关注的是长期价值关系，因此对客户的选择，显得尤为关键，客户关系管理并不是对所有的客户不加区别的对待，而是不断为价值客户提供优惠的价值服务，并从价值客户那里得到卓越回报的一种有目的的价值交换战略。客户生命周期各阶段特征如下。

1) 考察期

考察期是关系的探索和试验阶段。在这一阶段，双方考察和测试目标的相容性、对方的诚意、对方的绩效，考虑如果建立长期关系双方潜在的职责、权利和义务。双方相互了解不足、不确定性大是考察期的基本特征，评估对方的潜在价值和降低不确定性是这一阶段的中心目标。在这一阶段，客户会下一些尝试性的订单，企业与客户开始交流并建立联系。因客户要对企业的业务进行了解，企业就要对其进行相应的解答，某一特定区域内的所有客户均是潜在客户，企业投入是对所有客户进行调研，以便确定出可开发的目标客户。此时企业有客户关系投入成本,但客户尚未对企业做出大的贡献。

2) 形成期

形成期是关系的快速发展阶段。双方关系能进入这一阶段,表明在考察期双方相互满意,并建立了一定的相互信任和交互依赖。在这一阶段,双方从关系中获得的回报日趋增多,交互依赖的范围和深度也日益增加,逐渐认识到对方有能力提供令自己满意的价值(或利益)和履行其在关系中担负的职责,因此愿意承诺一种长期关系。在这一阶段,随着双方了解和信任的不断加深,关系日趋成熟,双方的风险承受意愿增加,由此双方交易也不断增加。当企业对目标客户开发成功后,客户已经与企业发生业务往来,且业务在逐步扩大,此时已进入客户成长期。企业的投入和开发期相比要小得多,主要是发展投入,目的是进一步融洽与客户的关系,提高客户的满意度、忠诚度,进一步扩大交易量。此时客户已经开始为企业做出贡献,企业从客户交易获得的收入已经大于投入,开始盈利。

3) 稳定期

稳定期是关系发展的最高阶段。在这一阶段,双方或含蓄或明确地对持续长期关系做了保证。这一阶段有如下明显特征:

(1) 双方对对方提供的价值高度满意。

(2) 为能长期维持稳定的关系,双方都做了大量有形和无形投入。

(3) 大量的交易。

因此,在这一时期双方的交互依赖水平达到整个关系发展过程中的最高点,双方关系处于一种相对稳定状态。此时企业的投入较少,客户为企业做出较大的贡献,企业与客户交易量处于较高的盈利时期。

(4) 退化期

退化期是关系发展过程中关系水平逆转的阶段。关系的退化并不总是发生在稳定期后的第4阶段,实际上,在任何一个阶段关系都可能退化。引起关系退化的可能原因有很多,如一方或双方经历了一些不满意、需求发生变化等。退化期的主要特征是交易量下降,一方或双方正在考虑结束关系甚至物色候选关系伙伴(供应商或客户),开始交流结束关系的意图等。当客户与企业的业务交易量逐渐下降或急剧下降,客户自身的总业务量并未下降时,说明客户已进入衰退期。

此时,企业有两种选择,一种是加大对客户的投入,重新恢复与客户的关系,进行客户关系的二次开发;另一种做法便是不再做过多的投入,渐渐放弃这些客户。企业两种不同的做法自然就会有不同的投入产出效益。当企业的客户不再与企业发生业务关系,且企业与客户之间的债权债务关系已经理清时,意味着客户生命周期的完全终止。

2. 客户生命周期价值概述

客户生命周期价值(Customer Lifetime Value,CLV)是指一个顾客在与公司保持关系的整个期间内所产生的现金流经过折现后的累积和。每个客户的价值都由3部分构成:历史价值(到目前为止已经实现了的顾客价值)、当前价值(如果顾客当前行为模式不发生改变的话,将来会给公司带来的顾客价值)和潜在价值(如果公司通过有效的交叉销售可以调动顾客的购买积极性,或促使顾客向别人推荐产品和服务等,从而可能增加的顾客价值)。

1) 分析客户终身价值的步骤

(1) 收集顾客资料和数据。公司需要收集的基本数据包括个人信息(年龄、婚姻、性别、收入、职业等)、住址信息(区号、房屋类型、拥有者等)、生活方式(爱好、产品使用情况等)、态度(对风险、产品和服务的态度,将来购买或推荐的可能)、地区(经济、气候、风俗、历史等)、客户行为方式(购买渠道、更新、交易等)、需求(未来产品和服务需求等)、关系(家庭、朋友等)。这些数据以及数据随着时间推移的变化都将直接影响顾客的终生价值测算。

(2) 定义和计算终生价值。影响终生价值的主要因素是:所有来自顾客初始购买的收益流;所有与顾客购买有关的直接可变成本;顾客购买的频率;顾客购买的时间长度;顾客购买其他产品的喜好及其收益流;顾客推荐给朋友、同事及其他人的可能、适当的贴现率。

(3) 顾客投资与利润分析。可以直接基于交易成本或资金投入进行计算,或者根据过去类似客户的行为模式,利用成熟的统计技术预测客户将来的利润。国外的汽车业这样计算顾客的终生价值:他们把每位上门顾客一生所可能购买的汽车数,乘上汽车的平均售价,再加上顾客可能需要的零件和维修服务而得出这个数字。他们甚至更精确地计算出加上购车贷款所带给公司的利息收入。

(4) 顾客分组。从第3个步骤中,企业可以看出如何在顾客终生价值中赢得最大的利润,随后企业可以根据这些数据将顾客分成具有不同特征、不同行为模式和不同需求的组。比如说企业可以用聚类分析法将顾客分成苛刻的顾客、犹豫不决的顾客、节俭的顾客和久经世故的顾客,根据每个组制定相应的措施。

(5) 开发相应的营销战略。衡量"客户终生价值"的目的不仅仅是确定目标市场和认知消费者,而是要设计出能吸引他们的交叉销售方法(Cross-Selling)、向上销售方法(Up-Selling)、附带销售方法(Add-on Selling)、多渠道营销(Multi-Channel Marketing)和其他手段。这些手段都能够帮助企业提高客户的价值,尽可能地将客户的潜力开发出来。

2) 测量客户终生价值的方法

客户终生价值的复杂性和变化性,使得采用何种方法准确地测量和计算成为了企业面临的最大挑战之一。目前,比较流行和具有代表性的顾客终生价值预测方法为DWYER方法和顾客事件预测法。

(1) DWYER方法。该方法将客户分为两大类:永久流失型和暂时流失型。

永久流失型客户要么把其业务全部给予现在的供应商,要么完全流失给予另一供应商。原因或者是其业务无法分割,只能给予一个供应商;或者其业务转移成本很高,一旦将业务给予某供应商则很难转向其他供应商。这种客户一旦流失,便很难再回来。暂时流失型指的是这样一类客户,他们将其业务同时给予多个供应商,每个供应商得到的只是其总业务量的一部分(一份)。这类客户的业务转移成本低,他们可以容易地在多个供应商之间转移业务份额,有时可能将某供应商的份额削减到零,但对该供应商来说不一定意味着已经失去了这个客户,客户也许只是暂时中断购买,沉寂若干时间后,有可能突然恢复购买,甚至给予更多的业务份额。

DWYER方法是由美国人Dwyer(杜瓦尔)先生在1989年率先提出的一种CLV的计算模型。它首先依据客户的属性(如收入、年龄、性别、职业、地理区域等),采用一定的分组策略进行分组,然后针对一组客户分别统计这组客户在各年的销售额、成本费用,得到企业从这组客户获得的利润。由于利润是各年的累计,基于资金的时间价值,再考虑贴现率,计算出这组客户每年净现值及累计净现值,即可得到这组客户的生命周期价值。为了对营销决策提供更好的数据支持,年销售额中考虑了客户数、客户保持率、客户平均每月交易次数、客户平均每次交易金额;成本及费用则分为可变成本、营销费用和客户获得费用。

DWYER方法的缺陷是,它只能预测一组客户的终生价值或每个客户的平均终生价值,无法具体评估某个客户对于公司的终生价值。

(2)顾客事件预测法。这种方法主要是针对每一个客户,预测一系列事件发生的时间,并向每个事件分摊收益和成本,从而为每位顾客建立一个详细的利润和费用预测表。

顾客事件预测可以说是为每一个顾客建立了一个盈亏账号,顾客事件档案越详细,与事件相关的收益和成本分摊就越精确,预测的准确度就越高。但是,顾客未来事件预测的精准度并不能完全保证,主要有两个原因。

其一,预测依据的基础数据不确定性很大,顾客以后的变数、企业预计的资源投入和顾客保持策略,以及环境变数等都具有很多不确定性。

其二,预测的过程不确定性很大,整个预测过程是一个启发式的推理过程,涉及大量的判断,需要预测人员具有丰富的经验,所以预测过程和预测结果因人而异。

3. 客户生命周期价值在客户关系管理中的应用

对于企业来说,生命周期价值是关于客户未来价值贡献的一个良好的愿望,并不是说企业计算得出的客户生命周期价值是多少就能实现多少,这还需要企业通过有机的客户关系管理策略的实施来保证这一点。生命周期价值可以成为企业营销策划过程中最有价值的营销工具之一:企业需要区别对待高生命周期价值的客户群体和低生命周期价值的客户群体。企业应当将用于客户获取的营销费用更多地投资于那些可能具有较高生命周期价值的客户群,而对于可能具有较低生命周期价值的客户群,则尽量控制营销投入。

大多数的公司仅仅应用差异化营销策略和生命周期价值营销工具来进行客户获取。事实上,运用生命周期价值营销工具,通过差异化营销策略来进行客户维系往往也能够获得非常高的回报。

应用生命周期价值营销工具进行客户维系时,最普遍的应用是基于客户生活方式和购买行为建立客户分群,分别计算不同客户分群的生命周期价值,并且针对不同的客户群进行客户维系营销费用的预算分配,设计差异化的沟通策略。

由于进行客户维系时,企业往往掌握了更多的客户消费行为信息,因此基于客户分群的生命周期价值的分析会更准确,也更有效,以此为基础执行的客户维系营销活动也会获得非常稳定而可靠的回报。经验证明,投资相同的营销费用于客户维系上所产生的投资回报往往数倍于将同样的费用投资于客户获取上。

CLV是一个极好的营销工具,计算的成本很低,而且可以通过改进营销策略获得丰富的回报。当然,更为合理地运用生命周期价值营销工具还需要对客户进行有效的分群,并且采集和积累足够的客户统计资料和消费行为数据。

6.2.2 客户需求快速响应实现

网络贸易企业应该建立高效的客户服务系统,以对不同客户的各类需求做出快速响应,通过在线为顾客分析和解决复杂的问题来增强顾客的忠诚度,进一步提高销售机会和销售量。每个在线客服人员可以通过增加即时在线服务人数的方式,降低传统客户服务中通过电话交流所产生的成本。客户服务系统应包括以下功能。

1. 自动语音应答(IVR)

拨入客户服务系统的客户,首先由自动语音应答导航:"您好,欢迎使用……",客户听到的是专业播音员的录音,语音清晰、亲切。这些大量重复性的信息可引导到自动语音播报系统,这样就可使客服人员从大量的重复性劳动中解放出来,从而可以减少人工座席数量,也可避免情绪不佳等因素对客户的影响,为客户提供更专业、周到的服务,提升企业形象。与热线电话相比,客户服务中心运营成本更低,服务质量更高。

客户可按自己的意愿选择自动语音播报及人工座席应答;对于新客户可以选择自动语音播报,了解服务中心的业务情况,如需人工帮助可转入相关人工座席。

2. 智能话务分配(ACD)

自动呼叫分配系统(ACD)是客户服务中心有别于一般热线电话系统的重要部分,在一个客户服务中心中,ACD 成批地处理来话呼叫,并将这些来话按话务量平均分配,也可按指定的转接方式传送给具有相关职责或技能的各个业务代理。ACD 提高了系统的效率,减少了客户服务中心系统的开销,并使公司能更好地利用客户资源。

3. 流程编辑

用户可以根据系统提供的控件任意组合,方便、快捷地生成所需要的业务。对业务应用系统的访问,通过系统提供的外部服务控件可以方便地实现。不同业务流程之间可以相互转移。

利用业务生成系统,可在短时间内生成大量的自动语音处理流程。如与交换数据库进行数据传递,可用以实现各种各样复杂的功能,实现各种动态信息的查询。由于采用开放动态链接库的形式进行数据及控制交互,所以这些功能既可以由系统提供商负责开发,也可以由系统维护人员生成,并可随时添加新的功能。

4. 录音管理

可以同时进行多路电话录音和监听的设备是计算机技术与语音技术的完美结合。由于采用了先进的数码录音技术,配以功能强大、可靠的软件,并借助大容量计算机硬盘作为存储介质,完全突破了传统的电话录音概念。

录音管理的综合特点如下:

(1) 多路同时录音。可同时录音多路电话,而且各通道之间互不干扰,对通话质量没有影响。

(2) 多种录音方式。可以全自动录音(采用声控或压控),也可手动录音(键控)。

(3) 适合多种录音环境。可直接对直线电话录音;也可与交换机配合使用,对交换机的外线、内线同时录音。

(4) 自动记录主叫号码、被叫号码,识别来电者的身份。

(5) 电话筛选录音。可以对所有通话录音,也可选择特定号码录音。自动识别通话与上网,不对上网用户录音(如拨打 163 上网,录音系统不启动录音)。

(6) 线上(On-line)即时监听录音。可实时监听每一条线路的通话内容,并可随时调节音量。

(7) 录音编辑与查询。可采用多种方式对录音文件查询,并可根据通话内容及联系人等重要信息对录音文件进行编辑。

(8) 网络查听。LinkTel-VR 录音系统引入了先进的网络技术,使用户可通过网络远程查听。

(9) 自动备份。可设置自动备份的时间、备份介质(如:硬盘、CD-R、MO 等数据存储设备)。

(10) 系统管理。可设定不同等级的密码保护,除了系统管理员使用最高级的密码外,还有用户密码、录音文档查询密码等多种保护措施。

(11) 录音文件的两级保护。除了按用户要求进行备份外,LinkTel-VR 录音系统还增加了录音文件整理程序,整理程序可以恢复由于用户误操作而删除的重要信息。

(12) 多种压缩方式。PCM(35hr/G)、ADPCM(70hr/G)、GSM(175hr/G)。最大压缩率为 5 倍,采用 GSM 压缩方式,录音时间比无压缩方式的录音时间长 5 倍。例如,当系统安装了一个 20GB 的硬盘时,录音容量约 3400 小时。

(13) 可设定工作时段。为增加系统使用弹性,除选择 24 小时录音外,系统可在 3 个工作时段范围工作,在非工作时段系统停止录音。

5. 自动收发传真功能

收发传真的形式可分为以下两类:

自动传真:客户可以通过电话按键选择某一特定的传真服务,传真服务器会自动根据客户的输入动态生成传真文件(包括根据数据库资料动态生成的报表),并自动发送传真给客户,而不需要人工的干预。

计算机传真:如果业务代理在与客户交谈时需要立即为客户发传真,她可以启动座席计算机上的桌面传真,则当前客户的资料如客户名、传真号等就会自动调出,再选择客户所需的传真内容,然后业务代理就可以单击发送按钮把传真发送出去了。

6. 短信自动收发与管理

短信是现代人新获得的一个重要的沟通手段,实现短信的自动收发与管理能够很方便地实现与客户的沟通。座席人员用鼠标就可以实现对多个客户发送及时信息或近期公司的促销信息,客户发来的信息可以保存在相关的目录下,方便后期的管理。

7. 电子邮件的收发管理

电子邮件是商务领域的重要沟通手段,当然也是为不方便用电话的客户(如聋哑人),拥有这个功能绝对是对客户的关怀。其使用的形式与短信、传真类似。

8. 人工座席的应答

根据客户的需要,将进行自动语音应答(IVR)的话路转接到人工座席上,客户将和业务代理进行一对一的交谈,接受客户预定、解答客户的疑问或输入客户的信息。另外,座席员也可以将查询的结果采用自动语音播报给客户。座席挂机后,通过按键对座席评价或投诉。功能上可以分为普通座席和班长座席。

普通座席完成的功能主要有:人员登记、人工来话应答、临时闭席、来话转接、三方(或多方)通话、呼叫、资料查询、了解话务记录、咨询旁听等。

班长座席完成的功能主要有：监听、强插、强拆、拨外线、了解话务员记录及概况等。

9. 来电号码的显示与客户资料的自动弹出

客服人员面对大量的客户，迅速地获悉来电客户的身份、背景资料以及历史资料在很大程度上决定了其服务质量。通过对自动被叫号码证实及自动主叫号码证实，客户服务中心将在建立路由的同时检索与其相连的中心数据库，将客户资料同步地显示在客服人员的计算机上(Pop-Screen)。方便客服人员的输入，提高了效率与正确率。

10. 客户资料的计算机查询与录入

人工座席可以询问客户问题，然后运行座席计算机上的专用查询软件，到数据库中查找相应数据，座席可以参考找到的结果，和客户进行轻松交流，同时也可以将查到的数据转化成语音，让客户自己倾听所需资料。

此部分同时提供数据采集功能，当座席人员和客户通话时或通话后，根据系统的提示，将必要的通话结果输入到数据库中，以备将来的数据挖掘之用。

6.2.3 智能 CRM 技术

1. 数据仓库

1) 数据仓库的定义

自从 DBASE Ⅲ 的兴起，数据库的应用进入了个人计算机时代，使得中小企业也纷纷进入商业性的数据库应用阶段。这时的数据库应用主要是进行数据的记录，称这类为 OLTP (On-Line Transaction Processing，线上事务处理)数据库系统。

但由于数据处理的多样化要求越来越明显，管理人员需要对数据进行决策性的分析，并需要经常访问大量的历史数据。虽然在传统的数据库结构下有经验且熟练掌握查询语法的管理员可以通过复杂的语句得以实现，但是就其性能和安全来说，就显得不太实际了。并且，现实情况中，企业内的数据信息大多分布于各个不同的系统之中，所以如果进行综合性的分析处理，就可能需要从不同类型的数据源获得信息。

为了解决如上所述的问题，"数据仓库"应运而生。根据数据仓库之父 Bill Inmon 的定义：数据仓库是将企业的事物性数据经过提炼、加工和集成为对企业有用的信息，是面向主题的、稳定的、随时间变化的，主要用于决策支持的数据库系统。该定义指出了数据仓库的4个特征：

(1) 面向主题。操作型数据库的数据组织面向事务处理任务，各个业务系统之间各自分离，而数据仓库中的数据是按照一定的主题域进行组织的。

(2) 集成的。数据仓库中的数据是在对原有分散的数据库数据抽取、清理的基础上经过系统加工、汇总和整理得到的，必须消除源数据中的不一致性，以保证数据仓库内的信息是关于整个企业的一致的全局信息。

(3) 相对稳定的。数据仓库的数据主要供企业决策分析之用，所涉及的数据操作主要是数据查询，一旦某个数据进入数据仓库以后，一般情况下将被长期保留，也就是数据仓库中一般有大量的查询操作，但修改和删除操作很少，通常只需要定期地加载、刷新。

(4) 反映历史变化。数据仓库中的数据通常包含历史信息,系统记录了企业从过去某一时点(如开始应用数据仓库的时点)到目前各个阶段的信息,通过这些信息,可以对企业的发展历程和未来趋势做出定量分析和预测。

2) 数据仓库的构成

数据仓库的整个系统可以划分为数据源、数据仓库系统和客户关系管理分析系统3个部分。

(1) 数据源。数据主要来自4个方面:客户信息、客户行为、生产系统和其他相关的数据,这些数据散落于订单处理、客户支持、营销、销售、查询系统等各个环节或部门的接触点上。但这些数据所提供的信息都是不完全的,客户关系管理的客户数据仓库需要把这些企业内外的客户数据集成起来,并根据不同的客户进行匹配和合成,产生对客户总的看法,如账户信息、信用等级、投资活动、对直接营销的反映等。所以,数据的匹配和合并的完整性与准确性是很重要的。

(2) 数据仓库系统。主要分为数据仓库建设和数据仓库两部分。数据仓库建设利用数据仓库的数据和设计工具,将与客户相关的数据集中到数据仓库中;然后在数据仓库的基础上,通过联机分析处理(OLAP)、报表等将客户的整体行为分析和企业运营分析结果传递给数据仓库用户。

(3) 客户关系管理分析系统。由数据准备、客户分析数据集市(企业级数据仓库的一个子集,数据仓库体系结构中一种小型的部门或工作组级别的数据仓库)、客户分析系统和调度监控模块构成。在数据仓库的基础上,由分析数据准备模块将客户分析所需要的数据形成客户分析数据集市;接着在客户分析数据集市的基础上,客户分析模块进行客户行为分组、重点客户发现和性能评估模板的设计与实现;最后,客户关系管理分析系统的分析结果由OLAP和报表传递给市场专家。

3) OLAP在数据仓库中的应用

当今的数据处理大致可以分成两大类:联机事务处理(On-Line Transaction Processing,OLTP)、联机分析处理(On-Line Analytical Processing,OLAP)。OLTP是传统的关系型数据库的主要应用,主要是基本的、日常的事务处理,例如银行交易。OLAP是数据仓库系统的主要应用,支持复杂的分析操作,侧重决策支持,并且提供直观易懂的查询结果。

OLAP是使分析人员、管理人员或执行人员能够从多角度对信息进行快速、一致、交互地存取,从而获得对数据的更深入了解的一类软件技术。OLAP的目标是满足决策支持或者满足在多维环境下特定的查询和报表需求,它的技术核心是"维"这个概念。

"维"是人们观察客观世界的角度,是一种高层次的类型划分。"维"一般包含着层次关系,这种层次关系有时会相当复杂。通过把一个实体的多项重要的属性定义为多个维(dimension),使用户能对不同维上的数据进行比较。因此OLAP也可以说是多维数据分析工具的集合。

OLAP的基本多维分析操作有钻取(roll up和drill down)、切片(slice)、切块(dice)、旋转(pivot)、交叉探查(drill across)、数据钻取(drill through)等。

钻取是改变维的层次,变换分析的粒度。它包括向上钻取(roll up)和向下钻取(drill

down)。roll up 是在某一维上将低层次的细节数据概括到高层次的汇总数据,或者减少维数;而 drill down 则相反,它从汇总数据深入到细节数据进行观察或增加新维。

切片和切块是在一部分维上选定值后,关心度量数据在剩余维上的分布。如果剩余的维只有两个,则是切片;如果有 3 个,则是切块。

旋转是变换维的方向,即在表格中重新安排维的放置(例如行列互换)。

2. **数据挖掘**

数据挖掘(Data Mining,DM),也可以称为数据库中的知识发现(Knowledge Discover Database,KDD),是从大量数据中提取出可信、新颖、有效并能被人理解的模式的高级处理过程。

1) 数据挖掘的任务

数据挖掘的任务主要是关联分析、聚类分析、分类、预测、时序模式和偏差分析等。

(1) 关联分析(association analysis)。两个或两个以上变量的取值之间存在某种规律性,就称为关联。数据关联是数据库中存在的一类重要的、可被发现的知识。关联分为简单关联、时序关联和因果关联。关联分析的目的是找出数据库中隐藏的关联网。一般用支持度和可信度两个阀值来度量关联规则的相关性,还不断引入兴趣度、相关性等参数,使得所挖掘的规则更符合需求。

(2) 聚类分析(clustering)。聚类是把数据按照相似性归纳成若干类别,同一类中的数据彼此相似,不同类中的数据相异。聚类分析可以建立宏观的概念,发现数据的分布模式,以及可能的数据属性之间的相互关系。

(3) 分类(classification)。分类就是找出一个类别的概念描述,它代表了这类数据的整体信息,即该类的内涵描述,并用这种描述来构造模型,一般用规则或决策树模式表示。分类是利用训练数据集通过一定的算法而求得分类规则。分类可被用于规则描述和预测。

(4) 预测(predication)。预测是利用历史数据找出变化规律,建立模型,并由此模型对未来数据的种类及特征进行预测。预测关心的是精度和不确定性,通常用预测方差来度量。

(5) 时序模式(time-series pattern)。时序模式是指通过时间序列搜索出的重复发生概率较高的模式。与回归一样,它也是用已知的数据预测未来的值,但这些数据的区别是变量所处时间的不同。

(6) 偏差分析(deviation)。在偏差中包括很多有用的知识,数据库中的数据存在很多异常情况,发现数据库中数据存在的异常情况是非常重要的。偏差检验的基本方法就是寻找观察结果与参照之间的差别。

2) 数据挖掘的方法

(1) 神经网络方法。神经网络由于本身良好的自组织自适应性、并行处理、分布存储和高度容错等特性非常适合解决数据挖掘的问题,因此近年来越来越受到人们的关注。典型的神经网络模型主要分为 3 大类:以感知机、bp 反向传播模型、函数型网络为代表的,用于分类、预测和模式识别的前馈式神经网络模型;以 Hopfield 的离散模型和连续模型为代表的,分别用于联想记忆和优化计算的反馈式神经网络模型;以 art 模型、koholon 模型为代表的,用于聚类的自组织映射方法。神经网络方法的缺点是"黑箱"性,人们难以理解网络的学习和决策过程。

(2) 遗传算法。遗传算法是一种基于生物自然选择与遗传机理的随机搜索算法,是一种仿生全局优化方法。遗传算法具有的隐含并行性、易于和其他模型结合等性质使得它在数据挖掘中被加以应用。

Sunil 已成功地开发了一个基于遗传算法的数据挖掘工具,利用该工具对两个飞机失事的真实数据库进行了数据挖掘实验,结果表明遗传算法是进行数据挖掘的有效方法之一。遗传算法的应用还体现在与神经网络、粗集等技术的结合上。如利用遗传算法优化神经网络结构,在不增加错误率的前提下,删除多余的连接和隐层单元;用遗传算法和 bp 算法结合训练神经网络,然后从网络提取规则等。但遗传算法的算法较复杂,收敛于局部极小的较早收敛问题尚未解决。

(3) 决策树方法。决策树是一种常用于预测模型的算法,它通过将大量数据有目的的分类,从中找到一些有价值的、潜在的信息。它的主要优点是描述简单、分类速度快,特别适合大规模的数据处理。最有影响和最早的决策树方法是由 Quinlan 提出的著名的基于信息熵的 id3 算法。它的主要问题是:id3 是非递增学习算法;id3 决策树是单变量决策树,复杂概念的表达困难;同性间的相互关系强调不够;抗噪性差。针对上述问题,出现了许多较好的改进算法,如 Schlimmer 和 Fisher 设计了 id4 递增式学习算法,钟鸣、陈文伟等提出了 ible 算法等。

(4) 粗集方法。粗集理论是一种研究不精确、不确定知识的数学工具。粗集方法有几个优点:不需要给出额外信息;简化输入信息的表达空间;算法简单,易于操作。粗集处理的对象是类似二维关系表的信息表。目前成熟的关系数据库管理系统和新发展起来的数据仓库管理系统,为粗集的数据挖掘奠定了坚实的基础。但粗集的数学基础是集合论,难以直接处理连续的属性。而现实信息表中连续属性是普遍存在的。因此连续属性的离散化是制约粗集理论实用化的难点。现在国际上已经研制出来了一些基于粗集的工具应用软件,如加拿大 Regina 大学开发的 kdd-r;美国 Kansas 大学开发的 lers 等。

(5) 覆盖正例排斥反例方法。它是利用覆盖所有正例、排斥所有反例的思想来寻找规则。首先在正例集合中任选一个种子,到反例集合中逐个比较。与字段取值构成的选择子相容则舍去,相反则保留。按此思想循环所有正例种子,将得到正例的规则(选择子的合取式)。比较典型的算法有 Michalski 的 aq11 方法、洪家荣改进的 aq15 方法以及他的 ae5 方法。

(6) 统计分析方法。在数据库字段项之间存在两种关系:函数关系(能用函数公式表示的确定性关系)和相关关系(不能用函数公式表示,但仍是相关确定性关系)。对它们的分析可采用统计学方法,即利用统计学原理对数据库中的信息进行分析。可进行常用统计(求大量数据中的最大值、最小值、总和、平均值等)、回归分析(用回归方程来表示变量间的数量关系)、相关分析(用相关系数来度量变量间的相关程度)、差异分析(从样本统计量的值得出差异来确定总体参数之间是否存在差异)等。

(7) 模糊集方法。即利用模糊集合理论对实际问题进行模糊评判、模糊决策、模糊模式识别和模糊聚类分析。系统的复杂性越高,模糊性越强,一般模糊集合理论是用隶属度来刻画模糊事物的亦此亦彼性的。李德毅等人在传统模糊理论和概率统计的基础上,提出了定性定量不确定性转换模型——云模型,并形成了云理论。

3) 数据挖掘和在线分析处理(OLAP)的区别

OLAP 是决策支持领域的一部分。传统的查询和报表工具是告诉用户数据库中都有什么(What happened),OLAP 则更进一步告诉用户下一步会怎么样(What next)以及如果采取这样的措施又会怎么样(What if)。用户首先建立一个假设,然后用 OLAP 检索数据库来验证这个假设是否正确。比如,一个分析师想找到什么原因导致了贷款拖欠,他可能先做一个初始的假定,认为低收入的人信用度也低,然后用 OLAP 来验证他这个假设。如果这个假设没有被证实,他可能去查看那些高负债的账户,如果还不行,他也许要把收入和负债一起考虑,一直进行下去,直到找到他想要的结果或放弃。

也就是说,OLAP 分析师是建立一系列的假设,然后通过 OLAP 来证实或推翻这些假设来最终得到自己的结论。OLAP 分析过程在本质上是一个演绎推理的过程。但是如果分析的变量达到几十或上百个,那么再用 OLAP 手动分析验证这些假设将是一件非常困难和痛苦的事情。

数据挖掘与 OLAP 不同的地方是,数据挖掘不是用于验证某个假定的模式(模型)的正确性,而是在数据库中自己寻找模型。它在本质上是一个归纳的过程。比如,一个用数据挖掘工具的分析师想找到引起贷款拖欠的风险因素。数据挖掘工具可能帮他找到高负债和低收入是引起这个问题的因素,甚至还可能发现一些分析师从来没有想过或试过的其他因素,比如年龄。

数据挖掘和 OLAP 具有一定的互补性。在利用数据挖掘出来的结论采取行动之前也许要验证一下如果采取这样的行动会给公司带来什么样的影响,那么 OLAP 工具能回答这些问题。

3. 商业智能

1) 商业智能的概念

商业智能(Business Intelligence,BI)的概念于 1996 年最早由加特纳集团(Gartner Group)提出,加特纳集团将商业智能定义为:商业智能描述了一系列的概念和方法,通过应用基于事实的支持系统来辅助商业决策的制定。商业智能技术提供使企业迅速分析数据的技术和方法,包括收集、管理和分析数据,将这些数据转化为有用的信息,然后分发到企业各处。

可以认为,商业智能是对商业信息的搜集、管理和分析过程,目的是使企业的各级决策者获得知识或洞察力(insight),促使他们做出对企业更有利的决策。商业智能一般由数据仓库、联机分析处理、数据挖掘、数据备份和恢复等部分组成。商业智能的实现涉及软件、硬件、咨询服务及应用,其基本体系结构包括数据仓库、联机分析处理和数据挖掘 3 个部分。

因此,把商业智能看成是一种解决方案应该比较恰当。商业智能的关键是从许多来自不同的企业运作系统的数据中提取出有用的数据并进行清理,以保证数据的正确性,然后经过抽取(Extraction)、转换(Transformation)和装载(Load),即 ETL 过程,合并到一个企业级的数据仓库里,从而得到企业数据的一个全局视图,在此基础上利用合适的查询和分析工具、数据挖掘工具、OLAP 工具等对其进行分析和处理(这时信息变为辅助决策的知识),最后将知识呈现给管理者,为管理者的决策过程提供支持。

2）实施商业智能的步骤

实施商业智能系统是一项复杂的系统工程,整个项目涉及企业管理、运作管理、信息系统、数据仓库、数据挖掘、统计分析等众多门类的知识。因此用户除了要选择合适的商业智能软件工具外,还必须按照正确的实施方法才能保证项目得以成功。商业智能项目的实施步骤可分为：

（1）需求分析。需求分析是商业智能实施的第一步,在其他活动开展之前必须明确地定义企业对商业智能的期望和需求,包括需要分析的主题、各主题可能查看的角度（维度）、需要发现企业哪些方面的规律。用户的需求必须明确。

（2）数据仓库建模。通过对企业需求的分析,建立企业数据仓库的逻辑模型和物理模型,并规划好系统的应用架构,将企业各类数据按照分析主题进行组织和归类。

（3）数据抽取。数据仓库建立后必须将数据从业务系统中抽取到数据仓库中,在抽取的过程中还必须将数据进行转换、清洗,以适应分析的需要。

（4）建立商业智能分析报表。商业智能分析报表需要专业人员按照用户制订的格式进行开发,用户也可自行开发（开发方式简单,快捷）。

（5）用户培训和数据模拟测试。对于开发-使用分离型的商业智能系统,最终用户的使用是相当简单的,只需要单击操作就可针对特定的商业问题进行分析。

（6）系统改进和完善。任何系统的实施都必须是不断完善的,商业智能系统更是如此。在用户使用一段时间后可能会提出更多的,更具体的要求,这时需要再按照上述步骤对系统进行重构或完善。

6.2.4 客户互动：客户协作

1. 客户互动的含义

客户互动的概念十分广泛,客户与企业双方的任何接触,都可以视为互动,例如,产品和服务的交换、信息的交流和业务流程的了解等。

为了在市场上为客户提供具有优异价值的产品和服务,企业需要充分利用信息的潜在内涵和各种互动技巧,努力在客户的购买流程中发展与客户的合作关系。在实践中,除了向客户提供定制化的产品和服务以外,"以客户为中心"的观念还应包括与客户互动的类型和风格。通过互动、对话来建立对客户的了解,知道什么时候该提供什么东西,才能让客户心甘情愿地与企业合作。相关资料积累得越多,掌握客户的精确性就越准,应对不同挑战所提出对策的有效性也就会越高,从而降低风险,提高企业利润。

2. 客户互动的驱动因素

在客户互动的转变过程中,有些驱动因素无时无刻不在推动客户互动向前发展与演进。这些驱动因素包括客户角色的转变、营销观念的转变,当然也离不开在互动演进中扮演重要角色的技术因素。具体表现在以下几个方面。

1）营销环境的变化

在当今以竞争为主导的动荡环境里,营销环境的变化格外引人注目。例如,从大众化消费到个性化消费,每个消费者都变得更加独一无二。此外,网络技术和互动媒体方式的发展也同样引起营销环境的巨大变化。

2）营销观念的变化

在交易营销的理念下，由于传统的消费品市场规模较大，生产者与客户建立长期的互动关系几乎是不可能的。但随着交易营销观念被关系营销观念所取代，企业与客户之间的互动变得越来越频繁。

3）企业核心价值认知的改变

传统上，许多企业都以"利润最大化"为其核心价值观，是以企业为中心的，强调的是企业独立地创造价值。但网络经济的发展正促使企业的核心价值观向"客户价值最大化"转移，开始真正以客户为中心，强调的是与客户共同创造价值。

4）与信息技术相结合的营销方式的转变

由于信息技术的发展，使得企业能够做到一对一的营销，从而彻底改变了以前面向大众市场、追求市场份额的营销模式，客户份额和客户终身价值得到了前所未有的关注。

5）信息技术推动的管理方式转变

企业管理软件的引入，使得企业管理的方式发生了翻天覆地的变化，使许多先进的管理理念迅速转化为管理实践，如 ERP 和 CRM 等软件的引入。

显然，以上这些都是客户互动演进的驱动因素，正是它们的共同作用，使得客户互动不断地向前发展，使理论与实践不断融合。

3. 实现客户互动的关键因素

虽然存在着众多的影响客户互动的因素，但不管通过何种互动渠道，无论是面对面的交流、电话、电子邮件或网站，还是其他渠道，参与互动的人、技术和流程都是客户互动中的3大关键因素。只有对这3项因素进行综合管理，才能为客户创造出令人满意的、感觉受到重视的客户互动。

1）员工的有效性

企业的人力资源实践对客户互动的效果有重要的影响。具体而言，不论员工是否被授权实时地解决客户问题，人力资源实践直接影响着员工对客户互动技术和流程的了解程度。

有效员工的衡量标准中一个重要因素就是给企业客户服务代表（Customer Service Representative,CSR）授权，这有助于员工在工作中掌握客户互动的自由度。没有被传给专家或者高级管理人员的客户互动所占的比率越高，说明对 CSR 的授权水平就越高。CSR 的辞职会导致企业增加重新雇佣和培训的成本。此外，非接触时间也是有效员工的一个需要考虑的要素，它是指一个 CSR 在不与客户进行互动时，在文件处理和培训上所花费的时间。

2）流程的有效性

企业的内部流程对客户互动质量也有着强烈的影响，流程的设计与实施，应该可以最有效地利用互动过程中的每个要素。例如，如果流程设计具有感应客户态度、需求、认知变化的能力，那么企业就可以对这些改变做出反应，从而获得竞争优势。类似地，企业对变化做出反应的速度会反映出流程的柔性。

有效流程的衡量标准基本上都涉及入站和出站接触。其中，入站接触与互动需求相关，而出站接触则关系到销售/电话销售以及与客户挽留相关的流程。

对于那些拥有更多出站接触的企业而言,其客户关注水平往往更低;对将互动管理外包的企业而言,其客户互动效果可能会变差。这一现象有两种可能的解释:一是如果为了降低成本而外包,那么对客户需求的关注水平就会被降低到第二位;二是如果因为难以对接触数量加以有效管理而采取外包,那么对客户需求的关注水平将会被摆脱运营性问题的需求所取代。

3) 有效的信息技术

信息技术有为企业带来竞争优势的潜力。这些技术可以让企业调整企业行为,使之适应客户需求,还可以显著改变企业的流程和人事。正确使用信息技术,可以让流程和人事制度更富有柔性,更加快捷,更加有效。

有效的信息技术的衡量标准常常需要考虑以下因素:信息技术的复杂性,包括信息技术使用和学习的难度;信息技术是否以客户为中心,即能用信息技术完全掌握的客户接触在整个客户接触中所占的百分比,这一比率越高,说明技术设计越能满足客户的需求。此外,企业在信息技术上投资越多,那么系统的复杂性可能就会越高;信息系统的复杂性越高,客户与企业接触时遇到的阻碍可能就越大,从而降低了客户与企业互动的驱动力,因此,管理者必须在是否进行大量投资之前做出权衡。

在信息技术上投资越多的企业,客户等待的时间将趋于缩短,这说明企业在信息技术上的投资能够在一定程度上提高系统效率,信息技术越复杂,客户关注水平可能越低;由于客户与企业接触难以掌控,所以总体的客户关注水平将会降低;脱离客户的视角而引进新技术,往往会造成客户关注水平的降低。在信息技术的应用中,对客户的关注程度越高,互动系统的有效性也就越高。

4) 客户互动的渠道

(1) 电子邮件。电子邮件的优点是成本低,互动性强,易于评估。一般来说,发送一封电子邮件与发送十万封的成本基本相同,因此,边际成本十分低。但是,大量的发送,会导致用户收件箱中"垃圾邮件"爆满,并有可能被用户列为黑名单。

一封完整的电子邮件不仅包含基本的图文信息,还可以包含超级链接、Flash、音频、视频等,对用户而言,只要动动鼠标即可参与互动。这比传统的纸质印刷品邮件要填写一大堆文字,还要贴邮票回寄方便许多,从而大大提高了用户的参与性。

电子邮件的互动性不仅体现在活动的参与上,还体现在对客户隐私的管理策略上。大多数企业一般采用客户自主的隐私策略,将随时可以退订的链接放在邮件的尾端。

在电子邮件的评估中,各项指标都是可追踪的。客户从"收到邮件"到"打开邮件"到"点击浏览"到"参与活动"等各种响应动作,无不在邮件服务器的监视与记录之下。通过这些数据,可轻而易举地计算出"邮件到达率"、"邮件阅读率"等。

(2) 互动电子杂志。电子杂志(书籍)也是一种低成本的互动工具,节约了印刷费用,而且易于传播、易于评估。电子杂志一般是在做好后,放置到公司的主页、公共网站上让目标客户下载。比如招商银行出版的《理财》电子杂志,其定位是对目标客户进行理财知识传播;李宁公司的"Ling"是品牌传播与个案营销的结合,有效推动了与目标客户的互动。

在投放方面,电子杂志因为需要客户主动去下载或点击,因此,除了公司的官方网站外,应选择目标客户比较集中的合作网站投放。选择新型的合作型杂志网站,是一种有效的扩大目标客户接触范围的方式。

电子杂志也有一定的缺陷,其以.exe 为后缀的命名,经常不能通过绝大多数安全防火墙的识别,甚至不能通过 MSN 点对点传输的安全识别,从而在一定程度上受到传播受限。

(3) 网站论坛及其他 SNS。"病毒营销"是营销界的热门话题。病毒营销事实上也是一种互动,是客户与客户之间的互动。而这种互动,是由企业所驱动的。而病毒营销应用最广泛的,莫过于各类 SNS 网站。SNS(Social Network Site)是社会化网络,它的理论基础是"六度分割"理论。这一理论的拥护者们认为:任何两个陌生人相识,都最多可通过 6 个人来实现。SNS 在商业上的应用,以及各类新型 SNS 网站的出现,使得"客户—客户—企业"三者互动模式成为可能。

一直被 SNS 理论簇拥者们所津津乐道的亚马逊图书评论机制,就是一个比较典型的案例。在亚马逊,客户不仅可以顺利地完成交易,还可以就所购买的图书进行评分和发表评论。亚马逊的数据分析人员进一步发现,他们的一些客户购买了 A、B、C 3 种书,而另一些购买了 A、B 两本书的客户,有着极大的概率再购买 C 这本书。于是,在书评的基础上,亚马逊开发了图书推荐模型和前端推荐机制。

但是,过于滥用 SNS,同样会产生过犹不及的后果。比如,许多社交类的 SNS 网站,通过大量获取注册用户的 MSN 好友,利用 MSN 机器人发送 MSN 消息和邮件,邀请注册,让客户产生反感。

以上谈了许多可应用于客户互动管理的新兴媒体或工具。其实,要实现有效的客户的互动管理,还需要强大的 CRM 系统来支持——需要有邮件群发功能的嵌入系统,需要对客户进行区隔,需要对响应模型进行开发与应用。因此,客户互动也是一个庞大的系统工程。

6.3 网络贸易顾客价值评价

顾客价值是顾客从所购买的产品或服务中获得的全部感知利益与顾客为获得和享用该产品或服务所付出的全部感知成本之间的权衡。顾客价值有如下特点:①顾客价值是顾客的主观感知,它有别于产品或服务的客观指标;②顾客价值具有多层次性,不同的顾客会有不同的感知;③顾客价值具有动态性,因为人们的感知会随着时间的推移而变化;④顾客价值是由顾客导向的。

6.3.1 顾客价值的驱动因素

目前,有关文献和许多成功企业的实践已经对这类问题基本上取得了一致意见,即顾客价值的驱动因素主要由产品质量、服务质量和价格因素构成。然而,它们又是由哪些因素构成的呢,顾客主要从哪几个方面来对它们进行评价呢?对此,学者们似乎存在着不太相同的看法。实际上,从人们对顾客价值的界定不难看出,其驱动因素主要包括两大类:感知利益和感知成本。

科特勒(1998)认为顾客的利益由 4 部分构成,包括产品价值、服务价值、人员价值和形象价值;而顾客的成本也由 4 部分构成,包括货币成本、时间成本、体力成本和精神成本。也有的学者认为感知利益主要是由感知质量和感知服务两方面构成,而感知成本则主要是由感知价格构成。后一种划分方法是目前顾客价值研究者所主要采用的方法。但是,它主要强调了产品或服务的物质方面,却忽略了精神方面。物质消费相对于精神消费是一种低层次的消费,而精神消费有时对有些消费者来说是更重要的。在精神消费方面,品牌是一个重要的构成因素。例如,消费者在购买时装、化妆品、运动鞋等商品时特别注重品牌。

实际上,上面所说的顾客价值驱动因素还是一种高层次的概括。在进行顾客价值调查时,通常还需要对这些高层次的概念进一步细化成具体的易于测量的指标。在获取这些具体指标时,一定要避免研究人员和管理人员的"先入为主"。因为顾客价值是一个基于顾客主观感知的概念,所以它的测量也必须来自顾客。顾客认为重要的就是重要的,无论专业人员同意与否,因为这些因素是顾客权衡感知利益和感知成本时所考虑的重要因素。

6.3.2 顾客价值分析与度量

顾客价值分析(Customer Value Analysis,CVA)的目的在于判断目标顾客重视何种利益,以及顾客如何评估每个竞争对手所提供产品的相对价值。

1. 顾客价值分析主要步骤

(1) 确认顾客重视的主要产品属性。公司内部成员对顾客重视什么这一问题可能有不同的意见,因此,公司的营销调查人员必须询问顾客在选择产品或销售者时,要求何种水准的特色和功能。不同的顾客所提到的特色和利益不尽相同,如果调查表过于冗长,调查人员可以删去重复的属性,但是最后所列出的顾客价值必须有10~20项。

(2) 评估各个产品属性的重要性。公司应当要求顾客对不同因素的重要性加以评估或排名次,如果顾客在排名次方面截然不同,他们应当归类于不同的顾客细分市场。

(3) 评估公司与竞争对手在各项顾客价值标准上的表现与标准的重要程度的对比。接下来,顾客应对每一竞争者针对每一项属性进行评价。在理想情况下,公司应当在顾客最为重视的属性上名次达到较高,而在顾客最不重视的属性上排名最低。两种不好的情况为:公司在某些次要属性上名次高,这属于"杀伤力过高";公司在某些主要属性的名次低,这是"杀伤力不足"。公司也须留意每一位竞争对手在这些重要属性上的名次。

(4) 从某一产品属性逐项检验待定细分市场的顾客如何评定公司及主要竞争对手的表现。获得竞争优势的关键在于分析每一个顾客细分市场,观察和比较公司与主要竞争对手的产品是否在所有重要属性上均胜过竞争对手的产品,从而确定公司的市场营销策略。如果公司产品的重要属性比主要竞争对手差,则必须强化这些属性,或找出其他能领先于竞争者的重要属性。

(5) 密切关注顾客价值。虽然短期内顾客的价值判断相当稳定,但在技术和特色竞争日趋激烈,以及在面对不同的经济气候的情况下,情况可能会有所改变。公司若假设顾客价值判断一直稳定不变,就会导致错误决策。公司若想要维持策略的效果,则必须定期观察顾客价值以及竞争对手状况的变动。

2. 顾客价值分析的主要工具

目前最直接的,也是最常被使用的顾客分析方法即是所谓的顾客价值图(Customer

Value Map),通过顾客价值图,企业可以清楚地看出自己的产品与服务,在目标市场中和竞争者比较所表现的差异程度。

绘制顾客价值图的通常做法是:选择一个参考企业的品牌(或行业平均),将其他所有企业或品牌的感知利益和感知成本除以该参考企业品牌(或行业平均)的感知利益和感知成本,形成一个二维数据,并绘成散点图,如图 6-1 所示。假设以行业平均的感知利益和感知成本为参考基准,那么图 6-1 所显示的便是企业 A、B、C 和 D 相对于行业平均的顾客价值的分布情况。

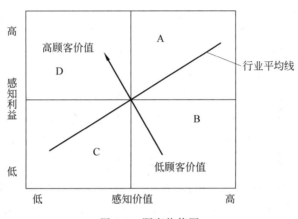

图 6-1 顾客价值图

顾客价值图可以告诉我们不同企业的总体竞争优势。图 6-1 中从左下方到右上方的直线为行业平均顾客价值线。在平均价值线左上方的企业(A 和 D)的顾客价值高于行业平均水平,总体竞争力较强;而平均价值线右下方的企业(B 和 C)的顾客价值则要低于行业平均水平,总体竞争力较弱。在该顾客价值图中,一个企业相对于行业平均的顾客价值是该企业的坐标点到行业平均价值线的垂直距离。在平均价值线的左上方的企业离平均价值线的距离越远,则顾客价值越大,竞争力越强;在平均价值线的右下方的企业离平均价值线越远,则顾客价值越小,竞争力越弱。为了提高竞争力,企业 B 和 C 必须要将企业在顾客价值图的位置从右下方向左上方移,如图中粗的黑色箭头线所显示的那样。

顾客价值图还能告诉我们企业竞争优势的来源和顾客感知的竞争定位。这里所说的竞争定位未必是企业特意设计的,而是存在于顾客心目中的一个结果性质的竞争定位。顾客价值由感知利益和感知成本两部分构成,它可以通过高感知利益来提高感知价值,也可以通过低感知成本来提高感知价值。在图 6-1 中,企业 D 的感知利益较大,而且感知成本最低,所以顾客价值最大。在顾客心目中企业 D 的竞争定位是"高价值、低成本",所以最具竞争力。与企业 D 相反,企业 B 的感知价格最高,但感知利益却较低,所以在顾客心目中的竞争定位是"低利益、高价格",最不具有竞争力。

另外,顾客价值图是一种形式的感知图(Perceptual Map),所以可以用来分析企业或品牌间的竞争关系和强度。两个企业在图上的距离越近,则顾客的感知价值越接近,产品的可替代性就越强,那么竞争的关系也就越强;反之,则竞争的关系较弱。图 6-1 中 A 与 B 之间的竞争关系比 A 与 C 之间的竞争关系要强。如果一个企业能够提供高顾客价值又没有很多的竞争对手与它竞争,那么它就享有比较独特的竞争优势。

6.3.3 提升顾客价值的途径

1. 营造鲜明的定位差异,达到服务个性化

鉴于以信息作为关键成分的产品或服务变得越来越有价值,由顾客参与创造的知识和意见就变成了企业和顾客所共有的资产。要让消费者感受到差异化服务产品和服务的个性消费感受,否则企业也就不会有旺盛持久的市场生命力。同时,也要留意到服务这种产品一定是一种动态的产品,会随着客户的不同、环境的不同而发生改变,因此网络贸易企业要进行不同细节的组合,以达到服务个性化的目的,使服务产品能够更好地满足客户需求,从而增加客户感知。借助于现代信息技术,企业可以让顾客直接参与价值的生产与分配。顾客可以在价值链的任一阶段介入。在这里,信息系统的作用更多地体现在过程上,由此创造的产品(或服务)才能以独有的属性满足顾客特定的需求,并以一种顾客认可的成本提供给顾客——新的价值才能创造出来。Dell公司借助互联网络开展直销方式,使顾客可以得到自己真正需要的计算机配置,而Dell也创造了零库存生产的神话。

2. 不断创新产品

要为顾客创造价值,企业必须通过不断的产品平台创新来巩固其在市场中的领先地位。海尔公司就是产品领先的典型企业,也是勇于创新的佼佼者。比如在洗衣机市场上,小小神童的出现就具有典型意义。海尔科研人员在市场调研中发现,每年的6~8月份都是洗衣机市场的淡季。原来,最热的时候一天换两次衣服,频次高但量很少,5公斤的洗衣机不合适。在这种情况下,经过200多个日日夜夜奋战,终于让"小小神童"走上了生产线。接着又生产了专为农村市场开发的地瓜洗衣机、超薄型洗衣机、上开门洗衣机,填补了国内洗衣机业的空白。正是这种源源不断的新产品为顾客创造的价值,保证了海尔在家电行业的领袖地位。

3. 采取适当措施,降低企业运营成本

成本是客户终生价值的一大组成部分,降低了企业提供产品或服务的成本,也就提高了客户终生价值。一般来说,可采取以下几种方法:一是加大生产技术的创新和引进,运用先进生产技术和设备,提高产品的质量,降低废品率,降低生产成本;二是降低产品在流通过程中产生的成本。流通成本是产品成本的一个重要组成部分,企业可通过建立比较完善的营销渠道以及与实力雄厚的中间商联合等途径来降低成本;三是降低售后服务成本,要降低这一成本,企业必须要提高产品质量,降低维修费用,并且要组建一支高效售后服务团队。

4. 协调顾客期望

顾客期望对顾客价值也具有很大影响。如果企业承诺过度,顾客期望就会被抬得过高,所感知的顾客价值就会下降。即使顾客体验到的价值可能很高,但由于他们期望更高,两者间就形成差距,从而降低了顾客价值,更有可能造成顾客不满意。因此,企业要避免做出不切实际的承诺。就实践而言,将顾客期望控制在一个相对较低但足以吸引顾客的水平,有利于企业游刃有余地处理顾客关系,从而提升顾客价值。

6.4 实践训练

通过本章内容的学习,选择一家网络贸易企业作为分析对象,分析其在潜在客户转化为现实客户,进而发展为满意客户,继而培养为忠诚客户的过程中,应用到的客户关系管理策略和方法。

本章小结

本章介绍了网络贸易客户关系管理的相关内容。网络贸易作为一种新型的商务形式,其客户关系管理的方式也应与传统方式有所区别。在传统客户关系管理的理论之上,网络贸易中的企业应该充分利用互联网等营销工具和数据挖掘、数据仓库、商业智能等智能技术。

开发任何一个新客户的成本都远远高于维持一个老客户的费用。因此,任何企业的目标都是期望维持长期稳定的现实客户。要长期维持稳定的现实客户,销售人员就必须在通过努力将潜在客户转变为现实客户之后,继续不断地对现实客户提供更多更具有吸引力的措施,使其成为满意客户。满意客户成为不断地重复购买的客户,即为忠诚客户。

生命周期价值可以成为企业客户关系管理过程中最有价值的营销工具之一:企业需要区别对待高生命周期价值的客户群体和低生命周期价值的客户群体。

网络贸易企业应该建立高效的客户服务系统,以对不同客户的各类需求做出快速响应,通过在线为顾客分析和解决复杂的问题来增强顾客的忠诚度,进一步提高销售机会和销售量。

顾客价值是顾客从所购买的产品或服务中获得的全部感知利益与顾客为获得和享用该产品或服务所付出的全部感知成本之间的权衡。企业可以通过营造鲜明的定位差异达到服务个性化、采取适当措施降低企业运营成本、协调顾客期望、不断创新产品等方式提高顾客价值。

思考题

1. 什么是潜在客户?潜在客户的寻找方法有哪些?
2. 什么是客户满意度?提高客户满意度的方法有哪些?
3. 什么是客户忠诚度?如何衡量客户忠诚度?
4. 什么是数据仓库?数据仓库有哪些特点?
5. 什么是数据挖掘?数据挖掘的任务有哪些?

作业

1. 分析客户生命周期各阶段的特征。
2. 简述顾客价值分析方法。
3. 简述提升顾客价值的途径。

参考文献

［1］ 庄嘉琳. 从戴尔公司的案例谈电子商务时代的客户关系管理. 龙岩师专学报, 2004, 8.
［2］ 屈凡军. 实施有效客户忠诚管理.
   http://www.51cmc.com/article/200403/20040313133100216521.shtml.
［3］ 史雁军. 应用生命周期价值营造客户关系管理策略.
   http://www.emkt.com.cn/article/237/23779-2.html.
［4］ 王高. 顾客价值与企业竞争优势. http://www.dina.com.cn/ShowInfoContent3.asp?ID=210.
［5］ 如何全面提升顾客价值. http://www.eme2000.com/knowlodge/content.asp?id=117138.
［6］ 牟春兰, 王巍, 高自立. 基于企业与顾客关系的顾客价值提升策略研究. 价值工程, 2009, (2).
［7］ 谭建豪. 数据挖掘技术. 北京: 中国水利水电出版社, 2009.
［8］ 齐佳音, 万映红. 客户关系管理理论与方法. 北京: 中国水利水电出版社, 2006.

第 7 章　基于卖家的 B2B 贸易模式

学习目标

（1）了解基于卖家的 B2B 贸易模式基本情况。
（2）通过东方钢铁网的介绍，了解大宗商品交易卖家 B2B 模式的网络贸易情况。
（3）通过中国石化化工（中石化）销售网案例分析，了解大型企业与客户的网络贸易情况。
（4）通过中国远洋集装箱运输有限公司（中远集运）的案例分析，了解大型企业提供物流业务服务情况。
（5）通过阿里巴巴 B2B 平台上的卖家统计，了解中小企业借助第三方平台开展电子商务的情况。

开 篇 导 读

对于企业而言，充分利用网络技术实现采购和销售的电子化，对外整合供应链关系和客户关系，对内整合分支机构和子公司，是当前开展电子商务的重点。大型集团型企业在制定电子商务战略和选择电子商务解决方案时，一般都会考虑利用电子商务整合企业现有或即将建立的企业资源计划系统、供应链管理系统和客户关系管理系统，以达到理顺和整合集团企业下属的众多分支机构和子公司的流程并提高工作效率、降低营运成本的目标。

目前，很多企业都已经意识到通过网络贸易开展业务的必要性，很多企业通过自建网络平台、开展网络客户管理、通过第三方交易网站等形式开展线上销售。相对于传统的销售模式，基于网络的电子销售优势非常明显。宝钢集团、中国石化、中远物流作为国内知名的大型企业，较早地介入了电子商务领域，是比较典型的企业主导的基于卖家的 B2B 贸易模式。中小型企业一般会采取通过第三方交易平台注册会员的形式开展网络销售业务。

东方钢铁在线是为宝山钢铁股份有限公司（宝钢）产品服务的综合性钢铁行业网站。集商务、信息咨询、网络增值服务于一体，是基于会员服务的中国网上最大的钢铁贸易商区。为客户及时提供钢铁产品行业资讯、商情信息和网络增值服务，是宝钢对外销售的网络平台。

中国石化化工销售网是基于客户关系管理的网站，包括石化公司化工产品销售过程发生的业务、企业营销、售后服务过程中发生的关系。对企业和客户之间发生的各种关系进行全面管理，包括订单的处理、市场推广、售后服务内容等。

中远集运的物流服务系统使中远集团远洋运输业务实现了有效控制成本、反应迅速的目标，使企业业务的信息流、商流、资金流各作业流程实现了信息化、网络化、自动化。中远集运的服务系统是业务流程全网络化的代表之一。

中小企业虽然无法自建平台,但可以借助第三方平台开展业务,阿里巴巴B2B交易平台为中小型企业开展网络贸易提供了广阔的网络空间,通过这个平台中小型卖家把自己的客户发展到世界各地,把中国制造的产品和中国供应商的地位延伸到全球各国。

7.1 东方钢铁在线——宝钢网络贸易平台

7.1.1 东方钢铁在线基本情况介绍

东方钢铁在线(http://www.bsteel.com.cn)是宝钢开展网络营销的电子商务平台,是宝钢与客户交互的重要窗口,协助宝钢把高技术含量、高附加值的上千种钢铁产品销往世界四十多个国家和地区。东方钢铁在线由东方钢铁电子商务有限公司(www.bsteel.com)经营,是上海宝钢国际经济贸易有限公司的全资子公司,是宝钢集团旗下专业提供电子商务服务的公司,为宝钢建立了完善的企业B2B应用系统。在B2B电子商务领域,东方钢铁电子商务平台已经成为应用模式最完善、交易量最大、手段最为齐全的钢铁企业B2B电子商务平台,形成了以宝钢供应链主服务、中小企业接入服务以及海关、商检、支付、身份认证、电子招标等专业配套服务为一体的钢铁行业电子商务平台及支撑环境。东方钢铁在线规划建设了宝钢集团采购、销售供应链的电子商务,有效支持宝钢阳光经营、用户服务、供应链整合、循环物资处置以及全球营销等业务需求。为宝钢的上下游企业提供钢材及相关物资的现货交易,集高效的网上交易、安全的支付结算、便捷的实物交收于一体,支持供应链融资及一站式物流服务,营造诚信的电子交易环境,并为上下游企业提供全流程的第三方电子交易服务。

东方钢铁电子商务公司是上海宝钢于2000年8月成立的,并于2000年10月正式开通"东方钢铁在线"。这是国内冶金行业率先开通的B2B电子商务网,也是宝钢实现贸易方式多元化发展的一项重要举措。2001年,东方钢铁在线为宝钢集团开启了网络招标采购平台、钢铁次材的竞价销售平台、宝钢钢贸网上专营店,宝钢重点用户从此可通过互联网手段实时掌握生产、物流动态,为宝钢集团各公司开启电子商务业务奠定了基础。2002年,东方钢铁在线为公司开通了网上出口订货业务,为宝钢北方公司、西部公司启动电子商务业务,标志着宝钢销售体系的电子商务全线启动。之后的几年,东方钢铁在线为宝钢集团旗下各业务开通了电子商务销售业务。2004年,宝钢钢贸移动商务平台——"宝时达"上线,以数字化的商务实现了对用户的贴身服务并营造了网上钢铁商务社区,开通了聊天室,突出以"资源为核心、资讯为特色"的网络商区服务。利用东方钢铁在线,宝钢通过网络交易实现了钢铁销售的飞速发展,2007年12月11日,东方钢铁在线创下了20249.8吨的单日网上交易成交量的记录。

2008年,东方钢铁在线又一次改版形成了电子商务外包服务、数据交换服务和电子交易服务3大服务模块。电子商务为宝钢利用科技手段实现降本增效、阳光经营提供了有效的支撑。2009年,宝钢实现电子商务交易额近1288亿元,其中电子销售近1200亿元,电子采购交易93亿多元,网上竞价、挂牌交易超28亿元。"东方钢铁在线"使宝钢和客户企业的买卖双方可以在任何时间、任何地点以灵活的方式直接交易。通过提供安全、可靠、高效的交易系统,可为原料供应商、钢铁生产厂、中间贸易商、剪切服务中心以及最终用户等整个企业链提供增值服务。经过10年的打造,东方钢铁在线使宝钢与客户之间形成了一个与现实贸易相互映衬的网上钢铁产业生态系统。

7.1.2 东方钢铁在线交易模式

东方钢铁在线是打造数字化宝钢的重要平台,是提升宝钢产品市场竞争力的有效途径和举措。宝钢电子商务发挥特有的优势,推进业务模式创新,并在平台建设、基础服务能力提升、全面风险管理、外部市场开拓等方面作用突出。发展电子商务,对宝钢来说,不仅有利于改善自己的生产控制、销售、财务等系统,更重要的是,这对整个产业链的融合作用是巨大的。很多下游厂商直接采用宝钢提供的电子商务平台,不仅统一了接口、节省了成本,也从整个产业链角度节省了产业成本,优化了产业结构。同时宝钢作为全国钢铁行业的龙头企业,也通过电子商务营销的方式扭转了人们心中固有的"粗放型"钢铁生产和销售模式的印象。

东方钢铁在线的业务主要包括钢铁现货交易、期货贸易、废旧物资拍卖、大客户通道、一体化增值服务等。东方钢铁在线首页如图7-1所示。

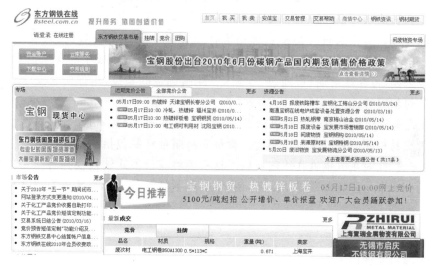

图 7-1 东方钢铁在线首页

1. 现货交易

东方钢铁在线是我国钢铁行业首家"网上现货交易平台",目前已形成以钢材现货的"在线竞价"、"网上挂牌"为主体,以供应链融资为配套,以信息资讯、网站广告为有机补充的业务发展框架。支持多贸易单元、统一客户信息、统一交易模式使贸易效率发生了很大变化。现货交易页面如图7-2所示。

钢材网络销售现货交易包括监管现货交易、非监管现货交易、竞价交易3种主要模式。

(1) 监管现货交易是买卖双方通过交易平台、托管银行及监管仓库进行合同缔定、货款划拨及货物交收的一种新型现货交易模式。它集交易、支付、融资、交收为一体。特点是卖方通过交易平台快速销售,实现销售渠道的拓展,通过"安信宝"控制货款,确保资金安全到账,可大大减少销售成本的支出。买方还可以通过交易平台便捷采购,可在线洽谈,货比三家,通过"安信宝"控制资金划拨,还可在指定银行获取贷款,满足业务扩张的需要。

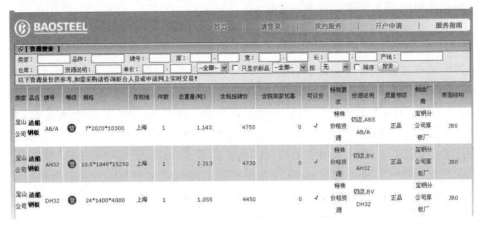

图 7-2 现货交易

(2) 非监管现货交易是买卖双方通过平台交易但不通过监管仓库交收货物的一种相对灵活的电子交易模式。在交易中心诚信的交易环境里,"安信宝"为买卖双方控制资金提供了强有力的保障。卖方通过交易平台可销售存放在多个仓库的现货资源,实现渠道的扩展,通过"安信宝"控制货款,确保资金安全到账,可大大减少销售成本的支出。买方通过交易平台便捷采购,可在线洽谈,可通过"安信宝"控制资金的划拨,确保资金安全,也可选择与卖方自行付款提货,灵活交易全由自己掌握。

(3) 在线竞价交易服务产品中包括了"英式"、"荷兰式"、"封闭式"等多种竞价模式,引入了同挂牌交易相同的履约保证金制度。竞价交易服务产品包括"一口价"或者"委托系统出价"两种方式,同时东方钢铁在线还可以根据需要将竞价模式转换成挂牌交易,参与挂牌交易大厅的网上贸易。竞价交易的活跃,使 2009 年正品钢材竞价交易成交量达 24.3 万吨之多。

2. 期货交易

期货交易页面如图 7-3 所示。

2009 年,东方钢铁在线推出了"钢材期货资讯频道"(futures.bsteel.com.cn),内容涵盖行业动态、期市点评、现货分析、期货知识以及深度研究等多个方面,并引入东吴期货、国泰君安期货、中信新际期货等期货公司作为合作伙伴。"东方钢铁在线"钢材期货频道可以为平台交易会员开展钢材期货研究提供丰富的资料和全面的服务。

3. 废旧物资拍卖

废旧物资从 2007 年开始,宝钢推出的废次材和尾材在电子商务平台上的挂牌拍卖,受到了五金件制造企业的欢迎。这不仅节约并扩展了宝钢自身的资源、能源,也为产业链、为社会节约了可观的资源。对这些需求不固定的中小企业客户而言,宝钢的废次材料和尾货材料实际上成为宝钢可以开拓利用的一块空间。仅 2009 年一年废次材成交量就达 27.3 万吨。东方钢铁与集团内各业务单元就循环物资网上处置进行了业务交流,宝钢股份、梅山公司、五钢公司、宝钢资源、宝钢金属、宝钢发展、宝钢化工、宁波钢铁等30家业务单位均通过宝钢电子商务进行网上竞价销售,交易品种包括废旧物资、闲废设备、钢厂副产品等,全年成交循环物资2.6亿元,溢价4174万元。

图7-3 期货交易

废旧物资拍卖页面如图7-4所示。

图7-4 废旧物资拍卖

4. 大客户通道

宝钢电子商务还进一步完善大客户通道,进一步强化宝钢与重点用户间的战略合作关系,提升宝钢供应链协同。在用户需求、订货、执行跟踪、质保书查询、质量反馈、物流仓储、个性化财务对账等标准功能推广的基础上,为用户提供计划协同、断点预警、财务结算、委外物流等个性化服务。销售平台和ERP系统的融合实现了厂、商、银在线合作模式,

2009年融资总金额5.95亿元，为降低现货库存起到了积极的支撑作用。

5. 一体化增值服务

（1）随着宝钢一体化进程的推进，宝钢不断加快电子商务业务协同平台的建设，实现了营销模式和服务方式的重大转变，使宝钢的网上交易额年年成倍增长，业务运作效率显著增强。

（2）钢材期货与直供的汽车企业、造船企业及家电企业形成了"一体化协同商务平台"，提供从产品预定、合同跟踪、销售物流、财务结算到售后服务支持等多环节的服务支持。

（3）该平台在原采购业务公开、采购业务协同、电子招投标等功能的基础上，为供应商提供自荐、网上咨询、三级救助、互动讨论等功能与服务，成为宝钢"阳光采购"的平台。网上采购物料品种涵盖通用设备、备品备件、工程类物资、化工原料、铁合金、废钢以及服务采购等，集团公司19家采购单元正式应用采购平台。据统计，2009年网上采购累计金额93.21亿元，询报价单据56.68万份，平台访问量55.04万人次，活跃供应商1830家，平均节资率10.8%。

（4）新建第三方物流应用系统，实现了与物流管控系统的高效集成，有力支撑了宝钢与仓储运输等业务的协同运作。

（5）"东方钢铁在线"与浦东发展银行联合推出的供应链融资服务，向买方提供融资，就是结合实际业务和银行服务共同创新的结果。钢铁贸易领域里中小型贸易企业担保难。"东方钢铁在线"为钢铁贸易流通行业构建包括在线交易、在线融资、物流配送、钢铁仓储在内的全流程信息集成和服务平台。贸易商通过"东方钢铁在线"除了可以方便地买卖到钢材现货之外，还可以获得便利的银行融资服务、优惠的物流配送服务和仓储及加工服务。2009年11月，钢铁供应链多方业务协同平台项目成功申报了国家电子商务示范工程项目。

7.1.3　公司业务流程操作

网站主要提供了买家服务、卖家服务、安信宝服务、交易管理、自助服务、供应链融资等功能。

1. 买家服务

买家服务包括：资源选购—报价洽谈—制作订单—生成订单—结算—合同生成。

2. 卖家服务

卖家服务内容如图7-5所示。

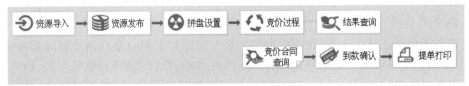

图7-5　卖家服务内容

3. 安信宝服务

安信宝服务内容如图 7-6 所示。

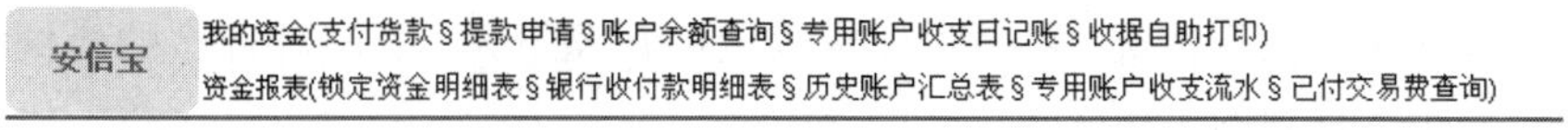

安信宝
我的资金(支付货款§提款申请§账户余额查询§专用账户收支日记账§收据自助打印)
资金报表(锁定资金明细表§银行收付款明细表§历史账户汇总表§专用账户收支流水§已付交易费查询)

图 7-6 安信宝服务内容

4. 交易管理

交易管理内容如图 7-7 所示。

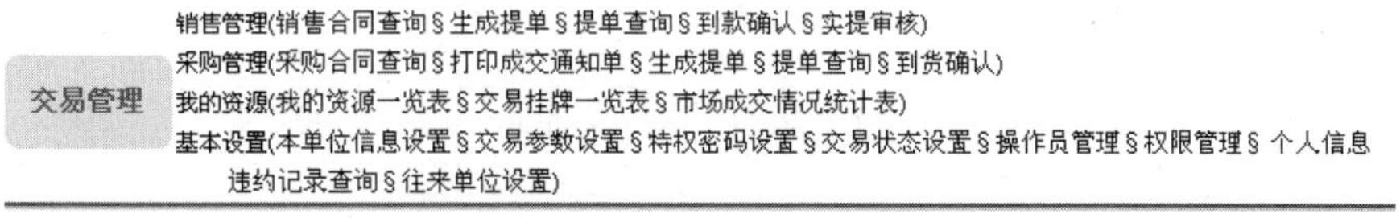

交易管理
销售管理(销售合同查询§生成提单§提单查询§到款确认§实提审核)
采购管理(采购合同查询§打印成交通知单§生成提单§提单查询§到货确认)
我的资源(我的资源一览表§交易挂牌一览表§市场成交情况统计表)
基本设置(本单位信息设置§交易参数设置§特权密码设置§交易状态设置§操作员管理§权限管理§个人信息
违约记录查询§往来单位设置)

图 7-7 交易管理

5. 自助服务

宝钢客户自助服务目前已形成覆盖宝钢股份主体销售及用户服务的业务协同平台，支撑从需求计划、销售订货、生产过程，到加工配送、仓储物流、财务结算、异议处理等业务全程协同，在关键业务环节的实现上提供了电子化的手段，成为宝钢服务客户独有的软实力。

在自助服务平台上，一个完整的流程是订货—制造—交货—财务 4 个步骤，其中需求管理、订货卡管理、自助配款、自助提单、财务跟踪是这 4 个步骤中的核心节点。

自助服务内容如图 7-8 所示。

期货订货
产品制造
物流交收
财务预算
提交订货需求
查询需求配额
制作订货卡
销售草约确认
电子合同确认
生产进度跟踪
让步接收单
准发/备款通知
出厂情况跟踪
质保书查询
物流跟踪
到货/付款通知
库存查询
加工委托
自助提单
催提通知
自助配款
在线融资
自动开票
发票查询
发票签收
资金/往来查询

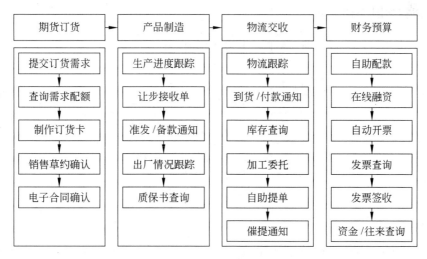

图 7-8 自助服务内容

(1) 需求管理。用户自主地上报自己的订货需求，并在线查询宝钢分配给用户的定额情况。需求管理可对订货进行指导，对比用户的定额与提交的订货卡量和签订的合同量之间的缺口，管理订货。

（2）订货卡管理。用户自助提交订货卡，对宝钢及社会钢厂进行订货。通过跟踪用户的订货卡状态，了解订货卡在宝钢的处理进度。

（3）合同跟踪：用户在自助管理中跟踪合同在整个供货过程中在生产、出厂、控货、库存等若干阶段的业务执行情况，通过对订货数量的树型分解，用户对自己的合同执行过程中的供应链分布有直观的了解。

合同履约程序如图 7-9 所示。

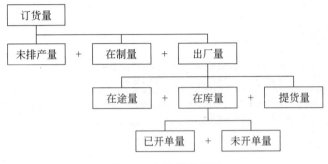

图 7-9　合同履约程序

（4）自助配款。用户通过网上自助配款实现货款支付，具体操作包括提交配款申请、确定配款用途、等待申请批准、确定配款收条等。

（5）自助提单。用户可在网上自助打印电子提单，通过提单密码直接到仓库提货。

（6）财务跟踪。用户在自助管理中对合同在整个业务周期中合同金额支付及开票情况进行跟踪。通过对合同资金状态的树形分解，用户可以对自己的合同执行过程中的财务情况有直观的了解。

财务流程如图 7-10 所示。

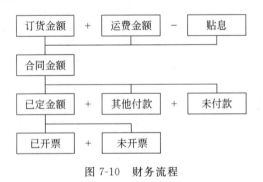

图 7-10　财务流程

6. 供应链融资

供应链融资是为满足用户需求、由银行介入的新型资金服务模式，在线供应链融资平台支持期货草约、定金入库、现货和直发 4 种业务类型，提供票据融资和现金流贷两种融资方式。用户运用宝钢与银行联合提供的供应链融资服务，全款订货；宝钢协助银行监管实物，控制风险；银行通过平台在线为用户服务，实施全过程风险监控。供应链融资核心流程为融资申请管理和赎单管理：融资申请管理，用户选择需要融资的合同，通过 CA 证书签名后正式提交融资申请,支付首款后银行审批并放款,赎单管理,选择需赎货捆包,通过 CA 证书签名后正式提交赎单申请,支付剩余货款后,经银行审批解除质押。

供应链融资内容图 7-11 所示。

图 7-11　供应链融资内容

7.1.4　业务成效

1. 降低交易成本和搜寻成本

通过网络,宝钢与用户通过网络"见面",在交易过程中双方可以减少谈判成本、节约大量的单据纸张费用、差旅费、招待费;同时,在通常的交易过程中,供需双方为了解所需产品的供应商、产品性能、价格交货情况,信息搜寻成本都是很高的。通过网络,信息的收集成本大大降低了。

2. 通过信息共享降低用户库存

钢铁产品生产周期长,传统模式下,用户无法掌握产品生产进度、运输情况,有效安排生产和库存缺乏手段。通过宝钢在线实现合同、库存信息共享,用户能及时了解宝钢的生产、运输动态,将宝钢变为用户的上游仓库,从而为用户提高计划精度、降低原料库存创造了有利的条件。

3. 高效沟通、快速响应

通过宝钢在线,宝钢可以迅速了解用户的需求并及时做出响应,有效地缩短谈判周期、及时对用户的询单、订单进行应答。基于网络的沟通渠道缩短了信息传递周期,实现与用户之间的信息共享,真正体现了以用户为中心的服务思想,谋求与用户之间的长期互动和互利。

4. 提高售前服务的技术含量

钢铁产品的技术含量较高,在传统的业务模式下,用户往往苦恼于无法及时、准确地了解钢铁产品的相关知识和使用指南。通过网络,宝钢将多年来在钢铁产品的制造、使用中所积累的大量经验沉淀固化,并与用户共享,提高了售前服务技术含量,为用户使用钢铁产品提供了有效的技术指导。

5. 加强协同,谋求与战略用户之间的同盟

通过与战略用户之间从新品研发、生产计划到售后服务等各层面的业务流程的融合,提高战略用户与宝钢的业务紧密度,谋求长期双赢。

7.1.5 面临的挑战及展望

宝钢已确立了新一轮发展的战略目标,立志"成为一个跻身世界500强,拥有自主知识产权和强大综合竞争力,备受社会尊重,一业特强、适度相关多元化发展的世界一流跨国公司"。宝钢将积极实施钢铁精品战略、适度多元化战略、资本经营战略和国际化经营战略。在产业供应链上,宝钢在与中国第一汽车集团公司、上海汽车工业总公司、东风汽车股份有限公司、新日本制铁公司、阿塞洛米塔尔钢铁集团等国内外企业建立战略合作伙伴关系的同时,也在加快着钢铁工业新技术、新工艺、新材料研发基地建设和信息化建设的步伐,并为加速形成自主知识产权而努力。

在建立"信息高速公路"的过程中,宝钢以重点防御、综合防御、全员防御、主动防御的总体策略,集中管理、协同处置的综合管制平台,管理与技术并重,做到"实体可信,行为可控,资源可管,事件可查,运行可靠",持续追求适度的企业信息安全。在实施过程中,宝钢正在逐步把网络交易模式推广到旗下各相关产业,对东方钢铁在线的建设也越来越完善。宝钢会通过一轮又一轮的优化销售与管理流程,推进管理的网络化变革,最终实现宝钢集团一体化的网络运作。

7.2 中国石化化工销售网——中石化网络销售平台

7.2.1 中国石化集团公司简介

中国石化是中国最大的一体化能源化工公司之一,主要从事石油与天然气勘探开发、开采、管道运输、销售;石油炼制、石油化工、化纤、化肥及其他化工生产与产品销售、储运;石油、天然气、石油产品、石油化工及其他化工产品和其他商品、技术的进出口、代理进出口业务;技术、信息的研究、开发、应用。中国石化是中国最大的石油产品(包括汽油、柴油、航空煤油等)和主要石化产品(包括合成树脂、合成纤维单体及聚合物、合成纤维、合成橡胶、化肥和中间石化产品)的生产商和供应商,也是中国第二大原油生产商。中国石化现有全资子公司、控股和参股子公司、分公司等共八十余家,包括油气勘探开发、炼油、化工、产品销售以及科研、外贸等企业和单位。中国石化集团公司在《财富》2009年度全球500强企业中排名第9位。中国石化的最大股东——中国石油化工集团公司是国家在原中国石化总公司的基础上于1998年重组成立的特大型石油石化企业集团,是国家出资设立的国有公司、国家授权投资的机构和国家控股公司。

中国石化实行的电子商务包括了两个部分:物资采购电子商务和化工产品销售电子商务。两大系统应用的都是IBM公司的Web Sphere Commerce Suite电子商务系统(市场版),包括了会员管理及注册子系统、产品目录子系统、谈判子系统以及价格及合同子系统等4个核心子系统。中石化电子商务系统主要由数据库服务器(后台)和浏览、应用服务器(前台)以及防火墙组成。整个系统架构在中石化内部网上,对外与国际互联网联接。总部所属各分(子)公司既可通过国际互联网,又可通过石化内部网访问中石化电子商务网站;石化客户、物资采购供应商也可以通过国际互联网直接访问中石化电子商务网站,如图7-12所示。

图 7-12 中石化化工公司主页

7.2.2 中国石化化工销售分公司

中国石化化工销售分公司(http://www.chemicals.sinopec.com,如图 7-13 所示)于 2005 年 5 月正式成立。经过几年的发展已建成具有国内领先水平的信息化管理平台,形成了以 ERP 系统为核心,客户关系管理系统(CRM)、物流信息系统(LIS)、数据仓库系统(BW)以及 IC 电子提货卡等系统紧密集成的 3 大业务支撑体系,搭建了商务、物流和经营管理平台,对公司的业务运行和经营管理提供了全方位的支持。物流服务体系,与国内多家领先的物流服务商建立了长期合作关系,并在国内主要目标市场建立了一批中转仓库,可为客户提供方便、快捷的物流配送服务。公司以 LIS 物流信息管理系统为平台,通过与 ERP、CRM、IC 卡、TMIS(铁路)、GPS(公路)等系统的数据集成,对物流业务的日常运行、运输设施的运行状态进行自动跟踪与监控,实现了物流全过程的动态管理。物流过程简捷、高效,最大限度地满足了客户的需求。

化工产品电子商务销售平台于 2005 年 11 月上线,担负着中国石化化工板块大部分化工产品销售任务,代理产品年销售收入总额在 1500 亿元以上,占中国石化整体销售收入的 1/3。6 大类六千多个牌号的化工产品在这个统一的信息平台上进行规范化和信息化运作。主要核心业务全部纳入 ERP 平台,实现了化工销售业务集中、系统集中、数据集中。尤其是实现了全系统化工产品销售业务数据的集中,为进行化工销售业务分析提供了数据平台,提高了对市场动态的掌握和企业运作情况的管理,对进一步掌握化工销售业务的实际情况、优化销售网络帮助很大。

中石化这个网络销售平台的主要内容包括:信息发布、石化产品信息目录、网上产品交易、客户服务中心和统计分析等功能。主要实现:化工产品规格、性能、用途及新产品开发等信息的网上发布;用户和石化企业直接联系,实现订单的收集、确认、处理和分发、转发;每日获取直属生产企业有关石化产品的产量、销量、库存和价格信息等功能。客户通过互联网可以非常方便地联络有关服务问题,通知并要求解决所发生的任何服务问题,而销售分公司则通过互联网接受客户投诉,向客户提供技术服务,互发紧急通知等,缩短了对客户服务的响应时间,改善与客户间的双向通信流,在保留住已有客户的同时,吸引更多的客户加入。而且减少了销售的中间环节,增加透明度,加强了与客户间的联系,实现了与最终消费者进行"零距离"接触。

图 7-13　销售分公司主页

对网络销售平台的建设核心内容是客户关系管理系统(简称 CRM)的建设,CRM 项目分 3 期实施。一期上线后将实现客户计划的网上提报及审核、计划、订单自动传入 ERP 系统,实现订单状态的动态跟踪,同时将业务中的行销活动纳入线上管理,支持客户问卷调查工作。二期和三期将根据业务发展,逐步完成线上价格调整、合同管理、佣金管理、渠道管理、市场调研、技术服务、产品知识库、电子商务平台、客户交易量评估、PDA 应用等功能模块。目前网上实施的是客户平台和客户经理平台两个部分。通过该平台,客户可以在线上完成年、月、日销售计划的提报及查询,实现对销售订单、资金往来和余额信息的查询。客户登录该平台后,可以及时了解化工销售分公司发布的各项信息,参与销售分公司组织的客户满意度调查及市场调研活动,并可针对销售业务向销售公司反馈信息、提出建议。化工销售内部客户经理可以通过该平台,实现年、月、日销售计划的核定,生成订单,查询销售计划、订单、发货情况、资金往来信息等业务数据,及时填报各类计划和总结,完成大部分销售活动。

7.2.3　销售客户管理平台业务流程

1. 化工销售 CRM 系统

CRM 系统是客户关系管理系统的简称,是一套客户与中石化化工销售分公司进行线上沟通的平台。通过该平台客户可以在线上完成年、月、日销售计划的提报及查询,实现对销售订单、资金往来和余额信息的查询。客户登录该平台后,可以及时了解化工销售分公司发布的各项信息,参与销售分公司组织的客户满意度调查及市场调研活动,并可针对销售业务向销售公司反馈信息、提出建议。

目前化工销售北京分公司正在实施"客户经理负责制"的销售管理模式,在某个产品范围内,只有一名客户经理负责客户的销售事务。这样,客户的任何问题和需求都联系此名客户经理解决,保证了服务效率和职责明确。化工销售的产品范围比较广,主要分为6大类:合成树脂、合成橡胶、合成纤维、合纤原料、有机化工、腈纶。如果客户购买的产品涉及两个大类,如同时购买橡胶和树脂,那么在两个产品范围内,分别有不同的客户经理服务。

1)系统登录

系统登录页面如图7-14所示。

图7-14 系统登录

2)客户平台菜单

整个界面分为3个部分:标题部分,菜单列表,工作区。

CRM系统(如图7-15所示)客户平台的功能主要包括销售计划、业务信息查询、客户信息维护、反馈建议等,因此菜单也根据功能设计为:

(1)信息中心。化工销售向客户发布的信息。

(2)计划申报。客户提报年、月、日计划,查看审批情况。

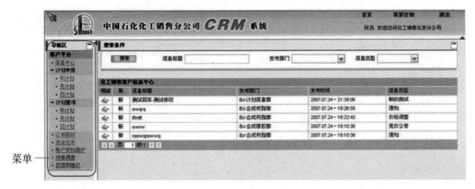

图7-15 CRM系统

第7章 基于卖家的B2B贸易模式

(3) 计划查询。客户查询年、月、日计划。

(4) 订单跟踪。客户查询销售订单、发货单、发票相关情况。

(5) 资金往来。客户查询资金往来历史记录和资金余额。

(6) 账户资料维护。客户查询自身资料、客户产品属性、联系人信息,修改联系人通信信息和密码。

(7) 问卷调查。配合化工销售公司填写客户满意度调查和其他调查问卷。

(8) 反馈和建议。填写对化工销售分公司的反馈和建议。

3) 销售计划申报

CRM 系统通过销售计划对销售业务进行管理,计划执行率是衡量客户和客户经理的重要标准。销售计划分成年、月和日计划 3 种。客户通过 CRM 系统提报年、月销售计划,经北京分公司内部审核发布后,生成该客户 CRM 系统中的年、月销售计划,并自动生成 ERP 系统的年、月销售计划。

客户在 CRM 系统客户平台上申报日计划,经相关客户经理核对、公司内部审核形成客户的日销售订单,并触发 ERP 系统订单。计划调整通过审批后,在 CRM 系统中直接修改或新增相关计划,同步传入 ERP 系统。

CRM 计划申报页面如图 7-16 所示。

图 7-16　CRM 计划申报

4) 查询计划

CRM 计划查询页面如图 7-17 所示。

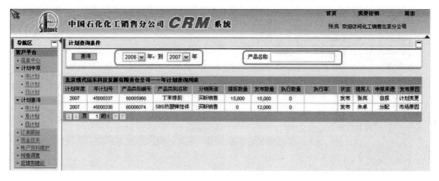

图 7-17　计划查询

输入查询条件后,单击 查询 按钮,在下方"查询列表"中显示符合条件的年计划信息,内容包括计划年度、年计划号、产品类别编号、产品类别名称、分销渠道、提报数量、发布数量、执行数量、执行率、状态、提报人、申报来源、发布原因等。

5) 订单跟踪

CRM 订单管理页面如图 7-18 所示。

图 7-18　订单管理

查询条件包括计划类型、计划周期、物料名称。计划类型包括年计划、月计划、订单 3 种,查询年计划时,列表中显示年计划和相关月计划。

6) 问卷调查

界面会显示化工销售分公司发布给客户的所有问卷调查列表,包括描述、调查发布者、发布时间、最后提交时间等信息,如图 7-19 所示。

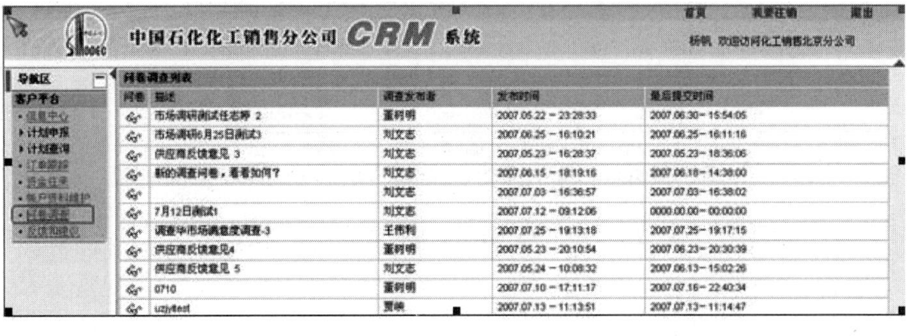

图 7-19　问卷调查列表

2. 客户经理平台

平台用于客户经理使用,具备了信息的交换、维护、查询功能,销售计划的核定、查询功能,各项业务活动的计划总结功能以及业务分析功能。基本可以满足实施客户经理制后,客户经理开展各项相关业务的需求。

1）登录客户中心

客户经理平台页面如图7-20所示。

图7-20　客户经理平台

2）信息中心

信息中心页面如图7-21所示。

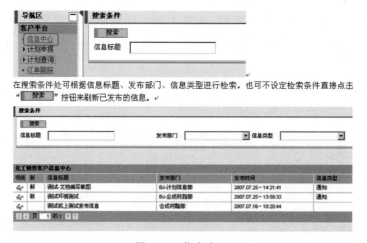

图7-21　信息中心

3）客户信息

客户信息页面如图7-22所示。

4）核定销售计划

核定销售计划页面如图7-23所示。

5）查询销售计划

查询销售计划页面如图7-24所示。

6）计划和总结

计划和总结页面如图7-25所示。

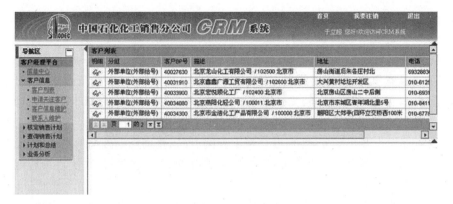

图 7-22 客户信息

图 7-23 销售计划核定

图 7-24 年销售计划

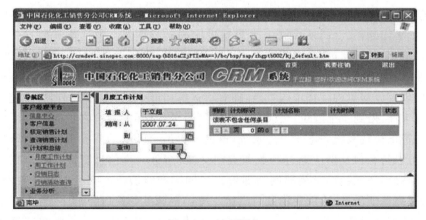

图 7-25 计划报告

7.2.4　销售平台成效

（1）降低了销售成本、采购成本，节省销售、采购费用各数亿元。开展电子商务后，中国石化提高了产品竞争力，大幅度利用直销手段，减少中间环节，减少销售成本和代理商的费用；推进了"归口管理、集中销售、统一储备、统一结算"的体制改革，减少了暗箱操作，实现了销售的规模经济和规范管理。

（2）更有效地为客户服务，客户可在网上查阅产品、查询订单处理信息、反馈意见等，更好地为客户提供及时的技术支持和技术服务，提高了客户满意度，扩大了市场影响，提高了市场占有率。

（3）开拓了新的销售机会，在网络上宣传企业形象、介绍产品性能，从而吸引了一批新客户、扩大了销售营业额。

7.2.5　未来展望

"经过9年的探索和不断发展完善，中国石化在电子销售方面取得了丰富的经验和显著的成效。中国石化电子商务系统已经具备了走向市场，作为第三方平台为央企和社会提供服务的能力。"按照国有资产监督委员会信息化现场会上李荣融主任关于"扩大中国石化电子商务应用范围，为央企服务"的指示，中石化内部正在研究将中国石化电子商务改造为第三方电子商务平台，为中国石化集团各公司提供采购、销售和信息服务的统一网络平台。

对集团信息化平台来说，还要再建成经营管理和指挥两个平台；并实现企业层面和总部层面两个集成；完善网络安全和标准化两个体系。实现ERP系统与企业生产层面信息系统的整合与集成，为企业精细化管理提供有效的技术支撑；实现总部层面信息系统的集成，形成信息标准化体系结构，建成完善的、安全的信息网络系统，全面支撑中国石化生产经营业务的开展，推动集团公司新的销售方式的发展壮大。

7.3　中远集运——物流服务系统

7.3.1　公司简介

中远集装箱运输有限公司(http://www.coscon.com)，简称中远集运，是中国远洋运输集团(中远集团)所属专门从事海上集装箱运输的核心企业。中远集运拥有一百四十多艘全集装箱船，总箱位超过50万标准箱；公司经营着80条国际航线，以及21条国内航线。船舶在全球53个国家和地区以及155个港口挂靠。集装箱运输业务遍及全球，在全球拥有四百多个代理及分支机构。在中国本土，拥有货运机构近300个。在境外，网点遍及欧、美、亚、非、澳5大洲，做到了全方位、全天候"无障碍"服务，承运能力排名世界前列。中远集运拥有成熟的资讯科技系统和电子商务系统，透过公司的全球电子商务平台和全球电子数据交换中心，可以与客户及供应商进行业务数据交换，充分共享信息资源。客户在任何时间任何地点，通过因特网链接上公司网站即可得到网上在线服务。实行电子订舱，缩短单证流转时间，提高单证质量，确保货物及时出运。覆盖全球的物流服务网络，铸造了中远集运第三方公共物流公司形象品牌。电子商务在中远与客户之间架起了一座快速便捷的黄金通道,网络服务使中远集运成为国际国内贸易交流的桥梁和纽带,也使中远集运实现企业经营目标的有效方式。

2008 和 2009 年中远集运的盈利能力、运输量及营业收入如图 7-26～图 7-28 所示。

	2009年	2008年
营业额（亿元）	275.31	447.67
分部业绩（亿元）	-78.13	2.18
总运力（TEU）	561,038	496,317
货运量（TEU）	5,234,292	5,792,593
单箱收入（元/TEU）	4,060	6,434

图 7-26 盈利能力

分航线货运量（TEU）	2009年	2008年
跨太平洋	1,155,489	1,286,272
亚欧（包括地中海）	1,193,422	1,527,980
亚洲区内（包括澳洲）	1,386,378	1,438,134
其他国际（包括大西洋）	184,774	243,001
中国	1,314,229	1,297,206
合计	5,234,292	5,792,593

图 7-27 运输量

分航线营业收入（亿元）	2009年	2008年
跨太平洋	72.89	128.19
亚欧（包括地中海）	61.14	134.56
亚洲区内（包括澳洲）	44.47	58.03
其他国际（包括大西洋）	8.69	21.29
中国	25.29	30.63
合计	212.49	372.71

图 7-28 中远集运营业收入

7.3.2 中远集运开展电子商务介绍

中远集运对网络应用、数据信息的依靠性非常强,庞大复杂的业务产生了海量的数据信息。因此,2004 年,中远集运搭建了一套从广域网上直接操作数据中心的业务连续/容载解决系统。中远来自世界各地的信息需要一个信息系统来治理这个庞大的经营网络,中远集运前后斥资 10 亿元人民币建成了集装箱运输治理信息系统。这一系统时刻都在处理着来自世界各地的海量数据,能有效地将各种网络存储技术、存储平台、软件和服务融为一体,真正协助企业采取更好的、成本更为经济的方式进行信息治理、保护和共享。企业智能存储系统还能将分散在企业各部门的信息整合到企业核心数据中心,从而使企业在保留应用计算分布式好处的同时实现信息存储、治理集中化,且具有广泛的连接性、高层次信息保护、跨平台信息共享。

中远集运主页如图7-29所示。

图7-29　中远集运主页

从询价到下订单到运输再到到货通知，所有业务都通过电子商务进行，可以说中远集运的业务是在网络的基础上发展壮大的，年2亿吨的运货量，辐射各大洲现代化商船的各种信息都在平台上交汇。其业务如图7-30所示。

图7-30　业务图

7.3.3 业务流程

中远集运的经营领域主要包括船期查询、货物跟踪和询价,如图 7-31 所示。

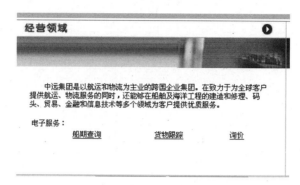

图 7-31 业务内容

1. 船期查询与订阅

船期查询与订阅主页面如图 7-32 所示。

图 7-32 船期查询与订阅主页面

船期查询页面如图 7-33 所示。

2. 货物跟踪

货物跟踪页面如图 7-34 所示。

3. 询价

询价页面如图 7-35 所示。

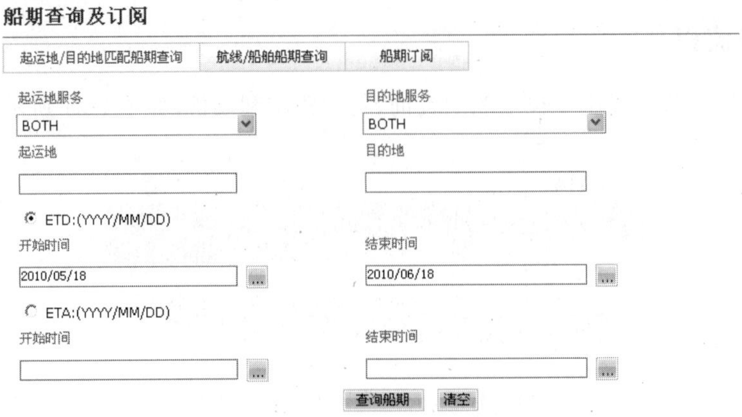

图 7-33　查询网页

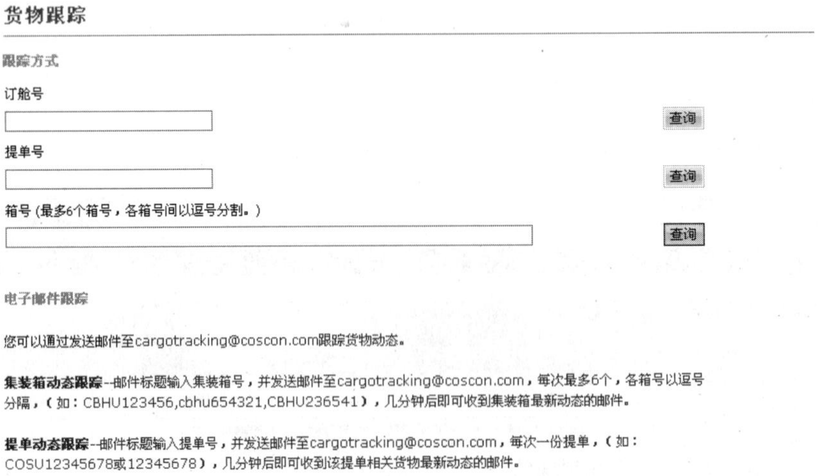

图 7-34　货物跟踪

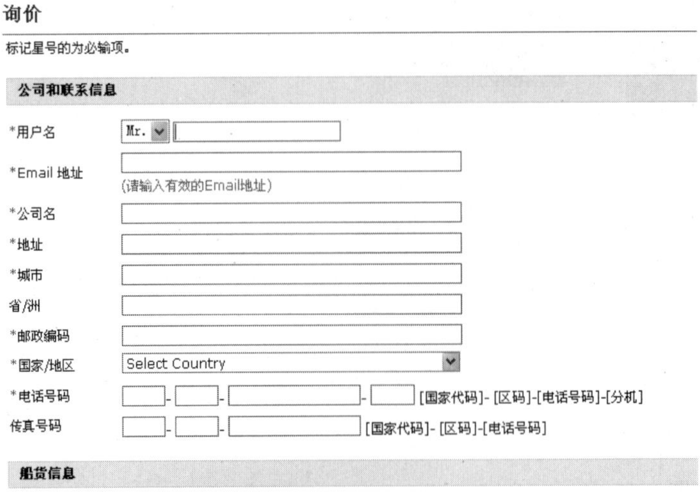

图 7-35　询价

4.电子商务业务列表

中远集运电子商务列表如图 7-36 所示。

图 7-36　电子商务业务列表

7.3.4　中远集运开展电子商务的成效

电子商务平台是中远提升企业核心竞争力的重要手段,它协助企业解决经营、管理、决策中的难点问题。中远电子商务平台的开展始终坚持"业务需求驱动",开展了船舶技术、配套设备、船舶通信、导航等的应用;围绕节能降耗、节约成本开发出了物流信息系统、船岸信息系统;中远的信息系统为企业核心竞争力的增强、可持续发展做出了积极贡献,使得公司连续 3 年利润超百亿。

"物流信息系统"从物流业务全程控制和管理出发,为客户提供个性化的物流服务的全面解决方案和高效率的在线服务。"物流信息系统"中的"大件运输计算机辅助决策系统"可以真实模拟大宗、特殊货物运输的全过程,为客户提供运输过程中的最佳解决方案,在三峡工程、青藏铁路等设备运输项目中发挥了重要的作用。

"船岸信息系统"整合了内部网络系统,建立了涉及航运、机务、体系、财金等 16 类信息资料和查询系统。为开拓海外市场做出了巨大贡献,并且使单船每年节约 60 多万元。电子商务使中远实现了信息资源共享和信息交流的高水平,实现了无纸化办公和日常工作流程的计算机化,降低了成本,使工作效率显著提高,为实现"数字中远"迈出了战略性的步伐。

7.3.5　未来展望

中国远洋集装箱运输有限公司以"做最强的物流服务商,做最好的船务代理人"为目标,为国内外客户提供现代物流、国际船舶运输代理、国际多式联运、公共货运代理、集装箱场站管理、仓储、拼箱服务、驳船运输、项目开发与管理以及租船经纪等服务。从客户需求出发,不断升级物流操作平台,使电子商务的服务贯穿整个运输服务体系,把传统的运输业务与现代的网络服务平台有机地结合在一起,为客户实现价值最大化的服务和提供最便捷、最安全的运输通道。

7.4 阿里巴巴 B2B 卖家情况统计分析

7.4.1 简介

很多中小企业,以求"生存"为基本目标,关注的核心在于"更多的订单"所带来的"更多的销量和收入",而第三方电子商务平台为这些中小企业提供了产品展示平台,帮助企业获得订单,增加收入。中小企业在第三方电子商务平台上在线发布信息、销售物品,与客户立体沟通,发掘客户需求,实现产品创新,最终实现利润的增长。对小订单利润率的调查发现使用电子商务的中小企业利润水平比不使用电子商务的中小企业高出 9~15 个百分点,而 2009 年中小企业电子商务交易规模达 1.99 万亿,同比增速达到 20.3%,其中内、外贸交易规模分别为 1.13 万亿和 0.86 万亿,分别相当于 2008 年全国国内商品销售总额和出口总值的 6% 和 8.9%。

根据 IDC 全球互联网与电子商务模型(ICMM)计算,2009 年,中小企业通过阿里巴巴 B2B 平台达成的交易额约占同期中国中小企业电子商务 B2B 交易总额的 70% 以上。在阿里巴巴 B2B 公司注册的中小企业用户共有 4527.6 万名。其中,国际交易市场注册用户数超越 1000 万,付费会员总数增至 57.9 万。这些中小企业会员在阿里巴巴 B2B 平台上的投入获得了巨大回报,其中 21.76% 的中小企业获得了平均 238 倍的交易额回报,59.35% 的中小企业获得了平均 171 倍的交易额回报,大大高于传统营销方式带来的投入回报比。

现在,越来越多的中小企业选择阿里巴巴 B2B 平台完成内外贸易。网络上的信息使企业更便捷地发掘客户需求、实现产品和服务创新。同时,网络世界让企业从商业流程中解放出来,他们通过 SaaS 方式,以较低的成本在阿里巴巴平台上享受客户管理、进销存管理和财务管理等现代企业管理服务,有效地削减了企业日常商业运营中的时间、人力和资金成本。

电子商务推动了中小企业更快地完成战略转型,实现业务模式的突破。在 2008 年的金融风暴中,许多中小企业,通过阿里巴巴平台,从外贸转型为内贸,从替知名品牌代工转型为创立自有品牌,或从单一品类转型为多元化产品线,成功变风险为机遇。IDC 认为,后危机时代,"中国制造"正在升级为"中国创造",电子商务可以在这一过程中发挥关键的作用。

电子商务在中小企业生产经营的多个环节中广泛应用,其中应用最多的是采购和销售环节。通过互联网寻找过供应商的中小企业占比达 31%,通过互联网从事营销推广的中小企业占比达 24%,能熟练使用电子商务进行营销推广的中小企业占全部中小企业的 13%。在营销环节,使用电子商务的中小企业数量年均增速达到 15.2%。

7.4.2 阿里巴巴 B2B 平台上的中小企业

1. 企业类型

对阿里巴巴 B2B 平台上中小企业的调研发现,接受调研企业的业务类型呈现出"内外兼修"的特点,近 60% 的企业同时从事内贸和外贸,其中,内贸为主兼做外贸的占 33.8%,外贸为主兼做内贸的占 26.1%,只做内贸的占 30.0%,只做外贸的占 10.0%,如图 7-37 所示。主要分布在批发零售、制造业、商务服务等行业,其中超过 30% 的中小企业为批发零售业,如图 7-38 所示。

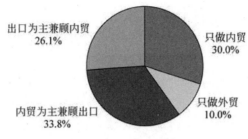

图 7-37　企业类型分布图

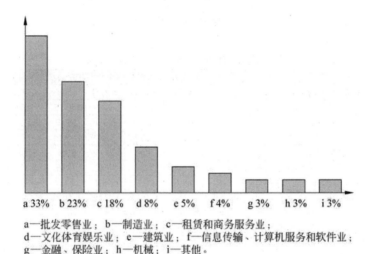

图 7-38　行业类型分布图

2. 企业规模

从地区分布上来看,这些中小企业主要集中在沿海经济发达地区,特别是广东、浙江、江苏、上海等地。企业规模大小不一,企业人员规模 50 人以下的占 62.1%,企业人员规模在 50～200 人的占 26.9%,如图 7-39 所示。

阿里巴巴 B2B 平台 2009 年第一季度注册用户总数超过 4000 万,较 2008 年同期上升 36%,2008 年两个交易市场共有 3810 万名注册用户,2009 年第四季度,注册会员达 4773 万,较 2008 年上升 25%。2009 年,阿里巴巴的中国交易市场占总收入的比重由 2008 年的 28% 上升至 36%,国际交易市场及中国交易市场分别拥有 790 万和 3020 万名注册用户。在 2009 年第四季度,国际交易市场增加了 100 万名注册用户,而中国交易市场则增加了 140 万名注册用户,两个交易市场的企业商铺总数达到 460 万,付费会员突破 60 万人,付费用户占注册用户的比例稳中有升,实现了较快的增长,达到 1.29%。2008 年第四季度至 2009 年第四季度阿里巴巴用户结构如图 7-40 所示。

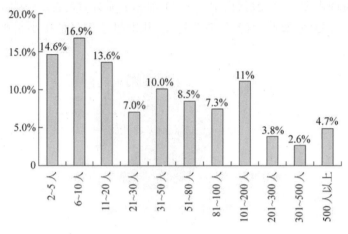

图 7-39　企业规模比

2008Q4-2009Q4阿里巴巴用户结构

	08Q4	09Q1	09Q2	09Q3	09Q4
注册用户数(万人)	**3808**	**4025**	**4278**	**4528**	**4773**
环比增长率（%）	6.80%	5.70%	6.30%	5.80%	5.40%
付费用户数（万人）	**43.2**	**48.2**	**53.1**	**57.9**	**61.5**
环比增长率（%）	8.50%	11.50%	10.40%	8.90%	6.30%
中国Gold Supplier会员（万人）	4.3	5.58	7.05	8.49	9.61
国际Gold Supplier会员（万人）	1.61	1.76	1.92	1.86	1.78
中国诚信通会员（万人）	37.3	40.8	44.2	47.5	50.1
付费用户占注册用户的比例（%）	**1.13%**	**1.20%**	**1.24%**	**1.28%**	**1.29%**

注：统计的注册、付费用户数均为截至到该季度最后一日的用户数量；
09Q3，阿里巴巴将原来的国际诚信通升级为国际Gold Supplier。

Source：阿里巴巴财报。

图 7-40　阿里巴巴用户结构

7.4.3　中小企业电子商务效益分析

1. 电子商务应用水平与营业收入成正比增长

使用电子商务对于企业的营业收入作用效果明显。对比同行业、同时间成立的在营销环节使用电子商务的中小企业发现，随着电子商务使用年限的增加以及应用水平的提升，企业通过电子商务获得的营业收入也随之上升。据统计，网络营业收入占到中小企业总营业收入比重已经超过 16%，其中，熟练使用的中小企业占比高达 23%，比普通使用水平的中小企业高出 7%。说明电子商务对中小企业收入的提升有明显的帮助。电子商务促成的营收比如图 7-41 所示。

就营业额来说，使用电子商务的中小企业 2009 年比 2008 年的营业额增速是不使用电子商务企业的 1.35 倍，这说明电子商务提升中小企业营业额增速高达 35%之多，如图 7-42 所示。

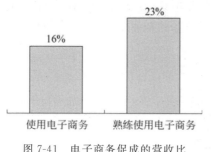

图 7-41 电子商务促成的营收比

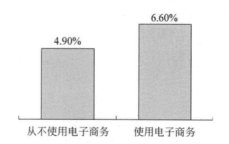

图 7-42 使用电子商务与否的中小企业 2009 年的营业额增速

2. 电子商务使中小企业竞争力明显提升

借助电子商务，中小企业的综合竞争实力普遍增强。21.7%的中小企业认为应用电子商务后取得了显著的竞争优势，60.2%的企业认为有一定的提升作用。电子商务的应用拉动了中小企业的人均产能，使得中小企业资源利用率大幅提升。数据显示，使用电子商务的中小企业人均产能达到 9.67 万元，比不使用电子商务中小企业的人均产能高出 9.8%。电子商务的低成本、虚拟化、无空间限制的特征，促使中小企业不再局限于空间的限制，而能形成"虚拟产业集群"，各类资源在企业群体内外合理配置和流动，并加速中小企业完成产业升级。

3. 电子商务促进中小企业柔性化发展

电子商务还能发挥中小企业柔性化、个性化的优势。对比《2009年中国中小企业电子商务应用及发展状况调查》数据，使用电子商务的中小企业在小订单的利润、产品多样化、产品设计和创新能力等方面，均高于不使用电子商务的中小企业，如图 7-43 所示。这意味着电子商务能帮助中小企业个性化选择发展方向、服务模式，有助于中小企业找到适合自己的升级发展的路径，同时还可以帮助企业实现从外贸转向内贸、从代工转向自有品牌、从单一产品转向多元化产品等的升级与转型。

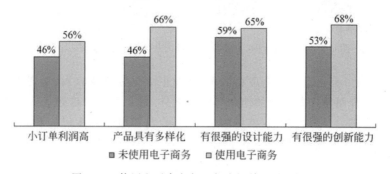

图 7-43 使用电子商务与否与小订单的对比情况

4. 中小企业在电子商务投入产出效果明显

电子商务的作用带动了中小企业对电子商务的投入。《2009年中国中小企业电子商务应用及发展状况调查》数据显示，有 10.3%的中小企业在电子商务营销环节投入资金，投入金额平均占企业总营销费用的 13.4%。同时随着使用电子商务水平的不断提升,对电子商务的投入也保持着上升的势头。在 2009 年使用电子商务的企业中,在电子商务投入增加的中小企业数达 43%。

2008—2010 年中小企业电子商务资金投入情况如图 7-44 所示。

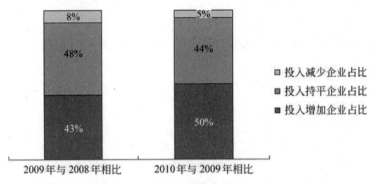

图 7-44 中小企业电子商务资金投入情况

据推算,中小企业在电子商务上每投入 1 元钱的营销费用,能带来 40 元的订单生意(即销售额),意味着电子商务的投入产出比高达 1∶40。数据显示,对比同类型企业,随着电子商务资金投入的增加,中小企业的年营业额增幅也随之增大。在电子商务投入增加的中小企业比在电子商务投入持平和减少的企业,其营业额增加的企业占比分别高出近 30%,如图 7-45 所示。

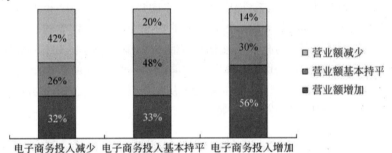

图 7-45 中小企业电子商务资金投入与年营业额增减对比情况

总之,电子商务在提升中小企业存活率、增加中小企业营业收入、增强中小企业的竞争实力及产业升级方面发挥着重要的作用。除此之外,最主要的价值还表现为及时准确地把握市场信息(63.2%)、增加客户和销售额(47.3%)、获得电子商务经验和知识、提高企业信息化水平、拓展商业人脉等,如图 7-46 所示。

7.4.4 中小企业使用电子商务的宏观效益

从宏观角度来看,发展中小企业电子商务对促进国民经济快速发展、结构优化等具有重大战略意义。《2009 年中国中小企业电子商务应用及发展状况调查》数据显示:

(1) 中小企业电子商务对 GDP 的作用明显。2009 年,中小企业通过电子商务创造的新增价值占我国 GDP 的 1.5%,拉动我国 GDP 增长 0.13%。

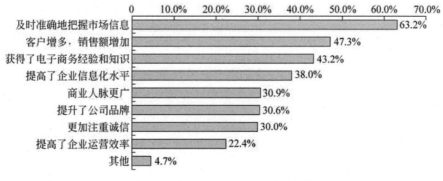

图 7-46　电子商务给企业带来的价值

(2) 中小企业电子商务对就业拉动的效果明显。2009 年,中小企业通过开展电子商务直接创造的新增就业超过 130 万,相当于我国 2008 年全国城镇新增就业的 11.7%。每增加 1% 的中小企业使用电子商务,将带来 4 万个新增就业机会。此外,电子商务还带动了大量创业机会和间接就业,为缓解社会就业压力,促进社会稳定发挥着重要的作用。

(3) 中小企业电子商务促进了第一、第二、第三产业结构的优化。电子商务服务业已成为"重要的新兴产业",是国民经济新的增长点。2009 年,电子商务在中小企业的营销、采购、支付、储运等各环节得到广泛的应用,电子商务服务商在这些环节的收入也具有相当大的规模。

7.5　实 践 训 练

结合本章案例的业务操作流程介绍,找到 3 家与 3 个案例所介绍的业务相类似的网站,并总结这些网站的特点和对业务流程的影响。

本章小结

本章首先介绍了基于大宗货物的卖家 B2B 网络交易模式,即自建 B2B 交易平台,网上客户关系管理平台,业务流程网络化平台。并分别以宝钢网上交易平台、东方钢铁网、中国石化化工销售分公司客户关系管理平台和中远集装箱运输公司业务流程网络化平台为例,从公司基本情况、商务模式和主要业务流程等方面进行了详细的介绍和分析。其次,就阿里巴巴 B2B 平台上的中小企业卖家基本销售情况做了统计分析。

思考题

1. 东方钢铁网为宝钢的销售带来了什么样的变化?与传统线下销售有何不同?
2. 中石化的客户关系管理平台有什么优势?它解决了中石化销售过程中哪些问题?
3. 中远集运的业务流程的网络化有什么特点?

作 业

1. 试比较东方钢铁网,中国石化化工销售网,中远集运物流服务系统的异同点。
2. 为某一中小型的公司设计一套 B2B 网络销售的方案。

参考文献

[1] 东方钢铁在线:http://www.bsteel.com.cn.
[2] 中国石化化工销售分公司:http://www.chemicals.sinopec.com.
[3] 中远集装箱运输有限公司:http://www.coscon.com.
[4] 阿里巴巴集团研究中心:http://www.aliresearch.com/.
[5] 中国电子商务研究中心:http://b2b.toocle.com/.
[6] 陈德人.中国电子商务案例精选(2008年版).北京:高等教育出版社,2008.

第 8 章　基于买家的 B2B 贸易模式

学习目标

(1) 了解基于买家的 B2B 贸易模式基本情况。
(2) 通过海尔集团与新飞电器的案例分析,了解企业采购的网络贸易情况。
(3) 通过韩国政府电子采购案例分析,了解政府采购的网络贸易情况。

开篇导读

长期以来,采购管理一直是大型企业和政府管理中的薄弱环节,在采购模式上一直沿用传统的采购模式,无法适应大需求量的采购需要。而基于互联网技术的电子采购则是在电子商务环境下的新型采购模式。新的采购方式通过建立电子商务交易平台,发布采购信息,或主动在网上寻找供应商、产品,然后通过网上洽谈、比价、竞价,实现网上订货、支付货款,最后通过网下物流过程进行货物的配送,完成整个交易过程。相对于传统采购模式,基于网络的电子采购优势十分明显。

目前,基于买家的 B2B 贸易模式已经被众多企业所接受,根据相关调查显示,有 45%的企业把电子采购作为一条稳定的采购渠道,而 37%的企业则将其作为即时采购需求,电子采购受到了企业极大的关注。

海尔集团和新飞电器作为国内知名的大型企业,对于原材料、零部件的需求量非常巨大,两家企业均较早介入电子商务的领域,其基于网络平台的电子采购与招标系统颇具代表性,是典型的企业主导的基于买家的 B2B 贸易模式。

韩国政府采购从 1997 年开始施行电子采购,经过多年的发展,目前,其全国性的电子采购系统已经非常成熟,作为政府主导的基于买家的 B2B 贸易模式,颇具代表性。

8.1　海尔集团

8.1.1　公司简介

海尔集团公司是在 1984 年引进德国利勃海尔电冰箱生产技术成立的青岛电冰箱总厂的基础上发展起来,于 1991 年 12 月正式组建。经过二十多年的发展,海尔目前在全球已经建立了 29 个制造基地,8 个综合研发中心,19 个海外贸易公司,全球员工总数超过 6 万人,已发展成为大规模的跨国企业集团。

海尔曾两次入选英国《金融时报》评选的"中国十大世界级品牌"。在《福布斯》"2008 全球最具声望大企业600强"评选中,海尔排名13位,是排名最靠前的中国企业。在《亚洲华尔街日报》组织评选的"亚洲企业200强"中,海尔集团连续5年荣登"中国内地企业综合领导力"排行榜榜首。而据世界知名消费市场研究机构欧洲透视(Euromonitor)发布最新数据显示,海尔在世界白色家电品牌中排名第一,全球市场占有率5.1%。这是中国白色家电首次成为全球第一品牌。同时,海尔冰箱、海尔洗衣机分别以10.4%与8.4%的全球市场占有率,在行业中均排名第一。在智能家居集成、网络家电、数字化、大规模集成电路、新材料等技术领域,海尔也处于世界领先水平。

同时,海尔在企业的信息化建设、电子商务应用的开展上,也一直在国内企业中处于领先的地位。早在1996年,海尔就率先申请了域名,建立了海尔集团的官方网站(http://www.haier.cn),网站设有中英文两个版本,设置了"新闻中心"、"产品中心"、"服务专区"等多个栏目,主要用于集团的对外宣传和产品的介绍,从而方便了公司与国内外客户的交流,使客户可以方便地通过网站了解产品信息,进行贸易的洽谈,产品的咨询、订购,以及及时有效地获得良好的售后服务等。经过多年的发展,2002年,海尔集团的官方网站又正式开通了"网上商城"栏目。目前,海尔集团的网站已经完全全球化,包括海尔美国、海尔欧洲、海尔澳大利亚、海尔日本、海尔韩国、海尔以色列等十多个网站。海尔的子公司网站也包括海尔商城、海尔空调、海尔招投标网站、海尔B2B采购等三十多个网站。

海尔作为中国最具价值品牌之一,已跻身世界级品牌行列,其影响力正随着全球市场的扩张而快速上升。

8.1.2 公司战略

海尔集团先后实施了名牌战略、多元化战略、国际化战略、全球化品牌战略四个阶段。创业二十多年的拼搏努力,使海尔品牌在世界范围的美誉度大幅提升。2009年,海尔品牌价值高达812亿元,自2002年以来,海尔品牌价值连续8年蝉联中国最有价值品牌榜首。海尔品牌旗下冰箱、空调、洗衣机、电视机、热水器、计算机、手机、家居集成等19个产品被评为中国名牌,其中海尔冰箱、洗衣机还被国家质检总局评为首批中国世界名牌。

1. 名牌战略阶段(1984—1991年)

特征:只做冰箱一个产品,探索并积累了企业管理的经验,为今后的发展奠定了坚实的基础,总结出一套可移植的管理模式。

2. 多元化战略阶段(1992—1998年)

特征:从一个产品向多个产品发展(1984年只有冰箱,1998年时已有几十种产品),从白色家电进入黑色家电领域,以"吃休克鱼"的方式进行资本运营,以无形资产盘活有形资产,在最短的时间里以最低的成本把规模做大,把企业做强。

3. 国际化战略阶段(1998—2005年)

特征:产品批量销往全球主要经济区域市场,有自己的海外经销商网络与售后服务网络,Haier品牌已经有了一定知名度、信誉度与美誉度。

4. 全球化品牌战略阶段(2005年至今)

特征:海尔在当地的国家创造自己的品牌,海尔品牌在世界范围的美誉度大幅提升。

电子商务是全球经济一体化的产物,海尔要实施国际化战略和全球化品牌战略,进军电子商务是必由之路。海尔集团从1999年4月就开始了3个方向的转移:一是管理方向的转移(从直线职能组织结构向流程业务再造的市场链转移);二是市场方向的转移(从国内市场转向国际市场);三是产业的转移(从制造业向服务业转移)。这些都为海尔开展电子商务奠定了必要的基础。

新经济时代,海尔的5个字母"HAIER"被赋予新的含义:

H:Haier and Higher,代表海尔越来越高发展口号。

A:@网络家电代表海尔未来的产品趋势。

I:Internet and Intranet 代表海尔信息化发展的网络基础。

E:www.ehaier.com(Haier e-business)代表海尔电子商务平台。

R:Haier的世界名牌的注册商标。

8.1.3 商业模式

1.信息化时代的发展新模式

信息化时代消除了距离,能否以最快的速度了解并满足用户的需求成了企业取胜的核心。2010年,海尔实施全球化品牌战略进入第5年,海尔以创造用户价值为核心,抓住信息化时代发展的战略机遇,深入信息化流程再造,推进虚实网结合零库存下的即需即供的商业模式和企业转型,应对金融危机挑战。

海尔公司以创造用户价值为核心,抓住当前互联网时代给企业发展带来的战略性机遇,推进商业模式转型与企业转型,即:从传统经济的模式转型到人单合一双赢模式,从制造业转型到服务业,提升公司在互联网信息时代的竞争力。持续推进零库存下的即需即供的商业模式,通过创新161周单模式,实现"下周单、周下单",提升企业对市场需求的反应速度与快速满足市场需求的能力,实现从大规模制造向大规模定制的转变。2009年,海尔公司存货周转天数由去年同期的36.8天缩短至26.7天。

2. 效益与利润

高效的商业模式带来了企业高速的发展,海尔集团通过企业的信息化、网络化,一方面创造了巨大的无形价值,包括企业的品牌价值、成本价值、技术价值以及服务价值等,另一方面也带来了高额的利润,根据海尔公司2009年年度报告显示,公司2009年的全年营业收入为329.79亿元,比上年同期增长8.46%,利润总额为17.40亿元,较上年同期增长53.03%。

3. 海尔的核心竞争力

1) 持续的创新能力

海尔的创新能力不仅包括自主的技术创新能力,也包括理念上的创新、管理思想上的创新。

一方面,海尔不断推出新技术、新产品,致力于提供满足用户需求的解决方案。截至2009年年底,海尔累计申请专利9738项,其中发明专利2799项,稳居中国家电企业榜首。仅2009年,海尔就申请专利943项,其中发明专利538项,平均每个工作日申请2项发明专利。在自主知识产权的基础上,海尔已参与23项国际标准的制定,其中无粉洗涤技术、防电墙技术等7项国际标准已经发布实施,这表明海尔自主创新技术在国际标准领域得到了认可;海尔主导和参与了232项国家标准的编制、修订,其中188项已经发布,并有10项获得了国家标准创新贡献奖;参与制定行业及其他标准447项。海尔是参与国际标准、国家标准、行业标准最多的家电企业。海尔是唯一一个进入国际电工委员会(IEC)管理决策层的发展中国家企业代表,2009年6月,IEC选择海尔作为全球首个"标准创新实践基地"。

另一方面,在创新实践中,海尔探索实施的"日事日毕,日清日高"的OEC(Overall Every Control and Clear)管理模式、"市场链"管理及"人单合一"发展模式引起国际管理界高度关注。目前,已有美国哈佛大学、南加州大学、瑞士IMD国际管理学院、法国的欧洲管理学院、日本神户大学等商学院专门对此进行案例研究。海尔的三十余个管理案例被世界12所大学写入案例库,其中,"海尔文化激活休克鱼"管理案例被纳入哈佛大学商学院案例库,海尔"市场链"管理被纳入欧盟案例库。

2)完善的售前和售后服务

近年来,许多产品与服务变得十分相似,很难将其完全区分。消费者之所以选择一种产品而不选择另一种,主要原因是由于被选择的产品在某些方面更能够满足消费者的需要,例如服务非常周到、产品使用方便、承诺能够得到兑现等。而海尔大力推行企业信息化的最终目的,就是为了提高面向客户的服务能力,使企业明确如何建立一个销售渠道,了解某一个顾客群,熟知某一种市场需求。

3)强大的整合能力

海尔的一整套被广大消费者认可的销售程序化服务模式;全方位、立体化、多层面的国际化高科技开发网络,以及每天1.3个新产品的开发速度;零缺陷质量保证体系;"日清日高"管理法和以订单信息流为中心的流程运营等,都为客户创造了独特的价值。整合实际上是各种优势的叠加,整合能力也即协调各种技术、生产技能、管理和销售的综合性知识。

8.1.4 信息化与电子商务

海尔是国内大型企业中第一家开展电子商务业务的公司。为了进入一体化的世界经济,海尔率先推出电子商务业务平台,为此海尔累计投资1亿多元建立了自己的IT支持平台。2000年3月海尔投资成立了海尔电子商务有限公司,成为国内家电企业中的首家电子商务公司。

海尔集团通过逐步改造自己的生产流程,再经过一系列的业务重组、市场链、负债经营等改革,基本完成了海尔的信息化。借助于电子商务平台,海尔集团成功实行了"一流三网",即以订单信息流为中心,全球供应链资源网络、全球用户资源网络和计算机信息网络同步运行。

目前,海尔的信息化与电子商务建设可划分为以下3部分。

1. 企业与用户之间

为了快速满足用户的个性化需求,海尔在企业与消费者之间建立了个性鲜明的电子商务网站。用户只要进入www.haier.com,海尔在瞬间就能提供一个E+T>T的惊喜。这里,E指的是电子手段,T代表的是传统业务,也就是说,海尔通过将传统业务优势叠加电子技术手段,获取了比传统业务更好的效果。为此,海尔在两个方面做了努力,一方面,整个企业的生产能力、布局、组织结构都围绕个性化需求做出相应的改变,整个生产的技术、布局、工艺设计以及准备结构都要能够围绕个性化转,实现柔性生产;另一方面,海尔建设了强大的配送网络和优质的品牌,海尔集团实施电子商务以"一名两网"的传统优势为基础:名是名牌,品牌的知名度和顾客的忠诚度是海尔的显著优势;两网是指海尔的销售网络和支付网络,这是实施电子商务的基本要素。

2. 企业与供应商之间

海尔为降低采购成本、优化分供方,在企业与供应商之间搭建了专门的采购平台。海尔也希望能够利用自身的品牌优势和采购价格优势,使该平台成为一个针对所有采购商和供应商服务的公用平台,成为物料的采购和分销中心。通过该平台,海尔可与供应商建立协同合作的关系,在B2B平台上实现网上招标、投标、供应商自我维护、订单状态跟踪等业务过程,把海尔与供应商紧密联系在一起。这样可以降低采购成本和缩短采购周期,提高采购业务的效率和效果,减少不必要的人工联络及传递误差。

3. 企业内部信息化

在海尔集团内部有企业内部网及ERP的后台支持体系。集团内有多个工业园区,各地还有工贸公司和工厂,相互之间的信息传递完全通过内部网络传输。各种信息系统(比如物料管理系统,分销管理系统,电话中心,C3P系统等)的应用也日益深入。海尔以企业内部网络,企业内部信息系统为基础,以因特网为窗口,搭建起了真正的电子商务平台。

8.1.5 网上电子采购平台

海尔集团平均每个月要接到六千多个销售订单,为此需采购十五万余种物料。海尔通过整合、优化供应资源,使供应商由原来的2336家优化至978家,其中国际供应商的比例上升了20%,形成了面向全球的采购网络。为了适应海量采购的需要,海尔改变了传统采购模式,搭建了一个面对供应商的采购平台,如图8-1所示。通过专门的网络采购平台,降低了采购成本、优化了分供方,同时,海尔把这个平台建设成为了一个公用的平台,创造了一个新的利润源泉。

海尔跨越企业的界限与供应商建立协同合作的关系,在采购平台上实现了网上招标、投标、供应商自我维护、订单状态跟踪等业务过程,把海尔与供应商紧密联系在一起。通过海尔的电子商务采购平台,海尔与供应商建立起了良好的、紧密的、新型的动态企业联盟,达到了双赢的目标,提高了双方的市场竞争力。

1. 系统功能模块

从2000年10月11日起,所有海尔集团的原材料采购都通过其BBP网上电子采购平台"www.ihaier.com"来进行。该系统包括以下几个主要的功能模块。

1) 采购申请的网上发布

海尔根据生产和物料的采购周期,事先将需采购物料的采购申请发布到网上,外部供应商可以查询到自己的供货计划,这样分供方可以根据海尔的采购计划提前备料和安排生产,有效地保证了供货计划。

图 8-1　海尔 BBP 网络采购平台主页

2）采购订单的跟踪与维护

BBP 系统根据采购计划，自动生成采购订单，并发布到网上。外部供应商可以自己登录到 www.ihaier.com 网站对订单做出处理，并将处理的意见在网上维护，并随时可以查看订单的收货状态和历史记录。

3）库存信息的查询

库存信息包含以下 4 个方面的信息：标准库存、寄售库存、寄售账款、双经销库存。供应商可以在网上随时查询到属于自己的库存情况，并结合海尔的采购计划和采购申请，及时安排生产和与海尔联系并安排自己的送货计划。

4）基础信息的查询

基础信息包括信息记录、货源清单和配额信息。供应商通过查询信息记录可以而且仅仅可以在网上查询到自己所有供货物料的价格；通过查询货源清单可以查询到自己供货的物料清单；在配额信息中供应商可以而且仅仅可以查询到自己所有物料的供货比例信息。

5）供应商的自我服务

供应商可以通过此项功能，随时查询自己公司的所有信息，包括公司信息、公司银行信息、投标方信息以及供应商网上业务操作员（公司联系人）的信息。为了保证所有信息来源的严肃性和准确性，对于公司信息、公司银行信息和投标方信息，供应商只允许查看，而公司联系人可以自己进行维护。

6）供应商信息中心平台

供应商信息中心是海尔 BBP 系统中一项很重要的内容，所有海尔分供方可以利用此信息平台与海尔物流各个部门、各个业务人员进行网上信息沟通和业务交互。既可以将业务上的需求和意见及时在此平台上提报,也可以将业务之外的意见和建议在平台上发表。

2. 基本操作步骤简介

1) 登录

通过单击屏幕上方的 B2B 图标,可以进入海尔 B2B 主页,如图 8-2 所示。如已经注册通过,可输入用户名和密码,单击"确认登录"按钮,直接进入 B2B 应用系统。屏幕左边是此用户的所有权限,有"处理用户数据"、"采购订单状态"、"采购订单查询及更新"、"采购计划查询"等。

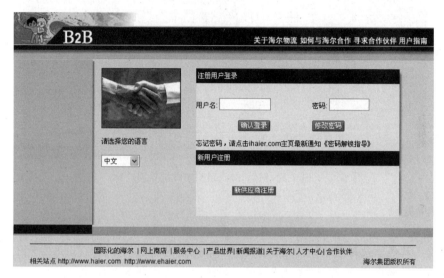

图 8-2 供应商登录平台

2) 订单查询、跟踪与维护

单击"采购订单查询及更新",可看见屏幕分为 4 个区域,如图 8-3 所示,左上部分为输入查询条件,左下部分列表显示符合查询条件的订单,右上部分显示订单的详细信息,右下部分列表显示订单的项目以及订单项目的详细信息和状态。

(1) 查询。用户可以根据订单号、供应商、订单时间、交货时间,订单的状态、供货状态、检验状态等任意一种属性进行查询(海尔内部员工还可以根据采购组进行查询)。默认为查询所有订单,提交后,会显示所有订单。

(2) 维护。订单的每一个项目都有 3 组状态,分别是接受状态、供货状态和检验状态。其中订单项的接受状态有待确认、确认、拒绝、删除 4 种状态;供货状态有生产中、部分发货、全部发货、已开发票、结算 5 种状态;检验状态有待检验、正在检验、检验合格、检验不合格 4 种状态。内部员工可以修改检验状态和书写海尔方说明。外部供应商可以查看订单项的接受状态、供货状态以及供应商说明。

(3) 订单完成的流程。订单生成后,会立即传输到 B2B 系统中,此时,订单每个项目的接受状态都为"待确认",供应商可以通过订单的查询,对新产生的订单进行确认或者拒绝。若供应商拒绝订单,需要在供应商说明中给出拒绝原因及能够满足的到货时间及数量。若供应商确认订单,就可以在订单的完成过程中对供货状态进行维护。

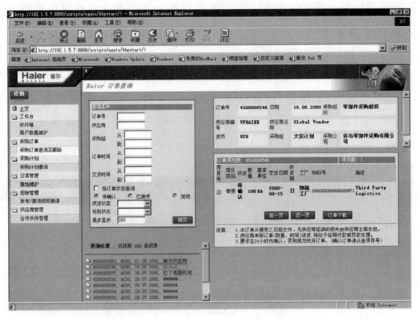

图 8-3　订单查询、跟踪与维护界面

3) 订单处理

(1) 确认订单。确认订单页面如图 8-4 所示,单击项目号,在订单项状态栏中选择接受、拒绝或是其他。选择后,单击"更改"按钮。如果是选择接受,单击"更改"按钮后则订单被确认;如果是选择拒绝,单击"更改"按钮后系统会提示如图 8-4 所示。

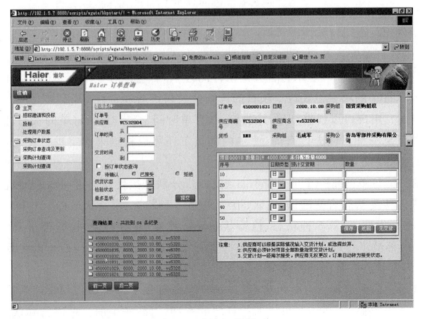

图 8-4　确认订单界面

如果是因为交货时间问题拒绝,供应商可以根据自己的生产计划推荐自己的交货计划。保存后系统会自动发布到网上,经过海尔业务员同意后系统会自动将此订单的状态修改为接受。如果是其他问题,则选择无交货,海尔业务人员在查看此订单后会删除。

(2) 送货通知单的下载。为统一管理,海尔提供了系统自动生成的标准格式的送货通知单供下载打印。具体操作步骤为:登录 B2B 系统——采购订单查询及更新——查询已接受的订单——单击项目号——下载送货通知单——打印。

送货通知单打印页面如图 8-5 所示。

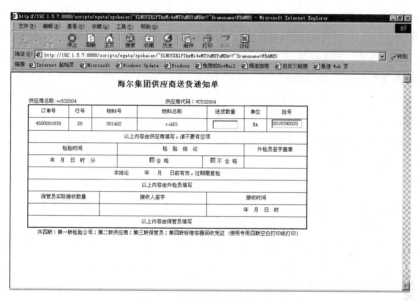

图 8-5　送货通知单打印界面

8.2　新飞电器

8.2.1　企业简介

河南新飞电器有限公司是以冰箱、冷柜、空调为主导产品的现代化白色家电制造企业,中国最大的绿色冰箱生产基地,中国冰箱、冷柜行业前两强,因出色的无氟与节能技术而被公认为是中国家电绿色品牌。自1984年建立以来,经过二十多年的发展,新飞已发展成为拥有1个中国驰名商标和2个中国名牌产品的中部六省首家进出口免验企业,产品远销全球五十多个国家和地区。其企业总资产近30亿元人民币,年主营销售收入三十多亿元人民币,现有员工八千余人。

公司从 20 世纪 90 年代初期开始进入"中国 500 家最大工业企业"和"中国日用家电行业十强"之列,并荣获"中国明星企业"称号。1999 年,"新飞"商标被国家工商行政管理总局认定为"中国驰名商标";2000 年,新飞电器被国家质量技术监督局认定为"全国质量效益先进企业";2001 年,新飞电器再度被中国质量协会认定为"全国质量效益先进企业";

2002年,新飞成为中国家电业中屈指可数的同时拥有两个"中国名牌产品"的企业;2006年,新飞荣获"中国家用电子电器科技创新奖";2007年,新飞获得中国质量万里行评选的"全国质量、服务无投诉用户满意品牌";2008年,新飞在中国十大影响力品牌峰会上,4次蝉联"行业十大影响力品牌";2009年,新飞在中国最具价值品牌500强排行中名列前茅,再次入选中国制造业企业500强,荣膺"亚洲名优品牌奖",并入选代表中国国家企业形象的"国家名片"。

近年来新飞的经营业绩突飞猛进,产销量、利润等主要经济指标连年呈两位数递增,成为同行业效益最好,发展最快、最稳健的企业之一。2006年,新飞冰箱销量同比增长10%,销售收入同比增长11%,成为冰箱行业发展最快的企业之一。自此,新飞已持续5年经营业绩不断攀升、连连刷新历史纪录,并连续5年稳居行业两强。2007年,冰箱产销量达353万台,同比增长15%,空调销量同比增长21%。新飞的高档酒柜已占据美国的主流市场;而新开发的高档饮料柜则走俏欧洲市场;新飞冰箱(柜)在朝鲜、蒙古等市场的增长率则大幅飙升,分别达40%和110%。新飞还加大力度开拓东南亚、南美洲、非洲和俄罗斯等地的市场,新增15%的出口订单都来自新的客户。2008年,新飞电器经营业绩逆势飘红,全年冰箱、冷柜、空调总销量同比增长15%、销售收入同比增长19%,创历史新高,并连续6年稳居冰箱、冷柜行业前两强。

飞速发展的同时,新飞十分注重科技队伍建设和企业技术创新。目前,新飞国家级技术中心已发展壮大为三个研究所、一个国家级实验室和一个产品创新与设计中心、企业博士后科研工作站、西安交大新飞节能技术研究所和工业设计所等校企产学研全面合作的完整技术创新体系,各类专业人才1800多名,专职技术开发人员400多名,中高级职称200多名,硕士60多名,博士9名,形成了一支实力卓越的创新团队。而新飞通过与西安交通大学、郑州大学等知名学府在人才培养、技术创新成果共享等产学研全方位的合作,为新飞的技术创新注入新鲜血液,增添新的动力。

党和国家领导人对于新飞的发展给予了充分肯定。中共中央总书记、国家主席、中央军委主席胡锦涛在视察新飞时,寄语新飞4个一流:一流的产品、一流的管理、一流的效益、一流的人才。

8.2.2 信息化与电子商务

在竞争激烈的家电市场,要想持续扩大自己的市场占有率,进一步提高竞争力,必须要从自身做起,整合企业各种资源,提高资金运作效率,构建先进的信息系统平台,保证信息的及时性、可靠性,提高宏观调控和科学决策的水平。

在企业发展过程中,新飞内部存在许多困扰企业发展的问题,包括:

(1) 公司没有一套完整、集成的管理信息系统。各个职能部门无法分享同样的信息资源,在企业内部形成了一个个信息孤岛,使管理难度大大上升。同时,由于信息的分散管理,造成信息的集中困难,给公司整体决策和整体利益带来损害。

(2) 在对客户的管理上不够科学,无法对客户资源进行有效的发掘和利用。

(3) 产品设计工艺部门和管理信息系统及制造资源系统之间信息无法进行有效沟通。

(4) 缺少一个完整、安全的网络系统,可能存在同时遭遇来自外部入侵和内部泄密的安全风险。

(5) 缺少基于互联网的电子商务系统,企业与供应商、经销商、客户进行洽谈和交易还依赖于传统商业模式,无法适应市场和客户的快速变化。

因此,新飞电器信息化建设的总体目标是构建一个能够适应外部市场环境变化,对外做出快速响应,对内实现高效沟通、快速决策、提高企业竞争力的企业经营运作系统。该系统将以企业资源规划(ERP)为主,结合客户关系管理(CRM)、应用产品生命周期管理(PLM)、SCM、BI等系统并建立企业信息门户和电子商务平台,建立起一个完整的企业集成化信息平台。同时新飞选择国内一流的管理咨询公司作为新飞实施信息化的长期合作伙伴。新飞信息化系统实施遵循"统筹规划、突出重点、以点带面、逐步推进"的原则,紧紧围绕公司改革、发展的两大主体,从解决公司目前突出的问题和薄弱环节入手,以全面提高公司管理水平和整体竞争力为目的。

经过近十年的发展,新飞电器信息化建设走过了一个从无到有、从简单到复杂、从单纯技术应用上升到提升企业管理水平这样一条发展道路。通过实施企业信息化系统,快捷地实现管理现代化,满足不同客户的需求,提高了公司的整体管理水平和宏观决策能力。

1. 成功实施了全面集成的ERP系统

通过实施ERP项目,河南新飞电器有限公司建立起了一套产、供、销、财一体化的管理体系,为企业各部门提供了一个一致性的协同工作平台。

2. 客户关系管理系统建设

新飞电器投巨资建设了客户关系管理系统。该系统涵盖了呼叫中心、客户管理、配件管理、结算管理、技术支持和信息交流等多方面的业务内容。

3. 企业专利采集系统

公司自主开发出了企业专利采集系统,并在知识库程序的基础上,建成了企业内部专利知识网站。该系统自动从国家知识产权局公布的网页中提取数据及专利说明书附件,放入企业内部专利信息库中,以便内部使用。

4. 桌面安全审计系统

公司建设了桌面安全审计系统,该系综合利用密码、访问控制和审计跟踪等技术手段,对涉密信息、重要业务数据和技术专利等敏感信息的存储、传播和处理过程实施安全保护。以最大限度地防止敏感信息的泄露、被破坏和违规外传,并完整记录涉及敏感信息的操作日志以便事后审计和追究泄密责任。

5. 人力资源系统

由于新飞转制以及国际化发展,新飞的组织结构、薪资体系都面临着调整,新飞现有人力资源系统在管理效率、集成性、决策性上存在许多问题,导致与其他业务系统之间的信息无法交互。新飞建设了包括员工信息管理、薪资福利管理、考勤管理、自助管理等模块在内的并与新飞电器财务、采购等系统融为一体的集成性的人力资源管理信息系统。新系统与企业ERP系统结合紧密,系统的实施显著提高了企业自身的人力资源信息化管理水平。

6. 远程数据容灾系统

在远程数据容灾系统建设中,新飞选择了基于SAN架构的数据存储方案。关键业务数据的异地容灾主要通过 HP 的远程容灾软件实现。系统建设在满足当前的业务需求的同时,还考虑到今后业务发展的需求,确保在未来扩容时能够扩展到更多的存储容量支持。同时能够充分利用现有的资源,保护现有投资。项目建设促进了新飞信息化的发展,随着应用的不断深入,逐步建立起一个可扩展、易管理、能够灵活地适应不可预见的存储需要的网络存储环境。

8.2.3 效益分析

1. 显形效益

企业信息化与电子商务应用对企业效益的影响是全方位的,但影响企业效益的因素是多种多样的。准确评估企业信息系统对企业效益影响是一个复杂的系统工程,信息系统对企业效益的影响比较直观的表现在两个方面:成本及费用的降低、效率的提高。新飞电器实施信息化与电子商务应用后,由于加强了业务管理,信息共享有效地控制了库存和各项费用的支出。销售收入指标虽然快速增长,而其他财务指标却没有同步增长。以 2003 年为基准年,统计了 2004、2005 年同比上一年的财务数据,并以主营销售收入增长率为参照值,对其他财务指标增长率与销售收入增长率进行对比分析得出投资收益估算:

1) 财务费用减少

流动资金占用主要是存货和应收账款(含其他应收账款)。若按新飞电器目前存货和应收账款(含其他应收账款)增长率与销售收入增长率相比得出下降百分比测算,2004、2005 年存货占用流动资金共减少 27 253 万元,应收账款减少 8867 万元。两项合计 36 120 万元。

2) 管理费用降低

集成化财务信息系统的建立,可较大幅度地提高企业的财务管理水平,加强对企业管理费用的管控。若按新飞电器目前管理费用增长率与销售收入增长率相比得出下降百分比测算,2004、2005 年管理费用共减少 4841.6 万元。

3) 销售费用降低

目前新飞电器的产品主要销往全国各地,从市场分析、客户信息管理、收款管理、销售管理到采用先进的 VPN 技术都会为企业降低销售费用,若按新飞电器目前销售费用增长率与销售收入增长率相比得出下降百分比测算,2004、2005 年销售费用共减少 11110 万元。

4) 采购成本降低

新飞电器 2005 年冰箱(柜)采购件招标,采取网上招标方式共计 1214 项,按可比产品和价格计算(2005 年投标价高于 2004 年的按 2004 年中标价执行),总体平均降幅为 4.99%。由于新飞电器电子招标采购平台的应用,保守估计也将为新飞电器节约采购成本一千多万元。采购成本的降低必将极大地提高企业的市场竞争力,为企业在激烈的市场竞争中站稳脚跟打下良好的基础。

2. 隐形效益

1) 企业管理方面

(1) 根据系统的管理要求制定了相应的企业规章制度,规范相关业务操作,完善系统内部监督机制,堵塞漏洞。

(2) 有效支持公司战略目标的实现；有效支持公司核心竞争力的培养，如研发、营销能力；支持公司价值链各环节活动，如采购、库存管理、生产、销售、服务管理等。

(3) 充分利用 ERP 系统的集成性，使公司财务信息，销售信息和库存信息在系统内有机的统一，改变了以往信息系统各自分割的弊端，改变了依靠报表层汇总反映财务信息的状况，建立起一套完整统一的营销信息仓库。

(4) 运用有效的信息技术管理手段，建立有效的支撑与集成，显著提高新飞电器管理水平，增加公司经济效益，加强决策数据信息的支持力度。

(5) 销售数据与财务数据全面集成，省去了大量繁琐的工作，销售业务数据的入账时间提前了 10 天，出账时间提前了 7 天左右，成本核算效率也得到了有效提高。

(6) 按照"集中决策、分权经营、资源优化、有效监控"的要求，支撑新飞电器"集中整合"管理模式的建立；有效适应可能的组织机构重组及管理模式的调整，适应公司业务规模的发展。

(7) 新飞采购平台有利地提升了公司采购管理水平，并提供了强大的采购信息收集能力，方便采购信息的收集和分析，有利于与供应商建立战略合作伙伴关系，发挥上下游的协同效应。

2) 流程变革方面

(1) 改进了公司的发货流程。在新飞原来的发货流程中，经常会在装车的过程中因为货场货物不够而不断地修改发货计划，对工作效率产生了很大的影响。针对公司业务的特点，结合 ERP 系统流程的特点，为了解决这个问题，由财务部牵头并在其他部门的配合下，设计了新的 ERP 发货流程，增加了生产预入库和计划占货两个环节，使新的流程能够在装车前发现计划缺陷并及时修改。同时组成联合办公的订单小组，统一管理成品发货、库存调拨及销售清代业务。这样既满足了 ERP 系统的集成化的要求，同时实现了管理优化和对销售风险的规避与控制。

(2) 增加了额度控制流程。新飞的销售主要走的是代销模式，如果不能在发货时在额度上对客户进行控制，会给公司带来许多呆死账的风险。新开发的额度控制流程可以及时发现逾期账款并根据系统数据对其进行催收，再将问题客户及时发现及时处理，将各种风险控制在萌芽状态；同时，在发货前对客户的信用额度进行检查，如发货量超过其信用额度，则暂停对其发货，并要求客户回款，使信用风险控制由事后监督变为事前控制。

8.2.4 网上电子招标采购平台

新飞的 ERP 系统可胜任企业内部供应链管理的角色，作为大型、综合性的管理系统，它可以对企业的采购、库存（原材料、在制品、产成品）、生产计划、车间任务、产品质量、生产成本、应收账款、应付账款、总账、现金、生产项目等进行统一的、集成的管理。但由于 ERP 系统的推出及其广泛应用原本是为了帮助企业实现内部管理，并且受到当时 IT 技术发展的限制，ERP 系统应用难以突破不同企业之间的组织边界，即企业与企业之间仍难以通过信息的有效沟通，协同对市场做出快速反应。

那么，新飞如何在供应链管理中寻找战略合作伙伴的突破口呢？首先从供应链的上游来分析：从主要原材料供应商来看，在某些原料的供应商中寻找到比较有价值的战略合作伙伴。在设备和备件供应商中，新飞除了对某些重大关键设备的供应商依赖较强，其他的大多数备件供应商的资源还是比较丰富的,所以在这一领域必须与一些比较可靠的供应商建立战略合作伙伴关系。从供应链的下游来分析,寻找战略合作伙伴的难度相对较小。就产品来说,新飞目前主要还是通过一些大经销商来销售,通过长期的合作,新飞已经与这些公司建立了较好的合作伙伴关系,基本上已经能够做到"互惠双赢,共担风险",而这些大经销商本身的条件如仓储能力、配送能力、信誉等都达到了成为战略合作伙伴所必需的能力,所以应该与这些大经销商建立一种长期的战略合作伙伴关系。新飞可以选择一些需求比较稳定的,需求量较大的,信誉较好的企业结成战略合作伙伴关系。在新飞的上游和下游形成了一条紧密协同,发挥各自优势的供应链后,需要考虑的就是通过何种方法来实现整个供应链的管理,信息共享和集成、发挥协同效应是成功实现供应链管理的关键所在,而信息技术尤其是 Internet 技术的广泛应用则是保证这些关键条件实现的必须手段和保障基础。近几年来,随着 Internet 技术的不断发展与广泛应用,在 Internet 平台上建立基于 Web 技术的采购管理,使实现企业与供应商之间的网上采购业务管理成为可能。

1. 平台概述

新飞采购平台 Bidlink e-Procurement solutions 是河南新飞电器有限公司独立运营的网上 B2B 电子商务平台,如图 8-6 所示。该平台为新飞电器有限公司每年几十亿的生产性材料、备件采购,以及几亿的非生产性材料采购提供了一种全新的网上交易模式。该平台于 2003 年底实施成功,采用了北京必联信息技术有限公司开发的 BWFS(Bidlink WorkFlow System)作为系统的核心。其技术架构完全基于最新的互联网技术,凭借 Bidlink e-Procurement solutions 可以轻松实现包括企业、政府、采购中介在内的组织内部的采购供应系统的任意商业运作流程及业务规则。在业务模块设计上,Bidlink e-Procurement solutions 涵盖了组织结构管理、供应商目录管理、产品目录管理、采购计划管理、合同执行管理、采购效果分析、决策支持系统、采购成本管理系统等多个模块,支持生产性产品招标采购、生产性产品竞价采购、非生产性产品招标采购和非生产性产品竞价采购;在采购方式设计上,Bidlink e-Procurement solutions 涵盖了招标采购、竞价采购、谈判采购、直接采购等多种方式,用户完全可根据自身需求构建适合自己的采购模型。

2. 技术特性

1) 灵活强大的工作流引擎

Bidlink e-Procurement solutions 是针对各行业采购开发的流程再造系统,采用面向对象的组件技术开发,将各种业务逻辑单元封装在一起,可以根据各种业务需要进行有效组合。基于 BWFS,Bidlink e-Procurement solutions 能够完美地实现各类采购流程的定制;通过内置的可视化建模工具,Bidlink e-Procurement solutions 可以轻松实现顺序流程、分支流程、循环流程、并行流程、拆分流程、嵌套流程、递归流程等各种复杂的业务操作。灵活强大的工作流引擎,可以轻松实现商业流程的再造,极大地降低因实际使用中流程变化所需付出的开发成本。

2) 开放的平台

Bidlink e-Procurement solutions 基于 J2EE 体系结构,构建于 Web Service、XML 核心技术之上,具有良好的企业级品质,保证了 Bidlink e-Procurement solutions 具有广泛的应

用环境、强大的流程再建能力和广阔的升级空间。

3）方便的通用网关配置

Bidlink e-Procurement solutions 提供了基于 XML 技术的数据输入输出接口,可以方便地和其他系统交换信息。接口技术资料完全公开,便于用户二次开发。可以提供对现有外部资源接口的轻松整合。采用 XML 作为交互数据的组织方式,同时采用 SOAP 技术,避免了由于内部防火墙的设置而带来的不便,为扩展功能、与其他系统的数据交换提供架构级的支持。

4）形象的声音图像文本设计

Bidlink e-Procurement solutions 的竞价采购模块提供了基于声音、图像和文本方式的"竞价大厅"。自由灵活的商业规则和竞价规则设定,实时生动的竞价过程显示,既能给采购方和供应方提供明晰的实时交易数据和资料,又能营造出供应方之间激烈的竞价氛围。

图 8-6　新飞采购平台

3. 应用特性

1）提供多种采购方式

Bidlink e-Procurement solutions 根据采购材料的不同特点,设计了多种采购模式,如招标、竞价、谈判与直接采购等。对于办公用品等间接生产材料的采购,可以选用竞价或直接采购;对于战略资源、重要的直接生产材料的采购,可以选用招标或谈判采购;对于采购量不大的维修、服务资料的采购,可以选用直接采购;对于技术比较复杂、非标准型产品或采购金额较大的材料,可以选用招标或谈判采购等。用户可以根据材料属性,任意设定其采购模式,从而降低交易成本,提高采购效率,真正意义上做到降低自身采购成本。

2) 优化采购流程

电子采购不仅仅是一个系统,而且还是一个全新的运营方式,需要商务流程和运作方式发生相应的巨大变化。电子采购并不是将网下操作原封不动地搬到网上,那样不是电子采购,仅仅是采购的电子化。Bidlink e-Procurement solutions 是辅以计算机网络技术和采购咨询理念在内的电子采购解决方案。

3) 设定虚拟交易环境

Bidlink e-Procurement solutions 基于严密的安全机制和系统强大的图像处理能力,能够建立完善的虚拟交易环境,在线实现各种交易的全部过程。无论是电子竞价模块的竞价大厅,还是网上招标模块的开标与评标大厅,或是议价谈判采购的谈判大厅,都能够实现线下操作的全部功能。

4) 规范采购程序

集中管理可提高业务处理效率并实现其自动化运行,不仅能够提高员工的工作效率和供应商的满意度,而且还可以有效降低成本。同时,业务流程的自动化还可降低非战略性人力成本,改善闲置网络系统的利用。降低成本的其他关键因素包括规范执行、控制开销和按合同采购。采购流程的系统化规则与准则(例如严格的授权工作流)将消除未经批准的订单和临时采购,并更多地使用战略供应商和合同采购。

8.2.5 基本操作流程

新飞采购平台提供了多种交易方式,能够充分地实现市场的杠杆效应、优化采购流程、提高采购的过程效率;能够设定逼真的虚拟交易环境,体现交易公平的原则;规范采购程序,降低采购过程成本。新飞采购平台主要提供了生产性产品招标采购、生产性产品竞价采购、非生产性产品招标采购以及非生产性产品竞价采购等4种模式,以下是该平台的基本操作流程。

1. 新飞供应商注册流程

供应商可以自由地在新飞招标采购网上进行注册,但是注册的供应商只有经过新飞业务操作人员的允许,并验证通过,才能够在新飞的网站上参与投标。

第一步:企业用户(供应商)登录 http://www.xinfei.com 进入新飞的网站,并进入新飞采购平台。

第二步:企业用户(供应商)进入采购平台的页面,单击首页左上方用户注册区域中的"新用户注册"按钮,进行注册。

第三步:用户选择注册的身份,即企业注册,如图8-7所示。

第四步:企业用户浏览《新飞招标采购网服务协议》后,单击"同意"按钮,进入"企业注册"页面,如图8-8所示,企业用户应如实填写相关的企业信息,以及提供的产品信息。企业用户必须保证 E-mail 地址正确,以便顺利激活账号。此处供应商可以添入手机号码,测试是否能够收到新飞的确认短信,如果测试通过,并接收到新飞的短信息服务,以后就能够收到项目提示的短信息,这个服务是免费的。

第五步:系统会自动发送激活邮件到用户在注册信息中填写的邮箱,企业用户需要登录注册信息中填写的邮箱,并接收邮件,单击"激活"按钮,激活账号。

第六步:企业用户注册完毕,等待新飞的招标、采购人员进行验证。当新飞人员验证用户信息后,可开通用户的账号,用户注册成功,便可以成功登录系统了。

图8-7 登录界面

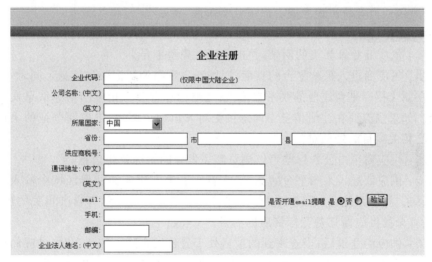

图8-8 注册界面

2. 招标流程

供应商在项目的不同阶段,具有不同的操作权限。项目的各个操作阶段与新飞的业务操作人员对项目的控制有关。供应商主要具备以下几个操作阶段。

(1) 公告发布阶段

只有当一个项目的招标公告发布以后,具有该项目投标资质的供应商登录系统,在"项目管理"的列表中才能够查阅到这个项目。发布公告时,系统会自动将相关信息以邮件的形式发送到用户在新飞采购平台注册的联系邮箱中,同时接受手机短信息服务的用户可以收到短信息提示。

(2) 下载标书阶段

当一个项目发布公告以后,供应商可以在网上下载标书。此阶段中,新飞的项目操作人员可以发布招标变更公告或变更的招标文件。

(3) 投标阶段

当一个项目允许投标以后，供应商要交纳投标保证金。只有交纳了投标保证金的供应商，才能够获得投标的权限。缴纳保证金以后，供应商可以进行上传投标文件、填写开标一览表（报价表）等操作。在此期间，供应商可以多次填写开标一览表，系统以最后一个报价为准。供应商的投标报价加密存储在系统中，新飞的业务人员无法查看其中的信息。

(4) 开标定标阶段

开标由新飞的操作人员在系统中进行，所有投标供应商的报价在这一刻同时解密，投标报价、投标文件对新飞的项目管理人员公开。此后项目操作人员组织评标、定标。当项目确定中标商以后，系统会发布中标通知和评标结果。项目结束，操作人员与供应商在此项目中的操作全部结束，项目信息归档。

3. 竞价流程

供应商在竞价项目中的操作与招标项目操作的阶段划分相类似。在项目的不同阶段，具有不同的操作权限。项目的各个操作阶段与新飞的业务操作人员对项目的控制有关。比如，生产类供应商竞价流程主要有以下几个阶段。

1) 供应商登录查阅项目

第一步：供应商登录新飞的网站，并进入新飞采购平台。

第二步：供应商进入采购平台的页面，浏览新飞发布的招标公告信息。同时，供应商应经常查看在新飞招标平台注册的联系邮箱，新飞招标平台会将相关的招标信息发送到供应商的邮箱。如果供应商在注册信息中同意接受新飞招标短信息，供应商登记的手机可以接收到与自己相关项目的短信息。

第三步：供应商单击公告标题可以浏览新飞发布的招标公告信息。

第四步：供应商进入采购平台的页面，在首页右上方供应商注册区域中输入账号和密码，登录系统。登录系统后，系统中项目管理的列表中会自动显示与自己相关的项目，这些项目，都是登录的供应商具备竞标资质的项目。

第五步：供应商登录后，当查阅到的项目处于公告发布阶段的状态时，供应商可以进入查阅到的项目下载竞价文件。如竞价文件有修改稿，可以在此处下载修改稿。竞价文件不但可以如同招标项目一样在供应商操作菜单处进行，同时可以在项目的相关信息处下载。

2) 缴纳保证金

此阶段，供应商要缴纳投标保证金。由新飞操作人员确定，只有缴纳保证金的供应商才能够参与竞价。如果在新飞已经预留了保证金，则不用再次缴纳。

3) 供应商网上竞标

第一步：项目进入竞价阶段，供应商应该做好竞价的准备工作。首先要在系统的首页下载 JRE 的竞价环境支持软件，并进行竞价软件的安装。

第二步：测试竞价大厅客户端软件是否安装成功，如果安装成功，单击首页上的"测试您的计算机是否能够正常投标"会出现相应界面。

第三步：按照竞价公告约定的时间，提前半个小时进入竞价大厅。单击竞价大厅左上方产品名称下面的三角形图标，可以显示竞价大厅相关约束的设定。

第四步：单击"报价"按钮，系统弹出报价框，可以进行报价。
4）供应商查看评标结果
当竞价结束以后，供应商可以登录查看评标结果。

8.3 韩国政府的电子采购

8.3.1 韩国政府采购简介

政府采购是为国家行政和公共服务提供必要的商品和服务。政府采购的市场规模一般占到一国国内生产总值（Gross Domestic Product，GDP）的10%~15%，并会对提供建造基础设施或公共建设工程所必需的材料和服务的国内产业产生很大的影响。韩国政府采购的市场规模达800亿美元，大约占到本国GDP的12%。韩国的政府采购体制，既可以通过公共采购服务厅（Public Procurement Service，PPS）——中央采购部门进行集中采购，也允许通过每一机构各自的分散系统进行采购。通过PPS采购的份额占到总采购额的30%，而通过各自机构进行采购的占据了其余的份额。但是传统的政府采购方式存在效率低下、信息不透明、耗费成本高等很多弊端。因此，韩国决定改革政府采购运行方式，将政府采购主管机构——公共采购服务厅，由采购的执行机构转变成为政府采购的信息中心，韩国的政府采购电子化从1997年开始，短短的几年间，韩国已经完成了政府采购电子化系统的组建。2002年，韩国的政府采购体制发生了根本性的变化。PPS成功开发了政府电子采购系统（Government E-procurement System，GePS），如图8-9所示。为了政府机构和供应商之间能更加方便地进行交易，GePS将集中采购和分散采购集成到了一个唯一的窗口中。截至2005年底，有15万供应商和3万公共机构在使用这个系统，交易总额达到了430亿美元。此外，有91%的招投标是通过电子化管理的。除了PPS的合同，各个机构订立的协议也开始通过GePS进行管理。由于系统允许所有政府机构参与到电子采购过程中来，这样就在整个政府范围内实现了采购的数字化，这标志着一个新的时代的到来。

由于流程的数字化和信息的整合，GePS使每年的交易成本节省了45亿美元。GePS被公认为不仅是韩国领先的电子政府服务系统之一，而且还是世界上最先进的电子采购服务系统之一。2003年它赢得了联合国的公共服务奖（Public Service Award，PSA），在2004年的《联合国全球电子政务准备报告》中它被评为最佳做法。2005年5月，世界经济合作与发展组织（the Organization for Economic Co-operation and Development，OECD）称赞GePS，因为它对信息通信技术的使用有很强的"提升效应"。在2006年5月，世界信息技术和服务业联盟（the World Information Technology and Services Alliance，WITSA）把它的全球IT优秀奖颁给了PPS。

8.3.2 韩国政府电子采购发展历程

PPS成立于1949年，一直负责政府采购。目前，其总部共有950名员工，此外还有15个区域办事处。PPS的职能如下：第一，采购政府机构需要的国内外商品和服务；第二，重大公共建设工程的合同管理及签订；第三，为稳定零售价格进行原材料及基本必需品的储存和供应，以及对短期和长期的供给和需求进行有效管理；第四，协调和审计国有资产的管理;第五,进行产品编目、产品目录信息管理、产品目录系统运作——该系统提供了电子目录的关键内容,是电子商务的基础;最后,2002年以来负责GePS的运作。

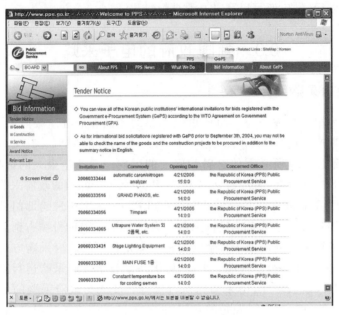

图8-9　PPS电子采购服务网页

但是随着地方自治和广泛分权的日益发展,PPS的管理发生了急剧的变化。特别是,当地许多公司迫切要求进行分散采购而不是委托PPS进行签约。自我采购商品和服务的需求也加强了对本地企业的利益保护,并加强了促进本地企业竞争力的发展。

开放政府采购市场的压力也有所增加。加入WTO政府采购协定(Government Procurement Agreement,GPA)后,对采购透明度和公平竞争的要求也在不断加强。同时,由于社会日益自由化,以及国民教育水平在不断提高,包括政府采购的透明度在内的行政管理等问题引起了人们更多的关注。此外,在公共采购服务中,除了质量和价格,选择的多样性和快速反应等方面也正日益变得重要。

信息通信技术的进步,包括互联网的发展,正促使私人采购机构利用电子商务。新的采购平台如电子市场和网上购物中心正在出现。在一些发达国家,私营采购机构已经开始代表政府开展生意。这种机构,与他们提供的各种服务、新的定价方法和高品质商品,正开始取代目前政府采购机构的功能。消费者们对这些新的选择感到兴奋,因为竞争正在拓宽他们的选择途径,他们可以从中选择最好的合同条款。

除了由新的技术所带来的机会外,采购的政治、社会和竞争环境的变化促使PPS必须引进GePS电子采购系统。

在1995年,通过拟订采购电子数据交换(Electronic Data Interchange,EDI)计划,PPS推出了电子采购的概念。1997年开始进行采购EDI项目试点。在网上购物中心购买商品,使用电子文档而不是大量的纸质文件,通过2000年电子招投标系统及2001年电子支付系统的实施,PPS开始把整个采购过程数字化。由于技术的不断变化,使用增值网

(Value-Added Network,VAN)的封闭 EDI 系统转变成为使用开放互联网、可扩展标记语言(Extensible Markup Language,XML)文档和数字签名的系统。

GePS 是作为一个政府性的项目而发起的,目的是把电子采购扩展到所有公共机构中。成立于 2001 年 2 月的电子政务总统委员会,已经在电子政务项目中选定了 11 项优先发展,电子采购是其中之一。自 2002 年 9 月推出以来,GePS 不断发展,2004 年应用了客户关系管理系统,2005 年发展到更加"无所不在的服务"。系统主要的里程碑事件如下:

1999 年:通过单击鼠标在网上商场采购商品成为可能。

2000 年:利用电子招投标系统,不管在家里还是办公室都能参与拍卖。

2001 年:建立了电子合同、担保和付款,从而实现了网上交易的整个过程。

2002 年:在 PPS 自身的电子采购服务知识和经验基础上,为所有公共采购机构建立 GePS。

2004 年:升级 PPS 的服务,用最便捷的方式(如客户关系管理系统,网络呼叫中心)为客户提供个性化的信息。

2005 年:建立了一个无处不在的电子采购环境,其中包括移动招投标系统。

8.3.3 韩国政府电子采购的模式

1. 电子采购系统的目标

作为韩国政府的电子采购系统,GePS 的目标是要建立一个唯一的采购门户网站,使整个采购过程都在线进行,从而提高采购效率和透明度。为此,制定了 3 个子目标。

第一,GePS 旨在通过一个唯一的窗口,为政府采购的供应商们提供一个简单界面。供应商不仅能够获得所有政府机构的招标信息,注册后还能够参与到招投标过程中,并实时监控进展情况。

第二,它欲发展为一个应用服务提供商(Application Service Provider,ASP),为采购活动提供一个标准的流程,从而政府机构自身无需为获取商品和服务再建立额外的系统,就能够访问 GePS 网站(www.g2b.co.kr)进行采购。换言之,GePS 的目的是充当一个整合各个独立采购窗口的综合性政府门户网站。

第三,在通用标准产品和服务分类(Universal Standard Products and Services Classification,UNSPSC)基础上,它还在推进标准化上做出努力,目的是与私营企业电子商务兼容,并遵守国际标准。为此,采用了产品分类系统,给政府机构和供应商分别分配不同的数字以示区分。此外,电子文档还要有适当的行政基准和开放的技术标准,从而鼓励各方广泛使用该系统,并促该系统与外部系统的连接更容易。

2. 电子采购系统的架构和模式

无论是对于集中政府采购还是分散政府采购,GePS 都提供有关的信息。它是一个公共的网上市场,一个单一的接入点就能让众多的卖家和买家同时见面,并进行一系列的电子商务活动。如图 8-10 所示是 GePS 系统架构。

GePS 的主要服务包括:①在要约、投标、合同、付款请求和后续管理方面帮助政府机构采购;②作为政府采购业务登记的一个服务点;③提供有关公司营业执照、国税完税凭证和资质的信息;④汇报合同履行情况;⑤发布采购有关的各项通知;⑥为 PPS 供应合同约定商品,进行网上购物中心的管理;⑦政府机构向 PPS 发送采购请求。

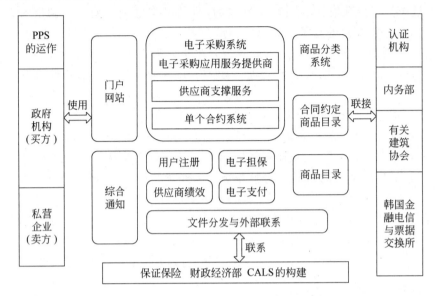

图 8-10　GePS 系统内外架构

GePS 是一个安全的、全国性的系统,该系统与 53 个其他职能部门如韩国内务部的系统连在一起,共享信息。韩国内务部全民政府系统(Government for Citizens System,G4C)负责提供纳税记录和必要的注册信息。全国财政信息系统(National Finance Information System,NAFIS)则提供政府机构的实时财政数据。此系统还连接了 6 家相关的建筑协会,以获得有关的合约投标信息;有 10 家担保公司也参与其中,接受合同担保;6 家注册认证机构协助对数字签名进行验证;韩国金融电信与票据交换所(the Korea Financial Telecommunications and Clearings Institute,KFTC)会同 15 家商业银行提供电子支付服务;韩国计算机院(National Computerization Agency,NCA)为加密电子招投标提供关键的公共基础设施。

GePS 需要提交的文件很少,因为营业执照、金融知识等信息在上面是共享的。此外,可以签订电子合同并通过网上银行付款。

通过 GePS 电子采购的一般的工作流程如图 8-11 所示,购买商品、服务或者设备,三者的采购过程略有不同。

3. 系统创新及过程

图 8-12 是 GePS 所带来的业务流程的变化。在过去,为了竞标,公司需要拜访分散在全国各地的机构,并向那些关心他们的投标资格的机构登记,并且在竞标和签约阶段还要提交同样的文件。为此,他们不得不花费大量时间阅读官方的公报和大量的报纸,以获得招投标信息,而且,频繁的面对面的交易更可能滋生腐败。

利用 GePS,整个采购过程通过互联网进行,注册的公司不需要任何私人拜访,就能够开展生意。他们不仅可以竞标和签订合同,而且还可以申请各种认证以及提交文件。数字

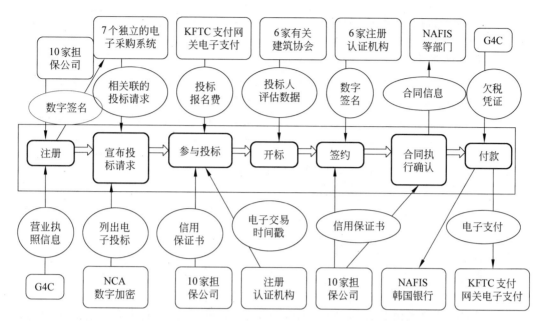

图 8-11　电子投标系统的工作流程及与其他系统的联系

图 8-12　工作过程的变化：GePS 应用前及 GePS 应用后

化、自动化处理以及实时的在线信息共享，增强了交易透明度，提高了公司的生产率，并极大地降低了交易成本。

2004 年，PPS 推出了客户管理系统（CRM），最初目标是"随时随地，以你想要的方式"。其目的旨在向每一个客户群体提供更加便捷的服务。在所有的公共机构中，PPS 首先建立了网络呼叫中心，通过电话回应、视频咨询、屏幕共享指导来提高服务质量。此外，通过自动搜索和不同分类目录的标准化，它构造了一个本体（使用词语和定义）系统。这使得每个人都很容易获得产品信息，从而推动了电子商务的发展。

2005 年，通过开通移动接入服务，人们能随时随地获得政府采购信息，并参与投标活动，"无处不在的电子采购"（ubiquitous e-procurement）得以实施。因此，即使那些正在活动中的人也可以进行电子招投标。

在 2005 年 6 月，采用射频识别技术（Radio Frequency Identification，RFID，俗称电子标签）的资产管理系统，使得人们可以随时在线查看在运或管理的产品情况。

8.3.4 韩国政府电子采购的绩效

1. 交易和使用情况

自从 GePS 推出以来,采购服务就很快移到网上进行,如 PPS 电子采购对整个采购服务贡献情况的数据所示。2005 年 1 月至 12 月期间,通过 GePS 进行采购的采购总额就达到 434 亿美元。电子投标占到投标总数的 92%。如表 8-1 所示,共有 140 779 个电子投标公告通过 GePS 电子化发布,总计有 1824 万人参与,交易额达 238 亿美元。

表 8-1 通过 GePS 进行的电子投标(2005 年)

	投标数量 (个)	参与人数 (千人)	交易额 (百万美元)
总计	140 779	18 240	23 800
每月	11 731	1520	1983
每日	469	61	79

表 8-2 表明政府机构 99.6% 的订单是通过电子商城达成的,其中合同有关条款都是 GePS 预先设定好的,只有 0.4% 的订单需要纸质文件。在应用 GePS 之后,电子订单比例从 2002 年的 81% 增加到 2005 年的 99.6%,平均每天有 2200 万美元的产品和服务通过电子市场订购。

表 8-2 GePS 网上购物中心(2005 年)

	定单 笔			交易额 百万美元		
	总计 (A)	GePS 电子市场 (B)	比率 (B/A,%)	总计 (A)	GePS 电子市场 (B)	比率 (B/A,%)
总计	506 999	505 055	99.6	6873	6762	98.4
每月	42 250	42 088	—	573	561	—
每日	1690	1684	—	22	22	—

截至 2005 年 12 月,共有来自于 29885 个政府机构的 53818 名用户及 136129 家私营企业的 164768 名用户在使用这个新的采购系统。该系统涉及的政府机构包括中央政府机关、地方政府机关、从小学到大学的各级教育机构,以及其他国有企业。

2. 财政影响

GePS 增强了政府采购的效率和透明度。由于交易过程的数字化和信息整合带来的影响,每年节省的交易成本达到 45 亿美元。尤其是由于时间和运输成本的下降,共节约了 90% 即大约 40 亿美元的营业费用。由于信息获取的便捷及旅行成本的降低,政府机构节省了 5 亿美元的费用。GePS 还实时提供信息,并扩大私人合同信息提供量。这促进了公平竞争,减少了企业与政府之间面对面的直接接触机会,因此极大地降低了腐败发生的可能性。

从技术角度而言,PPS 在 1997 年就采用了先进的文档交换标准。最初,电子采购系统利用 EDI 的优势——电子传输商业数据。后来,在 20 世纪 90 年代中期研发出 XML 之后,电子采购系统就把该标准扩展为安全交换交易业务数据（Neef，2001）的一个简化、经济实惠的解决方案。GePS 的电子文档是基于万维网联盟（the World Wide Web Consortium，W3C）的 XML Schema，以及电子商务可扩展标记语言（Electronic Business Extensible Markup Language,ebXML）的核心构件而开发的。微软公司的简单对象访问协议（Simple Object Access Protocol,SOAP）和 ebXML 文电服务规范（Message Service Specification，MSS）用于会话。此外，GePS 使用电子交易标准文档，这些文档在政府机构间共享。PPS 还参与了联合国贸易促进与电子商务中心（the United Nations Center for Trade Facilitation and Electronic Business，UN/CEFACT）ebXML 文档的全球标准化工作。

GePS 还对促进私营部门电子商务的发展做出了极大的贡献。尤其是它促使即使仅配备一台个人计算机和有互联网连接的中小企业（Small or Medium-sized Enterprises，SMEs）也可以去参与电子采购，从而增强了对电子商务的信心，并促使私营部门进一步、更广泛地进行在线活动。

同样，电子投标系统虽然包含一些敏感信息，但是利用公钥基础设施（Public Key Infrastructure,PKI），它运行得很成功。2001 年首先在电子采购系统中采用 PKI 以后，私营部门也开始使用数字签名进行在线购物和其他网上活动。

3. 国际荣誉

GePS 被公认为不仅是韩国领先的电子政府服务系统之一，而且还是世界上最先进的电子采购服务系统之一。2003 年它赢得了联合国公共服务奖（Public Service Award，PSA），在 2004 年《联合国全球电子政务准备报告》中被评为最佳做法。

2005 年 5 月，OECD 称赞 GePS 对私营部门信息通信技术的使用有很强的"提升效应"。最近，2006 年 5 月 WITSA 把它的全球 IT 优秀奖颁给了 PPS。

PPS 还持续参与了 UN/CEFACT——国际标准化组织电子采购标准化的工作。因此，PPS 的电子采购过程（注册→公开招标→投标/开标→中标）反映了联合国最初的业务标准。

PPS 还与其他国家分享其在电子采购方面的经验。2003—2005 年期间，PPS 参加了一系列的国际研讨会，并接待了许多对此系统有浓厚兴趣的外国官员。通过这些国际合作活动，PPS 在宣传电子采购的国际事务中发挥了重要作用。

8.3.5 关键成功因素

电子采购成功运用的关键成功因素包括如下几方面：政府高层的领导和关注；国家的信息技术实力；为推进 GePS 进行的协调和支持工作；有关法律的修订；以及其他政府部门的合作。

1. 政府高层的领导和关注

GePS 成功应用的最重要的因素在于得到总统 IT 项目办公室的大力支持。在 GePS 实施期间，总统金大中（韩国第 15 任总统，任期 1998—2003 年）经常表现出他对电子政务的特别关注。在他的就职演讲中，他肯定了 IT 时代的来临，并建议把风险资本作为克服经济危机的关键。在他任职初期，他在这个领域展现出了强有力的领导才能。此后，当韩国第 16 任总统卢武铉上任后，也对此表现出浓厚的兴趣和支持，并挑选出 31 项作为他在任期间要完成的关键任务。

改革的紧迫性和政府强有力的领导为 GePS 奠定了基础。即使在韩国经济大面积的低迷时,韩国 IT 业却在高速发展。此外,政府改革的内外要求促使总统支持电子政务计划。为回应民间组织及外国投资者,政府开展了一些政府改革计划,旨在精简政府、促进私有化、政府重组及数字化。这些计划由建于 2000 年的政府创新总统委员会(Presidential Commission on Government Innovation,PCGI)执行。在 PCGI 领导下,2001 年 1 月成立了电子政务专委会。在此期间,电子政务项目仍然是韩国政府改革计划的支柱。

从 1999 年、2000 年、2001 年 3 个财政年度国家预算的变化中可以很明显看出来,优先发展信息化项目和电子政务项目。在 2000 年、2001 年两个财政年度,年度预算费用大约增加了 10%,而信息化和电子政务项目的预算增加得更快,如表 8-3 所示。

2. 国家信息技术实力

国家先进的信息技术实力也促成了 GePS 的成功开发。在 20 世纪 80 年代中期,从国家基础信息系统包括全国金融、车辆登记和其他公众信息数据库的完成开始,韩国发起了电子政务项目。自 20 世纪 90 年代开始,《信息化促进框架法》试图升级电信基础设施,在全国范围内构建高速网络。正如前面所指出的,韩国从 1997 年以来一直处于经济危机中,为了刺激经济的发展,前总统金大中非常支持 IT 产业,并出台了"CyberKorea21"(面向 21 世纪网上韩国)国家计划。到 2001 年底,一个横跨 144 个地区,使用 155Mbps～40Gbps 带宽的线缆、覆盖全国的网络已经建成。结果,到 2002 年 6 月,有 2565 万的韩国民众在使用互联网,这占到了韩国 6 岁以上人口的 60%。截至 2002 年 10 月,超过 1000 万户家庭装有 ADSL 宽带(Asynchronous Digital Subscriber Line,非对称数字用户线路),该项数字韩国排名世界前 5 位。

表 8-3　财政预算及其变化

财政年度		1998 年	1999 年	2000 年	2001 年	2002 年
电子政务项目	预算(百万美元)	223	271	333	420	489
	变化(%)	—	21.3	23.0	25.9	16.6
总计	预算(百万美元)	90283	98065	106087	119418	124966
	变化(%)	—	8.6	8.2	12.6	4.6

备注:
① 项目预算总额是普通账户预算额与专用账户预算额之和
② 总预算是普通账户预算额与专用账户预算额之和再减去账户间的往来。截至 2003 年,韩国中央政府共有 1 个普通账户,22 个专用账户,以及 48 个公共基金账户(专用)

不论是硬件还是软件,电子采购的技术方案都需要先进 IT 技术支撑。如果一国的企业或政府机构并不具有这样的实力,那么,电子政务项目包括电子采购系统的技术方案就需要从国外获得。尽管韩国是一个发展中国家,但却一直在向外出口包括半导体、手机及汽车在内的高科技产品。韩国本国的 IT 产业发展迅速,成为电子政务项目的强有力支撑。

电子采购系统要求安全、高效率和有效。韩国的 GePS 采用世界高科技设备标准,已经解决了不计其数的技术难题。例如,为了保证安全性,GePS 使用了入侵侦测系统(Intrusion Detection Systems,IDS)——一个包含防火墙的入侵探测系统。而对于授权问题,GePS 采用了 PKI 技术,该技术使用授权认证和加密算法。对于 GePS 中的商品信息和代码管理,PPS 引进了联合国标准产品服务分类代码(the United Nations' Standard Products and Services Code,UNSPSC),此代码目前还在全世界广泛使用。

GePS 的内在功能与韩国其他公司及政府部门的外部系统和基础设施之间的匹配非常重要。例如,像企业部门的数据库系统和电子支付系统这样的先进系统是有必要的。韩国广泛的 IT 技术实力被证明是 GePS 成功背后的关键因素之一。

3. 各方的协调和支持

GePS 是一个连接了 53 个公共及私人机构外部系统的复杂系统。因此,各部门之间的协调和支持非常关键。尽管 PPS 已经参与到电子投标系统和电子市场系统的开发中,但是电子采购系统的开发并不只是由 PPS 承担,理解这一点非常重要。在 2001 年 4 月到 2002 年 1 月的第一阶段中,共有 9 个部门参与设计和开发电子采购系统,包括计划预算部(Ministry of Planning and Budget,MPB)、信息通信部(Ministry of Information and Communication,MIC)、产业资源部(Ministry of Industry and Resource,MIR)以及 PPS。这个团队命名为促进 G2B(Government-to-Business,政府对企业类型电子商务)交易特别工作组,由计划预算部下政府改革组主任发起。

该工作组由一个私营企业担任采购过程业务流程重组(Business Process Reengineering,BPR)和确立互联网服务提供商(Internet Service Providers,ISPs)的顾问。此外,该工作组还举办了多次会议,广泛听取政府机构、供应商、商业协会和团体的意见。在 2002 年 1 月到 12 月的第 2 阶段中,在政府机构和私营企业联盟的支持下,由 PPS 负责系统开发。然而开发需要的资源,并非来源于 PPS,而是来源于由计划预算部管理的信息通信部的专用基金。

对于这样一个互连系统的成功应用,各部门间的关系尤其至关重要,因为系统的开发是由多方发起的,新系统的收益也不局限于一个部门。那么谁来负责各部门之间关系的协调并得到各方的支持呢?GePS 是计划预算部和信息通信部主持的一个政府改革项目。此外,GePS 要求绝大多数政府机构同意使用 PPS 的电子采购系统。由于韩国的行政更加趋向于"以总统为中心",因此由总统办公室协调整个项目。

GePS 是选取的 11 项优先发展的电子政务工程之一,由政府创新总统委员会下的电子政务特别委员会领导。该委员会的主要任务是促进各部门间电子政务项目中问题的协调。对于处理部门间的有关问题,有一个特别的指导方针,旨在将他们整合成为一个政府范围内的唯一工作组(电子政务特别委员会)。此委员会负责参与 GePS 开发的各机构间的协调工作。

在总统和特别委员会的强有力支持下,PPS 得到了参与各方的一致合作。对于其他的 10 项工程如政府对消费者(Government-to-Consumer)的 G4C 工程、NAFIS、电子文档、电子签名及政府计算机网络工程等,GePS 也欣然得到了各方参与机构的支持。很明显,电子采购系统是与其他电子政务工程分开开发的,因此它也会面临更大的阻碍。

4. 法律变化及和相关政府部门的合作

G2B 系统不仅需要技术基础设施的支持,还要有立法的保障。韩国制定并修订了很多电子商务相关法律如《电子商务框架法》(*the Framework Act on Electronic Commerce*,1999年制定,2001 年第 1 次修订,2005 年第 2 次修订)、《数字签名法》(*Digital Signature Act*,1999,2001 及 2005)、《电子商务消费者保护法》(*Act on Protection of Consumers in Electronic Commerce*,2002 及 2005)、《信息、通信网络使用和信息保护促进法》(*Act on Promotion of Information and Communication Network Utilization and Information Protection*,1999,2000,2001,2004 及 2005)及其他更多有关法律。

除了基本的法律框架,政府在修订和修改电子采购相关法律方面也做出了努力。国家合同法的很多地方也为电子采购而进行了修改,如招标公告、招标结果公布、合同结果报告、标书提交、支付等。

既然 GePS 需要与其他政府部门合作,为推动 GePS 的广泛使用,修订有关规章制度和法律,不可避免会遇到很多困难。其中最具有挑战性的莫过于把此系统与 50 多个外部系统相连,因为需要确定和评估各个机构的用户请求。为克服这些困难,在计划预算部下专门成立了一个促进 GePS 工作组。相关政府部门代表在出席的会议上表达了这样的关注,并确立了通过建筑协会、标准化协会与其他有关机构协商建立该系统的方向。为了鼓励政府机构的积极参与和私人机构的密切合作,举行了一系列的研讨会、公开听证会及咨询委员会,收集各方面的意见和看法。

做出这种努力是因为 GePS 是首个政府范围内实施的系统之一,对之投入时间和精力也有助于克服其他后来项目的困难。例如,为解决商业银行支付转账手续费的问题,PPS、韩国金融电信与票据交换所(Korea Financial Telecommunications and Clearings Institute,KFTC)及一些商业银行之前已经举行了几轮会谈,但并未达成一致意见。自此以后,在计划预算部及 G2B 促进会的参与下,该问题上升成为一个高级会议。特别委员会的高官、有关政府部门、地方自治机构和韩国金融电信与票据交换所汇聚一堂,成功确立了系统开发的方向。其中,由 60 个机构和一个检查组组成的 G2B 促进会,提出了很多建议;特别是在系统分析和测试方面,该检查组发挥了重要作用。

8.4 实 践 训 练

结合本章 3 个案例的业务操作流程介绍,尝试在互联网上寻找其他政府采购与企业采购的相关网站与平台,了解他们的运行机制,并总结这些网站的特点和对业务流程的影响。

本章小结

本章首先分析了基于买家的 B2B 网络贸易的几种主要模式,并分别以海尔集团、新飞电器和韩国政府采购网等 3 个平台为例,从基本情况、发展战略、商务模式和主要业务流程等方面,进行了详细的分析。

思考题

1. 海尔集团为什么要实施电子采购？其网络采购平台的应用给企业带来了哪些好处？
2. 新飞电器的网络采购平台有什么特点？对其他企业有什么借鉴意义？
3. 韩国政府的电子采购与传统采购模式相比较有哪些优势？

作　业

1. 请总结海尔集团、新飞电器以及韩国政府的电子采购模式并比较其异同。
2. 尝试为某大型生产企业设计一个可行的网络采购方案。

参考文献

[1] 陈德人. 中国电子商务案例精选(2008年版). 北京：高等教育出版社，2008.
[2] 李在奎，等. 电子商务典型案例——亚洲篇. 北京：机械工业出版社，2009.
[3] 海尔集团网站：http://www.haier.com/.
[4] 海尔供应商管理平台：http://www.ihaier.com/.
[5] 新飞电器网站：http://www.xinfei.com.

第 9 章　基于第三方平台的 B2B 贸易模式

学习目标

(1) 了解基于第三方平台的 B2B 贸易模式基本情况。
(2) 通过阿里巴巴案例分析,了解综合 B2B 模式的网络贸易情况。
(3) 通过网盛生意宝案例分析,了解"小门户＋联盟"模式的网络贸易情况。
(4) 通过中华粮网案例分析,了解行业 B2B 模式的网络贸易情况。

开 篇 导 读

基于第三方平台的电子商务有力地推动了中小企业电子商务进程。IDC 数据表明,2009 年中国基于第三方平台的 B2B 贸易额达到 8326 亿元,约占 B2B 电子商务整体交易额的 40%。随着基于第三方平台贸易服务的完善和出口贸易的复苏,IDC 预计到 2013 年,基于第三方平台的 B2B 贸易额将接近 28000 亿元,占据 B2B 电子商务交易额的半壁江山,如图 9-1 所示。

图 9-1　中国第三方 B2B 电子商务平台交易额(2007—2013 年)

目前众多基于第三方平台的 B2B 贸易网站中,按其特点大致可分为综合 B2B 模式、行业 B2B 模式和"小门户＋联盟"模式等。其中的综合 B2B 模式和行业 B2B 模式在 B2B 贸易中出现时间较长,发展模式也相对成熟;"小门户＋联盟"模式则是近年来电子商务贸易模式的一种创新。

综合 B2B 模式以阿里巴巴、慧聪网、中国制造网、环球资源等网站为代表,这类模式的特征表现为内容综合、覆盖面广,涉及各行各业;但也存在由于大而全引起的在个别行业信息掌握上容易出现不全面。

行业 B2B 模式是服务商最多的一种模式,以中国化工网、中国服装网、我的钢铁网等为典型代表,包括国内三千多家网站在内的行业 B2B 网站多采用以"会员+广告"为基础的盈利模式。这类模式特征表现为专业性强。相比综合 B2B 网站,在内容与服务上比较专业、灵活和有深度,在传播方面,受众传播更为精准。

"小门户+联盟"模式以生意宝、中搜行业中国等新一代 B2B 网站为代表,这类模式的主要特征表现为将行业网站和综合 B2B 网站进行优势互补,劣势抵消。将出现的信息孤岛用联盟的方式进行整合,在合作中实现各行业网站的价值最大化。

9.1 综合 B2B 模式的阿里巴巴

9.1.1 公司基本情况

阿里巴巴集团致力为全球所有人创造便捷的网上交易渠道,提供多元化的互联网业务,包括 B2B 国际贸易、网上零售和支付平台,及以数据为中心的云计算服务。阿里巴巴集团由中国互联网先锋马云于 1999 年创立,现服务来自超过 240 个国家和地区的互联网用户,在大中华地区、日本、韩国、英国及美国等地超过 60 个城市中有员工 18 000 人。

阿里巴巴集团旗下共有 5 个子公司:阿里巴巴 B2B 平台、淘宝网、支付宝、中国雅虎、阿里云计算,运营的网站包括:阿里巴巴中文网站(China.alibaba.com)、阿里巴巴国际网站(Alibaba.com)、淘宝网(Taobao.com)、支付宝网站(Alipay.com)、中国雅虎网站(Yahoo.com.cn)和阿里云计算(alisoft.com)等网站。

阿里巴巴作为全球企业间(B2B)电子商务的著名品牌,是全球国际贸易领域内领先的、最活跃的网上交易市场和商人社区,阿里巴巴公司通过旗下 3 个交易市场协助世界各地数以百万计的买家和供货商从事网上生意。3 个网上交易市场包括:集中服务全球进出口商的国际交易市场(www.alibaba.com)、集中国内贸易的中国交易市场(www.alibaba.com.cn),以及透过一家联营公司经营、促进日本外销及内销的日本交易市场(www.alibaba.co.jp)。3 个交易市场形成一个拥有来自 240 多个国家和地区超过 4770 万名注册用户,付费会员近 62 万的网上社区。根据阿里巴巴网络有限公司发布的 2009 年第四季度及全年业绩报告,2009 年全年营业收入增长 29.0%,达到 38.75 亿元。阿里巴巴也通过"阿里软件"品牌向中国各地的小企业提供商务管理软件解决方案,并通过阿里教育科技有限公司为国内中小企业培育电子商务人才。阿里巴巴创立于中国杭州市,在大中华地区、日本、韩国、欧洲和美国设有共 50 多个办事处。

阿里巴巴在 2009 年重点投资客户、技术基础设施和人员培训,这不仅帮助中小企业抵御了不利经济环境,而且实现了营业收入的稳健发展。阿里巴巴 2009 年财务报告显示,2009 年其投资活动所耗现金净额为人民币 12.2 亿元,其中包括支付收购阿里软件及中国万网所付款项人民币 4.1 亿元。事实上,阿里巴巴投资客户、技术基础设施和员工等方面,在降低电子商务门槛、帮助中小企业抵御经济危机的同时,自身实力也得到加强。2009 年阿里巴巴国际交易市场的注册用户全年共增加 360 多万,增幅达 46.3%,平均每个季度的用户增长达 90 万,目前共有 1158 万名注册用户;企业商铺数量增加 45%,达到 140 多万个。2008 年底推出的出口通也成为阿里巴巴 2009 年付费用户增长的新引擎。2009 年报告显示,仅第四季度,其净增 11 242 名,环比增长 13.2%;全年净增加 5.3 万名,同比增长

123.4%,达到9.6万名。

2010年,阿里巴巴将更加积极投资于服务,以满足不断增长的客户未来10年的需要。阿里巴巴在2010年将投资发展后台服务系统,进一步提高客户满意度及服务效率,更贴心地照顾客户,解决客户的难题,为客户创造更多价值。杰出的成绩使阿里巴巴受到各界人士的关注。WTO首任总干事萨瑟兰出任阿里巴巴顾问,美国商务部、日本经济产业省、欧洲中小企业联合会等政府和民间机构均向本地企业推荐阿里巴巴。阿里巴巴两次入选哈佛大学商学MBA案例,在美国学术界掀起研究热潮;连续6次被美国权威财经杂志《福布斯》选为全球最佳B2B站点之一;多次被相关机构评为全球最受欢迎的B2B网站、中国商务类优秀网站、中国百家优秀网站、中国最佳贸易网;被国内外媒体、硅谷和国外风险投资家誉为与Yahoo、Amazon、eBay、AOL比肩的5大互联网商务流派代表之一。阿里巴巴创始人、首席执行官马云被著名的"世界经济论坛"选为"未来领袖"、被美国亚洲商业协会选为"商业领袖",是50年来第一位成为《福布斯》封面人物的中国企业家,并曾多次应邀为麻省理工学院、沃顿商学院、哈佛大学等全球著名高等学府讲学。

9.1.2 商务模式

中国市场经济建立时间不长,市场经济环境发育不全,99%的企业都是中小企业,市场经济环境与美国等发达国家迥然不同,中国发展电子商务应以中小企业服务为主。因此,帮助中国企业出口,让国外企业进入中国,积极发展以国内中小企业和民营经济为核心的电子商务模式,"让天下没有难做的生意"成为阿里巴巴创立之初的使命。

阿里巴巴B2B事业部的电子商务业务发展主要集中于B2B的信息流,即电子商务信息服务的平台服务提供商。实行会员制度,提供"诚信通会员"和"中国供应商会员"有偿服务。会员企业通过网站阅读行业新闻,了解行业市场动态,及时掌握供求情况,查询和发布供求信息;会员采购商和供应商通过阿里巴巴网站进行自由供需对接,达成企业间的合作和贸易。阿里巴巴作为平台提供者不介入会员企业间的交易行为。

1. "中国供应商"服务

"中国供应商"服务是阿里巴巴网络有限公司的主要产品,它是基于全球浏览量第一的商贸网站,为出口企业提供的向海外买家展示企业和产品的外贸推广服务。通过全方位海外推广,让出口企业轻松接轨全球市场。其提供的主要服务有:提供专业企业商务网站,帮助企业全面展示产品及公司信息,更好地吸引全球买家的眼球;对企业进行第三方身份审核,确保企业的真实性,更好地帮助买家找到值得信赖的供应商;提供排名优先服务,帮助企业提升产品显示率,抢占市场制高点;提供客户管理系统MY Alibaba,轻松实现外贸信息一体化管理;通过海外分支机构组织参加国际展会,向与会买家派发光盘手册和产品目录,帮助企业实现线下展会和线上电子商务的一体化推广;提供外贸及电子商务实战培训服务,帮助企业提升外贸人员的电子商务实战及外贸能力;在国内开展会员俱乐部活动,帮助出口企业共享外贸管理经验,共图发展。

从"中国供应商"会员收取增值服务费是阿里巴巴公司收入的主要来源。阿里巴巴向"中国供应商"会员主要提供以下服务:

(1) 设立基于阿里巴巴英文站点的"中国供应商"专用域名,建立专业商务网站,展示企业产品信息和形象。

(2) 对企业进行第三方权威资信认证,建立企业网上诚信服务。

(3) 提供排名优先服务,包括英文站点行业浏览、搜索排名优先。

(4) 提供供应商客户管理系统 Supplier CRM,便于会员企业管理国际贸易往来。

(5) 为"中国供应商"会员提供网上贸易专家指导服务。

(6) 提供外贸及电子商务等会员培训服务。

(7) 在国内开展会员俱乐部活动,交流电子商务经验。

(8) 通过海外分支机构组织参加国际展会,向与会买家派发光盘手册和产品目录。

目前,阿里巴巴"中国供应商"销售网点主要集中在中国内地;国际买家主要分布在亚洲和北美洲和欧洲。

2. "诚信通"服务

诚信通营造了电子商务信任文化,通过第三方认证、证书及荣誉、阿里巴巴活动记录、资信参考人、会员评价等5个方面,来审核申请"诚信通"服务的商家诚信。这一理念的创新解决了网络商家之间的信任问题。该计划实施的结果显示,诚信通会员的成交率有极大提高。另外,诸如 ISO 体系等行业认证也成为诚信通会员的重要资质,并且阿里巴巴会用优先排名、向其他客户推荐等方式,来奖励那些诚信记录良好的用户。阿里巴巴除了每年向诚信通会员收取一定的服务费用外,还针对商家希望自己的商品在搜索中排在第一位的心理,推出了"网销宝"的收费服务。企业通过"网销宝"提高关键词排名,让自己的产品在众多的商品中排名靠前,从而获得更多的商业机会。据统计,有85%的买家和92%的卖家会优先考虑与诚信通会员合作,诚信通会员的成交率也是普通会员的7倍。

3. "支付宝"服务

支付宝作为安全的电子支付工具,较好地解决了电子商务支付环节的安全问题。2004年12月,支付宝网站(www.alipay.com)正式发布,推出支付宝账户系统。与国内银行进行合作,解决电子商务交易安全问题。支付宝主要解决网上小宗交易的支付问题。买家确定购物后,先将货款汇到支付宝,支付宝确认收款后通知卖家发货,买家收货并确认满意后,支付宝汇款给卖家完成交易。在交易过程中,支付宝作为诚信中立的第三方机构,起保障货款安全及维护买卖双方利益的作用。2005年2月,支付宝推出了"全额赔付"制度,2005年6月,支付宝宣布开通网站联盟,为加盟网站提网上安全支付服务。2009年7月,支付宝用户数突破2亿大关,超过全球最大的电子支付平台 PAYPAL。同时,到2009年12月,支付宝的日均交易额已超过12亿人民币。

目前,支付宝已经和国内的中国工商银行、中国建设银行、中国农业银行和中国招商银行,国际的 VISA 国际组织等金融机构建立了战略合作关系。

9.1.3 公司经济效益和社会效益

1. 经济效益

在宏观经济波动背景下,阿里巴巴延续增长势头,全球注册用户超过4770万。其中,国内及国际两个交易市场付费会员人数取得增长,截至2009年12月31日,阿里巴巴共有615 212

名付费会员,同比增长42.4%,这意味着,2009年付费会员激增18万余人。由于付费会员人数的增加,阿里巴巴2009年总营业收入同比增长29%,达到38.75亿元,净利润10.13亿元,虽然同比减少12.3%,但其主要原因是由于公司为未来的发展而对客户、员工及技术做出的投资而导致利润减少。

阿里巴巴的经济效益主要来自增值服务。阿里巴巴的会员注册实行免费制度,在获得信息的汇聚以后主要是通过对会员的增值服务产生盈利(如表9-1所示)。阿里巴巴的盈利栏目主要是:诚信通会员、"中国供应商"会员、关键字竞价、库存拍卖,前两者是阿里巴巴的主要盈利点。

表9-1 会员的分类和所提供服务(根据阿里巴巴网站数据统计)

服务类别		内容
基本服务	买家服务	搜索和浏览供应信息:截至2005年7月,每日有超过55万条的商机让买家可以搜索
		在线反馈和洽谈:通过阿里巴巴提供的在线贸易洽谈和客户管理工具"贸易通"可以随时在线与供应商洽谈
		发布求购信息:买家可以发布求购信息,等供应商联系
	卖家服务	发布供应信息:供应商可以发布图文并茂的供应信息
		搜索和浏览求购信息:供应商可以获取采购商机,诚信通会员可以无限制优先独享采购信息
		在线反馈和洽谈
增值服务	诚信通会员服务	诚信认证
		提供网上商铺,全面展示产品
		独享采购信息
		发布产品信息、新建网络销售渠道
		竞价排名服务
		库存拍卖服务
	中国供应商会员服务	基于阿里巴巴英文网站的向海外展示及推广企业和产品的收费会员服务

(1) 诚信通会员服务

这是阿里巴巴在2002年3月10日推出的一项重要的收费会员服务。这项服务的内容是对会员加以企业身份认证。通过企业身份认证的会员在交纳不等的年费之后将享受企业认证、网上商铺、产品展示和发布供求关系等多种服务。

(2) "中国供应商"会员服务

基于阿里巴巴英文网站向海外展示及推广企业和产品的收费会员服务。其中,最基本标准"中国供应商"服务价格,也与高级"中国供应商"服务价格有较大差异。

(3) 竞价排名服务

针对诚信通会员推出的一项增值服务。服务内容是,如果诚信通会员希望自己发布的供应信息排名在搜索结果页面的前3位，必须支付不等的费用，具体的费用金额由会员通过竞价产生。

（4）库存拍卖服务

针对诚信通会员提供的库存拍卖变现的增值服务。诚信通会员可以将自己的库存产品以在线拍卖的形式获得买家订单，并且通过阿里巴巴提供的"支付宝"结算。

2. 社会效益

阿里巴巴以信息服务平台开创的B2B模式在过去的5年中，用电子商务整合传统产业，创立了自己的品牌；其模式已经逐渐得到了社会的承认，为自己赢得了诸多的荣誉，在国内和国际产生了一定的社会影响。

1）为中小企业赢得了新的发展空间

阿里巴巴的B2B电子商务的发展，给中国部分中小企业带来新的发展空间。会员企业通过公司网站了解到国内外市场变化，及时调整生产和生产物资采购，有助于降低企业生产成本，增强企业的竞争力。中国企业借助阿里巴巴信息服务平台展示、推广产品，打破了传统交易会上受时间、空间和流通渠道的限制，其交易对象也呈国际化分布。

中小企业在引入新的电子商务运行时也带来了企业内部规模、组织结构和人员的变化，特别是电子商务和外贸的从业人员比例也有所增长。

2）创立诚信体系，建立商业信用

2001年，阿里巴巴联手全国工商联、国务院发展研究中心等部门共同发起倡议，在中国设立"9·19"诚信日。2002年，阿里巴巴创造性地推出"诚信通"产品，提供对阿里巴巴会员企业和淘宝网商的认证服务，进行了网上诚信社区的建设，推动阿里巴巴网上商业信用的建立。

3）服务经济社会发展，提供就业机会

通过对数千万商人经验的分享和培训，赋予他们开展电子商务的能力，形成中国特有的重要经济力量——网商群体；而阿里巴巴网站和淘宝网提供的就业机会也成为阿里巴巴服务社会的重要标志。

9.1.4 发展特点

1. 突出诚信目标，建立监管体系

通过诚信通服务来建立阿里巴巴网上信用。阿里巴巴的"诚信通"服务是一个交互式网上信用管理体系，将建立信用与展示产品相结合，针对不同会员，采取不同的措施推进诚信的确立，从传统的第三方资信认证、合作商的反馈和评价、企业在阿里巴巴的活动记录等多方面，记录并展现企业在电子商务中的实践和活动。

1）免费会员

对于阿里巴巴的免费会员，主要是采用事前和事后两种监督方法。由阿里巴巴信息编审部门、诚信社区和服务人员对可疑信息进行盘查处理。

2）诚信通会员

诚信通会员的信用情况主要通过企业身份认证（阿里巴巴委托新华信、华夏第三方专业认证公司进行）、证书及荣誉、会员评价、经验值的几个方面体现。同时，通过诚信通指数把上述值量化，供浏览者参考。阿里巴巴不直接介入会员之间的贸易纠纷或者法律事务，通过提供评价体系以及社区的一套投诉和监督系统来约束所有诚信通会员的行为。

3)"中国供应商"会员

阿里巴巴委托华夏国际企业信用咨询有限公司对"中国供应商"会员提供 A&V 信用认证。2005 年以前公司委托邓白氏国际信息咨询有限公司为"中国供应商"会员提供对国外企业的信用调查服务,2005 年改由奥美资讯提供。

2. 以客户为第一,以服务取胜

阿里巴巴以方便客户、为客户盈利为目标作为取舍、衡量公司业务的标准;提供了各项增值服务,降低企业在交易中的难度;为缩减买卖双方的沟通周期推出了贸易沟通软件工具"贸易通"和"Trade Manager",内嵌和集成了多项网上功能。据统计,网上会员近 50% 通过相互介绍得知阿里巴巴并使用该平台;各行业会员通过阿里巴巴商务平台双方达成合作者占总会员比例近 50%。

3. 创立阿里学院,培养电子商务人才

2004 年 9 月 10 日,阿里巴巴创立阿里学院,学院秉承"把电子商务还给商人"的目标,全心致力于电子商务人才培养,立志服务千万网商及高校学子。在不断探索与实践中逐步形成了在线培训、现场授课和培训认证三位一体的教学模式。阿里学院总部设在杭州,并在广州、上海、青岛等 14 个城市设有分部。

近年来,阿里学院对阿里巴巴近千万企业会员多年商战中积累的经验进行了研究、总结和加工,设计成适合中小型企业的电子商务管理和实战课程,帮助更多企业走上电子商务之路、更好地应用电子商务。不仅如此,阿里学院还与国内著名高校合作,编写出版了一批有关电子商务的专业教材、书籍,填补了国内高校电子商务教材中本土案例的空白。

2009 年 10 月,在阿里学院基础上正式成立阿里巴巴(中国)教育科技有限公司,大举进入教育培训市场,把电子商务的产业链扩张到人才培训领域。阿里巴巴教育科技公司隶属阿里巴巴上市公司,其收入最后将纳入阿里巴巴上市公司报表。

根据艾瑞咨询发布的《中国电子商务从业人员职业发展及薪酬研究报告》显示,中国企业的电子商务用人需求增长趋势明显,2008 年中国企业新增电子商务用人需求超过 230 万,但目前人才满足率未到一半,仅达到 41%,存在至少 100 万以上的电子商务人才缺口。新的阿里巴巴教育科技有限公司的主要培训方向并未偏离阿里巴巴所擅长的电子商务领域,依然是为了培训电子商务人才设立的。

9.1.5 公司业务流程操作

1. 网站基本功能介绍

阿里巴巴网络中国站(china.alibaba.com)提供了买家服务、卖家服务、诚信通服务、商务工具、社区和帮助等功能(如图 9-2 所示)。阿里巴巴网络国际站(www.alibaba.com)所具有的功能也基本相似。其中,中国站的有关功能介绍如下:

(1) 买家服务:找产品、商机快递、发布求购信息、导购资讯、阿里贷款、找供应商、收藏夹、进货单、买卖速配。

(2) 卖家服务:发布供应信息、发布公司介绍、搜索排行榜、企业活跃排行榜、展会快搜、找买家、商机快递、阿里贷款、大买家采购、出口服务。

（3）诚信通服务：诚信通、网商培训、网销宝、移动秘书、商机参谋、资质认证、旺铺（企业网站）、黄金展位、物流配送、诚信保障服务。

（4）商务工具：阿里助手、阿里工具条、价格行情、阿里旺旺、支付宝、一路发。

（5）社区功能：商人论坛、商圈、博客、人脉通、财富值商城、视频。

（6）帮助功能：客服中心、生意经、阿里学院、交易安全、新手上路、志愿者服务。

图 9-2　阿里巴巴网络中国站

2. 买家业务流程及操作

在买家业务流程中主要包括寻找供应商、发布商品求购信息和网上谈生意 3 类业务，其有关操作说明如下。

1）寻找供应商

其基本流程为：搜索产品——挑选产品——查看公司信息——其他便捷途径。

其中，首先输入想要找的产品关键词，或切换至公司输入想要找的产品或公司关键词。同时，通过按类目选择产品属性及快速筛选，组合使用，精确筛选，缩小查找范围。如果对初步筛选的几个产品感兴趣，可进行批量询价或比较。紧接着，通过进入该产品公司企业网站，对公司基本情况进行摸底，在了解情况的基础上去找供应商联系（如图 9-3 所示）。

阿里巴巴的特色市场也是寻找供应商的一个渠道。服装服饰批发市场、小商品批发、加工市场和创业加盟都是阿里巴巴的特色市场，可从服装服饰批发进入下一步，进入服装服饰批发频道后，可以在推荐优质供应商中寻找所需要的产品。

2）发布商品求购信息

其基本流程为：注册会员——登录阿里助手——选择发布类型——填写产品资料——发布成功。

图 9-3 寻找合适产品的供应商

首先需要进行免费注册(如图 9-4 所示),在填写有关信息后,认真阅读有关服务条款,提交注册信息,注册信息后,选择会员服务类型,可以是普通会员,也可以是诚信通会员。诚信通会员,可以享受更多特权和增值服务。

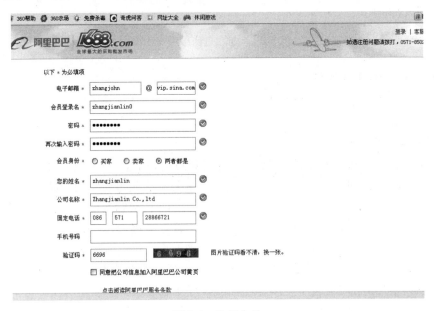

图 9-4 注册会员

同时,通过阿里助手,发布产品求购信息,并通过"浏览自选类目"或"快速查找类目"的方式将产品归类,有助于更迅速地找到产品;最后,填写产品求购信息,同意协议条款,进行发布(如图9-5所示)。

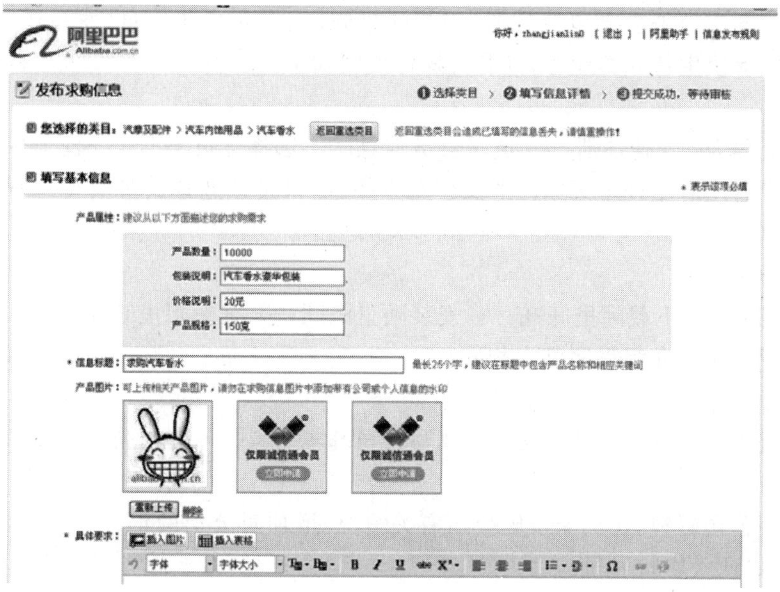

图9-5 产品求购信息发布

3) 网上谈生意

其基本流程为:下载阿里旺旺——安装阿里旺旺——登录阿里旺旺——网上洽谈。

其中,阿里旺旺可在网站上直接寻找并下载、安装,同时可以注册的会员用户名进行登录,通过阿里旺旺进行网上洽谈(如图9-6所示)。

图9-6 使用阿里旺旺洽谈生意

3. 卖家业务流程及操作

在卖家业务流程中主要包括注册、安装阿里旺旺、发布公司信息、发布产品供应信息、寻找买家和网上谈生意5类业务,其有关操作说明如下。

1) 注册

其基本流程为:快速注册——填写会员信息——选择会员类型——注册成功。

卖家会员的注册流程与买家注册操作基本一致,只是在选择会员类型过程中会有微小差异,程序简单、快捷。

2) 安装阿里旺旺

其基本流程为:下载阿里旺旺——安装阿里旺旺——登录阿里旺旺。

与买家业务流程介绍程序基本相同。

3) 发布公司信息

其基本流程为:登录阿里旺旺——填写公司基本资料——填写公司详细资料——发布成功。

通过填写公司资料,让买家了解公司有关情况,增加对公司的信任感,同时也是发布信息的必填项,以便于审核通过。

4) 发布产品供应信息

其基本流程为:登录阿里旺旺——发布供求信息——选择发布类型——填写产品资料——发布成功。

寻求商机是卖家上网的最基本动机,通过发布产品供应信息(如图9-7所示),可有助于买家找到公司的产品,以便取得联系,把握商机,促成交易。

图9-7 发布产品供应信息

5）寻找买家

其基本流程为：搜索买家——挑选商机。

借助于网上交易平台和阿里助手（如图9-8所示），实现大量的买卖双方聚集交流，实现一站式交易，降低交易成本。

图 9-8　通过订阅供求信息挑选商机

6）网上谈生意

其基本流程为：在线洽谈——查看详细信息——填写报价单——报价成功。

网上洽谈可以很大限度地节省成本，同时将大大缩短时间，有利于提高交易效率。

9.2　"小门户+联盟"模式的网盛生意宝

9.2.1　公司简介

浙江网盛生意宝股份有限公司（以下简称网盛生意宝）是一家专业从事互联网信息服务、电子商务、专业搜索引擎和企业应用软件开发的高新企业。公司总部位于"电子商务之都"杭州，从行业B2B起家，目前已发展成为国内最大的专业电子商务运营商和全球领先的综合B2B电子商务运营商。

网盛生意宝现有员工一千余人，98%为大学本科以上学历，拥有一支由博士、硕士、学士组成的层次合理的运营团队，并先后在北京、上海、广州、南京、沈阳、济南、成都及韩国首尔、美国西雅图、欧洲阿姆斯特丹等近20地设立了分支机构，形成遍布全国、辐射全球的市场营销与服务体系，是当今国内知名的大型互联网企业。

网盛生意宝旗下的中国化工网、全球化工网、中国纺织网、中华纺织网、中国医药网、中国服装网、中华服装网、机械专家网等多个国内外知名的专业电子商务网站产业集群,形成了门户网站外的"第二阵线"。

2006年12月,网盛生意宝在获中国证监会审核通过后顺利实现IPO。上市后,公司加紧产业战略布局与推进,推出了全球领先的电子商务门户与生意搜索——生意宝(www.Toocle.cn),进军全行业B2B市场。

公司具有明确的全球战略目标——在线业务(Online Business)与离线业务(Offline Business)创新结合、互动发展,致力打造"信息、贸易、实业一体化"的新型跨国新经济航母。

9.2.2 公司行业地位与贡献

据不完全统计,网盛生意宝公司在公司董事长兼总裁孙德良带领下,公司的本土创业团队在我国互联网发展史上创下多项行业第一,取得了业界瞩目的领先地位。

网盛生意宝公司创办了第一家行业电子商务网站,其"会员+广告"的基础盈利模式成为全国三千余同行效仿的"标本";打造了我国互联网历史上第一家规模性盈利的网站,成为互联网"泡沫"与"寒潮"时期的盈利"标杆";打赢了"中国入世第一案",成为我国企业加入WTO后在知识产权维权的经典案例,举国瞩目;缔造了A股第一家纯互联网公司,打造了"中国互联网第一股",改写了我国资本市场和互联网的历史,为"中国创业板"的诞生做了有益探索;开创了网络"新经济"企业不依赖VC、不靠银行贷款,成功做强做大,实现IPO的先例;打造了全国乃至全球最大的行业电子商务网站产业集群,并向"全球化综合B2B服务商"成功转型与升级;开创了继行业B2B、综合B2B之后,中小企业应用电子商务的第三模式——"小门户+联盟"商业模式。

9.2.3 公司战略转型与升级

1. 战略与盈利模式的转型与升级

经过上市后近3年多的探索与积累,公司已成功实现盈利来源的多样化,摆脱了一直以来网站盈利过多依靠化工网、盈利模式来源基本依赖"会员+广告"的发展困境,公司新的增长引擎已经启动,表9-2是网盛生意宝及其主要关联实体运作公司(网站)情况。公司各项财务指标也将随之经历"量变"到"质变"的过程,预计在2010年以后开始呈现高收益的特点。

2. 平台与定位的差异化竞争策略

网盛公司最大的看点无疑是来自其"小门户+联盟"的生意宝(Toocle.cn)综合B2B平台战略,准确而言是以生意宝为核心大平台整合全国众多的行业性网站,以"行业性网站联盟"的方式与Alibaba这一行业巨头竞争,借助于专业网站的专业性,同时以生意宝的综合性弥补专业化的局限性,实现了与Alibaba的差异竞争。

3. 资本运作:兼并收购与分拆上市

除中国化工网外,网盛生意宝通过自建与资本收购的多种手段,还拥有全球化工网、中国纺织网、中华纺织网、中国医药网、中国服装网、中华服装网、中国机械专家网等十余个国内外知名的专业电子商务网站,成功打造了全球最大的"专业电子商务产业集群"。

对旗下的其他行业网站如中国服装网等公司,采取的策略是放手让创业团队发展,在合适时机考虑放弃控股权,分拆上市。

4. 项目接龙:营收增长新引擎

新近上线的"连锁加盟、招商代理"平台——"小生意"网(31jmw.com),则是公司储备的新的增长引擎,相对其他"大生意"网站(B2B)而言,国内更多的是想谋生开店的个体择业者。因此,该领域流量业务相对不错,据称业内最大网站其收入可达4亿。生意宝进入后,以品牌等综合实力为依托,目标做到全国最大。

表9-2 网盛生意宝及其主要关联实体运作公司(网站)统计表

公 司	子公司/网站名	域 名	战略定位
浙江网盛生意宝股份有限公司(股票代码:002095,SZ)	浙江生意宝网络有限公司 Toocle生意宝	中文版 www.Toocle.cn 国际版 www.Toocle.com	基于"小门户+联盟"的综合B2B电子商务与行业垂直搜索平台,千家小门户见v.toocle.com
	中国化工网	www.chemnet.com.cn	行业B2B电子商务
	全球化工网	www.chemnet.com	
	中国供应商(化工)	www.chinachemnet.com	
	化工搜索	www.chemindex.com	
	中国纺织网	www.texnet.com.cn	
	中国医药网	www.pharmnet.com.cn	
	浙江网盛化工有限公司		线下行业"纵深化"化学品监测、贸易与技术服务平台
	网盛化工欧洲有限公司(NETSUN.EU 荷兰-阿姆斯特丹)		
	上海网盛会展服务有限公司		线下专业会展服务平台
以下为下属公司与关联公司情况			
浙江中服网络有限公司	中国服装网(电子商务)	www.efu.com.cn	贯穿服装行业产业链与供应链的专业B2B电子商务
	中华服装网(行业媒体/网络社区)	www.51fashion.com.cn	
	国际服装网(国际站点)	www.chinaapparel.net	
	服装招商网(招商加盟)	www.5143.cn	
	中国服装面辅料网(B2B上下游采购)	(筹建中)	
	深圳中服引线网络科技有限公司"穿针引线国际流行资讯网"(服装流行资讯)	www.eeff.cn	
杭州众享机械技术有限公司	中国机械专家网	www.mechnet.com.cn	机械行业B2B电子商务

续表

公　　司	子公司/网站名	域　名	战略定位
浙江阅海科技有限公司	中华纺织网	www.Texindex.com	纺织行业 B2B 电子商务
	中华纺机网	www.ctma.net	
	纺织服装人才网	www.texhr.com	
	上海阅立网络科技有限公司(中华家纺网)	www.hometex114.com	
杭州世讯信息技术有限公司	中国农业网	www.agronet.com.cn	农业行业 B2B 电子商务
	中国蔬菜网	www.vegnet.com.cn	
韩国化工株式会社	韩国化工网	www.koreachemnet.com	
浙江新中化网络有限公司	浙江都市网	www.ZJ.com	地方门户、网络媒体、百姓服务平台
浙江鑫康网络有限公司	960520 家庭医生"健康百事通"(筹)	960520.zj.com www.Jiankang.cn	大众网络+语音健康咨询服务与搜索平台
杭州中爱网络科技有限公司	中国红娘网	www.hongniang.com www.hongniang.net	线上线下结合的婚恋交友服务平台
杭州引航商务咨询有限公司	中国红娘杭州 VIP 服务中心	hongniang.com/vip.html	
浙江点看网络科技有限公司	衣服网	www.yifu.com	B2B2C 模式的服装在线销售与 SNS 平台

5. 营销渠道建设加快

近年来,公司除加大了网络布局外,对渠道的投入也持续加大,相对 Alibaba 巨大的销售队伍而言,公司渠道明显不足。伴随公司业务种类的增加,渠道建设逐步增加,相应销售额也加快增长,但同时渠道费用也明显增长,这也是短期压制业绩释放的主要因素。

9.2.4　公司业绩情况

1. 公司(上市公司)总体经营情况概述

2009 年度,公司继续保持持续、稳健发展态势,财务状况良好,实现营业收入 13 446.12 万元,较 2008 年度增长 27.35%。公司在继续保持专业网站经营优势的同时,行业网站联盟"生意宝"网站及公司并购的子公司均有收入的增加。

公司实现净利润 4099.78 万元,较 2008 年度增长 31.27%,主要是公司在收入增长的同时,重视成本费用的控制,并且本期投资收益较 2008 年有所增长。

2. 公司(上市公司)主营业务及其经营情况

(1) 公司主营业务范围。公司是专业从事互联网行业信息服务、行业电子商务、行业应用软件开发的高新技术企业,拥有并经营中国化工网、全球化工网、中国纺织网、医药网等行业类专业网站。主要业务包括化工行业、纺织行业的商务资讯服务、网站建设和维护服务以及广告服务。自公司设立以来,主要业务不曾发生重大变化。

2007年和2008年公司又分别并购了浙江中服网络技术有限公司、浙江阅海科技有限公司,新增经营中国服装网、中华服装网、中华纺织网等行业类专业网站。在继续保持专业网站经营优势的同时,创建的生意宝网站开创了"小门户+联盟"的电子商务新模式,从事综合电子商务运营。

(2) 公司主营业务收入情况分析。如表9-3所示,2009年公司各网站业务收入均有增长,新增业务行业网站联盟"生意宝"网站收入和生意通电子商务服务收入增长较快,逐步成为公司网站收入来源之一。其中,中华纺织网营业收入增长,除其自身收入平稳增长外,主要是合并期间收入比上年增加;其成本大幅增长,主要是公司加大网站线下展会业务市场开拓力度,在展会收入大幅增加的同时,相应的展会成本投入增加所致。

表9-3 公司主营业务收入情况分析表

分行业或分产品	营业收入（万元）	营业成本（万元）	毛利率（%）	营业收入比上年增减（%）	营业成本比上年增减（%）	毛利率比上年增减（%）
中国化工网	5764.70	365.66	93.66	14.15	−23.58	3.14
全球化工网	1202.63	76.29	93.66	10.64	−25.93	3.14
中国纺织网	844.45	53.55	93.66	10.81	−25.84	3.14
中国服装网	1114.38	89.54	91.97	6.03	−10.08	1.45
中华纺织网	1389.72	640.93	53.88	179.30	1259.34	−36.64
中国医药网	616.51	39.10	93.66	51.03	1.03	3.14
生意宝、生意通电子商务服务	1477.16	94.94	93.57	250.95	−67.24	62.43
化工贸易服务	992.23	239.70	75.84	−21.67	99.60	−14.68

9.2.5 公司上下游产业扩展情况

1. 网络金融领域

公司和各大中资银行合作,即将推出"贷款通"创新金融服务产品。该平台是为中小企业与银行之间搭建一座沟通"桥梁",旨在帮助数千万家中小企业解决贷款难问题,致力于打造"中小企业融资服务第一站"。目前合作的银行已有中国工商银行、中国农业银行、中国银行、华夏银行、恒丰银行、泰隆银行等,并且合作银行在不断增加中。

2. 通信领域

公司和中国电信共同打造,专为生意人士提供的一款具有即时通信功能的电子商务产品——生意通。主要依托网盛生意宝"小门户+联盟"的电子商务平台体系,为企业提供包括生意旺铺建设、VIP商机发布、人脉交流、商机管理等于一体的电子商务服务。生意通在汇聚互联网、电信网和移动网络三网功能基础上,以其先进的技术支撑,为企业提供集实时消息交流、文件传输、语音通信、电话会议等功能于一体的即时通信服务。

3. 企业推广领域

公司在2008年底金融危机来临之时,推出了新一代B2B创新型暖冬产品——"小中大、多层次"电子商务解决方案,使中小企业既享受小门户的行业专业化服务,又能享受行业网站产业内的专业化服务,还能享受综合 B2B 网站贯通上下游产业链的全行业标准化 B2B 服务,帮助中小企业更好地度过危机。

4. 移动商务领域

早在 2009 年 2 月,公司对外宣布了自身"3G 战略",推出一款"重磅级"新产品——生意搜,通过使用 3G 移动互联网,使中小企业主能够随时随地联系到生意对象,获得新商机。这是继我国 3G 牌照发布以来,国内第一家发布自身"3G 战略"的电子商务企业。目前处于产品研发后续阶段。

5. 线下专业会展领域

2008 年 10 月,公司在经过多年行业摸索后,宣布正式涉足线下专业会展业务。这是 12 年公司来首度突破 B2B 线上服务,进入线下 B2B 会展业领域。公司通过旗下中国化工网携手中国贸促会化工行业分会联合在上海主办"中国国际精细化工展览会"的方式切入会展市场,仅用两届,就完成了"全球最大化工展"的打造,取得了让海内外会展业"震惊的奇迹"。

6. 欧盟 Reach 方面

公司旗下中国化工网 Reach 服务中心于 2006 年底成立,提供相关信息及自测服务,代理企业联合应对预注册、注册及其他 Reach 法规下的责任,提供物质资料与数据服务。近两年来,基于在 Reach 服务理念的纵深化发展,公司在 Reach 服务方面取得了长足的进步,为企业产品顺利进入欧盟市场保驾护航。目前公司已经发展成为"全球用户数量最大的第三方 Reach 服务商"。

7. 网络广告领域

2007 年 7 月,公司与百度正式签署合作协议,推出"生意广告联盟",百度可通过这一联盟平台将广告投放覆盖到各行业网站。双方之间的合作,在资源共享与整合发展方面有着非常多的互补。

8. 国际化领域

公司除了在国内各地拥有近 20 个办事处外,在国外如韩国、荷兰等地都拥有办事处,致力于进行国际业务的拓展。另外,Reach 等部门的设立,也意味着公司加大了对国际化的拓展。

9.2.6 关于"联盟网站——生意宝"

公司在 2006 年上市不久就加紧了在 B2B 产业的战略布局与转型升级,依靠在国内专业电子商务领域 10 余年耕耘的经验,创造性地提出了"小门户＋联盟"的 B2B 第三模式。

生意宝(国内站 www.Toocle.cn;国际站 www.Toocle.com)是网盛生意宝公司(股票代码:002095,SZ)旗下基于行业网站联盟的全球领先的电子商务门户及生意搜索平台。

1. 生意宝的战略地位

生意宝是网盛在"行业网站联盟"的基础上,于 2007 年 4 月正式推出的大型综合性商务网站与生意搜索平台,是一个中长期战略项目。

2. 创新的商业模式

商业模式是衡量一个电子商务网站商业价值最重要的因素之一,它直接决定了网站的服务模式与收入模式,由此也决定了网站是否具备可持续发展的能力。

通过两年多的筹备运营,生意宝成功地将自己打造成为基于"小门户+联盟"的全球领先的生意人门户及搜索平台,并首创了我国电子商务的纵横营销模式。生意宝以拥有近千家行业网站的联盟为基础,平等地将各行业网站的内容、流量、商机等资源有效整合,开创了独有的"小门户+联盟"模式,是近年来我国B2B电子商务创新发展的一个代表。该模式被《商界》杂志、长江商学院评选为"2006—2007中国最佳商业模式奖",并摘得《北大商业评论》和复旦大学等授予的"第三届中国管理学院奖"等诸多荣誉。

董事长孙德良认为,互联网的第一个10年,是大门户时代,第二个10年,由于差异化的需求,必然导致众多小门户的出现,我国电子商务乃至整个互联网领域,都会逐步形成"小门户+联盟"的细分战略格局。

3. 模式创新带来的成绩

早在2008年4月,生意宝平台的"最高同时在线人数"与"日商机发布量"已双双突破"百万大关",位居全球领先水平。仅用两年走完了同行近10年所走的历程,生意宝无疑创造了B2B乃至电子商务历史上的又一"中国奇迹"。

在创新商业模式的驱动下,通过短短两年半多的时间,生意宝涵盖了100家左右的战略合作子站,200个以上的二级行业电子商务门户;3000家以上合作行业电子商务网站集群;建成1000万以上的中小企业模板数据库;每天120万条的商机与信息发布系统;3万个"生意圈",100亿左右的网页商务搜索内容。

4. 营销理念创新

坚持"纵横服务"的营销理念,生意宝在提供行业网站的专业化B2B服务的同时,又提供了综合网站的产业链服务,因此受到了各大中小企业的普遍欢迎。同时,生意宝本着"让用户花最少的钱、最大程度利用互联网"的服务理念,为千万中小企业与亿万生意人提供高性价比的电子商务服务。

5. "小门户+联盟"的发展阶段

(1)"小门户"萌发阶段。1997年以来,网盛建立了一个个诸如中国化工网的行业细分"小门户"平台,通过10年自我滚动积累与发展,凭借化工网、纺织网、医药网这3家小门户,于2006年底成功实现了A股IPO。

此后的十余年里,全国各地陆续冒出了不下3000家的各式各样的行业电子商务网站,几乎覆盖了国民经济的各行业领域。这些行业"小门户"大多采用了中国化工网的"会员+广告"这个基本盈利模式,抛弃了"大而全"的建站理念,采用了行业细分的"小门户"平台思想。

(2)"小门户+联盟"孵化成形阶段。2005年至2007年3月,网盛公司以"行业网站联盟"的形式,开始整合三千余家行业网站资源,筹建"联盟平台"。

(3)"小门户+联盟"平台整合阶段。2007年3月,网盛正式宣布推出"基于行业网站联盟的电子商务门户与生意搜索"——生意宝(www.Toocle.cn)。该电子商务平台将国民经济领域各行业网站的资讯、行情、企业与产品数据库、流量、广告等核心资源进行有效整合,形成了独特的"小门户＋联盟"的模式,进而创造性地探索新的 B2B 电子商务模式。

（4）"小门户＋联盟"深化突破阶段。2007 年 6 月,在与中国电子商务协会、浙江省经济和信息化委员会联合举办的"2007 中国行业网站发展与投资高峰论坛"上,提出了深入实施"小门户＋联盟"模式,与全国广大行业网站展开技术层面、内容层面、经营层面与资本层面等 4 个层面的合作。

（5）"小门户＋联盟"市场应用阶段。2007 年 9 月起至今,生意宝筹建市场化团队,在取得浙江、长三角地区的初步成功后,总结出一套行之有效的市场拓展方式,并于 2008 年 8 月启动 13 城市"招兵买马计划",正式宣布深耕全国综合 B2B 市场。

（6）"小门户＋联盟"完善阶段与跨行业应用阶段。除了纵向行业应用获得初步成功外,"小门户＋联盟"理论体系与商业模式还在横向区域应用层面大获成功,如"农村中国"。

生意宝"小门户＋联盟"专业网站矩阵图如图 9-9 所示。

图 9-9　生意宝"小门户＋联盟"专业网站矩阵图

9.2.7　关于"中国服装网"

1. 中国服装网简介

2007 年 6 月,网盛科技同中国服装网(www.efu.com.cn)正式达成并购协议,将中国服装网纳入网盛旗下的"生意宝",这是网盛上市以来实施兼并收购的第一单。网盛科技并购中国服装网,是国内行业网站之间的首个并购案,为网盛科技实现行业网站整合的梦想拉开了序幕。网盛科技并购中国服装网对其具有 3 方面的重要意义,一是完善了"中国纺织网"(www.texnet.com.cn)的服务产业链,与中国纺织网相互补充,互为犄角,形成了具有全产业链服务能力的"中国纺织网——中国服装网"版块;二是增强了其现有的"行业网群"的实力和竞争力;三是推动了"联盟网站——生意宝"的发展,成为"生意宝"计划落地的一个标志。

中国服装网公司成立于 2001 年 6 月,专业从事互联网技术、电子商务服务的应用和开发,是领先的服装垂直门户网站运营商,旗下运营中国服装网、51 时尚网、穿针引线国际流行资讯网、服装人才网等多个服装行业网站,覆盖服装行业各个产业链,为服装企业提供全面的电子商务、网络营销等互联网应用服务。中服网络拥有一支富有现代营销理念、市场拓展能力强的商务团队;技术开发经验丰富、学历层次高的研发团队;新闻敏感度高、采编经验丰富的编辑团队;企业管理实战经验丰富、具有管理视角前沿的运营团队。中服网络十分重视技术创新工作,紧密跟踪最新技术发展,是浙江省民营科技型企业、市级高新技术企业,先后承担了多项国家、省、市级科技计划项目,并与多所高校建立了技术合作关系。

2. 旗下服装 B2B 产业集群

中国服装网旨在成为中国最领先的服装产业互联网综合服务商。按照服装行业的特点,公司做到覆盖主要细分行业的"纵深化"服务,并根据服装行业产业细分化和服装企业部门细分化,中国服装网已打造以下几个行业细分服务平台(如图 9-10 所示):

(1) 贯穿整个行业的服装供应采购链的服务平台(btob. eeff. cn)。
(2) 针对服装企业人才需求的服装专业人才平台(hr. eeff. cn)。
(3) 针对服装企业设计师和决策者的设计平台(design. eeff. cn)。
(4) 针对服装品牌招商加盟的招商平台(5143. cn)。
(5) 针对服装消费者社群了解服装消费,流行动态的社区平台(media. eeff. cn)。
(6) 针对网络购物者的服装专业 BTOC 购物平台(BtoC. yifu. com)。

以上 6 个平台将打造出一个强大的中国服装网专业网络平台,全方位服务服装行业和消费者,全方位覆盖整个服装产业的需求,打造中国服装行业领域的网络航母。

图 9-10 中国服装网的行业细分服务平台

3. 盈利模式

在营收方面,中国服装网目前已成为继阿里巴巴、中国化工网之后的浙江省"第三大 B2B 电子商务网站"。其收入及利润来源如表 9-4 所示。

4. 中国服装网创造或演绎的诸多"行业第一"

(1) 打造了中国服装电子商务第一品牌。
(2) 成就了浙江第三大规模 B2B 电子商务网站。
(3) 创新了商业模式,首度打通服装电子商务的"B2B2C"环节。

表 9-4　中国服装网的盈利模式分析表

产业集群	盈利模式	主要产品
中国服装网	"会员＋广告"模式	商务通会员、金牌会员、网络广告、企业建站、网络营销等
51时尚网	"会员＋广告"模式	企业会员＋网络广告
"穿针引线"国际流行资讯网	"会员"模式	金牌VIP、女装VIP、男装VIP、童装VI、院校VIP五大会员服务
服装招商网	"会员"模式	"VIP招商会员"服务
衣服网	B2BC新型网购模式	品牌服装网上商城
中国服装面辅料网(开发中)	会员模式	

(4) 发动了"中国行业网站首例并购案",引领行业网站整合大幕。

(5) 创造了全国唯一服务于服装产业链与供应链的电子商务服务商。

(6) 实现了中国电子商务首次MBO,也是全国互联网领域第二例MBO。

(7) 发布了行业内首个创业板上市计划,"中国服装电子商务第一股"即将诞生。

5. 战略目标

今后,中国服装网力争用3年左右时间,努力实现以下4项目标:

(1) 继续保持并提升现有的领导地位和领先优势。

(2) 适度进行上下游延伸,形成全产业链服务能力。

(3) 实现年度营收5000万～8000万。

(4) 立足杭州,力争3年内实现创业板IPO。

9.2.8　公司业务流程操作

1. 网站基本功能介绍

网盛生意宝首创了"小门户＋联盟"的生意宝模式,本着"圈通天下"的发展理念,经过近3年的发展,建立了全球生意人人脉圈,已有近5万个各类生意圈被建立,每天有上万的生意人通过这一平台加入到各类与自己生意相关的人脉圈,做着各类不同的生意。

(1) 生意圈。生意圈是生意人的人脉圈,是包括该领域的产品生产厂家、产品经销商、产品采购者、技术研发者及相关服务商的一个共同交流的圈子。在圈内,每一位成员可以相互交流,发布供求信息,并可以快速找到该领域的产品供应商及相关信息。

生意圈的功能包括发布生意信息、查询生意信息和结识生意人士等功能,通过生意圈,可将其应用到快速建立行业B2B网站、快速建立地域商务网站、快速建立各类收费(免费)资讯类网站以及建立各类人脉圈等方面。

(2) 选择圈的分类及功能。生意圈又可细分为行业圈、地域圈、价格行情圈、商业资讯圈、企业内部圈、生意人脉圈、客户管理圈、联合采购圈等类型,同时运用生意圈(通)理念,独立于生意圈栏目之外还开发了"企业采购圈"、"企业招聘圈"两个类型圈及对应的栏目

"采购通"、"招聘通"。不同圈的功能及应用如下：

细分行业圈的功能及应用：可以提升公司在业内的影响力、聚集行业人气、拓展行业人脉、发扬行业协会职责等。

细分地域圈的功能及应用：创建类似"萧山"、"临安"等地域性质的生意圈，选择"细分地域站"类型，说明该圈是属于地域性质的生意圈；创建地域商务网站，提升公司在地方的影响力、聚集地方人气、拓展地方人脉、发扬地方商业协会职责等。

价格行情圈的功能及应用：创建类似"股票"、"TDI行情"等提供某一类价格或行情性质的生意圈；创建价格行情圈，共建共享，互通有无。

商业资讯圈的功能及应用：创建类似"海关数据"、"流行趋势"等提供某一类产品资讯、技术性质的生意圈；创建商业资讯圈，可快速交流并传播等。

企业内部圈的功能及应用：创建企业内部管理圈，可以进行公司日常管理和内部交流。

生意人脉圈的功能及应用：创建"生意人脉圈"可结识更多商业伙伴。

客户管理圈的功能及应用：用来管理客户资源，是简易版本的CRM。

联合采购圈的功能及应用：创建"联合采购圈"，为中小企业对所需原料进行团体采购提供了道路，增加大家的联合议价能力。

企业采购圈（采购通）的功能及应用：创建企业采购圈，可以进行公司日常采购以及供应商管理。

企业招聘圈（招聘通）的功能及应用：创建企业招聘圈，可以进行公司日常招聘以及人才管理。

（3）后台管理操作流程。后台管理通过数据授权以及功能授权方式实现管理。通过设置"内容属性、圈员信息、圈员加入、内容发布、前台显示"这5个选项组合，来控制生意圈内容浏览限制、圈内成员信息限制、圈员加入限制、内容发布限制、前台是否显示。图9-11～图9-14分别为会员管理、供应商管理、商机管理和采购商管理图示。

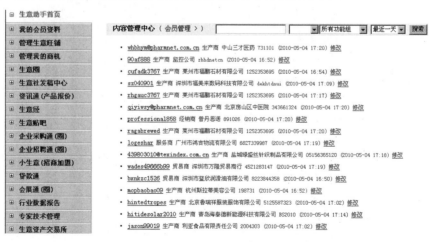

图9-11　会员管理

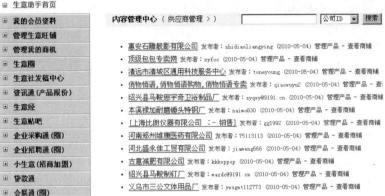

图 9-12　供应商管理

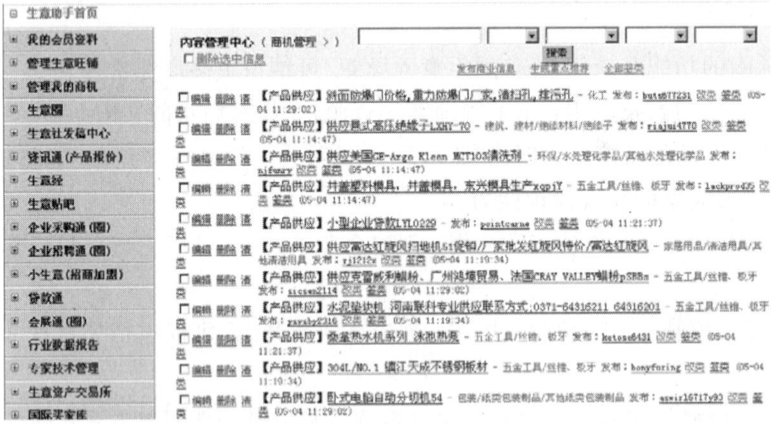

图 9-13　商机管理

图 9-14　采购商管理

2. 买家业务流程及操作

1) 基本介绍

买家可以通过在生意搜、商机、供应商、小门户、联盟搜等栏目搜索卖家信息找到卖家，也可以通过注册会员发布求购信息或者建立采购通，让卖家主动找上买家。

2) 操作流程图析

注册会员以及发布求购信息操作等同上文中的卖家操作流程。采购通操作如下：

第一步：发布公司简介（如图9-15所示）。

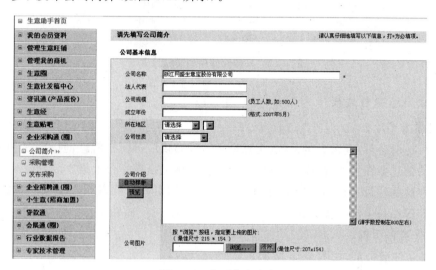

图 9-15　公司简介发布

第二步：发布采购目录（如图9-16所示）。

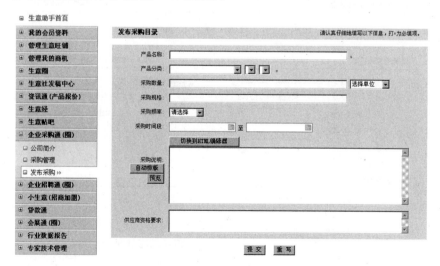

图 9-16　采购目录发布

第三步：采购管理（如图9-17所示），通过生意搜、商机、供应商、小门户、联盟搜等栏目搜索卖家。

图 9-17 采购管理中的卖家搜索

3．卖家业务流程及操作

1) 基本介绍

卖家可注册会员,登录会员系统(生意助手),发布供应等商机信息,创建生意旺铺。

发布的信息会在生意搜、商机、供应商、小门户、联盟搜等平台上推广以及展示。

买家在这些栏目上找到卖家并通过电话、邮件、询盘等方式联系上卖家。卖家也可以在"采购商"等栏目主动寻找买家。

2) 操作流程图析

第一步：注册会员,如图 9-18 所示。

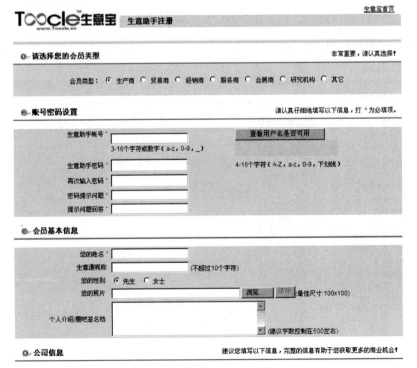

图 9-18 注册会员

第二步：发布信息，如图 9-19 所示。

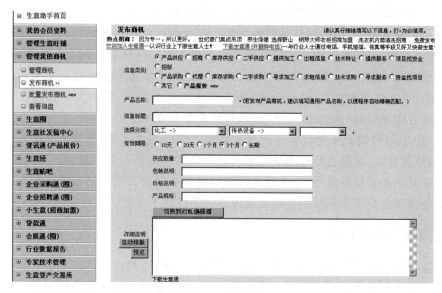

图 9-19　信息发布

第三步：处理询盘，如图 9-20 所示。

图 9-20　询盘处理

9.3　行业 B2B 模式的中华粮网

9.3.1　公司简介

郑州华粮科技股份有限公司(中华粮网)是由中国储备粮管理总公司控股，集粮食 B2B 交易服务、信息服务、价格发布、企业上网服务等功能于一体的粮食行业综合性专业门户网站。本着"为深化粮食流通体制改革服务，为粮食企业生产经营服务，为粮食流通市场化国际化服务"的宗旨，不断增强技术实力、扩充服务范围，实现了粮食信息传播和交易的电子化，大大降低了交易成本、提高了企业运营效率。为我国粮食行业改革及提高企业经营管理水平做出了贡献，取得了良好的经济和社会效益。2001 年 7 月，国家发展与改革委员会和公安部正式批复中华粮网为"互联网电子身份认证管理与安全保护平台工程"项目试点单位，信息产业部与河南省科技厅分别认定中华粮网为"软件企业"、"河南省高新技术企业"。"中华粮网电子商务系统"及以中华粮网数字认证中心为基础组建的"河南省数字证书认证中心"共同被列为河南省信息化"十五"规划的重点项目。

经过多年的发展,中华粮网信息服务体系在行业内已占据重要的地位。为保证信息数量、质量和权威性,中华粮网建立了既具规模又注重布局与科学管理的专业信息采集网络,成员遍及全国二十多个省、市、自治区和直辖市。目前,中华粮网拥有各类信息栏目二百余个,网站每日发布的文字信息、价格信息、供求信息等一千余条,其中文字信息日平均达20万字。网站点击率平均每天140万次,最高日点击率200万次。

同时,中华粮网拥有一支以留学归国人员为主体的人才队伍,长期专注于粮食行业的信息化、网络化建设,在粮食行业发展应用信息网络技术方面积累了较为丰富的经验,已根据粮食行业特点和需要开发了"电子商务网络建设整体解决方案"和"粮食竞价交易管理系统",可为各类粮食企事业单位的信息化建设提供各种技术服务。

9.3.2 粮食产业的特点

粮食发展为国民经济发展提供最基础、最充分的条件,粮食在国民经济中具有十分重要的特点。我国经济今后要实现可持续发展,首先是要实现粮食的可持续发展。我国粮食生产依托的土地资源有限,耕地面积逐年递减,农业基础设施相对落后,且严重依赖自然气候条件,受这些条件制约,我国的粮食生产存在不稳定性,同时由于粮食生产周期长,供需弹性小,极易出现供给数量的不足或过剩,单纯依靠市场进行价格调节,容易引起市场和价格的波动。总结粮食商品的交易情况和特点,得到如下几点:

(1)交易量大。在大型批发和零售市场,粮食产品交易的数量大,次数多,每周甚至每天都必须交易,因此,粮食交易可纳入属于国计民生的大宗商品交易范畴。

(2)价格波动大、市场变化快。粮食价格的影响因素很多,只要有一个因素发生变化,其价格就会发生变化。另外,产销变化非常快,交易对象和主体经常置换,需要不断搜寻新的更合适的交易对象。

(3)交易成本占总成本比重高。在整个粮食流通领域的产品总成本中,生产成本所占份额较低,初级生产者所能获得的利润很少,交易成本占总成本的比例较高,每一交易环节中都加入了不少成本,如由于农产品价值重量比较低而造成单位重量运输成本高,也导致了交易价格的提高。

(4)交易链及其流通环节多。在农产品的交易过程中,除了生产者和消费者外还有农产品产地、销地市场,甚至多种成分的中间商存在。

(5)交易不规范。由于中国的粮食产品市场环境不够成熟,农产品的交易过程中缺乏规范性,信用问题突出。

(6)交易信息的对称性差。在贸易过程中参与的主体各自掌握的信息量不同,部分大企业所掌握的信息远比一般农户掌握的全面,使农产品交易中信息不对称的问题更为突出。

(7)交易快速。粮食生产时间集中,但在运输、储存、销售中常易出现腐烂、发霉现象,极易造成损失,在销售时需要尽量缩短流通时间,快速完成交易。

(8)区域性分布特点强。不同的粮食产品有不同的最佳适合生长地带,故粮食生产的地域性强,这种现象容易造成产品供应分布不均衡,而这与需求的广泛分布形成了鲜明对比。

9.3.3 电子商务系统简介

"中华粮网粮食竞价交易系统"可划分为9个子系统：会员管理子系统、网上交易子系统、交易结算子系统、交易主持子系统、交易后台子系统、安全认证子系统、模拟交易子系统、OA子系统、系统管理子系统。

1. 建设规模和功能

粮食竞价交易系统总投资2958万元，其中企业自筹1558万元，向国内银行贷款1000万元，国家拨款400万元。目前，中华粮网对多模式粮食交易平台拥有自主知识产权，平台整体设计充分考虑了当前粮油产品流通领域各业务层次、各环节管理中数据处理的便利性和可行性，可用于交易、结算、后台管理、客户管理、安全认证和OA等的综合管理。第一，建设符合市场需求的机房、网络基础设施与交易系统终端。第二，交易功能模块的智能结合与互通，将网上竞价、协商、撮合交易更有机地结合起来，为客户提供一个功能多样化的交易平台。实现多粮食批发市场之间交易系统功能的对接；实现同一客户交易资金在不同批发市场之间的划转，多交易品种交易信息发布的灵活处理；实现用户之间的及时信息通信。第三，交易核心程序的优化，使整体处理能力达到内存撮合交易委托700笔/秒，委托反馈时间小于1秒，交易撮合成交400笔/秒。第四，平台功能模块的改进。增加网上物流信息平台；增加中储粮轮换系统；增加独立结算系统和银企互联功能。项目建成后可满足年交易规模超过1000万吨。本项目的建设服务于国家粮食宏观调控，实现"让粮食在网上流通"的目标。公司联合中国储备粮管理总公司充分整合现有的各省粮食批发市场资源和粮食网站资源，构建服务于国家及各省粮食宏观调控的网络平台，为我国粮食安全构筑一条新的防线，同时带动整个粮食行业信息化水平。

2. 网站优势

我国作为一个农业大国和人口大国，每年的农产品生产量和消费量均为世界第一，因此，农产品电子商务有巨大的发展空间。根据国家最新的粮食流通体制改革精神，国有储备粮的吞吐率和新陈轮换、国家各种专项用粮（军供粮、退耕还林还田补贴粮等）的采购都要通过国家粮食批发市场来进行。粮食电子商务系统投入使用后，郑州粮食批发市场将优先在网上组织进行上述粮食交易。另外我国粮食企业10万家，大宗粮食交易每年在八千多万吨。在加入WTO和粮食市场放开的情况下，粮食企业竞争将进一步加剧，促使粮食企业利用先进手段来获得信息，降低成本，这也是粮食信息产品和电子商务的巨大市场。

"中华粮网粮食竞价系统"的9个子系统，在国内外均属于独创性成果，尤其是交易系统和CA数字签名认证的有机结合更是国内电子商务系统的首次实际应用。产品在中国郑州粮食批发市场成功实践运行标志着电子商务在粮食行业的应用有了突破性进展，为粮农行业电子商务平台的标准化起到了示范作用。

3. 经济和社会效益

各级粮食批发市场和联盟单位每年业务量达100万吨，栈单交易年交易300万吨；同时，中储粮轮换量年500万～700万吨，每吨可收手续费4元。

信息技术和电子商务的兴起与发展是我国大宗农产品流通体制改革的一次重大机遇，是以市场化为取向的流通体制改革的有力手段。本项目将成为我国电子商务应用的示范工程,并将切实提高我国粮食行业的信息化建设水平,加快粮食行业电子商务发展速度。

9.3.4 公司主要业务模式

中华粮网的业务开展主要面向粮食行业类的各企业及单位。网站的主要业务分为网上交易服务、粮食信息服务、技术服务和数字认证等4大块服务。

1. 网上交易服务

中华粮网发展10年来,坚持粮食电子商务的发展方向,重视电子交易平台的建设,目前拥有多项有自主知识产权的多种模式的交易平台和软件产品。中华粮网不仅拥有目前国内最大的粮食网上交易平台,同时其5万余家企业用户遍布全国,为粮食交易提供最大成交可能。据估计,每年基于中华粮网的粮食网上交易总量可超过1000万吨。这么大的交易量是目前国内其他粮食网上交易平台不可比拟的。此外,多元化的交易模式也是巩固老会员吸引新会员的优势所在,交易流程图如图9-21所示。

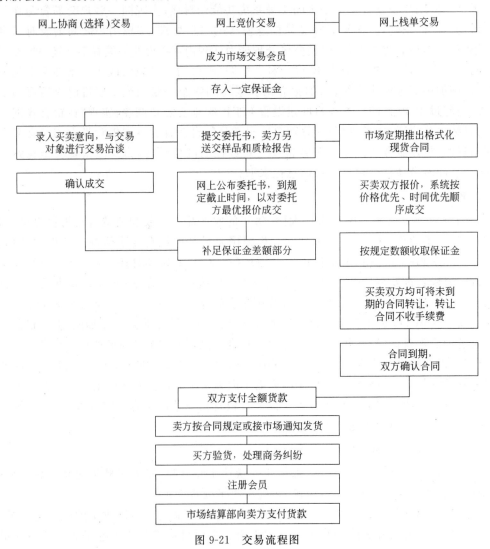

图 9-21 交易流程图

同时,网站采用了多种安全机制,保障了交易安全。

(1) 网上交易安全保障机制。为保证交易的安全,郑州市场和中华粮网与国内经验丰富的软件开发商开发了网上交易系统,该系统采取设置硬件防火墙、黑客攻击预警系统、电子证书认证和通信加密协议等多重安全保护措施。中华粮网还凭借其作为公安部确定的唯一的电子商务安全论证示范工程和河南省CA认证中心的技术优势,为交易提供了强大的技术保障,确保交易系统的安全和交易数据的不可抵赖性。

(2) 郑州市场的履约保障机制。郑州市场在多年的发展过程中积累了丰富的经验,形成了一套完善的交易、交割和结算体系,其中的保证金制、代办结算和违约处罚等履约监督机制已为企业所认可。栈单交易则完全吸纳了这一体系的优点,确保了交易者的资金安全,提高了履约率,避免了三角债。

2. 粮食信息服务

中华粮网创建以来,以为粮食行业广大用户提供全面、真实、及时、准确的信息服务为重要目标,通过准确的定位、稳健的运作、优质的服务、日具影响的品牌以及控股企业强大的资源优势和深入的影响,在业内树立了良好的形象。

作为国内粮食行业综合性门户网站,中华粮网包括了"中华油脂网"、"中华e粮机"、"中华粮油商务"、"粮油手机报"、"粮油博客"等一系列信息产品和服务。目前中华粮网拥有各类信息栏目二百余个,每日发布的文字信息、价格信息、供求信息等一千余条,其中文字信息日均发布20万字,信息采集网络遍及全国,设立了众多特色精品栏目,为粮油企事业单位掌握市场变化提供了全方位的信息支持。中华粮网凭借粮食行业信息的权威性、多样性和实用性,累计发展各类注册用户已超过10万家;网站日均点击量达150万次,最高达220万次。

3. 技术服务

中华粮网拥有一支以留学归国人员为主力的技术开发团队,在国内粮食行业信息化建设中担当主力军。中华粮网的技术实力得到各方面的认可,成功入围国家发展与改革委员会农产品信息化系统集成商资格;与高校合作承担了科技部"十五"攻关项目"农产品现代物流信息平台"的课题研究,并被确定为国家粮食局粮食电子商务示范单位,该课题的重要成果"中华粮网粮食竞价交易系统"获评2005年度"中国粮油学会科学技术奖",相应的技术成果申请了国家专利。

4. 数字认证服务

随着我国信息化建设的飞速发展,河南省数字证书认证中心凭借着自己独特的优势致力于构建服务河南、辐射周边的电子政务、电子商务及网络应用公共安全数字认证基础平台,推动全省乃至全国电子身份认证事业的发展,为电子政务和电子商务保驾护航。2006年5月24日,河南省数字证书认证中心正式获得了由信息产业部颁发的《电子认证服务许可证》,成为全国第18家、河南省唯一一家法定的电子认证服务机构。数字认证服务更好地保证了交易的安全进行。

中华粮网的利润主要来自会员及其相关服务。随着中华粮网影响力的扩大,网站的会员也逐年增加。会员的增加带动了网站其他业务开展,中华粮网根据会员和客户的需要相继推出了网络广告业务、纸媒体广告业务、会员业务、短信订制业务、企业信息化业务等服务。企业盈利主要来自 3 大业务服务,2005 年 3 大业务服务所占的盈利比重如图 9-22 所示。

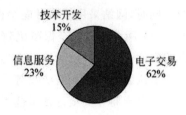

图 9-22　3 大业务所占盈利比重

9.3.5　公司业绩

2006 年 11 月至今,通过中华粮网多模式电子商务交易平台销售国家投放量 1.3 亿吨,成交量达 5500 万吨以上,成交金额近 900 亿元。

2009 年,中国郑州粮食批发市场、河南粮食交易物流市场通过中华粮网多模式电子商务交易平台,举办最低收购价小麦交易会一百余场,临时存储进口小麦交易会二十余场,交易量达 5000 万吨,成交近 2000 万吨,成交金额逾 350 亿元。中华粮网先进、便捷的交易系统得到交易企业与交易代表的认可和赞誉,参与临时存储进口小麦销售以及最低收购价小麦销售交易会客户中,直接利用中华粮网进行网上远程交易的会员比例已经超过 50%。

在国家通过中华粮网多模式电子商务交易平台进行储备粮竞价交易的同时,全国各地粮食批发市场也积极利用电子商务手段开展地方粮油的购销交易活动。2009 年,吉林、宁夏、甘肃、山西、天津、福州等省市粮食批发市场通过中华粮网多模式电子商务交易平台销售和采购各类粮油一百多万吨,成交金额达 9.5 亿元。

9.3.6　公司的优势和挑战

1. 公司的优势

(1) 主导思想明确。中华粮网始终坚持的几条基本原则是:第一,始终坚持为深化粮食流通体制改革服务,为全国粮食企业生产经营服务,为粮食流通市场化国际化服务的宗旨。第二,积极应用最先进的网络技术和安全保障措施。第三,较充分地吸取国内外电子商务发展的成功经验。

(2) 服务功能齐全。目前中华粮网集 B2B 电子交易服务、信息服务、价格发布、企业上网、网络 CA 认证 5 大功能为一体。

(3) 交易规则健全。中华粮网的《网上交易细则》是经国家粮食主管部门和地方政府授权,并依据郑州市场的交易规则,吸收了国内外网络交易的成功经验制订的,因此,具有较强的可操作性。为广大的市场主体创造了一个公开、公平、公正的网络交易环境。

(4) 交易方式多样。中华粮网的交易方式不断进行创新,除将传统的场内协商交易和竞价交易改造、移植到网络交易系统外,还开发出专门的网上竞价交易,即栈单交易。

(5) 配套服务完善。完整的电子商务系统应包括网上成交、网上支付、商务处理等一系列服务。中华粮网采取电子商务与传统市场相结合的运作模式,即网上敲定,网下结算和交割,充分利用了郑州市场在十多年的运作过程中形成的优势和良好形象,既发挥了电子商务的优势,又节约了网络的运作成本,被业内人士称为最具发展前景的 B2B 网站。

(6) 网络安全可靠。由于中华粮网是基于国际互联网的电子商务平台,为了维护交易者的利益,防止交易系统可能会受到的恶意攻击,交易信息可能被截获、修改,或发生合同抵赖行为,郑州市场与公安部合作开发了安全电子身份认证,并建立了与之配套的安全保障体系。

(7) 人力资源充沛。年轻化、知识化和专业化是中华粮网员工队伍的特点,复合型的高级管理群体是中华粮网迅速发展的关键。

2. 面临的问题及挑战

粮食行业电子商务作为粮食交易方式的发展方向,已得到国家领导层的高度重视和大力支持,但就目前来说,依然存在不少问题。

就我国电子商务发展存在问题来说,主要表现在基础设施落后,网络市场规模较小,大规模开展电子商务所需要的硬件环境薄弱;社会信用体系不健全,信用程度低;电子商务的相关政策和法律、法规滞后;现代金融支付系统尚未建立,商业银行间封闭的结算体系适应不了网上支付的需要;网络交易的安全保障系统尚未建立起来;专业技术人员、网络经营人才缺乏,大规模开展电子商务的软件环境建设滞后。

结合粮食这种大宗商品电子商务应用,以及我国粮食行业自身原因,开展粮食电子商务还面临不小的挑战。

(1) 粮食电子商务软硬件环境更为恶劣。发展粮食电子商务首先所面临的外部环境问题,一是因为粮食行业和其他行业相比是一个传统产业,自成体系、自我封闭,对新生事物接受比较慢,基础落后;二是因为长期以来,国家对农业尤其对粮食行业投资欠账太多,少量投资也主要投向农田基本建设等方面,信息化建设方面的投资很少;三是因为粮食行业人数众多,人员素质参差不齐,所需要培训时间长;四是粮食部门的工作人员绝大部分分布在县级以下城市,大城市的宽带网络尚未普及,广大中小城镇更为落后,距离大规模开展电子商务所需要的网络条件相差甚远。

(2) 粮食交易监控体系建设滞后。尽管国家针对各粮食品种都制定了详细的质量标准,但在具体执行时存在主观性强、可操作性差、争议性大等缺点,一旦交易双方出现标的物质量分歧,双方很难达成一致意见。同时,粮食这种大宗商品受环境影响较大,不同的温度、湿度条件下或者不同时间的质检结果会有很大差别,这更增加了质量监督的难度。

9.3.7 公司业务流程操作

1. 业务交易流程介绍

公司业务操作比较简单,基本流程如图 9-23 所示。

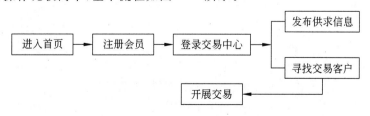

图 9-23 公司交易业务流程

（1）进入中华粮网首页。如图9-24所示，首页上呈现各类交易和服务信息，以及相关的交易功能。页面左上方是用户进入部分，会员通过用户名和密码验证，即可进入中华粮网的会员交易和信息发布使用页面。

图9-24　中华粮网首页

（2）注册会员。对于没有注册的用户，可如图9-25所示通过页面进入会员注册程序，进行注册，会员可以将公司有关信息如实填入并提交中华粮网管理员审核，待管理员审核通过后，即可成为中华粮网正式会员，开展粮食供求信息查询和交易。

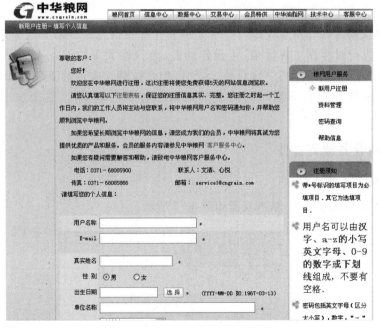

图9-25　会员注册页面

(3) 登录交易中心。注册会员登录后即可进入交易中心(如图9-26所示),交易中心包括商品信息、供求信息、交易信息和服务信息等4个部分。

图9-26 交易中心

(4) 通过供求页面寻找所需的交易信息和客户。进入交易中心后,会员可以利用交易中心提供的交易供求信息和搜寻工具,进行信息搜寻(如图9-27所示)。

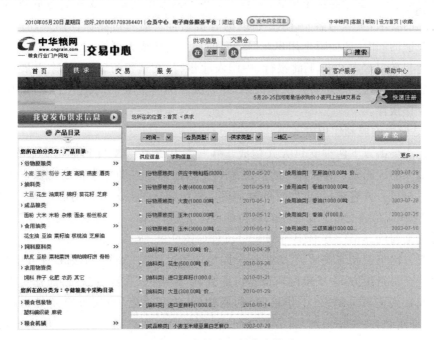

图9-27 交易中心的信息搜寻

（5）在管理后台发布供求信息。会员还可以根据自己公司的情况，在会员中心向外发布所需要的供求信息（如图 9-28 所示）。

图 9-28　会员中心的信息搜寻

2. 商易付

商易付是一款由中华粮网创办，国内粮食行业第一家 B2B 在线支付平台。它改变了原有的线上交易、线下支付的传统模式，完善了中华粮网多模式电子商务交易平台，而且还可以根据客户的要求，实现与客户 ERP 系统的有机结合。商易付在保证用户在线支付的简单、安全、快速的同时，还使陌生用户在网络间的相互信任成为可能。

商易付目前已经与中国工商银行、中国农业银行、交通银行、上海浦东发展银行、广东发展银行建立了深入的战略合作伙伴关系，逐渐成为国内金融机构在电子支付领域最为信任的支付合作伙伴。

1）商易付的构成和使用方式

商易付主要由以下两种支付方式构成：第三方 B2B 在线支付和银企直通车。这两种支付方式最大的区别是：前者客户的资金需要先到达第三方即中华粮网的账户上，再由中华粮网支付给另一方客户；后者客户的资金可以直接到达另一方客户的账户上。

第三方 B2B 在线支付适合于买卖双方的网上交易，可以保障买卖双方的正当权益和交易合同的正常履约。第三方 B2B 在线支付流程如图 9-29 所示。

买卖双方网上交易完成后，买方根据合同规定通过商易付第三方 B2B 在线支付平台将货款支付到交易组织方（中华粮网）；交易组织方（中华粮网）收到货款后，通知卖方发货；卖方根据合同接到交易组织方（中华粮网）的通知后，给买方发货；买方收到货物后，确认无误，通知交易组织方（中华粮网）将货款支付给卖方；卖方通过商易付第三方 B2B 在线支付平台收款。

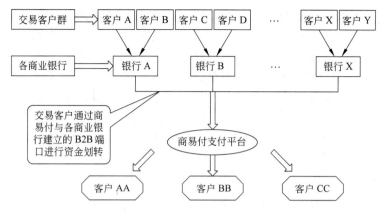

图 9-29　商易付的第三方 B2B 在线支付流程

银企直通车如图 9-30 所示,适合于集团公司使用,通过银企直通车可以向银行发送对外支付、内部资金调拨和账户信息查询等电子指令,从而实现高效的资金管理。银企直通车将和客户的 ERP 管理系统进行无缝连接,即商易付银企直通车与客户的 ERP 管理系统利用专线建立实时的网络连接后,客户通过银企直通车可以向银行发送电子化的支付、扣款指令,迅速安全地完成资金收付;接收对账信息,实现自动对账等业务。银企直通车最大的优点就是和客户的 ERP 管理系统连接,使客户在 ERP 财务管理系统中录入的付款指令能够通过专线直接提交给银行,银行系统接到付款指令后,自动触发记账交易,完成资金汇划,客户不需要两次录入信息,比网上银行更加方便快捷。

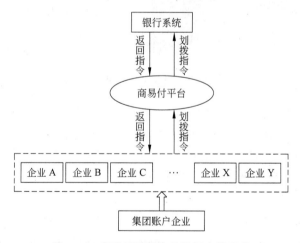

图 9-30　商易付的银企直通车支付流程

2) 商易付的优势分析

实现了与中华粮网多模式电子商务交易平台、客户 ERP 管理系统的有机结合,通过客户自身的财务管理系统录入付款指令直接提交给银行,完成资金汇划,不需要二次录入,比网上银行更加方便快捷。

降低企业支付成本。中华粮网与合作银行达成了有关协议,客户使用商易付在线支付资金时的支付手续费将得到一定的优惠,低于现行银行汇划手续费。

保障网上贸易货款支付的安全。通过使用商易付第三方B2B在线支付平台,由中华粮网充当交易第三方,可以保证买卖双方的正当权益和合同的正常履约,保障货款的安全。

规范企业资金管理、规避资金风险。使用商易付网上支付平台,客户可以实时在线查询资金情况,有利于企业对资金使用的管理,降低风险。

提高结算工作的效率。商易付与客户的ERP管理系统完美对接,客户无需再通过网银输入支付信息,减少了二次录入,结算工作效率得到极大的提高。

快捷安全,使用范围广。资金实时到账,而且节省了财务人员大量的往来银行奔波时间,消除资金结算带来的风险(包括假币)。不受上下班、节假日时间的限制,不受地域限制,不受额度大小的限制。

中华粮网和合作银行强大的技术支持。中华粮网通过多年的发展,拥有强大的技术开发和维护人才,同时合作银行也将给予我们技术方面的大力支持,确保商易付网上支付平台的安全性和稳定性,保证支付资金的安全。

3)商易付的操作流程

商易付的登录有两种方式,可分别从中华粮网电子商务服务平台和商易付平台中直接登录(如图9-31所示)。

图9-31 商易付的登录方式

在登录后,选择"申请入金"功能,完成商易付账号绑定,填入交易金额,再选择要支付的订单。图9-32是选择订单后显示的订单信息,输入商易付用户名和密码,可使用"商易付"支付平台进行支付,通过输入动态口令,选择付款银行,确认银行和金额,完成证书检查后提交。最后由银行完成审核、复核成功后,完成支付。

图9-32 商易付的支付服务

9.4 实践训练

结合本章 3 个案例的业务操作流程介绍,试着在平台中开展信息发布、商品交易等网络贸易实践训练。

本章小结

本章首先介绍了基于第三方平台的 B2B 网络贸易的几种主要模式,即综合 B2B 模式、行业 B2B 模式、"小门户＋联盟"模式和"仓单交易"模式。紧接着,分别以阿里巴巴 B2B 事业部、网盛生意宝和中华粮网等 3 个基于第三方的贸易平台为例,从贸易平台的基本情况、发展战略、商务模式和主要业务流程等方面进行了详细分析。

思考题

1. 阿里巴巴模式的成功要素有哪些?
2. 网盛生意宝"小门户＋联盟"模式有哪些优势?它解决了 B2B 网络交易中的哪些问题?
3. 中华粮网的大宗商品交易特点有哪些?
4. 金银岛网交所(www.315.com.cn)模式与本章 3 个案例又有什么不同?

作 业

1. 试比较阿里巴巴 B2B 事业部、网盛生意宝和中华粮网 3 种第三方平台的异同点。
2. 为某一行业或某一类产品设计一种基于第三方平台的网络贸易模式。

参考文献

[1] 陈德人. 中国电子商务案例精选(2007 年版). 北京:高等教育出版社,2007.
[2] 阿里巴巴中国站: http://china.alibaba.com/.
[3] 网盛生意宝网站: http://www.toocle.cn.
[4] 中华粮网网站: http://www.cngrain.com/.
[5] 中国电子商务研究中心: http://b2b.toocle.com/.
[6] IDC 中国. 为经济复苏赋能——电子商务服务业及阿里巴巴商业生态的社会经济影响(白皮书). 2009.
[7] 金银岛网交所网站: http://www.315.com.cn/.
[8] 陈德人. 中国电子商务案例精选(2008 年版). 北京:高等教育出版社,2008.